SHANGHAI PROSECUTION RESEARCH

上海检察研究

2021年
第1辑

上海市人民检察院　主办

陶建平　主编

上海人民出版社

序

一直以来，法学理论与司法实践相辅相成、桴鼓相应，欲求理论革新，非立足实践探索不足效；欲臻法治完善，非致力理论探究不为功。

进入新时代，《上海检察研究》面向社会大众，继续承载深化新时代检察理论研究之重任，在共同探讨中寻求答疑解惑，在观点碰撞中启发深入思考，在聚焦、聚智、聚力中更好服务检察工作高质量发展，着力破解改革叠加、创新磨合中法治保障亟需回应的问题，更好服务党和国家工作大局。

文章合为时而著。当前，中国特色社会主义进入新时代，全面依法治国面临新形势新任务，国内国际两个大局发生深刻变化，人民群众美好需要日益增长。在新发展阶段，以习近平新时代中国特色社会主义思想为指导，全面学习贯彻习近平法治思想，立足"四大检察""十大业务"，为服务构建新发展格局提供精准高效的检察保障，至要空前。对标新时代新要求，紧紧围绕法律监督宪法定位，不断深化检察理论研究，实现检察理论创新发展，引领检察业务不断向深向实，为大局服务，为人民司法，努力提供更加优质的检察智慧产品，势之所倾、事所必然。

千帆竞渡时，时机稍纵即逝。"十四五"的美好画卷已经徐徐展开，上海正在以推动浦东高水平改革开放和三项新的重大任务为战略牵引，强化"四大功能"、深化"五个中心"建设、推动城市数字化转型、提升城市能级和核心竞争力，加快打造国内大循环的中心节点、国内国际双循环的战略链接，加快建设具有世界影响力的社会主义现代化国际大都市。上海市检察机关坚持顺势而为、谋定而动，在检察工作中始终胸怀"两个大局"，落实"四个放在"要求，践行"人民城市人民建、人民城市为人民"重要理念，将检察服务保障延伸到改革开放最前沿与关键之处，尤其注重发挥检察理论研究智力支持和先导效应，以理念更新推动检察工作模式革新、机制创新，以改革精神、首创精神不断擦亮"上海品牌"、树立"上海样板"，为上海推动高质量发展、创造高品质生活、实现高效能治理提供坚实有力的司法保障。在服务经济社会发展中，上海市检察机关围绕人民群众新期待、检察业务新发展以及检察权运行新机制，开展了一系列前瞻性研究与实践探索。以理论研究引领实践发展，以实践之行促理论创新，正是本书意旨所在。

2020年是极不平凡的一年，面对新冠肺炎疫情汹涌而来，上海市检察机关充分履行各项检察职能，依法严惩涉疫犯罪，全力服务复工复产，为疫情防控提供有力司法保障。同时，聚焦涉疫法律适用、远程办案机制等热点、难点问题，在应对突发性公共卫生事件领域进行了理论与实践两个层面的诸多探索。将"检察抗疫"作为本期主题,将上海市检察机关在服务保障疫情防控和复工复产中的最新研究成果和实践经验与广大检察同仁分享交流,推动检察理论研究与司法实践良性互动,恰恰与本书意旨相合。

  本书首发于"十三五"圆满收官,"十四五"全面擘画之机,站在"两个一百年"的历史交汇点,于全面建设社会主义现代化国家新征程即将开启之时,可谓使命光荣,责任重大。期待本书在今后的发展中,与检察工作同进步,将理论浸润与实践培塑深度融合;与上海建设共成长,使检察工作为上海高质量发展更添助力;与新时代齐发展,在完善和发展中国特色社会主义司法制度中贡献更多上海检察智慧与力量。

本书编辑部

2021 年 5 月

目 录
CONTENTS

· 民事检察 ·

凝心聚力　共抗疫情
奋力提升检察工作新质效

谭　滨*

党的十九届五中全会擘画了新发展阶段党和国家事业发展宏伟蓝图，检察事业开启新的征程。做好"十四五"时期检察工作，要以检察工作自身高质量发展服务保障经济社会高质量发展。站在"两个一百年"的历史交汇点，贯彻习近平法治思想，检察人要更加自觉担当作为，肩负起新的历史使命，为全面建设社会主义现代化国家开好局、起好步提供有力法治服务保障。2020年，杨浦区人民检察院坚持以习近平法治思想为指导，认真贯彻党的十九大、十九届二中、三中、四中、五中全会精神，深入践行"人民城市"重要理念，忠实履行法律监督职责，全面提升检察工作质效，全力打造过硬检察队伍，各项工作取得新的发展。

一、以高度政治自觉，抓好疫情防控工作

过去一年极不平凡。在以习近平同志为核心的党中央坚强领导下，在上级机关有力领导下，杨浦区人民检察院认真贯彻习近平法治思想，切实把增强"四个意识"、坚定"四个自信"、做到"两个维护"融入检察履职，积极应对新冠肺炎疫情带来的严重冲击影响，以高度的政治自觉，担当作为。

（一）凝心聚力，扛稳疫情防控责任

一是高站位谋划。切实将疫情防控作为首要政治任务，迅速启动战时工作机制，成立以检察长为组长的领导小组，统筹推进各项任务安排。第一时间通过电话、短信等方式向全体干警传达习近平总书记重要指示精神和上级单位部署要求，确保上下思想、行动高度统一。二是高效率指挥。印发实施《关于进一步做好当前疫情防控工作的通知》，从联防联控、案件办理、组织纪律等方面对全局工作作出具体安排。坚持定期研判调度工作机制，先后多次通过党组会、专题会等形式研究部署相关工作，及时掌握最新动态，推进重点措施落细落实。三是高标准督查。严明战时纪律要求，严格落实领导干部带班值班、重大事项请示报告等各项制度规范，坚决杜绝有令不行、有禁不止等不良现象。制定《疫情防疫期间检务督察工作安排》，组织开展全方位监督检查，及时指出发现问题，切实找准源头、督促整改。

---

*　谭滨，法律硕士，上海市杨浦区人民检察院检察长。

（二）科学防控，健全疫情防控机制

一是建立健全机关防控机制。细致解剖办公大楼内部结构，划分潜在风险等级，全面落实卡点测温、消毒防护、分批就餐等防控举措，守牢内部安全屏障。充分运用统一业务应用系统、检察内网等信息化手段办案办公，强化对12309检察服务中心、律师接待窗口等对外接触场所的重点监测，落实好对外案件、文件等消毒工作，筑牢外防输入"铜墙铁壁"。二是建立健全队伍管控机制。对全院各类人员情况进行地毯式排摸，全面实施"零报告"动态监测，确保不留死角盲区。妥善制定外省市干警返沪预案，针对重点地区人员积极协调落实集中隔离、核酸检测等必要举措，全力守好疫情防控"检察阵地"。三是建立健全监所巡查机制。第一时间与看守所召开专题会议，从日常预防、疑似人员排查、疑似情况应对等方面制定14条具体措施，全力保障监所安全。充分利用信息化手段，着重加强监控巡查和系统巡查力度，针对可能存在的问题或隐患，及时稳妥向看守所、区公安分局等责任主体制发检察建议，做到零差错、无死角。

（三）党团先行，发挥党组织指挥堡垒作用

一是党组织发挥战斗堡垒作用。机关党委先后两次发出战"疫"号召，各党支部、团支部主动认领任务，积极组织动员，迅速集结起102人志愿队伍。坚决贯彻习近平总书记"让党旗在防控疫情斗争第一线高高飘扬"的重要指示精神，以社区驻点为单位成立临时党支部，坚持统一指挥、统一管理，全方位实行网格化作业，做到既能各自为战，又能各方联动。二是党员发挥先锋模范作用。党员干部坚持亮身份、作表率，先后带领其他干警组成"党员先锋队""青年突击队"和"检察官战'疫'服务队"，分7个批次下沉至区内3个街道、近20个社区，全面开展人员排摸、进出测温、口罩预约等工作，用"党旗红"护佑一方。同时，响应党中央号召，全体党员积极参加捐款，在职、离退休参与率均达到100%，另有8名干警成功参与无偿献血，为抗击疫情取得胜利提供了强有力的基础保障。三是注重发挥宣传引导作用。开设《杨检战"疫"纪实》专刊，注重捕捉身边先进、典型事迹，有效激发干警立足本职、投身防疫的战斗热情，营造人心安定、人人尽责的良好氛围，截至2020年4月22日，共编发12期。关心关爱居家隔离干警，建立"快乐居家同心抗疫"云端群组，院党组成员带头入群，分时段主导开展政治学习、业务答疑、生活分享等"一日三时"活动，帮助加强学习思考、做好情绪疏导。策划制作4期"战疫情"小贴士系列微视频，以来回通勤、食堂就餐等日常情境科普防疫知识，传播权威信息，牢牢把握战时意识形态领域主动权。

（四）立足职能，护航疫情防控大局

一是依法严厉打击涉疫犯罪。坚持疫情防控和依法履职两手抓，突出维护防疫秩序，依法严厉打击销售假冒伪劣口罩、诈骗等涉疫情刑事犯罪37件，在特殊形势下确保法治不缺位。①建立涉疫情刑事犯罪快速反应机制，成立刑事案件办案组，确保相关案件优先

---

① 本文办案数据统计起止时间为2020年1月1日至2020年12月31日。

办理，依法提前介入和快捕快诉。加强与公安、法院、行政执法等部门的协调配合，依托信息共享、宣传协同、典型案例发布等举措凝聚工作合力，及时回应社会关切，震慑潜在违法犯罪行为。二是精准助力企业复工复产。开通涉企案件"绿色通道"，快速远程办理涉企案件，研究解决疫情防控措施下出现的法律适用问题，切实保障当事人合法权益。保持司法服务基地工作实时在线，通过实地走访、检察官联系卡等方式对接区域内多家企业，主动了解复工复产情况，提供涉疫法律咨询。积极与相关单位沟通协调，引导企业作为承租人向区商贸委申请租金减免、作为参保人向区人社局申请社保费用减免等，帮助提振信心、共渡难关。三是确保"检察为民"不打折扣。迅速调整信访工作模式，制定《关于在疫情防控期间防范处置信访风险的工作预案》，通过信件、电话、网络等平台进一步畅通特殊时期群众诉求表达渠道。安排专人值守 12309 检察服务中心，在进行程序性答疑解惑的同时注重安抚当事人情绪，用积极行动缓解焦虑不安，努力在法治轨道上解决问题、化解矛盾。

二、以高度行动自觉，抓好检察办案工作

基层检察机关要围绕中心主动履职，积极推进基层平安、法治建设，为基层经济社会发展提供司法保障；要提升办案质量维护司法公正，办好群众身边的关键案件，运用法律监督保障人民群众合法权益，让人民群众在每一个司法案件中感受到公平正义；要善于监督做到刚性，加强与公安机关、法院和其他相关部门的沟通协作，营造双赢多赢共赢的法律监督氛围。要顺应经济社会发展形势，融入区域经济发展特点，创新基层检察机关履职方式，在推进国家治理体系和治理能力现代化建设中发挥检察作用。

（一）围绕中心大局，履职尽责

坚持从经济社会发展大局出发，服务"六稳""六保"，推动依法治理，为经济社会高质量发展提供优质检察保障。

一是有力保障经济社会发展。坚持依法保障企业权益和促进守法合规经营并重，研究制定服务保障优化营商环境专项行动方案，为企业创新发展提供规范性指引。审慎办理涉企案件，对涉案企业人员依法不捕 10 人，不诉 14 人，建议变更强制措施 4 人，最大限度保障企业正常生产经营秩序。坚决遏制涉众型经济犯罪高发态势，办理非法吸收公众存款等案件 63 件 99 人，同比分别下降 43.2% 和 54.8%。严厉打击侵犯知识产权犯罪，办理假冒注册商标等案件 59 件 120 人，同比分别上升 195% 和 233%。在全市率先探索知识产权领域公益诉讼，保护"上海牌"等中华老字号品牌合法权益，助力打造一流营商环境。二是主动融入社会治理现代化。研究制定助力杨浦社会治理现代化建设"八条意见"，更加自觉融入杨浦发展新格局。深入践行新时代"枫桥经验"，稳妥处理群众信访集访 866 批 1 500 余人次，多元化解检察环节矛盾纠纷。保护弱势群体利益，加大司法救助力度，对 27 名案件当事人开展救助，体现司法人文关怀。针对社会治理中存在的公证机构设立不规范等风险制发检察建议 14 份，结合办案发布守护公共安全等检察白皮书 7 份，引领社

会主义法治理念，努力做好司法办案的"后半篇"文章。

（二）践行为民宗旨，推进平安杨浦建设

牢固树立司法为民宗旨，依法严厉打击刑事犯罪，保障人民安居乐业。共批捕 1 325 人，同比上升 9.1%，不捕 385 人，同比上升 27.1%；提起公诉 1 401 件 2 003 人，同比分别上升 7.7% 和 15.3%，不诉 62 人，同比上升 44.2%。一是纵深推进扫黑除恶专项斗争。认真落实"六清行动"要求，检察环节涉黑涉恶案件全部清结，侯泽犯罪集团诈骗等一批涉恶案件受到严惩。保持"套路贷"专项惩治高压态势，批捕 123 人，提起公诉 64 件 122 人。坚决守住"不拔高""不降格"底线，对案件定性严格把关、对侦查活动全程监督。牵头制定涉黑涉恶案件线索移送、办案数据比对等规范性文件，统一执法标准，形成打击合力，推进长效机制建设。结合办案中发现的行业管理问题和隐患制发检察建议 8 份，铲除黑恶犯罪滋生的土壤。二是全力守护人民生命财产安全。严厉惩治故意杀人、故意伤害、强奸、抢劫等严重暴力犯罪，批捕 43 人，提起公诉 81 件 88 人，彰显生命不容侵犯、暴力必受严惩司法理念。对破坏社会主义市场经济秩序犯罪决不姑息，办理了"承兴系"特大合同诈骗案、"中精国投"非法吸收公众存款案等重大案件，涉案总金额近百亿元人民币，有力维护金融安全。聚焦涉民生犯罪从网下向网上蔓延的新情况，加大惩治电信网络诈骗以及利用网络泄露个人信息等犯罪力度，批捕 228 人，提起公诉 107 件 205 人，并对一起侵犯公民个人信息案提起刑事附带民事公益诉讼，让网络空间不容犯罪藏身。严厉打击"黄赌毒"犯罪，批捕 308 人，提起公诉 175 件 324 人，有效净化社会环境。三是用心呵护未成年人健康成长。全方位加强未成年人司法保护，对侵害未成年人犯罪零容忍，批捕 22 人，提起公诉 23 件 30 人。积极履行"国家监护人"职责，在全市率先成立困境儿童救助民非组织，凝聚各方力量护航未成年人健康成长。对 16 名困境儿童提供法律援助和医疗救助，就两起遗弃、拐卖亲生子撤销监护权案件支持起诉。针对娱乐场所违规接纳未成年人、校园周边商店违规向未成年人售卖烟草等问题向相关部门制发检察建议，守护成长净土。打造"暖杨行动"未检工作品牌，将法律宣讲搬上教育系统"云平台"，展播自创法治教育片，获评全市检察机关精品示范课程。2020 年，杨浦区人民检察院还被评为全国检察机关法治进校园巡讲活动先进单位。

（三）聚焦监督主业，保障法律统一正确实施

适应新时代法律监督要求，积极优化检察监督方式，构建全方位法律监督格局，彰显司法权威，维护公平正义。一是加强刑事诉讼监督。强化刑事立案和侦查活动监督。监督侦查机关立案 74 件、撤案 82 件；依法追捕 46 人，追诉 129 人。针对执法司法不规范等问题，制发检察建议、纠正违法通知书等法律监督文书 404 份。秉持客观公正立场，既追诉犯罪，又保障人权。在办理一起寻衅滋事案件中，通过自行补充侦查认定被告人为未成年人，保证法律适用的正确性，该案获评全市检察机关优秀监督案例。加强刑事审判和执行监督。对刑事裁判提出抗诉、再审检察建议共 17 件，采纳率 88.2%。加强社区矫正检察，发出监督文书 33 份，采纳率 100%。依法办理羁押必要性审查案件，建议变更强制措

施98人，采纳率98.9%。一起案件获评全国检察机关羁押必要性审查精品案件。二是优化民事行政监督。办理各类民事、行政监督案件190件。对生效民事裁判提出抗诉、再审检察建议共6件，采纳5件。结合生效裁判监督、执行监督中发现的问题，制发检察建议67件，收到回复76件，采纳65件。加强释法说理，引导案件当事人息诉和解17件。探索民事支持起诉工作，在全市率先制定民事支持起诉案件办理规则，将孤寡老人、家暴受害妇女等作为重点法律扶助对象，就一起老年人与保健品公司买卖合同纠纷出庭支持起诉。探索行政检察监督工作新路径，积极办理行政争议实质性化解案件，促成化解行政争议13件。三是完善监督工作机制。延伸刑事立案和侦查监督触角，在全市率先探索与公安机关建立专职检察官联络机制，定期双向通报执法办案情况，共同研究解决侦查中遇到的程序和证据问题，推动检察监督端口前移。建立刑事诉讼监督管理平台，整合立案、侦查、审判、执行等各类监督信息，实现在办案中实时同步监督。平台运行以来，共审查案件237件，制发监督文书34份。提升法律监督质效，研究制定加强检察建议督促落实工作细则，进一步规范办理程序，提高文书质量，督促建议对象落实整改措施，检察建议回复率和采纳率同比大幅上升。

（四）发挥公益保护职能，履行维护公共利益使命

牢牢把握"公益"核心，优化检察公益诉讼职能供给，开创公益保护新局面。共办理公益诉讼案件72件，发出诉前检察建议23份，诉前磋商22件，相关单位全部采纳并整改。一是持续加大办案力度。高度关注食品药品安全，重点办理农贸市场、超市、网络购物平台售卖不符合安全标准食品等公益诉讼案件，督促整改问题商户，坚决捍卫食药品安全底线。聚焦空气污染、水污染、噪声污染等人民群众"家门口"的烦心事，因地制宜开展堆场扬尘、污水直排、切割噪声等专项监督活动，办理相关案件25件，守护城市的碧水蓝天净土。探索开展城市公共安全、历史建筑保护等领域的公益诉讼工作，针对旧区改造过程中红色历史建筑疏于保护的情况，制发诉前检察建议，推动建立巡查报告制度，有效解决旧改保护"空窗期"问题，打造同类旧改历史建筑风貌保护模板，为延续城市精神注入法治情怀。二是积极督促依法行政。深化双赢多赢共赢的理念，落实检察公益诉讼"四个纳入"工作，行政机关对诉前检察建议按期回复率及整改率均达100%，有力促进法治政府建设。秉持"通过诉前程序实现维护公益目的是司法最佳状态"，以诉前检察建议等形式督促行政机关依法履职、依法行政。用好行政公益诉讼诉前磋商机制，围绕洗车行业存在证照不齐、设施不全等共性问题，助推区机关单位联合开展汽车维修及清洗行业专项整治，整改问题商户180余家，以最小的司法投入获得最佳的社会效果。"四个纳入"工作做法获最高人民检察院肯定并向全国推广。三是凝聚公益保护合力。适应构建基层社会治理新格局的需要，探索设立公益检察室，整合公益诉讼监督资源，延伸公益保护触角。主动对接12345市民专线、开通"一网统管"端口，多渠道拓展公益诉讼线索，其中来自群众反映的公益诉讼线索成案率同比上升56%。着力提升公益检察的公众知晓度、参与度，就电梯运行、消防安全等领域公益问题开展专题调研，全国、市、区三级人大代表调研视察公益诉讼工作，扩大检察公益诉讼工作影响力，积极构建检察主导、各方参与的公益保护共同体。

三、以高度使命自觉，抓好队伍素能建设

2016年4月，习近平总书记对政法队伍建设作出重要指示。他强调，新形势下，政法队伍肩负的任务更重，人民群众的要求更高。要坚持把思想政治建设摆在第一位，按照政治过硬、业务过硬、责任过硬、纪律过硬、作风过硬的要求，锐意改革创新，加强正规化、专业化、职业化建设，努力建设一支信念坚定、执法为民、敢于担当、清正廉洁的政法队伍。对标总书记的指示，夯实检察事业立身之本，努力打造一支信得过、靠得住、能放心的新时代检察铁军。

（一）实战实用实训，全面强化检察能力建设

张军检察长要求，要以空前力度推进政治性很强的业务建设。司法能力是检察队伍的"立身之本"，要下大力气推动队伍专业化建设，不断提升办案质效。一是进一步加强核心能力建设，通过开展司法能力需求大调研，明确能力短板和培训重点，坚持问题导向，有的放矢地查漏补缺。制定《2020年队伍建设工作要点》《杨浦区人民检察院2020年教育培训工作计划》，聚焦"双一流""双提升"，对标"五个过硬"和革命化正规化专业化职业化的标准，持之以恒推进新时代杨浦检察队伍建设，优化干警学习成长路径，奋力锻造新时代杨浦检察铁军。结合全市和全国检察机关业务能手评比，制定"全员练赛参赛活动"的具体实施方案，重点突出头案实战实效"三个实"，做到各业务岗位人员、转岗履新人员、重点培养人员等"三个全覆盖"，强化各层各类人员的集训、联训、调训。二是创新教育培训手段。组织开展检察官教检察官、随机听庭评议、互动案例教学等系列培训活动，通过业务能手激励机制、干警个人练兵档案等调动干警的积极性。全院各业务部门充分发挥主观能动性，积极开展练赛活动、及时总结岗位练兵经验，全体干警积极参赛参训、提升自我，体现自身的能力和价值。三是加强骨干人才和核心团队的培养力度。组织业务骨干积极参与市院各条线业务能手比赛，市级以上精品课程、精品案例评比和上海检察业务专家评审等，争做各条线的"一业一人"标杆性人物。充分发挥这些标杆性人物的正向效应，搭建学习交流、传帮带教的实践平台，营造潜心业务、奋发向上的积极氛围，引导全院干警向业务能手、理论专家发展。2020年全年共开展各类教育培训活动105次。

（二）完善干部管理机制，确保检察工作有序推进

2019年，各项工作取得跨越式发展；2020年，在把握"落实、稳进、提升"总基调下，完善干部管理机制、继续深入推进检察工作。一方面细化考核办法。紧盯基层院考核办法，将现有的考核工作做实做细，根据考核工作的各个环节和实际情况进一步制定规程，建立重点工作考核机制，对干警的工作进行更加公平合理的评判，让真正积极投入、做出成绩的干警更加受益。制定《上海市杨浦区人民检察院检察官业绩考评试点工作方

案》，持续深入探索形成特色鲜明的检察官业绩考评模式，进一步激励检察官担当作为、倒逼提升专业素质能力。另一方面深化管理机制。继续探索建立健全人员分类管理体系，进一步深化单独职务序列改革、员额动态管理等机制，为干警提供多样化的发展平台。修订完善《岗位目标管理考核办法》《中层干部选任办法》等，为科学评价检察工作质效、促使优秀干部干事创业提供途径。还要深化制度规范管理模式，使部门的职责分工、人员的管理调配做到有据可循，并同步加强监督管理力度，使从上到下、从里到外的干部管理严密有序，确保各项检察工作稳步推进。

（三）提振干部精气神，努力打造高素质人才梯队

"为政之要，惟在得人。"一支政治过硬、业务过硬、责任过硬、纪律过硬、作风过硬的新时代检察队伍是一切工作的基础。一是弘扬新时代检察职业精神。积极培育践行以忠诚、为民、担当、公正、廉洁为主要内容的检察官职业道德基本准则，深入开展新时代检察职业精神、职业信仰教育，完善宪法宣誓和入职晋级宣誓制度，不断增强广大干警职业认同感、荣誉感和归属感，涵养杨浦检察队伍独有的精神气质。二是加大先进典型培树力度。以"党员示范岗""青年先锋岗"等活动为载体，汇聚检察荣誉长廊、检务公开馆、"杨浦检察"微信公众号等的宣传平台，培树杨浦新时代先进典型，营造崇尚先进、学习先进、争当先进的良好氛围。三是加大对青年干警的培育力度。深化年轻干部发现和培养机制，为青年干警成长成才创造更加有利的条件，储备一批政治强、业务精、作风正、敢担当、善管理的优秀青年干部，让他们到重大斗争中经受锻炼，在克难攻坚中增长胆识和才干，做好杨浦区人民检察院的"百年大计"。

四、以高度思想自觉，抓好纪律作风建设

习近平总书记强调，政法姓党是政法机关永远不变的根和魂，在坚持党的绝对领导这样大是大非问题上，政法战线一定要头脑十分清醒、立场十分坚定、行动十分坚决。要始终做到、持续坚持严的主基调，把全面从严治党治检主体责任落实，抓早抓小，以更严更实的态度维护好检察机关良好政治生态。在深化巩固"不忘初心，牢记使命"主题教育成果的基础上，把坚持党的领导作为做好各项工作尤其是党风廉政建设的基本遵循，切实落实到具体检察工作各个环节。

（一）加强政治建设，确保党的绝对领导

一是严格执行《中共中央关于加强党的政治建设的意见》。以高度的思想自觉推动习近平新时代中国特色社会主义思想大学习大研讨大培训常态化，扎实开展党建工作，全面深化政治研修制度，组织开展"双周政治学习""集体政治生日"等活动，强化运用"学习强国"等学习平台，进一步树牢"四个意识"，坚定"四个自信"，自觉把"两个维护"落实到行动上、体现在工作中。二是进一步严明政治纪律和政治规矩。把贯彻落实《中国共产党政法工作条例》等党内法规作为重要政治纪律和政治规矩，狠抓制度落实，切实把党的绝对领导落地生根。以深化行政主任制度为抓手，不断加强党支部建设、凝聚一线战

斗力，实现党对检察工作领导的具体化、程序化、制度化。三是以巡视、审计整改为契机抓紧抓实政治建设。对于巡视和审计反馈的意见，及时形成整改"任务书""线路图""时间表"，并定期召开领导小组会议，研究阶段性整改成果，确保全面改、深入改，改彻底、改到位，切实把巡视、审计出的问题转化为加强队伍建设、严格机关管理的实招硬招，转化为强化法律监督和强化自身监督的实际成效。四是牢牢把握意识形态领导权，全面强化意识形态工作责任制，不断完善意识形态工作联席会议制度和院意识形态工作责任制考核内容方案，专人排查意识形态风险点、意识形态阵地管理批件，定期开展意识形态专题培训，着力打造"两微一端"新媒体宣传阵地，确保意识形态工作落实落细。

（二）加强廉政风险防控，维护司法公信和司法形象

随着司法体制改革不断向纵深发展，检察官主体地位日益凸显，权力与风险并存，如何解决好习近平总书记反复强调的"灯下黑"问题，如何让检察干部不成为别有用心之人围猎的对象，如何让检察干部不出现自我滑坡的现象，是摆在面前的重大现实课题，需要从政治建设、业务建设和信息化建设等方面加强综合设计。一是紧紧扭住关键环节不放。按照放权不是放任的要求，研究认罪认罚从宽制度的廉政风险防控机制，切实做到既凸显检察官办案主体地位，又确保办案质量过硬。对刑事案件律师代理情况进行汇总排摸，对承办检察官办理案件长期由同一名律师或者同一个律师事务所代理的情况研究建立动态监测分析机制和司法公开机制，用制度的笼子切断利益输送的链条。根据最高人民检察院下发的《人民检察院司法办案廉政风险防控工作指引》，结合工作实际，认真梳理司法办案中存在的廉政风险点，拿出切实有效的防控举措，让标本兼治、防患未然不成为一句空话。二是紧紧抓好"三个规定"执行。作为上海检察机关"三个规定"和"实施办法"填报指引的试点单位，举办多次专题辅导培训，在院局域网开设专栏，注重收集日常执行中干警遇到的现实问题，以模拟案事例问答方式，设计编撰"重大事项记录报告工作相关问题答疑"，帮助干警更好地理解和贯彻执行。统一设计制作填报信封，明确所在部门、填报人员、填报件数、填报日期等事项，方便统计和核查。组建了一支由各部门政治素质过硬、责任心强、群众认可度高的党员干部为成员的专管员队伍，负责部门填报事项汇总、数据统计和答疑解惑等工作，每半年对全院上报情况进行分析研判，服务党组书记科学决策。目前，填报情况已实现党组成员、各部门、部门负责人及每月填报均"去零化"。三是紧紧抓好日常监督检查。对干警每月考勤情况进行汇总分析，问题到人，主动认领；就每季度院机关管理情况进行检查、梳理、分析形成通报，督促干警不折不扣执行纪律规定、部门负责人切实履行"一岗双责"；多渠道全方位了解收集干警思想动态，形成半年度队伍思想状况分析报告，明确努力方向和改进措施，助推队伍健康稳定发展。认真落实上级文件精神要求，以查看部门双周学习记录、参与部门季度廉政讲评、实地察看贯彻落实情况等方式，重点就学习贯彻落实习近平总书记对制止餐饮浪费行为作出的重要指示、上海市人民检察院新出台《刑事检察廉政风险防控工作规定》开展检查，查找不足，督促整改，并就后续工作推进提出改进建议。

（三）加强作风养成，形成风清气正的良好工作氛围

习近平总书记指出：工作作风上的问题绝对不是小事，如果不坚决纠正不良风气，任其发展下去，它就会像一座无形的墙把我们党和人民群众隔开，我们党就会失去根基、失去血脉、失去力量。作风建设不可能毕其功于一役，需要有打持久战的韧劲，要学在日常，做在日常，督在日常。一是深挖落实"四责协同"机制的实效性。及时根据上级规定精神，修订完善"四责协同"相关规定，使其职责更加明晰、内容更加务实、监督更加有力。强化责任协同，党组成员和部门负责人要坚持每半年进行阶段性梳理总结，党组成员通过党组会专题汇报形式进行检查验收，部门负责人要向部门全体党员报告履职情况接受批评意见，倒逼责任落地、监督到位，努力以制度化、规范化的形式推动"四责协同"机制落地见效。二是保持监督管理的常态化。坚持严管就是厚爱，深度挖潜"杨检 e 管家"软件在过程监督、动态监督、全面监督中的积极作用，在优化升级考勤、请销假、教育培训等方面功能的同时，进一步发挥好在用车申请、资产管理、办公用品申领等方面的优势，切实用信息化手段实现管理现代化、规范化，以常态促长效，巩固全面从严治党、全面从严治检的成果。要突出抓好"关键少数"，特别是加强"一把手"的作风能力建设，确保依法规范用权，做经得起监督检查的表率，以"从严治长"带动"从严治检"，以领导干部的好风气带出检察队伍的好风气。认真落实《谈心谈话制度》《领导干部家访制度》，及时掌握干警思想动态，密切党群干群关系，积极营造健康向上、团结奋斗的良好氛围。三是增强青年干警教育的针对性。针对新形势下青年干警的思想和身心特点，积极探索研究富有针对性的思想政治工作和纪律教育引导新方法新举措。通过深化院领导重点谈、部门负责人全面谈的谈心谈话等机制，加强对青年干警的思想了解、动态把握、心理疏导，及时妥善解决好青年干警存在的倾向性苗头性问题。通过开展"YP12.30：后浪心声"午间沙龙，选定不同主题，在聆听青年干警心声之余，针对性组织专项学习，既了解其最新思想动态，又助其提升政治素养和义务素能。2020 年共举办"YP12.30：后浪心声"午间沙龙 11 期。通过开展检察职业道德教育、学习身边人身边事、开设健康向上的兴趣爱好小组等方式，积极引导青年干警培养高尚情操、培育健康情趣，把心思和精力放到工作中去，树立和维护检察队伍良好形象。

（责任编辑：季敬聚）

确保信息传播通畅是重大疫情防控制度的重中之重

朱文波[*]

一、问题的提出

习近平总书记在中央全面深化改革委员会第十二次会议强调"完善重大疫情防控体制机制，健全国家公共卫生应急管理体系"。重大疫情防控体制是为全面提升应对重大疫情和公共卫生安全事件的能力而建立的，包括公共卫生应急指挥体系、公共卫生监测预警体系、现代化疾病预防控制体系、应急医疗救治体系、公共卫生社会治理体系等在内的综合防控体系。

新型冠状病毒肺炎（以下简称新冠肺炎）疫情发生以来，全党全军全国各族人民众志成城，奋力阻击，充分彰显了中国特色社会主义的制度优势。然而，在抗击新冠肺炎的过程中也显露出一些亟待改善的问题，其中较为突出的是地方政府于疫情发生初期进行信息披露的及时性与准确性。2003 年 SARS 疫情加速推进了《政府信息公开条例》的出台，其后的十多年是我国行政公开迅速发展的时期，信息公开的方式愈发多样，渠道愈加畅通，国家在建设公开、透明、可问责的服务型政府方面付诸的努力可见一斑，然而政府信息是否能够实现及时、准确公开，依赖于信息传播渠道是否畅通。在重大疫情期间，根据信息传播的传递方向，可以分为纵向信息传播与横向信息传播两大类。其中，纵向信息传播包括自下而上的信息报告以及自上而下的信息公布，而横向信息传播泛指信息在社会群体间的横向流动。此次疫情前期，地方政府之所以未能做到及时预警、准确公布，很大程度上与现有预警、公布机制有关。对于重大疫情防控的制度，应当采取尽可能保障信息传播通畅的制度安排，而现行法律法规未能充分为实现这一要求提供保障。

二、重大疫情信息相关制度存在的问题

重大疫情信息相关制度包括信息报告制度、信息公布制度、信息传播制度，均建立在危机沟通理论与知情权理论等基础之上。在重大疫情事件发生后，政府与公众间的双向信任是极为关键的，对于重大疫情事件发生原因、造成影响及处置的方式等相关信息若不能

＊ 朱文波，本科，上海市普陀区人民检察院检察长。

及时向社会公众进行公布及信息的反馈交流会导致疫情防控工作的停滞与阻碍。①

（一）重大疫情信息报告制度之困境

对于重大疫情的信息报告，《传染病防治法》有明文规定，确立了疫情报告属地管理原则和逐级上报制度。《突发公共卫生事件应急条例》中对于信息报告的规定则更为细致和具体，明确了从发现部门到国务院卫生行政主管部门的逐级上报程序以及各报告环节的具体时限要求。同时，2015年我国还建成全球规模最大的法定传染病疫情和突发公共卫生事件网络直报系统。

1. 逐级上报的制度设计时效性较差

对于突发的重大疫情，病因往往是未知的新型病毒，现行《传染病防治法》规定了疫情分类由国务院卫生行政部门来讨论和增删，疫情信息经过逐级上报后，再要通过国务院卫生行政部门来进行确定和分类，这就无法做到及时应对。而突发公共卫生事件的特点是往往事先无法计划和准备，但在短时间内会造成严重的后果。迅速应对必须依赖现场、依赖地方的及时处理。如果制度上规定地方的信息不能在地方处理，需从基层逐级上报，中央部门经过处理再作决定，这样先自下而上、再自上而下的制度，当碰到突发的重大疫情时，容易错过防控的黄金时段，造成应对延迟的情况。

2. 缺乏科学规范的信息报告模式

我国建立了国务院有关部门及地方各级政府分级负责的突发公共事件处置管理体系，就突发公共卫生事件而言，国务院卫生行政主管部门负责制定突发事件应急报告规范，建立重大、紧急疫情信息报告系统，省、自治区、直辖市人民政府在有法律规定的情形时应及时向国务院卫生行政主管部门报告。《突发公共卫生事件应急条例》规定，对于隐瞒、缓报、谎报或授意他人隐瞒、缓报、谎报的，政府主要领导人及卫生行政主管部门主要负责人依法给予降级或者撤职，甚至开除等行政处分，构成犯罪的依法追究刑事责任。②然而，这些条款缺乏一定的可操作性，实践中重大疫情事发突然，处置过程中会牵涉多部门、多领域、多区域，难以明确具体的责任人，并且在多数情况下，部分有关部门缺乏相关专门法律法规的授权，对应的执法权限亦难以明确，因此会直接造成信息报告的延误，为重大疫情防控处置带来严峻挑战。③

我国现行的重大疫情信息报告模式主要参照《突发公共卫生事件应急条例》《传染病防治法》《突发事件应对法》等相关规定展开进行，然而这一套信息报告模式全面性、规范化、易操作性尚显不足，尤其在新冠疫情初期，其缺乏科学性与实效性的弊端可见一斑。报告制度是重大疫情防控工作的基础与前提，缺乏相应的信息报告参照模式会导致在重大疫情发生之初，不同部门发布的口径与方式无法统一，缺乏重点，使后续的救援、处置等问题陷入被动，不同负责部门各自进行的信息报告程序出现的交叉与重复也导致了公

① 任进：《突发公共事件应急机制：美国经验及其对我国的启示》，载《国家行政学院学报》2004年第3期。
② 段传亮：《论突发公共事件中的舆论引导》，载《中共山西省直机关党校学报》2011年第1期。
③ 姜明安：《论政务公开》，载《湖南社会科学》2016年第2期。

共资源的浪费。①

（二）重大疫情信息公布制度之困境

1. 信息公布的主体较狭隘

面对由未知病毒引发的重大疫情时，往往经历两个阶段。第一阶段，国务院卫生主管部门尚未将其纳入传染病序列之前，作为突发公共卫生事件进行处理，信息公布主体受到《突发公共卫生事件应急条例》等相关法律法规的规制。第二阶段，国务院卫生主管部门确认病毒并将其纳入传染病序列之后，作为传染病进行预防和控制，信息公布主体受到《传染病防治法》的规制。我国现行的《突发公共卫生事件应急条例》对于信息公布主体有着严格限定，归口于国务院卫生行政主管部门，地方政府卫生行政主管部门仅在国务院卫生行政主管部门的授权下，才有权向社会发布本行政区域内突发事件的信息。据此，地方政府在新冠肺炎未被纳入传染病序列之前且未经中央授权，不得进行信息公开，这显然不利于疫情前期的预防与管控。

2. 信息公布的要求不甚详尽

与信息报告制度相对比，我国现行的《传染病防治法》与《突发公共卫生事件应急条例》对于信息公布制度的规定也不甚明确。《传染病防治法》规定"国务院卫生行政部门和省、自治区、直辖市人民政府根据传染病发生、流行趋势的预测，及时发出传染病预警，根据情况予以公布"，《突发公共卫生事件应急条例》规定"信息发布应当及时、准确、全面"，类似不明确、不具体的抽象表达，很难在现实中进行定量判断。

信息公布要求的规定不明确、不完善的直接后果就是信息公布内容质量难以保证。本次新冠疫情发生以来，部分城市卫生健康委员会公布的信息质量参差，未进行分类处理，没有针对新冠疫情涉及的不同利益群体的疫情信息需求进行差异性区分，互相掺杂、查阅繁琐，且信息格式缺乏标准化，再利用性较差。②而在公众号、微博、自媒体网站等公共渠道中，疫情信息公开的内容则较为丰富，不仅包括疫情通报，也包含自我防护知识、医学常识等，然而由于自媒体管理制度的缺位，也导致非官方渠道中除了官方疫情通报内容的复制外还存在大量的谣言与负面内容。如果能够对信息公开内容、形式等方面进行更为完善的规定，那么至少能够确保重大疫情发生后，公众密切关注的医疗信息、疫情进展过程、物资资源信息、人力资源信息、环境信息等及相关政策、防护知识等内容均有序、有效地展示给社会公众，③在确保信息透明度增加的同时也能够帮助树立政府的权威与公信力。

（三）重大疫情社会信息传播制度之困境

1. 传播流畅性欠佳

重大疫情时期的社会横向信息传播必须实现信息的自由流动。从正面来讲，信息的自

---

① 李文钊：《论应急事件的国家治理体系》，载《北京日报》2020年3月9日第3版。
② 苏新宁、朱晓峰、崔露方：《基于生命周期的应急情报体系理论模型构建》，载《情报学报》2017年第11期。
③ 张庆广：《政府信息公开：跳出法律之外的多维度思考》，载《中国行政管理》2017年第9期。

由流动是传染病防治的内在要求。在传染病预防领域有一个 3C 原则，即 communication（通信，即信息），cooperation（合作，其核心仍然是信息）和 coordination（协调，其核心也是信息）。由此可见，信息的传播以及对信息的及时处理，永远是应对突发事件的最核心环节。阻碍甚至禁止信息的有效传播，会导致防控工作应对的缓慢。从反面来说，信息传播方式的改变倒逼着信息实现自由流动。和 2003 年 SARS 相比，本次疫情信息传播的路径也大相径庭。当年的主流媒体是电视和报纸，社会群体间的信息传播主要依靠网站论坛，信息流向是中央向周边的传播，群体间信息传播范围和受众群体均十分有限。而今天的主要传播渠道是微信、微博、抖音等社交媒体，人人都是自媒体，都是信息的中转站。每一个人接触到的碎片化信息比以往任何时代都要多得多。在这种时代趋势之下，只有采取及时权威通报的方式，才有利于信息的正确导向和有效扩散。

2. 传播缺乏有效性

突发公共卫生事件发生后，信息不仅在纵向传播，也在进行横向传播，且在自媒体时代，横向传播的速度依托于互联网产业的蓬勃发展往往快于纵向的向上传播。此种情形下，就极易出现官方媒体信息与自媒体信息之间的矛盾与重叠。[①]与官方媒体传播信息的有序性、模式性、程序性相比，自媒体对于重大疫情信息的传播则具有及时性、无序性、爆发性，两者的路径必然存在冲突，而对于公众而言，纷繁交错的信息会导致民间舆论的沸腾以及社会恐慌心理的蔓延，容易产生群体极化现象。

三、重大疫情信息相关制度完善的探索方向

（一）重大疫情信息报告制度应体现"及时性"

重大疫情信息报告制度的完善应遵循以下原则：第一，及时性原则。[②]相关知情人在获取重大疫情信息的第一时间即应当通过合适的途径将相关信息报告给政府及有关部门。重大疫情事件中的初始信息往往能够为疫情防控工作提供基础思路与源头治理的方向，直接关系着事件造成的伤亡及财产损失的大小。第二，准确性原则。重大疫情防控工作的知情人报告的信息在内容上应当符合完整性、真实性和有效性的要求，不应当进行重大遗漏、虚假报告，但对于初始信息的报告在内容准确性上不宜过度要求。第三，合适性原则，重大疫情信息报告制度的合适性原则要求知情人在报告相关信息时应选择合适、经济、简便可行的方式，以便信息利用的高效与时效。

1. 完善信息收集系统

突发公共卫生事件信息一般分为初步信息、进一步信息与详细信息三类。初步信息系在突发公共卫生事件发生时就应当公布的信息，内容不需要详尽但必须具备一定程度的及时性；进一步信息是指重大事件发生过程中每隔一段时间就应当发布一次的信息，要求间

① 任越：《公共需求视角下我国综合档案馆社会服务问题探究》，载《北京档案》2018 年第 1 期。
② 沙勇忠：《公共危机信息管理》，中国社会科学出版社 2016 年版，第 126 页。

隔短、时效性强；详细信息则指在事件基本得到控制而稳定后发布的综合性的全面性的信息，该信息一般是突发公共卫生事件的最终调查结果，内容包含事件起因结果、损害程度、相关责任处置、配套措施的改进方向等。①官方渠道的信息由于需要考虑社会稳定等多种因素，往往在及时性、时效性等方面缺乏优势，因此应当鼓励将社会公众的信息收集形式、内容等纳入相关制度的规定之中，建立相关制度以积极鼓励与促使单位与个人能够在事件发生的第一时间及时向政府有关部门报告突发公共卫生事件相关信息。

2. 实现信息报告制度的信息化

将公共卫生事件信息报告制度与"互联网＋"的时代背景相融合，建立完善跨部门跨区域的综合性突发公共卫生事件信息管理系统，充分发挥互联网科技的作用，充分利用地理信息系统、全球定位系统、卫星遥感系统等先进科技的作用，通过信息化手段的应用及时获取各区域、各领域的相关信息，为后续的处置与救援奠定坚实基础。同时，推动建立突发公共卫生事件信息共享平台，将各级政府、相关部门、有自我约束能力的自媒体等均纳入共享平台，实现信息互联、资源共享，避免重大疫情防控事件处置地域和条块分割造成信息壁垒。②在立法方面，应当将网络直报纳入《传染病防治法》，进一步审视目前网络直报的形式要件是否必要，尽可能简化直报手续，确保大数据手段对疫情信息的及时汇总和甄别，使其发挥实效。对于《传染病防治法》中信息报告的相关规定也应当进行修订，适当简化地方的逐级上报流程，探索建立起更省时省力的联合上报制度。

（二）重大疫情信息公布制度应关注"明确性"

重大疫情信息公布制度的完善路径应遵循以下原则：第一，权责平衡原则。信息发布主体在行使相关权利的同时应当受到对应的监督，受相应法律责任的约束，尤其对于信息公布制度权利主体应当设立相应的监督机制予以约束。第二，平衡性原则。即所有重大疫情信息的公布应以减少疫情造成损害为出发点，避免次生危害发生，在减少损害与单纯追求信息公布及时性、全面性间寻求平衡点，以确保公布制度时效性的最大程度发挥。第三，限度性原则。重大疫情信息的公布不仅应当选择合适的时机，综合考虑时间及信息受众的心理接受程度，以避免给公众心理带来巨大冲击，同时也应当对信息内容进行筛选，对于易引起公众恐慌与不安的信息进行合理的评估，并非必要发布的应当不予或延后发布。③

1. 明确信息公布要求

对《突发公共卫生事件应急条例》进行修订，适当拓宽信息公布的主体范围，明确赋予地方政府一定程度上的信息公开权限。建议参照世界卫生组织的做法，在疫情确认之

---

① 黄丽：《突发性公共卫生事件应急管理中的政府信息公开研究——以潮州市登革热事件为例》，载《理论观察》2018 年第 12 期。
② 李冲、马永驰、李鹏等：《面向社会合意性的公共危机信息公开模型》，载《情报科学》2016 年第 6 期。
③ 诸葛福民、原光：《公共危机治理中的信息公开问题——政府、媒体和公众的利益博弈》，载《山东社会科学》2011 年第 11 期。

前，赋权地方政府向公众及时公布预警性信息，提醒公众做好个人防护、减少人员聚集，这将为延缓疫情发展和扩散发挥一定的作用。重大疫情信息公布是政府必须履行的法定义务，政府作为疫情信息公布的义务主体与主要实施者，应当明确自身责任，将重大疫情防控工作信息公布的公共需求满足程度作为政府疫情信息公布工作成效判断的标准之一。加强政府对于重大公共卫生事件信息公布工作的责任意识，政府工作人员应当充分尊重公众的知情权、参与权、表达权与监督权，树立"公开是原则，保密是例外"的正确观念，主动保障疫情信息透明化推进，从而促使政府政策透明化推进。树立以公共需求作为疫情信息公开的评判标准，积极主动、及时进行信息公布，[①]自觉接受监督。同时须对《传染病防治法》进行进一步修订，明确传染病信息公布的时限要求，让公共卫生领域的信息公布更具操作性。

2. 拓宽信息公布渠道

重大疫情信息公布工作的完善是社会建构层面的公共需求，可以拓宽疫情信息公布渠道，允许社会公众、非官方网站、新媒体、自媒体等新型传播媒介在信息公布活动中发挥作用，构建多位一体、多层面、跨领域的信息公布大平台，以满足社会群体的多方需求。设立多种信息公布途径，发布新媒体、自媒体公布信息的程序、规范与模式，依据不同渠道的特色，充分依托相应的优势发挥基础性平台的作用，实现信息公布方式互通互补，激发聚变效应。同时进行统筹管理，将官方媒体与自媒体进行有效地、深度地融合与相互链接，利用信息归口、多次使用等技术提高工作效率，以提升疫情防控决策的科学性与合理性，实现政府与社会公众的双向沟通与交流互动。

（三）重大疫情社会信息传播制度应保障"自由性"

推动建立重大疫情信息传播的多维治理结构。[②]需要形成以权威为核心的重大疫情防控信息传播结构，只有信息传播权威化，才能避免社会公众恐慌、恐惧的无序蔓延，应当尊重知识、尊重人才，在全社会重塑科学权威、专业权威，确保专业领域的独立性与不受干扰。建立以主流媒体为核心的信息传播机制，"不管是主题宣传、典型宣传、成就宣传，还是突发事件报道、热点引导、舆论监督，都要从时度效着力、提现时度效要求"。[③]提高主流媒体的舆论传播力、引导力、影响力与公信力，在多种多样的传播信息链互相交叉的背景下，主流媒体应当及时关切回应社会公众关注的重点问题、疫情发展过程中民众的恐惧、焦虑心理，通过提升传播内容的社会关切性来建立并增强主流媒体与民众之间的相互信任机制，确保重大疫情发展进程中的社会稳定性。另外，应当建立与完善信息传播自治结构。网络媒体、自媒体等非主流媒体在重大疫情传播方面有着及时性、迅速性、爆发性等难以替代的作用，应当允许及鼓励非主流媒体在重大疫情防控信息传播的工作上发挥一

---

① 赵润娣、黄雪凤：《公共需求视角下的我国突发公共卫生事件信息公开问题探析》，载《现代情报》2020 年第 6 期。
② 张爱军：《重大突发公共卫生事件信息的传播特点与治理策略》，载《探索》2020 年第 4 期。
③ 杜尚泽：《习近平在党的新闻舆论工作座谈会上强调：坚持正确方向创新方法手段，提高新闻舆论传播力引导力》，载《人民日报》2016 年 2 月 20 日第 2 版。

定的影响力。建立包括微信群、微博、微信朋友圈等重大疫情防控事件的信息传播自治结构，发挥其自发性、群体性、互助性等特点，彰显其聚集性、扩散性、时效性的优势，防止重大疫情防控信息的封闭化，避免危害性次生舆论的发生。①

在重大疫情面前，什么样的制度安排能让社会迅速应对负面冲击，是各国都在探寻的课题。无论路径怎样改变，措施如何多样，确保信息畅通传播始终是重大疫情防控工作的重中之重。

（责任编辑：季敬聚）

---

① 戴建华：《作为过程的行政决策——在一种新研究范式下的考察》，载《政法论坛》2012 年第 1 期。

新时期突发公共卫生事件中的检察作为

丁　成　陈龙鑫*

2020 年新型冠状病毒肺炎疫情（以下简称"新冠"疫情）的爆发，不免让人联想到 2003 年席卷全国的非典型肺炎疫情（以下简称"非典"疫情）。同样作为突发公共卫生事件，除病毒本身的区别之外，由于各方面外部环境的变化发展，所呈现出来的特点也不尽相同。在爆发突发公共卫生事件时，相关行政部门是化解这类社会风险的一线部门，但有效组织应对突发公共卫生事件离不开法治的保障，而检察机关在法治保障体系中发挥着重要作用。

一、新时期突发公共卫生事件概述

（一）新时期突发公共卫生事件特征

所谓的突发公共卫生事件，根据《中华人民共和国突发事件应对法》（以下简称《应对法》）、《突发公共卫生事件应急条例》（以下简称《应急条例》）的规定，是指突然发生，造成或者可能造成社会公众健康严重损害的重大传染病疫情、群体性不明原因疾病、重大食物和职业中毒以及其他严重影响公众健康，需要采取应急处置措施予以应对的公共卫生事件。①从这个定义来看 2003 年爆发的"非典"疫情和此次"新冠"疫情均属于突发公共卫生事件。

2003 年 8 月 16 日下午 16 时，卫生部宣布全国非典型肺炎零病例，累计确诊病例 5 327 例，治愈出院 4 959 例，死亡 349 人。而截至 2020 年 12 月 31 日，新冠疫情国内累计确诊人数为 96 762 例，累计治愈 90 597 例，累计死亡人数 4 789 人。②从上述"新冠"与"非典"疫情相关数据对比来看，新时期突发公共卫生事件一般具有如下特征。

1. 社会危害性更大

"新冠"疫情造成的人员伤亡危害更大。此外，随着社会元素之间联系程度的日趋紧

---

* 丁成，法学硕士，上海市松江区人民检察院检察官；陈龙鑫，法学硕士，上海市松江区人民检察院第六检察部副主任，检察官。

① 《中华人民共和国突发事件应对法》第三条第一款规定，本法所称突发事件，是指突然发生，造成或者可能造成严重社会危害，需要采取应急处置措施予以应对的自然灾害、事故灾难、公共卫生事件和社会安全事件。《突发公共卫生事件应急条例》第二条规定，本条例所称突发公共卫生事件（以下简称突发事件），是指突然发生，造成或者可能造成社会公众健康严重损害的重大传染病疫情、群体性不明原因疾病、重大食物和职业中毒以及其他严重影响公众健康的事件。

② 参见新华网：《截至 12 月 31 日 24 时新型冠状病毒肺炎疫情最新情况》，http://www.xinhuanet.com/politics/2021-01/01/c_1126935385.htm，2021 年 1 月 2 日访问。

密，当爆发突发公共卫生事件时，随之而来的隔离措施对于这种联系破坏更大，由此对经济社会发展产生的影响也就会更严重。

2．传播速度更快

从数据上来看，"非典"疫情的扩散速度相对平缓，而"新冠"疫情却呈现出一种井喷的态势。究其原因在于：其一，近20年来经济社会的快速发展，使得发达城市尤其是一二线城市的人口密度剧增；其二，伴随着高铁等现代交通工具的普及，人员的流动性加强；其三，此次疫情正值春节期间，人员聚集现象更加突出。[1]

3．舆情压力更大

随着人工智能、移动通信以及网络媒体的发展，当前信息的传递速度和传递渠道已经远超"非典"时期。信息传递速度的加快和传递渠道的丰富，在为处置突发公共卫生事件提供帮助的同时，也为事件的处置带来巨大的舆情压力。

4．管控难度更高

在爆发突发公共卫生事件时，会介入政府的行政应急权，相应地公民的权利会在一定程度上受到克减。[2]而在社会主义法治建设水平得到长足发展的今天，公民的权利意识显然较之以往有了很大程度的增强。这就使得两种权利之间的矛盾更加突出，由此带来的后果就是疫情防控的难度更高。

（二）新时期涉突发公共卫生事件犯罪形势的特征

2003年4月13日至6月15日，全国检察机关共批捕涉"非典"犯罪案件268件567人，不批准逮捕10件28人；[3]提起公诉的涉"非典"犯罪案件仅353人。[4]发案较多的犯罪主要是妨害公务罪，聚众扰乱社会秩序罪，生产销售伪劣产品、假药、不符合标准医用器材犯罪，寻衅滋事罪，编造、故意传播虚假恐怖信息罪。

2020年全国检察机关审查逮捕妨害新冠肺炎疫情防控犯罪7 229人，逮捕人数占审结的81.7%，较总体刑事犯罪高5个百分点。决定起诉人数11 229人，占审结的88.9%，较总体刑事犯罪高2.6个百分点。罪名上以诈骗罪和妨害公务罪为主，分别占43.7%和9.6%；非法收购、运输、出售珍贵、濒危野生动物、珍贵、濒危野生动物制品罪占8.0%；非法狩猎罪占7.1%；生产、销售伪劣产品罪占6.9%；寻衅滋事罪占3%。[5]

从上述办案数据的对比来看，总体而言两个突发公共卫生事件在涉疫情犯罪的范围和种类上有很大的相似性。此外，从两个时期最高司法机关出台的办案指导文件上来看，所

[1] 参见朴毅：《改革开放以来我国医疗卫生服务系统的进步与不足——基于2019新型冠状病毒与非典病毒的疫情与防控的比较分析》，载《中国科技产业》2020年第3期。
[2] 参见梁岩、贾敬鸿、付立新：《突发公共卫生事件应急与处理的法律制度建设》，载《现代经济信息》2010年第12期。
[3] 参见《与"非典"相比，涉新冠肺炎疫情违法犯罪有哪些特点？大数据来啦》，https://baijiahao.baidu.com/s?id=1666180421751240746&wfr=spider&for=pc，2020年5月10日访问。
[4] 参见徐日丹：《涉疫情犯罪系列典型案例背后的法治思考》，载《检察日报》2020年3月9日第1版。
[5] 参见《最高人民检察院工作报告（审议版）》，最高人民检察院微信公众号，2021年3月8日访问。

打击的罪名也出现了重合，主要包括造谣滋事、哄抬物价、制假售假和妨害传染病防治等罪名。但是，由于两次疫情发生的经济生活背景、疫情波及面、严峻程度有较大不同，新时期涉突发公共卫生事件的犯罪形势呈现出以下的特征。

1. 案发量更大

从检察办案数据来看，相同时间段内，新冠疫情期间审查逮捕人数是"非典"疫情时期的近 2 倍、提起公诉的人数是"非典"疫情时期的近 5 倍。笔者认为，这一特征不仅仅局限于重大传染病类的公共卫生事件中，还很有可能存在于其他类型的突发公共卫生事件中，原因在于现代社会中人与人之间的联系更加紧密、便捷。

2. 经济化程度更高

仔细分析两个时期检察机关的办案数据，不难看出当前新时期突发公共卫生事件中，所涉罪名主要集中于财产犯罪和经济犯罪，如诈骗罪和制假售假相关的罪名。究其原因，一是人工智能和网络的发展，促使人们的经济社会生活虚拟程度增强，易滋生财产犯罪；二是新时期发达的工业化水平为制假售假提供了便利条件。

3. 信息网络化更明显

此次新冠疫情期间，犯罪手段呈现出信息网络化的特征异常明显。无论是案件数量占比最高的诈骗罪，造谣传谣涉嫌的寻衅滋事罪，还是哄抬物价、非法经营罪和销售假冒伪劣产品罪，大部分犯罪的实施系借助微信、淘宝、支付宝等信息网络平台。网络犯罪的高发性，在新时期突发公共卫生事件中未能幸免。

二、新时期突发公共卫生事件中检察机关的角色定位

（一）检察机关介入突发公共卫生事件的必要性

从《宪法》和《人民检察院组织法》对于检察机关的功能定位和价值赋予来看，[1]其与突发公共卫生事件的预防、处置和化解任务有着目标的同一性。[2]实践中检察机关作为法治建设的重要一员，介入突发公共卫生事件也有着现实的必要性。

1. 突发公共卫生事件通常易滋生犯罪

突发公共卫生事件中发生的刑事犯罪案件，对于事件本身的有效应对、社会利益的保障有着区别于一般时期的影响。检察机关保持敏锐的嗅觉，及时有效打击突发公共卫生事件中的违法犯罪行为，是快速应对事件、维护公共利益和恢复社会秩序的必要补充。

2. 突发公共卫生事件中行政应急权扩张

在应对突发公共卫生事件时，政府等职能部门都会行使行政应急权，通常包括行政征

---

[1] 《宪法》第一百三十四条规定，中华人民共和国人民检察院是国家的法律监督机关。《人民检察院组织法》（以下简称《组织法》）第二条规定，人民检察院是国家的法律监督机关。人民检察院通过行使检察权，追诉犯罪，维护国家安全和社会秩序，维护个人和组织的合法权益，维护国家利益和社会公共利益，保障法律正确实施，维护社会公平正义，维护国家法制统一、尊严和权威，保障中国特色社会主义建设的顺利进行。

[2] 参见张鸣、冯佳斌：《检察机关介入突发公共事件的机制研究——以社会管理创新为视角》，载《法学杂志》2012 年第 10 期。

用、强制隔离和交通管制等措施，这些措施的实施可能会导致与公民权利的冲突。检察机关作为法律监督机关，对于行政应急权的行使负有天然的监督职责，检察机关的介入有助于更好地实现比例原则；而在行政主体和行政相对人之间，引入第三方司法机关，则有利于促进行政应急措施有效实施和贯彻执行，进而有利于事件的顺利应对。

3. 突发公共卫生事件中处置力量不足

突发公共卫生事件发生后，需要举全社会力量投入防控之中。检察机关作为国家机关，是人民利益的代表者和维护者。参与突发公共卫生事件的应对处置工作，既是对检察机关职业的严峻考验，又是对检察机关社会治理责任的重点考核。[①]检察机关在保质保量履行突发公共卫生事件期间检察职责的同时，积极响应上级号召，遵循党的领导，参与社区和街道的群防群治，是有效应对突发公共卫生事件必不可少的力量。

4. 突发公共卫生事件后的经济复苏需要法治支撑

任何一次突发公共卫生事件的爆发，都会对当地乃至全国的经济发展产生迟滞的影响。从国家统计局公布的数据来看，由于新冠疫情的冲击，世界经济陷入第二次世界大战以来最严重的倒退，而我国的经济运行也经历了先降后升、稳步复苏的过程。[②]可以说，突发公共卫生事件后的经济复苏是摆在国家面前亟须解决的问题，而这其中亦需要检察机关提供法治保障。

（二）新时期突发公共卫生事件中检察机关的应然角色

1. 人民群众利益的捍卫者

人民属性是我国法治体系、司法体制和检察制度的本质特征。[③]新时期，在突发公共卫生事件中，检察机关履职尽责的标准就是是否满足人民群众的法治需求，使人民群众在事件中体验法治的安全感、幸福感和尊严感。在新时期突发公共卫生事件中，检察机关应当做好人民利益捍卫者这个角色。在突发公共卫生事件的后期，检察机关通过尽职履责服务经济复苏的大局，为民营经济的恢复和经济环境的重塑提供有力的法治保障，最终使得人民群众的经济社会生活水平得以恢复，也是捍卫人民群众利益的体现。

2. 应对新时期突发公共卫生事件法治体系的构建者

疫情防控越是到最吃劲的时候，越要坚持依法防控，在法治轨道上统筹推进各项防控工作，保障疫情防控工作顺利开展。把应对突发公共卫生事件的紧急措施纳入法治的轨道，可以有效调整紧急状态下的社会关系，保障社会各方的利益。从实践中来看检察机关在法治体系的运行中承担着多重身份。其不仅仅参与制定国家的法律，还参与司法解释的

---

① 参见张廷勇、吴高飞：《浅谈重大疫情防控中的检察作为》，载《民主与法制时报》2020 年 4 月 2 日。
② 国家统计局新闻发言人就 2020 年上半年国民经济运行情况答记者问时提到，"具体而言，今年二季度国内生产总值同比增长 3.2%，由一季度下降 6.8% 转负为正；规模以上工业增加值由一季度下降 8.4% 转为增长 4.4%；服务业增加值由一季度下降 5.2% 转为增长 1.9%；二季度社会消费品零售总额降幅比一季度收窄 15.1 个百分点；上半年固定资产投资降幅比一季度收窄 13.0 个百分点"，http://www.stats.gov.cn/tjsj/sjjd/202007/t20200716_1776345.html，2020 年 8 月 20 日访问。
③ 参见吴建雄、杨立邦：《人民检察制度的理论逻辑与价值彰显》，载《行政管理改革》2020 年第 10 期。

制定；既有保障宪法以及其他法律正确实施的职责，又有参与社会综合治理的任务。[①]检察机关的法律地位决定了其应该参与突发公共卫生事件的应对。

3. 政府治理体系和治理能力现代化的法治保障提供者

推进国家治理体系和治理能力现代化，必须坚持在党的领导下抓好制度建设和制度执行。制度执行离不开法律监督。检察机关是宪法规定的国家法律监督机关，在推进国家治理体系和治理能力现代化中肩负重要政治责任和法律责任。[②]参与突发公共卫生事件的应急处置是检察机关助推国家治理的重要体现。政府等相关行政职能部门是突发公共卫生事件应急处置的主力军，而检察机关也应成为应对突发公共卫生事件的生力军。

4. 突发公共卫生事件风险化解的参与者

面对具有社会危害性更大、波及速度更快等特点的新时期突发公共卫生事件，检察机关在履职尽责的同时积极投身社区和街道的风险化解处置工作，是检察机关讲政治、顾大局的体现，更是党的队伍义不容辞的责任。在新时期面对突发公共卫生事件时，作为社会治理力量中不可或缺的一部分的检察机关还承担着风险化解参与者的身份，以己之力助力事件风险的化解，同时将依法应对的思维带进最基层，实现事件的依法、有效、妥善应对。

三、新时期突发公共卫生事件中检察职能发挥面临的挑战

（一）行政应急权与公民私权的冲突

1. 公民的人身自由因疫情防控被限制

不管是对确诊病例的集中隔离治疗，还是对于疑似病例的隔离观察，还是对交通设施的管制措施，都在一定程度上限制了公民的人身自由。公民负有配合行政应急权行使的义务，但是由于行政应急权的扩张性等特点，其容易被过度使用，出现矫枉过正的现象。

2. 公民的合法财产因疫情防控被征用

此次新冠疫情期间，为做好"内防外控"，政府征用了 大批酒店等建筑用于防控隔离，此举有力地缓解了公共医疗资源紧张的窘境。但是如果行政征用超出合理限度或者违反一定的顺序位阶要求，就会发生行政应急权和公民私权的冲突。

3. 公民的言论表达受到一定的限制

互联网的发展，使得我们在"非典"疫情和"新冠"疫情期间与社会各界的交流发生了天翻地覆的变化，主要体现在信息渠道更加广泛、个性化查询更加便利、大数据指导和疫情上报更加及时、生活保障更加稳定以及网络办公和网络授课的便捷。[③]同时，互联网也使得个体的表达更加便利，但是基于疫情期间维护社会稳定的需要，相关部门必须对造

---

① 参见袁萍：《试析检察机关参与疫情管理应急管理》，载《人民法治》2020 年第 6 期。

② 参见邱学强：《以高度的政治自觉和检察担当　为推进国家治理体系和治理能力现代化贡献检察力量》，载《法制日报》2019 年 12 月 11 日第 1 版。

③ 参见梁静：《从"非典"到"新冠"17 年间互联网带给我们的改变》，载《计算机与网络》2020 年第 5 期。

谣滋事的行为进行管制。

（二）行政应急权与检察权碰撞

1. 行政应急权的扩张性与检察权的审慎性

行政应急权的扩张性来源于其应急处置性的特征。正如有论点指出，在突发公共事件中，即便没有针对某种特殊情况的具体法律规定，为了及时处置事件，行政机关也可以进行应急处置，以避免公众的生命财产和健康安全遭受更大的损失。[①]但是一旦事态得到控制，行政应急权必须停止。检察权的监督属性则要求相关权力的行使必须于法有据、审慎合理。由此，行政应急权的扩张性可能会与检察权的监督属性产生碰撞。

2. 保障法的后位性与事件处置及时性

虽然当前检察职能进一步丰富，但其在介入突发公共卫生事件时更多依据刑事法律。刑事法律作为保障法，在所有部门法中具有后位性。然而，行政应急权在介入突发公共卫生事件时则是迅速的、及时的，由此在职能效果的配合上就会出现一前一后的局面，不利于形成事件处置的合力。

（三）检察权与公民私权的协调

1. 检察权对公民私权保护的不周延

检察权对公民私权保护不周延，实质就是检察权在行使的过程中未能做到应惩尽惩、应罚尽罚。突发公共卫生事件易滋生的犯罪很多是刑民两法衔接的案件。对这类案件，虽然相关法律赋予了检察机关立案监督的职能，但实践中还是存在监督空白。尤其是在行政力量集中至事件处置工作上时，检察机关对于这类犯罪的打击就陷入了困境。此外，相关刑事法律规范的滞后，不足以应对紧迫的事件恶化形势时，也有可能造成部分犯罪嫌疑人成为"漏网之鱼"。

2. 相关诉讼参与人的权利受到减损

此次新冠疫情期间传统的办案方式受到了严重的挑战。因为疫情防控的需要，疫情期间看守所等羁押场所实行全封闭管理，这就导致检察人员当面听取犯罪嫌疑人或被告人的意见、律师会见案件当事人等诉讼权利无法得到充分、及时的保障；案件办理无法顺利进行，羁押期限在法定期限内被适度延长，无形地增加了当事人的诉累。

四、新时期突发公共卫生事件中检察职能的优化发挥

（一）注重服务大局，统筹四大检察职能协调发挥

1. 充分发挥刑事检察职能，重点打击涉公共卫生事件的犯罪

一是依法打击妨害预防、控制突发公共卫生事件的各类违法犯罪。检察机关在依法打击的基础上，对于与突发公共卫生事件防控秩序越紧密相关的，越要依法从严从快打击；对于与防控秩序相关度不高、情节较为轻微的，考虑到突发公共卫生事件对生产生活影响

---

① 参见金国兴：《行政应急性原则的理论与实践价值》，载《云南财经大学学报》2006年第6期。

的特殊因素，可以依法审慎采取宽缓的刑事政策。二是进一步优化打击涉公共卫生事件犯罪的方式方法。在办理涉突发公共卫生事件刑事案件中，检察机关应认真做好提前介入工作，引导公安机关依法全面收集、固定证据；在案件进入检察环节后，依法从严从快批捕、起诉，既有效震慑犯罪，又确保办案质量；对突发公共卫生事件中涉企业经济犯罪案件应依法审慎妥善办理；积极融入社会治理大局，在办理相关刑事案件中注重办案的政治效果、法律效果和社会效果的有机统一。三是注重办案安全和监管场所安全。在办案中注重做好自身防控，充分运用远程视频办案系统，确保突发公共卫生事件期间办案不停、不拖、安全稳妥有序进行；强化刑事执行检察监督，充分认识监管场所防控的敏感性、复杂性和艰巨性，监督、支持和配合监管场所严格落实各项防控措施，协同维护监管场所安全稳定。

2. 用足民事检察职能，助力修复受损社会经济关系

一是加强与本地法院沟通。协调统一涉突发公共卫生事件案件的司法政策、司法标准；与法院建立涉突发公共卫生事件民事诉讼案件信息通报、处置和反馈机制，形成工作合力；审慎办理涉突发公共卫生事件防控期间执行监督案件，充分权衡防控期间公共利益和各方当事人合法权益，如对资金暂时周转困难、尚有经营发展前景的负债企业，法院不采取冻结等执行措施的，一般不提出监督意见。二是积极参与涉突发公共卫生事件纠纷矛盾化解。开通绿色通道，优先办理因突发公共卫生事件引发的合同纠纷、医疗纠纷、产品责任纠纷、劳动纠纷等各类民事申诉案件，充分考虑突发公共卫生事件及防控实际情况，依法审慎提出监督意见。充分发挥检察职能，着力加大矛盾纠纷多元综合化解力度，积极修复因突发公共卫生事件受损的社会经济关系。三是主动拓展民事检察职能，服务卫生防控及复工复产。切实为防控物资生产经营运输企业解决民事诉讼中的司法难题，保障防疫物资产运能；对案件涉及农民工、失业者、贫困者等弱势群体的，加大支持起诉工作力度。

3. 审慎履行行政检察职能，助力依法有效社会管控

一是加强对涉突发公共卫生事件行政管理法律政策研究。密切关注防控应急措施、临时措施、行政处罚、行政强制、行政给付等方面政策出台和实施情况，有针对性地加强研究，确保准确把握和应对。二是积极推进行政争议实质性化解工作机制，探索将矛盾纠纷化解关口前移至行政复议和诉讼阶段，发挥检察机关司法专业和调查核实等优势，做好涉突发公共卫生事件行政争议化解工作。重点办理受突发公共卫生事件影响而引发的行政征用、工伤认定及赔偿等行政争议案件与非诉执行案件。三是统筹突发公共卫生事件防控与民生保障、复工复产的关系。有效开展对过度管控和随意管控行政管理措施的行政检察监督，促进有关部门严格执行防控和应急处置法律法规，在严格依法实施防控措施的同时，保障符合防控条件的人员逐步返岗返工，实现有序复工复产。

4. 发挥公益诉讼检察职能，依法维护群众民生利益

充分尊重行政机关在处理维护公共利益方面第一顺位的地位和作用，积极处理好检察

公益诉讼与突发公共卫生事件防控的关系。突出工作重点，充分发挥公益诉讼职能助力源头防控。根据突发公共卫生事件的特点，一是强化野生动物保护，密切关注非法捕猎、杀害、销售野生动物等"产业"，以点带面全面排摸，督促相关行政部门加大对野生动物捕猎、运输、贩卖等环节违法行为的监管和查处力度；二是聚焦公共安全领域，积极稳妥探索对伪劣口罩、医用器材等领域的案件办理，保障人民群众的生命安全和身体健康；三是关注食品药品安全，督促有关行政机关开展卫生防疫、动物防疫、市场监管等领域行政执法工作，针对生鲜、肉类市场生产销售中存在的漏洞，及时完善治理措施；四是防止发生环境污染，加强与卫生部门、生态环境部门的沟通协作，联合开展医疗废弃物处置专项活动，有效防止突发公共卫生防控期间医疗废弃物造成的二次环境污染。

（二）延伸职能，推动新时期突发公共卫生事件法治体系构建

当发生突发公共卫生事件时，法治可以为事件的防控、应急处置、恢复重建等一系列问题提供依据和制度保障，能够平衡公民个人权利与公共健康、社会公共秩序之间的关系，形成制度合力，共同应对突发灾害。①法治的前提是有法可依。针对当前新时期突发公共卫生事件应急法治体系的不健全，检察机关理应更好地发挥职能，促进法律法规的完善以及制度体系的构建。

一方面，检察机关通过在突发公共卫生事件中开展刑事检察工作，可以司法解释的形式丰富对应的刑事法律体系，确保惩治犯罪有法可依，做到不枉不纵，切切实实地实现维护社会稳定的职责。另一方面，检察机关通过民事、行政以及公益诉讼检察工作的开展，可以不断帮助完善传染病防治法及其实施条例、突发公共卫生事件应对法等法律法规，健全涉公共卫生安全的管理法治体系。最后，检察机关还可以通过发布典型案例的形式，指导办案、统一法律适用标准，宣传和引导人民群众遵守应急期间的法律法规，以生动的法治案事例增强全社会对于突发公共卫生事件应急处置的信心和决心，真正实现全社会的一般预防。

（三）立足治理格局，为政府治理体系和治理能力现代化提供法治保障

检察机关是政府治理体系和治理能力现代化的法治保障提供者，这一点在突发公共卫生事件爆发时期尤为突出，因为此时政府对法治的供给需求更强。一方面，在推进社会化治理的大格局下，检察机关要理顺与政府及相关职能部门的关系。检察机关在突发公共卫生事件的应急处置中，要积极为政府等相关职能部门的决策提供高质量的法律服务，协助政府及其相关职能部门做好决策的法律风险研判，并同时担任监督者的身份，帮助监督政府及其相关部门合法决策、依法执行。另一方面，检察机关自身也要加强队伍建设、提升队伍能力。张军检察长强调，检察工作是业务性极强的政治工作，也是政治性极强的业务工作。当前，我国检察工作的主要矛盾就是人民群众对于检察工作的需求，与检察供给的不完美、不充分之间的差距。而解决了这一矛盾，实际上也就实现了检察工作为政府治理

---

① 参见党振兴：《提供有力法治保障 做好疫情防控工作》，载《人民法院报》2020年3月2日第2版。

体系和治理能力现代化提供法治保障的重任。检察智慧和检察力量的贡献，离不开检察队伍的高水平。因此检察机关作为政府治理体系和治理能力现代化的法治保障者，必须要时刻加强自身队伍建设。

（四）积极参与，形成突发公共卫生事件风险化解的合力

为缓解突发公共卫生事件时期应急处置力量的不足，检察机关在完成本职工作、做好自身防护的同时，组织检察人员积极参与事件风险的化解是对处置力量的有效补充。一方面，积极参与社会宣传。及时了解群众关心的、与突发公共卫生事件相关的困惑和诉求，借力检察机关法律权威的优势，倡导和呼吁不信谣、不传谣，通过"两微一端"等媒体平台，开展突发公共卫生事件的处置宣传，协助政府职能部门做好群众的心理疏导和社会舆情的引导。另一方面，及时响应党委政府和上级部门的号召，在做好自身防护的前提下，组织检察干警充实事件处置队伍力量，充分发挥检察队伍中的党支部作用，展现"一个支部一个堡垒"的战斗力。最后，注意收集涉检涉事件的信访和申诉，及时将突发公共卫生事件处置期的社会不稳定因素消弭在萌芽状态，为事件的处置提供良好的社会大环境。

五、结语

突发公共卫生事件自国家和社会出现的那刻就一直存在。作为国家机关中的重要一分子，在面对当下以及未来有可能发生的未知的突发公共卫生事件，检察机关必须要在总结过往、归纳当下的前提下，时刻保持警惕性、前瞻性，探索检察职能在事件应急处置中优化发挥的方式。只有这样才能做到"泰山崩于前而色不变"，临危不乱，展现检察担当，体现检察精神。

（责任编辑：季敬聚）

检察机关应对新型冠状病毒肺炎的
应急处置措施分析

——以上海检察机关为例

吕 游*

2019 年年底，新型冠状病毒肺炎（以下简称新冠肺炎）疫情肆虐武汉，相较于 2003 年的"非典"，影响范围更广、程度更深，情势非常严峻。国家的当务之急是在全国范围内有效控制疫情蔓延，最大限度减低各行各业损失。幸运的是，经过一线医务人员近三个月的努力，疫情在 2020 年 3 月初得到有效遏制。3 月 10 日，习近平总书记专程前往武汉火神山医院考察、慰问医务工作者和患者，并鼓励大家坚定信心，战胜疫情。实际上，国家在 2003 年"非典"疫情后，就加强公共卫生事件应急处置工作，完善相关政策文件，颁布了近百项国家层面的突发公共卫生事件应急处置政策。[①]检察机关除了严格执行国家层面的应对突发公共卫生事件的应急处置政策，还结合检察工作法律监督职能，有针对性地开展疫情期间案件起诉、申诉、控告及公益诉讼等工作。在疫情蔓延过程中，不乏不法分子浑水摸鱼，借机违法犯罪，扰乱社会秩序，给人民生命财产造成不可弥补的损失。作为法律的维护者和监督者，检察机关有义务及时采取应对新冠肺炎的应急处置措施，贡献自身检察力量，共同战"疫"，切实维护广大人民生命财产安全。本文梳理了上海检察机关应对新冠肺炎疫情的应急处置措施政策依据，归纳检察机关在应对突发疫情时采取的应急处置措施，并提出相应改进意见，以期为以后突发疫情的应急处置起到借鉴的作用。

一、新冠肺炎应急处置政策依据

检察机关出台应对突发疫情应急处置的政策较早，特别是上海检察机关，应急处置与法律监管能力全国领先。在经历了 1988 年上海甲肝疫情、2003 年"非典"疫情以及 2013 年 H7N9 禽流感的挑战与应对后，上海检察机关不断优化突发疫情应急处置政策，应急处置能力不断提升。针对 2020 年新冠肺炎疫情，上海检察机关借鉴以往经验，从以下法律、法规入手，出台应对新冠肺炎应急处置政策。

---

* 吕游，理学硕士，上海市青浦区人民检察院检务保障部科员。

① 孙梅、吴丹、施建华等：《我国突发公共卫生事件应急处置政策变迁：2003—2013 年》，载《中国卫生政策研究》2014 年第 7 期。

一是中央层面。我国涉及传染病防控的法律法规、司法解释以及部门规章达 170 余个。[①] 经过十余年的发展，我国在应对突发传染病事件的应急处置方面愈加细化。2003 年的"非典"以前，我国没有一部正式的突发公共卫生事件应急法律法规，[②] 对突发传染病事件的应急法律体系建设重视力度不够。2003 年国务院正式发布《突发公共卫生事件应急条例》，对突发公共卫生事件的处理作出详细规定，明确各职能部门、人员法律责任，将我国应对突发疫情事件的处置体系纳入法制化管理。与此同时，最高人民法院和最高人民检察院联合发布《关于办理妨害预防、控制突发传染病疫情等灾害的刑事案件具体应用法律若干问题的解释》，对刑法中有关惩治妨害预防、控制突发传染病疫情等灾害的犯罪活动的具体应用作出细化规定。2004 年全国人大常委会公布修订后的《传染病防治法》，成为我国公共卫生领域的基本法律，为传染病防治长期稳定发展提供法律保障。[③]

二是地方层面。除上述防控传染病制度外，针对 2020 年新冠肺炎，上海检察机关根据中央、两高的最新通知，及时连续出台多项政策，积极应对本次疫情。2020 年 1 月 27 日，最高人民检察院下发《关于认真贯彻落实中央疫情防控部署坚决做好检察机关疫情防控工作的通知》，要求全国检察机关在做好自身疫情防控的同时，积极发挥各项检察职能，为打赢疫情防控阻击战营造有利司法环境。1 月 29 日，上海检察机关快速响应，发布《关于进一步做好新型冠状病毒肺炎疫情防控期间各项诉讼工作的公告》，及时与司法办案、法律服务所涉当事人、辩护人、诉讼代理人加强电话或网络沟通，与其共同依法做好诉讼工作。1 月 30 日，最高人民检察院下发《关于在防控新型冠状病毒肺炎期间刑事案件办理有关问题的指导意见》，要求各级检察机关结合自身实际，坚持原则性与灵活性相结合，妥善处理办案与防控的关系。2 月 2 日，为降低群众来访导致疫情传播的风险，上海市人民检察院发布《关于新型冠状病毒疫情防控期间以来信、网络和电话方式接待群众来访工作的公告》，要求全市各级人民检察院群众来访接待场所暂时关闭，以来信、来电和网络等方式接待群众。2 月 7 日，国家卫生健康委、最高人民法院、最高人民检察院、公安部印发《关于做好新型冠状病毒肺炎疫情防控期间保障医务人员安全维护良好医疗秩序的通知》，强调严肃查处、打击侵犯医务人员人身安全、扰乱正常医疗秩序的行为，确保医务人员和广大患者良好的就诊环境，全力保障疫情防控工作开展。2 月 8 日，上海市检察院出台《上海市检察机关积极履行检察职责依法保障新型冠状病毒感染肺炎疫情防控的工作指引》，对全市检察机关在疫情防控期间依法高效履行检察职能提出明确指引。2 月 10 日，最高人民法院、最高人民检察院、公安部和司法部印发《关于依法惩治妨害新型冠状病毒感染肺炎疫情防控违法犯罪的意见》，提出要准确适用法律，依法严惩妨害疫情防控的各类违法犯罪。总体来看，上海检察机关应对新型冠状肺炎的应急处置措施是

[①] 根据北大法宝中搜索"传染病"条目记录统计。

[②] 孙梅、吴丹、施建华等：《我国突发公共卫生事件应急处置政策变迁：2003—2013 年》，载《中国卫生政策研究》2014 年第 7 期。

[③] 汪建荣：《〈传染病防治法〉的修订与主要变化》，载《上海预防医学杂志》2004 年第 12 期。

以《传染病防治法》为根本，相应的规章制度、工作指引紧跟中央步伐，在中央、最高人民法院、最高人民检察院、卫生部、司法部印发防控新型冠状肺炎的意见后，及时出台相关公告和工作指引，为疫情防控提供有力的法治保障和服务。

二、具体应急处置措施

在新冠疫情发生后，上海各级检察机关党组成员第一时间成立应对疫情的应急处置小组，负责检察机关疫情防控全面工作，将疫情防控工作细化，并建立"部门联络员"每日汇报制度，及时将防控情况上报市人民检察院和各区委，具体措施可分为内外两个模式。对内模式是指检察机关针对自身"四大检察"职能，在内部快速采取应对突发疫情时期防控犯罪的应急措施；对外模式是指检察机关响应政府或社会号召，积极派员参与应对突发事件志愿服务，广泛宣传检察干警防控疫情优秀事迹，及时发布涉疫情犯罪典型案例。

（一）对内模式

在特殊时期，检察机关更应该发挥好国家法律监督机关的作用，在内部积极采取应对涉突发疫情时期犯罪的应急措施，切实履行好"四大检察"职能，做强"十大业务"。

一是成立疫情防控应急办案组，及时介入案件，做精刑事检察业务。专业化办案队伍能快速查找原因，定位问题，从严从重惩治危害疫情防控、扰乱社会秩序的犯罪行为，切实维护防疫工作秩序，在疫情防控的攻坚时刻，起着关键作用。据统计，截至2020年2月15日，上海检察机关依法提前介入公安机关立案侦查的涉疫情防控刑事犯罪案件62件，[1]以破坏社会主义市场经济罪居多。其中，上海市Q区人民检察院在新冠肺炎防控阻击战全面开展后，第一时间成立疫情防控办案组，由资深检察官任组长，针对区内涉疫情案件，积极发挥检察职能，提前介入案件，与区公安局、区市场监管局联合开展公益诉讼调查，成功侦破上海市首例销售"黑心"口罩案件，该店被责令停业，涉案店主被刑拘。对于疫情防控期间阻碍疫情防控的妨害公务案件，Q区人民检察院疫情防控办案组提前介入并指导侦查取证，在案发两天后对涉案嫌疑人批准逮捕。上海T区人民检察院在疫情发生后，立即成立危害疫情防控刑事案件专办组，提前介入一起非法狩猎野生鸟类案件，加强与公安机关等部门协调配合，依法从严从快办理该案件，并对该犯罪嫌疑人作出批准逮捕的决定。

二是构建公益诉讼应急体系，切实落实法律监督职责。公益诉讼的目的是为了维护不特定的他人利益。疫情发生后，社会上涉疫情案件层出不穷，损害他人利益。上海市各检察机关主动出击，深入管辖区域的药店、超市、农贸市场，就是否存在哄抬物价、过期食药品、口罩以及活禽交易等情况进行实地查看，有效从源头防控疫情。对于存在上述行为的药店、超市及农贸市场，检察机关对发现的线索进行分析研判，会同质检等行政部门对

---

① 上海疫情防控发布《检察院提前介入涉疫情防控犯罪62件90人》，载《解放日报》https://www.jfdaily.com/news/detail?id＝211892，2020年2月16日访问。

违法行为进行查处。同时，检察机关对通过 12309 检察服务中心、网络及信件的举报也及时核对，特别是涉疫情案件，如药店违规售卖口罩、企业延迟发放返城务工人员疫情期间工资等举报，做到来信必回复、来信必核查，确保疫情期间，检察机关法律监督职能正常运行。

三是建立刑事执行检察封闭式同步检察机制，确保监管场所监督工作有序进行。根据最高人民检察院关于做好疫情防控期间检察工作的要求，上海市检察机关进一步细化驻监狱、看守所检察工作。对监狱、看守所采用对重点区域、重点时段"打卡式"监督，做到监管区域"网上巡察全覆盖"。驻所检察干警以 14 天为一个周期，7×24 小时驻扎监管场所，开展监管场所疫情防控、执法监管活动等检察监督工作，保障在押人员合法权益，严格遵守无特殊情况不进入监区（舍）的底线。

（二）对外模式

检察机关除了做好刑事检察业务、优化公益诉讼检察业务和完善刑事执行检察业务外，也积极完成对外进行宣传、参与和保障工作，主要分为以下三点。

一是利用新媒体构建全方位宣传体系。据统计上海市检察院、16 个基层区院和 3 个分院在疫情保卫战打响后，不间断地利用微信公众号、微博以及抖音等新媒体向社会公众发布中央、最高人民检察院最新政策；积极挖掘疫情防控期间全市干警办理的涉疫情突发案件；开辟"战疫"专栏及时宣传优秀检察干警抗疫事迹，塑造检察机关亲和形象；参加上海市新冠肺炎疫情防控系列新闻发布会，向社会公众公布检察机关在疫情防控期间履职情况。同时，主动转发上海发布关于疫情防控中公共交通设施、居民防范新冠肺炎方法等惠民信息，方便大众及时了解最新疫情防控消息。

二是与市、区行政机关构筑志愿服务体系。青年志愿者是国家现代化治理体系的有效构成和现代化治理能力的有生力量。①疫情发生后，全市各区团委向各企事业单位招募青年志愿者，全市检察机关干警响应号召，踊跃报名加入志愿服务队伍。各基层检察机关在统筹安排自身检察办案工作后，积极组织干警加入志愿服务队伍，分批次到入沪各高速道口，经过高效医务培训后，配合高速交警引导司乘人员测量体温，填写《来沪健康信息登记表》，询问司乘人员有无可疑接触史。除了到入沪高速道口，志愿者也下沉社区，配合对各居委会及管辖小区的疫情防控状况进行抽查，协助居委会做好疫情防控工作。另外，检察干警在沪上各大火车站协助车站管理方做好返沪人员体温测量，信息登记等工作。

三是注重办案人员自身生命健康安全。在办理涉疫情防控案件时，检察干警不可避免地有被病毒感染的风险。干警在办案过程中注重办案安全是不可忽视的。因此，上海市各级检察机关规定在羁押、审查及讯问时，尽量使用远程提审方式，减少直接与犯罪嫌疑人会面的机会；若为法律规定的涉案金额巨大或者影响巨大的案件应当当面提审并录音录像的，干警必须佩戴口罩进行提审。同时，对于接待群众来访工作，各级检察机关也发布通

---

① 张朝晖：《着力健全青年志愿服务体系》，载《中国青年报》2019 年 11 月 26 日第 7 版。

告，建议大众通过来信、网络及电话方式反映问题。

三、检察机关应对突发疫情应急处置措施的提升空间

突发疫情应急处置体系的构建使得国家各职能部门在紧急情况下快速响应。虽然检察机关在应对此次新冠肺炎方面多措并举，配合中央、地方行政机关全力抗击疫情，但是在综合应急措施系统化、法制化和科学化方面还有不少可提升的空间。

一是对涉疫的法律法规未及时细化或作出指引。例如《野生动物保护法》对野生动物保护的具体方法、目录、标准、技术规程并未及时出台，①导致乱捕滥食野生动物现象频发。检察机关未能在疫情发生前及时与市场、餐厅等主管沟通，制发对售卖食用野生动物问题的检察建议。

二是突发疫情谣言预警应急机制不够完善。现行诉讼制度对公众环境利益的保护力度不够，出现对谣言的应对采取一刀切的现象。检察机关作为公益诉讼的主体，未能对公共领域传播的危及广大人民群众利益的谣言及时启用谣言预警机制，协助有关行政机关惩处造谣人员。

三是智慧检务科技潜力尚未充分挖掘。疫情防控期间，为减低检察官、犯罪嫌疑人及广大群众的感染风险，全市各级检察机关都纷纷利用信息化手段，积极改进工作方式，建立云端办案、办公系统，在云端实现提审、取保候审的宣告、控告接访、远程帮教及远程公诉等工作。但是在云端办公办案，保密安全以及技术有效和精准利用等问题也值得深思。例如，对于涉密的案件，利用互联网提审是否合适；对于不公开审理的案件，远程诉讼是否存在被黑客破解的风险；对于破坏环境的公益诉讼案件，能否通过网络取证；能否利用大数据建模来预防犯罪，并监控重点人群。

四、完善检察机关应对突发疫情应急处置措施的建议

一是立足检察职能，细化涉疫的法律法规适用指引。检察机关虽然没有修改法律的权利，但可以对相关法律作出司法解释，如对《红十字法》和《野生动物保护法》中如何规范红十字会资金使用及其如何承担法律责任、如何规范对野生动物保护的具体方法、目录、标准、技术规程，可由最高人民检察院作出检察解释，引导下级检察机关在司法实践中合理适用法律。同时，对未正确履行具有公共管理职能的机关事业单位，也应当及时制发检察建议，督促其履行公共管理职能。此外，检察机关法律政策研究干警也应加强对《刑法》《民法典》《动物防疫法》以及《食品安全法》等法律的研究，归纳梳理各法律中涉疫情条款的特点及其存在的法律风险，立足检察机关法律监督职能，积极建言献策，为最高人民法院、最高人民检察院作出法律法规的司法解释提供智力支持。

---

① 《你关心的疫情防控相关法律问题　全国人大常委会法工委权威解答来了》，载《检察日报》2020 年 2 月 11 日第 2 版。

　　二是拓宽公益诉讼范围，完善疫情谣言预警应急机制。根据《民事诉讼法》第五十五条第二款和第二十五条第四款规定，检察机关提起公益诉讼对象主要包括对破坏生态环境和资源保护、食品药品安全领域等损害社会公共利益的行为，以及负有监督管理职责的行政机关违法行使职权或者不作为，致使国家利益或者社会公共利益受到侵害的行为。对在公共领域传播的危及广大人民群众利益的谣言，后经查证为非谣言的，对传播者的所作出的有关行政处罚并未撤销的，并未纳入公益诉讼范围。因此，笔者认为检察机关可以借鉴对诋毁英雄烈士行为提起公益诉讼的经验，对重大突发事件的"吹哨人"建立保护制度，不仅要从举报的实现、保障、激励、制约、救济以及评估等方面构建，①还应在司法实践层面上建立公益诉讼保护机制，积极帮助"吹哨人"维护自身合法权益，完善疫情谣言预警机制。

　　三是进一步发挥智慧检务科技功效，确保检察工作高效推进。智慧检务在这场疫情防控战中发挥了强大的保障作用，既有效减少了人员流动，确保了人员健康安全，又使得检察工作高效有序开展。但是在保密安全以及技术有效和精准利用方面，没有充分发挥智慧检务的科技功效。针对保密安全问题，一方面要根据检察办案保密规定和司法工作保密规定，自主研发适用于检察工作的智慧检务产品；另一方面要从内部规章制度出发，严格审核智慧检务产品的开发以及上线，预防盲目上线造成的泄密问题。针对技术精准利用问题，需要检察干警发挥主观能动性，充分利用检察大数据建模，分析历史办案数据，对可能再次犯罪的社区监管人员、未成年犯罪嫌疑人进行及时心理干预，重点监控，防患于未然。针对技术有效利用问题，需要检务保障干警在平时及时做好办案软件、网络设备及线路等更新迭代工作，按时按规安检，按时按规备份，按时按规升级，确保检察工作在疫情发生后高效开展，达到事半功倍的效果。

　　总体来看，检察机关在这次抗疫大战中一手抓业务，一手抓疫情防控，紧紧围绕疫情期间妨害人民群众正常生活秩序的违法犯罪活动开展工作，积极发挥各项检察职能，切实落实法律监督职责，为打赢疫情防控阻击战营造有利司法环境。另外，检察机关也积累了丰富的应对突发公共卫生事件的经验。这些经验对下一次检察机关应对突发疫情有着宝贵的借鉴意义。此外，检察机关可借助先进法治理念与科学技术进一步系统化、法制化及科学化提升在综合应急措施管理方面的能力，使得刑事检察、民事检察、行政检察以及公益诉讼检察"四大检察"更好发力，十大检察业务更好开展。

（责任编辑：季敬聚）

---

① 彭成义：《国外吹哨人保护制度及启示》，载《政治学研究》2019年第4期。

妨害聚集性疫情防控行为的
法律分析及综合施策

朱能立*

2020年2月5日，在中央全面依法治国委员会第三次会议上，习近平总书记强调，"疫情防控正处于关键时期，依法科学有序防控至关重要。疫情防控越是到最吃劲的时候，越要坚持依法防控，在法治轨道上统筹推进各项防控工作，保障疫情防控工作顺利开展"。并要求，"在党中央集中统一领导下，始终把人民群众生命安全和身体健康放在第一位，从立法、执法、司法、守法各环节发力，全面提高依法防控、依法治理能力，为疫情防控工作提供有力法治保障"。

一、问题的提出

为贯彻落实中央疫情防控的要求，最高人民法院、最高人民检察院、公安部、司法部于2020年2月6日联合颁发了《关于依法惩治妨害新型冠状病毒感染肺炎疫情防控违法犯罪的意见》（以下简称"两高两部"《意见》）。2月7日，国家卫生健康委员会、最高人民法院、最高人民检察院和公安部联合印发《关于做好新型冠状病毒肺炎疫情防控期间保障医务人员安全维护良好医疗秩序的通知》。法律法规的制定，为打好疫情防控阻击战提供及时、有效的法律支撑，为疫情防控重大部署的落实，为政府实施最严格的防控措施提供法律支撑，为动员全社会共同做好防控工作提供法律依据。

目前，疫情防控工作虽已得到有效控制，但仍是最吃劲的关键阶段，要毫不放松做好疫情防控工作。聚集性疫情危害重大，是疫情防控工作的重中之重。根据国家卫生健康委员会《新型冠状病毒感染的肺炎防控方案（第二版）》对聚集性病例中的判定标准，聚集性病例是指14天内在小范围发现1例确诊病例，如一个家庭、一个工地、一个单位等，并同时发现1例及以上发热呼吸道感染病例。在上述情形下，发现2例及以上确诊病例，且病例间可能存在因密切接触导致的人际传播的可能性或因共同暴露而感染的可能性。聚集性病例如得不到有效控制，会导致更大范围疫情的蔓延。2020年2月11日下午，国务院应对新冠肺炎疫情联防联控机制召开新闻发布会，会上中国疾控中心首席专家吴尊友指出，聚集性疫情是在一个相对有效单位里面出现了两个以上的病例，对全国近千起的聚集性疫情进行了分析，其中83%是以家庭为单位，还有常见的聚集性场所，有医疗机构、

---

* 朱能立，法律硕士，上海市人民检察院第一分院第一检察部检察官。

学校，商场、工厂、企业等单位。中山、北京等地的疫情防控新闻发布会上也透露聚集性病例占所有确诊病例的半数以上。正确惩治妨害聚集性疫情防控的违法犯罪行为，不仅关系到疫情防控工作的顺利开展，更关系到人民群众的生命健康安全。因此，依法惩处妨害聚集性疫情防控的违法犯罪行为十分必要且意义重大。

二、妨害聚集性疫情防控行为的法律分析

对妨害聚集性疫情防控的各种违法犯罪行为的定性尚缺乏明确的界定标准，司法实务界对该类案件的法律适用尚存较大的争议。如何准确适用法律，依法严惩各类犯罪行为，成为刑事司法实务者亟须解决的课题。

（一）拒不执行疫情防控措施，妨害传染病防治的行为

1. 典型案例

2020年1月20日，湖北武汉医院护工孙某，驾车返回四川吉安镇。1月21日，孙某在吉安镇3社吃坝坝席，其间接触多人。1月22日，孙某出现发热咳嗽症状，送到李渡医院就诊，后孙某乘客车从李渡返回吉安，车上接触多人。1月23日上午，孙某病情恶化，送至南充市中心医院就诊，医生怀疑其疑似新冠肺炎感染者，让其隔离治疗。孙某不听劝阻逃离医院，并乘客车返回吉安镇，车上接触多人。1月23日14时许，孙某被强制隔离治疗。其在被确诊和收治隔离后，仍隐瞒真实行程和活动轨迹，导致大量接触人员未被找回。先后有21人被隔离观察，吉安镇2、3、4社三个社区被隔离观察。2月5日，南充嘉陵区公安分局对孙某涉嫌妨害传染病防治立案侦查。南充嘉陵区人民检察院第一时间派员提前介入，引导侦查取证。①

2. 行为方式

疑似新冠肺炎感染者拒不执行卫生防疫机构提出的预防、隔离、控制措施，不听劝阻逃离医院，并进入公共场所或者乘坐公共交通工具。

3. 法律分析

该类行为可能涉及三种罪名。首先，可能构成妨害传染病防治罪，该罪是规制新冠肺炎传播最直接最基础的刑法规范依据。根据《刑法》第三百三十条的规定，拒绝执行卫生防疫机构提出的预防、控制措施的，引起甲类传染病传播或者有传播严重危险的，构成妨害传染病防治罪。同时，最高人民检察院、公安部《关于公安机关管辖的刑事案件立案追诉标准（一）》第四十九条规定，妨害传染病防治引起甲类或者按照甲类管理的传染病传播或者有传播严重危险的，应予立案追诉。也就是说，只要能引起甲类或者按照甲类管理的传染病传播的即可入罪。根据国家卫生健康委员会2020年第1号公告，将新冠肺炎纳入乙类传染病，但采取甲类传染病的预防、控制措施。因此，拒绝执行卫生防疫机构提出的新冠肺炎预防、控制措施的，可构成妨害传染病防治罪。

① 本案例系最高人民检察院于2020年2月11日发布的首批十个妨害新冠肺炎疫情防控犯罪典型案例——案例一。

其次，该行为还可能构成以危险方法危害公共安全罪或过失以危险方法危害公共安全罪。最高人民法院、最高人民检察院 2003 年颁布的《关于办理妨害预防、控制突发传染病疫情等灾害的刑事案件具体应用法律若干问题的解释》（以下简称"两高"《解释》）第一条规定：故意传播突发传染病病原体，危害公共安全的，按照以危险方法危害公共安全罪定罪处罚；患有突发传染病或者疑似突发传染病而拒绝接受检疫、强制隔离或者治疗，过失造成传染病传播，情节严重，危害公共安全的，按照过失以危险方法危害公共安全罪定罪处罚。关于三罪的区分标准，如行为人明知其行为可能引起突发传染病传播或者有传播的严重危险，并希望或者放任该结果发生的，构成以危险方法危害公共安全罪；如行为人应当预见上述结果的发生但因疏忽大意而没有预见，或者已经预见而轻信能够避免，以致发生上述结果的，构成过失以危险方法危害公共安全罪；而无法证明行为人对于病毒传播危险或者实际损害结果的主观罪过类型，但其行为方式符合《刑法》第三百三十条规定的四种犯罪模式的，构成妨害传染病防治罪。

"两高两部"《意见》第二条第一款规定，已经确诊的新冠肺炎病人、病原携带者，拒绝隔离治疗或者隔离期未满擅自脱离隔离治疗，进入公共场所或者公共交通工具的；以及新冠肺炎疑似病人具有上述行为，并造成新冠病毒传播的，以以危险方法危害公共安全定罪处罚。其他拒绝执行卫生防疫机构防控措施，引起新冠病毒传播的，以妨害传染病防治罪定罪处罚。根据上述规定，本案中，孙某属新冠肺炎疑似病人，尚没有证据证明其对于病毒传播危险或者实际损害结果的主观罪过类型，其拒绝隔离治疗或者隔离期未满擅自脱离隔离治疗，并进入公共场所或者公共交通工具，但目前并未造成新型冠状病毒传播的后果，以妨害传染病防治罪定罪处罚为宜。

（二）拒不遵守疫情防控要求，危害公共安全的行为

1. 典型案例

晋江英林镇嘉排村张某长期在武汉经商，2020 年 1 月 20 日，其与家人抵达晋江后，当地镇政府和卫生健康部门对张某提出居家隔离、不得外出的明确要求，但其于 1 月 21 日参加嘉排村大型民俗活动，3 000 余人参加，1 月 22 日参加东石镇婚宴，1 000 余人参加。1 月 29 日，张某出现发热症状入院隔离治疗。导致英林镇累计确诊病例 8 例、疑似病例 2 例。另对 52 名密切接触者集中隔离观察，对 3 557 名一般接触者医学随访。2 月 4 日，晋江市公安局以涉嫌以危险方法危害公共安全罪对张某立案侦查。同日，晋江市人民检察院提前介入该案。①

2. 行为方式

行为人长期在疫情高发地工作，存在被感染的高度危险，拒不配合疫情防控要求，进入公共场所，参与大型聚集性活动，造成多人被感染的严重后果。

---

① 案例参见《晋江检方提前介入新冠患者以危险方法危害公共安全案》，载中国新闻网，2020 年 2 月 5 日访问。

3. 法律分析

根据"两高"《解释》第一条第一款规定：故意传播突发传染病病原体，危害公共安全的，按照以危险方法危害公共安全罪定罪处罚。要求行为人主观上认识到其行为可能引起突发传染病传播或者有传播的严重危险，并希望或者放任该结果的发生，危及公共安全。主观明知的内容是意识到对病原体的携带、传播，在行为人明知存在可能性的情况下，仍然到处参加活动，特别是聚集性活动，表明行为人在主观上对病毒的传播至少存在放任的故意。张某系长期在疫情高发地工作，卫生防疫部门明确要求其居家隔离，其拒绝接受检疫、居家隔离等疫情防控措施，随意进入公共场所，参与大型聚集性活动，造成新冠肺炎大量传播，并导致数千人被隔离的严重后果，已经严重危害到公共安全，符合"两高两部"《意见》第二条第一款规定，考虑以危险方法危害公共安全罪定罪处罚，当然后期需对其主观明知的证据进一步固定。

（三）破坏疫情防控设施，妨害公务人员依法履职的行为

1. 典型案例

王某在浙江湖州南浔旧馆镇罗汉村其租住房的门口，不听从执行疫情防控任务的村干部徐某等人对其居家隔离的劝导，破坏疫情防控设施，擅自外出，与工作人员发生争执。后联系民警朱某到场协助，王某仍拒不配合，并在民警阻止其拍视频时攻击朱某，抓伤其脸部、颈部。2020年2月3日，湖州市南浔区人民检察院提前介入，于2月6日完成审查起诉相关工作，2月9日依法提起公诉。当日，南浔区人民法院开庭审理本案，采纳检察院提出的定罪量刑建议，以妨害公务罪判处王某有期徒刑九个月。①

2. 行为方式

行为人拒不遵守居家隔离规定，破坏防疫设施，擅自外出，当民警前来劝阻时，攻击依法履职的民警。

3. 法律分析

根据《刑法》第二百七十七条的规定，以暴力、威胁方法阻碍国家机关工作人员依法执行职务的，构成妨害公务罪。暴力袭击正在依法执行职务的人民警察的，依法从重处罚。根据"两高"《解释》第八条以及"两高两部"《意见》第二条第一款的规定，以暴力、威胁方法阻碍国家机关工作人员，依法履行为防控疫情而采取的防疫、检疫、强制隔离、隔离治疗等措施的，以妨害公务罪定罪处罚。本案中，王某破坏防疫设施，并暴力妨害民警依法执行公务，其行为已经构成妨害公务罪。

疫情防控期间，村（居）民委员会人员、物业保安、社区志愿者等能否成为妨害公务的对象。上述人员冲在疫情防控第一线，时刻面临遭受暴力、威胁的危险，妨害这些"小巷总理"执行疫情防控的，能否构成妨害公务罪。从现行规定看，妨害公务的对象为国家机关工作人员。根据"两高两部"《意见》的相关规定，以暴力、威胁方法阻碍国家机关

---

① 本案例系最高人民检察院于2020年2月11日发布的首批十个妨害新冠肺炎疫情防控犯罪典型案例——案例三。

工作人员，包含在依照法律、法规规定行使国家有关疫情防控行政管理职权的组织中从事公务的人员，在受国家机关委托代表国家机关行使疫情防控职权的组织中从事公务的人员，以及虽未列入国家机关人员编制但在国家机关中从事疫情防控公务的人员等三类人员。该《意见》实际确立以是否从事公务作为认定国家机关工作人员的标准，突破之前"唯身份论"标准，向"唯公务论"标准转变。对于村（居）民委员会人员参与疫情防控的，能否成为妨害公务的对象应具体分析。在新冠肺炎爆发期间，对于村（居）民委员会基于维护所辖区域健康、安全等，在自治范围内自发组织或者决定采取有关防疫、隔离、联防联控等措施的，是一种单纯的自治行为，此时上述人员不应纳入妨害公务罪的行为对象范围。但是，村（居）民委员会或者村（居）民根据党委政府统一部署，协助政府从事疫情防疫、检疫、强制隔离、隔离治疗等措施的，应当视为从事行使疫情防控职权的公务人员。[①]也就是说，疫情防控期间，对于村（居）民委员会等基层群众自治成员，能否成为妨害公务的对象要看其从事的是否属于"公务"。如果以暴力、威胁等方法阻碍物业保安、社区志愿者等对象的，能否构成妨害公务罪，认定的标准还应以从事是否属于公务，有没有法律授权，有没有合法的委托。不能构成妨害公务，但构成其他犯罪的，可以寻衅滋事罪、故意伤害罪等定罪处罚。

（四）拒不遵守疫情防控秩序，随意殴打医务人员的行为

1. 典型案例

2020年1月27日，柯某的岳父田某，因疑似新冠肺炎入住武汉第四人民医院。1月29日晚9时许，田某病情危急，家属有大喊大叫、大力拍病房门等过激行为。值班医生高某进入隔离区并告知主任刘某，刘某报警。民警接警后与病人家属沟通。同时，高某安排对田某进行抢救。但田某经抢救无效死亡。后田某女儿将高某拉出护士站，柯某用拳头殴打高某的头部、颈部，致高某颈部被抓伤，防护服、口罩等被撕破，并致前来劝阻的护士手套脱落。高某经核酸检测为阴性，其伤情经法医鉴定为轻微伤。1月30日，硚口区公安分局以涉嫌寻衅滋事罪对柯某立案侦查。硚口区人民检察院当日派员提前介入。2月1日，柯某因疑似感染新冠肺炎被取保候审。[②]

2. 行为方式

疫情防控期间，行为人随意殴打医务人员，扰乱医疗秩序，严重侵害医务人员合法权益，造成恶劣社会影响。

3. 法律分析

根据《刑法》第二百九十三条第一款规定，随意殴打他人，情节恶劣的，构成寻衅滋事罪。本案中柯某随意殴打医务人员，根据证据情况如构成情节恶劣，以寻衅滋事罪定罪处罚。疫情发生以来，广大医务人员舍小家、顾大家，全力救治患者，成为最美逆

---

① 赵慧：《如何认定涉疫妨害公务犯罪》，载《检察日报》2020年2月14日第3版。
② 本案例系最高人民检察院于2020年2月11日发布的首批十个妨害新冠肺炎疫情防控犯罪典型案例——案例四。

行者。但个别患者及家属将患者治疗不力责任推卸给医务人员，随意殴打医务人员，严重扰乱医疗秩序。2月7日，国家卫生健康委员会、最高人民法院、最高人民检察院和公安部专门联合印发《关于做好新型冠状病毒肺炎疫情防控期间保障医务人员安全维护良好医疗秩序的通知》，要求严厉打击侵犯医务人员人身安全、扰乱正常医疗秩序等各类涉医违法犯罪行为。对医务人员实施暴力、威胁等行为，以及撕扯防护用具、吐口水等可能导致医务人员感染新冠病毒的行为，或在医疗卫生机构起哄闹事、损毁侵占财物等，严重影响疫情防控工作正常进行，构成犯罪的，以寻衅滋事罪从重论处。在医疗机构聚众"打砸抢"，致人伤残、死亡的，以故意伤害罪或者故意杀人罪定罪，依法择重罪从重处罚。

三、对妨害聚集性疫情防控行为的综合施策

通过上述分析可以看出，妨害聚集性疫情防控行为危害很大，必须高度重视。有效预防聚集性疫情的发生，要提高依法防控、依法治理能力，多措并举、综合施策，全力做好疫情防控法治保障，推动疫情防控在法治的轨道上顺利开展。

（一）及时制定疫情防控工作指引，为依法防控疫情提供操作指南

从总体上看，各地联防联控措施对切断疫情传播，遏制疫情蔓延，起到十分重要的作用。但个别地方出现极端做法，如某些疫情并不严重的农村，在村口私设关卡，一律禁止人员和车辆通行；在某些城市社区，一律禁止过年期间外出人员返回小区等。依法防控，意味着防控措施必须符合相关法律法规要求。那些简单粗暴、矫枉过正的疫情防控行为，脱离实际，甚至违法违规，暴露出个别地方疫情防控推进过程中的法治思维、法治意识尚比较薄弱。我们不仅要夺取疫情防控战役的胜利，还要把疫情对社会各方面的影响尽量降到最低，以保持社会经济平稳过渡。坚决贯彻中央关于依法防控的要求，公安机关、其他行政机关及司法机关等应联合出台工作指引，对疫情防控工作中哪些行为可以做，哪些行为应明令禁止，哪些属于行政处罚，哪些属于刑事处罚，为疫情防控工作提供指引。引导民众在疫情防控期间遵纪守法，不断提高运用法治思维和法治方式解决问题的能力。

（二）司法机关积极履职，为疫情防控提供司法保障

司法机关应积极履职，聚焦严防聚集性疫情蔓延问题，准确适用刑法惩治该类违法犯罪行为，达到以儆效尤的目的。虽然刑法作为处理社会关系的最后一道防线，具有谦抑性，但特殊时期，刑法需要发挥其对社会关系调整应有的干预作用。全面抗击新冠肺炎疫情，刑法不能缺位更不能迟到，要积极主动有所作为。依法惩处各类妨碍疫情防控的违法犯罪行为，为疫情防控提供充分的司法保障。对妨害聚集性疫情防控的行为，更要依法从严从速从重打击，及时形成有效震慑。

检察机关作为法律监督机关，要积极履行法律监督职能。在实行捕诉一体化的背景下，更应充分发挥检察职能。对社会影响大的聚集性疫情案例，要提前介入侦查，指导侦

查取证工作，依法审查批准逮捕并提起公诉。在实体上，比平时同类犯罪行为要依法从重处罚。要密切关注、严防疫情防控期间的各类群体性案件，对侵犯医务人员人身安全的行为予以严厉打击，为医务人员和广大患者创造良好诊疗环境，全力保障疫情防控工作顺利开展。在诉讼程序上，要加快办案节奏。当然，要正确处理从严、从快打击与依法办案的关系，把握违法行为与刑事犯罪的界限，为疫情防控工作提供检察保障。

（三）行政机关守土尽责，为疫情防控提供执法保障

避免刑法打击面过大，对情节显著轻微的，或危害不大不需要判处刑罚的，可由公安机关责令纠正，给予警告、罚款、拘留等行政处罚。特别是对于妨害聚集性疫情防控的行为，要从严打击，避免疫情扩散。对聚众扰乱公共秩序，寻衅滋事的；对聚众阻碍执行职务，冲闯警戒区，破坏隔离设施，妨害公务的；以及对聚众哄抢公私财物等行为，不构成犯罪的，由公安机关根据《治安管理处罚法》予以治安处罚。

其他行政监管机关应依法履行监管职责。如市场监管各部门务必要担负起监管职责，督促市场管理方落实好体温检测、人员分流、引导错峰购物等措施，避免人员过度密集导致聚集性疫情的发生。对于拒不履行管理职责的市场管理方，要及时进行行政处罚。各卫生健康行政部门应制定疫情突发事件应急处置机制，指导医疗卫生机构做好安全防护措施，最大程度保障医务人员和患者的安全，并及时进行疫情信息公开，防止群众信谣传谣。对编造感染者人数、身份及接触史、传染源、传播途径，并在信息网络上散布传播，造成公众恐慌，严重扰乱社会秩序的，卫生健康行政部门应及时辟谣，对可能构成违法犯罪的，公安机关及时收集相关证据依法惩处。

（四）各部门协调配合，为疫情防控提供强大合力

新冠肺炎疫情防控期间，各部门要进一步强化大局意识、责任意识，进一步完善分工协作机制，争取少发生、不发生聚集性疫情。各卫生健康行政部门、医疗卫生机构应加强与公安机关的沟通，完善应急工作预案，建立健全信息通报机制，对于疫情风险隐患，及时采取相关防范措施。公安机关应加强与检察机关、审判机关沟通，积极配合检察机关、审判机关提出的相关意见。

检察机关应主动加强与公安机关、市场监管等部门的沟通，特别是对社会影响大、舆论关注度高的案件，及时向社会通报案件进展情况，做好舆论引导工作。需提前介入的案件，深入研判定罪量刑标准，提出有针对性的侦查取证意见，引导依法全面收集、固定证据，确保各项诉讼活动顺利进行。在办案过程中发现卫生健康部门、医疗卫生机构存在问题，应及时提出检察建议。各有关部门还应及时与宣传部门沟通，强化数据共享平台应用，及时发布案件信息，回应社会关切。

（五）全民自觉遵纪守法，为打赢疫情攻坚战提供坚强后盾

新冠肺炎疫情来势汹汹，严重损害人民群众的生命健康安全。为有效防控疫情，防止聚集性疫情的发生，我国已及时制定各种法律法规，但法律要得以实施，才能真正达到疫情防控的目的。全体公民要自觉遵守法律，将法律的要求转化为自己的行为，从而

使法律得以实现。如果法律无法实现，不能在社会生活中得到遵守和执行，那么必将失去制定法律的目的，也将失去法律的权威和尊严。全民务必自觉遵纪守法积极配合，科学参与疫情防控。充分调动群众的力量，在全社会营造全民抗击疫情的积极氛围。明确各用工单位落实防控措施的主体责任，进一步明确个人防控责任，配合相关部门做好疫情防控工作。对个人隐瞒病史、重点地区旅行史、与患者或疑似患者接触史等行为，除依法严格追究相应行政、刑事法律责任外，有关部门可以将其失信信息依法纳入征信平台，采取惩戒措施。

（责任编辑：季敬聚）

疫情防控期间驻所检察工作思考

——以 2020 年春季新型冠状病毒肺炎疫情防控为视角

杨新民　张　豪*

一、疫情对驻所检察工作的影响

（一）驻所检察的社会职能

驻所检察是人民检察院贯彻法律监督职责的重要组成部分，是实现对留所服刑人员再教育，积极化解社会矛盾，维护监管场所安全稳定，促进社会公平正义的重要一环。因此驻所检察职能的正确实施是检察监督职能纵向发展的体现。

从广义上而言，驻所检察贯穿整个刑事执行检察，不仅包括对看守所监管活动是否合法实行监督，而且包含刑事执行办案的职能。具体而言，驻所监督职能包括对在押犯罪嫌疑人、被告人羁押期限是否合法实行监督；对看守所代为执行刑罚的活动是否合法实行监督；受理在押人员及其法定代理人、近亲属的控告、举报和申诉；发现不需要继续羁押的，向办案单位提出释放犯罪嫌疑人、被告人或者变更强制措施的建议；刑事执行办案职能是指针对监管场所、公安、法院等相关人员在执法、办案过程中发现的问题制发本院《检察建议书》《纠正违法通知书》，检察室《刑事执行检察建议书》。

（二）疫情对驻所检察工作的具体影响

1. 疫情对巡察工作的影响

疫情期间，为全力做好看守所内疫情防控工作，减少不必要的人员进出，确保监所人员"零感染"，各地看守所普遍采用封闭式管理。众所周知，看守所作为羁押场所主要负责对未决犯（犯罪嫌疑人、被告人）和部分已决犯（罪犯）的刑罚执行和教育感化功能，故驻所检察室的首要职责是监督公安执法人员文明执法，维护监管场所的安全与稳定。因此驻所检察室的定位并不是相关法律的执行者而是对监管人员依法执法的监督者。

为适应这种封闭管理的新模式，驻所检察也相应采用轮回派驻＋视频式检察，与看守所封闭工作相一致的模式。这种方法一方面可以有效避免因监区人员进入而带来的输入性风险，另一方面可以防止看守所与驻所检察人员因不同周期进入而带来的潜在交叉输入风险，能够更大程度保障看守所内被监管人员的安全。然而这种监管模式也有一定

---

* 杨新民，工学学士，上海市人民检察院第二分院第四检察部检察官。张豪，法律硕士，上海市人民检察院第二分院第四检察部检察官助理。

的问题。首先是关于轮回派驻检察，此种检察模式虽然可以避免一定程度上的输入风险，但是因工作、生活场所的受限，极易对封闭人员的身体、心理健康带来一定的影响。其次是视频式巡检也具有以下问题，一是面对监控视频，注意力难以持久，无法长时间保持警惕，从而察觉场所风险。二是显示不足，摄像机数量往往大于监视器数量，并非采用一比一的方式，这种轮巡显示，多画面、小图像的方式，很可能错过异常现象，扩大事态的发展。

2. 对提审、会见检察的影响

疫情期间，为防止输入型风险的产生，保护在押人员的身体健康，看守所普遍出台相应的规定，譬如上海市第二看守所规定，尽量减少律师会见、承办提审方面的工作，对于确有必要的，也应当严格采取严密的防护措施，譬如，来看守所进行开庭、讯问和律师会见工作的民警、办案人员和律师等相关人员应自行准备口罩并佩戴，看守所应严格落实体温检测，详细询问近期活动轨迹情况，重点了解其近期是否有重点疫情地区旅行史、居住史或疫情地区人员接触史，不配合、拒绝检查或有疑似症状者一律不予安排办理开庭、讯问和会见手续。讯问、会见尚处在隔离观察期以及疑似病例待确诊的在押人员的，暂不予安排并做好解释工作。对于有往来疫情严重地区来所讯问、会见的办案人员和律师，确有讯问、会见必要的，应报市局监管总队批准。建议律师非因法院开庭等原因必须会见的，暂缓会见。疫情防控期间，看守所应尽可能启用相对封闭隔离的区域如家属会见室作为律师会见区域，或使用视频、电话会见，由看守所工作人员引导律师至相关区域会见。

从上面规定可知，疫情防控期间提审、会见工作基本处于停滞状态，但是在满足特定条件下依然可以进行，由于新冠肺炎具有一定的潜伏期，也难以排除前来提审、会见人员为无症状感染者，一定程度上难以避免交叉感染的发生，因此疫情期间的会见、提审工作的开展对驻所检察工作提出新的挑战。

二、疫情防控期间驻所检察工作的重点

(一) 疫情防控期间驻所检察工作的总目标

为认真贯彻习近平总书记关于全力做好新型冠状病毒感染肺炎疫情防控工作"坚定信心、同舟共济、科学防治、精准施策"的重要指示和在中央政治局常委会上的重要讲话精神，对标上海市委书记李强同志和最高人民检察院检察长张军同志对监所疫情防控工作的指示要求。驻所检察工作应根据公安部和监管总局的指示精神，即"思想认识绝对到位、防治措施绝对到位、保障支撑绝对到位""各监所务必无疫情""民警不发生一例感染"，监督看守所严格落实公安部、市公安局疫情防控工作部署，按照"依法依规、属地管理、完善机制、全力协助、公开透明、回应关切、快速反应、妥善处置"的原则，充分发挥公安监管场所职能作用，积极配合卫生健康等部门全面加速疫情联防联控工作，努力做到早发现、早预防、早隔离、早救治，建立有效的应急处置机制，坚决把疫情阻隔于看守所大

墙之外，坚决防止疫情在看守所传播扩散，坚决维护公安监管场所的安全稳定。

（二）驻所检察防控工作准则

党中央、国务院在研究疫情防控时，提出了按照"坚定信心、同舟共济、科学防治、精准施策"的要求进行防控，随后，在中央全面依法治国委员会第三次会议中，党中央提出"始终把人民群众生命安全和身体健康放在第一位，从立法、执法、司法、守法各环节发力，全面提高依法防控、依法治理能力，为疫情防控提供有力法治保障"。据此，疫情期间驻所检察防控应当坚持两项原则，即安全第一和维护在押人员合法权益。

首先，坚持安全第一的防控原则。当前疫情肆虐，看守所作为封闭场所喜忧参半，一方面看守所与外界保持较大程度的隔离具有天然的防御壁垒，能够有效阻断病毒的传播途径；另一方面看守所人员密集，一旦发生输入性疫情，极易造成大面积人员感染。此外，一旦在押人员感染新冠肺炎还将带来救治、安全防护、防止脱逃等一系列问题，将会对监管场所的管理秩序带来强势冲击。故疫情防控期间，驻所检察首先要树立安全第一的工作原则，坚决防止输入性风险的蔓延。

其次，重视在押人员的合法权益。疫情防控期间，在押人员的合法权益备受关注，一些地方由于受疫情的影响，不能在法定期限内办结案件，动辄使用延长期限、中止审理的方式造成了在押人员的超期羁押，对此最高人民法院、最高人民检察院研究室负责人强调，疫情防控期间应当防止超期羁押，对于审查起诉期限内不能办结的案件，需要继续办理的，应当及时变更强制措施。除此之外，受疫情影响犯罪嫌疑人的会见权与通信权也时常受到侵犯。有些看守所为防止外来人员进入所带来的输入性风险，而终止辩护律师前来会见，造成在押人员在疫情期间与辩护律师难以有效沟通、反映案件事实。因此疫情防控期间，除了保障监管场所的安全，在押人员的合法权益也应格外重视。

（三）驻所检察与其他部门的新型协作机制

如前所述，驻所检察是依托于监管场所对监管人员的监管行为依法进行法律监督的事务性工作，因此驻所检察工作的侧重点应是监督，这也与宪法对监察机关的法律定位相一致。但是这并不代表驻所检察室所监督的对象只有看守所，因为现实中，被监管人员从入所到出所期间的服刑改造等，不仅要有看守所对其进行教育改造，更要有医务室、后勤保障等部门参与，保障其正常所内生活。而现实中由于犯罪嫌疑人、罪犯人权保障的弱势地位，导致被监管人在饮食保障、医疗保障等方面受到不公平对待。这种情况下易出现医务室、后勤服务中心等部门的不正当履职而致使被监管人员人权受到侵犯的现象发生。因此驻所检察室应积极履行监管职责，与其他部门协调配合，共同保障被监管人员合法权益。而随着新冠肺炎疫情的到来，入所体检、场所卫生消毒、饮食安全均受到重大挑战，之前驻所检察室与医务室、后勤等部门所建立起的协调、配合机制均已不再适用。故新形势下驻所检察室与驻所医务室、后勤服务中心等部门应建立新型协作机制。具体而言，驻所检察室要主动加强与驻所检察室、驻所医务室、后勤服务中心等部门协调沟通，及时掌握有关防控措施，确保各项疫情防控工作步调一致、配合紧密。驻所检察室要在依法防控和依法管理上进行主动监管，在具体防控工作上由驻所医务室进行业务引导，在伙食保障和环境卫生消毒上要得到后勤服务中心的有力保障。注重对文职辅警、特殊安保、工勤人员、伙房工作人员、保洁人员、驻所医务人员等群体的关注和排摸，并会同看守所等部门做好排摸和情况通报工作，切实做到无遗漏、全覆盖，确保动态掌控。

三、疫情期间驻所检察工作模式之选择

（一）前期远程绝对非接触检察模式

看守所在应对重大疫情而实施封闭管理之初，由于驻所检察室工作人员不能通过安全排查，而不能和看守所民警同步进入看守所进行封闭检察，此阶段应运用监控联网系统、电话查询等绝对非接触方式进行检察工作，完成部分驻所检察的工作职能。

1. 新收和出所检察

检察室通过非接触检察方式，对新收人员和出所人员进行检察。主要是监督看守所对新收人员进行流行病学调查和最短期限为 14 天的隔离观察；对于看守所留所服刑罪犯刑满释放的，应提前落实驻地司法所或家属在释放日来所对接。对刑满释放或被取保候审及其他变更强制措施的在押人员，看守所民警应向其介绍疫情情况，并在出所时提供必要的防护用品，至少发放口罩一只。对于出所人员在出所后前往重点疫情地区及北京的，应当及时报上级部门备案。

2. 羁押期限检察

有条件在所外进行管理信息联网的检察室，每日应当对全所的在押人员进行羁押期限筛查，对有可能超期羁押的在押人员，应当立即向相关办案单位提出建议，防止超期羁押事故的发生。对在检察中发现办案单位的延长文书违反法律规定或中止审理的裁定无法律依据的，应当及时报上级部门同意对相关办案单位进行法律监督，维护在押人员不被超期羁押的合法权益。

（二）中期限制接触的封闭检察模式

中期限制接触的封闭检察模式，是指驻所检察人员和看守所民警经过同步集中隔离和人员安全排查之后，对符合入所条件的人员采取的封闭管理检察模式。该检察模式是在远程绝对非接触检察模式上的发展，目的是更加全面履行驻所检察的工作职能，把疫情对驻所检察工作的影响限制到较小状态。

1. 对办案人员视频提审和律师视频会见的检察

疫情期间在看守所内监区外（一般是罪犯家属会见区域）设立了办案人员视频提审和律师视频会见区，为检察室人员对提审和会见进行现场安全检察提供了条件。检察室人员进入上述区域时应当着检察制服表明身份，同时应当佩戴口罩。安全检察的内容主要是：（1）进入该区域的办案人员和律师是否根据要求采取佩戴口罩等个人防护措施，对于没有采取必要防护措施的应当立即责令整改，拒不改正的应当停止提审工作或会见活动；（2）律师会见区和办案人员提审区是否相距太近，是否有相互影响的情况发生。如果存在

这两种情形的，应当建议看守所进行整改，可以设立物理隔绝墙等能够避免相互干扰和具有一定隔音效果的隔断；（3）对办案人员的提审工作和律师的会见活动是否连续进行检察，应当监督看守所在提审或会见的两档人员之间进行消毒和通风，防止来所提审和会见的人员形成交叉感染的风险。

2. 对特殊在押人员的情况了解

在疫情有一定的好转后（例如上海市重大公共卫生突发事件一级响应调整为二级响应），驻所检察室人员可以在佩戴口罩的前提下对看守所各个警区进行现场检察，但在监区内只限于对楼面提审室、中队值班室和管教办公室进行巡视检察。可以针对检察工作的需要，在管教办公室对特殊在押人员进行情况了解等谈话活动，但要在谈话活动中保持适当的距离，房间内总共不能超过 3 人。对于谈话所形成的笔录或《在押人员谈话登记表》，可以在注明情况下，考虑到疫情原因不要求在押人员签字，但作为刑事诉讼证据使用的除外。

3. 通过公安内部电话解答在押人员的法律咨询

在看守所管教对在押人员的谈话工作正常化以后，检察室应当适时恢复开展对在押人员的法律咨询工作。有法律咨询要求的在押人员，可以请求在管教对其进行谈话的过程中，由管教主动电话联系检察室，并负责对在押人员的问题进行复述。检察室对问题的回答和解释，同样由管教负责转述给在押人员。在法律咨询的过程中，在押人员全程不能接触电话，这样既达到法律咨询的效果，又有效防止在押人员接触病毒的风险。

（三）后期逐步开放的驻所检察模式

与前期和中期驻所检察模式相区别的是，后期逐步开放的驻所检察模式更有利于保障在押人员合法权益，更便利于督促监管人员依法行为。具体而言，疫情前期和中期，驻所检察人员大多是通过视频对在押人员开展谈话教育，了解日常生活，掌握控告申诉线索，而出于疫情防控需要，驻所检察人员一是在时间上，难以经常与在押人员进行谈话，不能充分了解其权益是否得到保障。二是在空间上，难以近距离接触在押人员，建立信任感，进而获得真实信息。故，后期驻所检察模式是指随着新冠肺炎疫情的控制，以及疫苗接种面的扩大，输入性风险大幅降低，驻所工作逐步回归正常的工作模式。但是需要注意的是，此种形势下虽然全国疫情形势已经大幅度好转，但是并不意味着没有输入性感染的风险，因此疫情后期仍应当采用一定的控制模式。具体而言，后期驻所检察模式主要采用以下模式：

1. 重点保障律师会见权

疫情期间，由于输入性风险的影响，各地看守所普遍采用限制会见的形式，遏制外来风险的进入，而随着疫情形势的好转，看守所会见秩序也逐渐回归正常，但是出于怕出风险、担责任的因素影响，一些看守所人为设置标准，限制律师会见，侵犯在押人员会见权的现象也时有发生。譬如，以疫情尚未完全解除为由，阻止外地（无论是否为低风险地区）律师会见，或者层层设置阻碍限制，增加手续，限制会见。因此在这一阶段驻所检察的工作应侧重于保障律师的正常会见权。

2. 充分保障律师会见时间

上文已经提到，一些看守所出于安全考虑而矫枉过正，阻止或者限制律师会见的情况，与此相对应的是，看守所由于逐步放开，导致长期积攒的会见业务集中爆发，出现资源挤兑的局面，看守所可能以保证更多律师会见权为名，行减轻工作量之实，而人为缩短律师会见时间，侵犯在押人员会见权。根据《看守所留所执行刑罚罪犯管理办法》第四十六条[①]规定，律师会见时间并不受限制，虽然在后疫情时代，由于会见场所资源的紧缺，看守所不得已采用此种形式，但是会见时间也应当受合理原则的规制，看守所不能不合理地压缩会见时间，让会见权流于形式。因此后疫情阶段，驻所检察应重点保障律师会见时间，不能不合理地缩短。

四、疫情期间驻所检察法律监督职能之体现

（一）基本案情

疫情期间，驻所检察室在羁押期限检察中发现，某法院作出刑事裁定，称任某等人涉嫌逃汇罪一案"因为防控新型冠状病毒感染肺炎疫情需要，致使案件在较长的时间内无法继续审理，依照《中华人民共和国突发事件应对法》第三条、第十三条，《中华人民共和国刑事诉讼法》（以下简称《刑事诉讼法》）第二百零六条，裁定如下：本案中止审理"。

经查，被告人任某等人因涉嫌逃汇罪被公安机关于 2019 年 3 月 14 日刑拘并羁押入所，办案环节为一审，办案期限到 2020 年 3 月 27 日止。法院承办法官于 2020 年 3 月 17 日通过电话与看守所进行工作沟通，在获悉因新冠肺炎疫情影响不能将被告人提解到法院开庭后，称拟对该案进行中止审理。原因是案件审理期限需要延长，因当前是"新冠肺炎防疫"特殊时期，计划对案件中止审理。同时法官与检察室进行联系并说明情况。检察人员当即告知其《刑事诉讼法》中关于中止审理的适用具有严格的规定，法院中止案件审理时必须要有充足的依据，承办法官进一步告知其认为适用《刑事诉讼法》第二百零六条第四款"由于不可抗拒的原因"而中止审理。对此驻所检察室积极请示汇报并和部里研判后认为，《刑事诉讼法》第二百零六条规定的中止审理四种情形，应具有同质性，即存在被告人重病、脱逃等无法出庭受审的客观原因。但是本案的几名被告人均身体健康，且看守所领导表示可以应法院的要求提供远程开庭的条件，事实上上海市也已经有多家法院通过看守所的远程视频系统开庭，故本案中并没有因疫情防控而导致被告人无法开庭受审的具体情形事项。故驻所检察室认为将案件中止审理与目前的"防疫"安全联系，归为不可抗拒的理由太过牵强。

---

① 《看守所留所执行刑罚罪犯管理办法》第四十六条：罪犯与受委托的律师会见，由律师向看守所提出申请，看守所应当查验授权委托书、律师事务所介绍信和律师执业证，并在四十八小时内予以安排。

（二）法律适用争议

经部主任同意，由检察室主任向法院的承办法官答复，口头建议此种情形下法院不宜中止审理，并向法院申明如果法院作出中止审理的裁定无合法依据，则检察机关有权对法院的非法裁定进行法律监督。但承办法官仍坚持认为裁定中止是法院的固有权力，疫情属不可抗力，并引用上海市高级人民法院课题组《关于涉新冠肺炎疫情防控法律适用问题的系列解答（一）》中问题 2：原则上可将政府采取的疫情防控措施理解为不可抗力，当事人因受疫情影响相关诉讼活动不能参加的，根据《中华人民共和国民法总则》《中华人民共和国民事诉讼法》《中华人民共和国突发事件应对法》等相关规定，可以适用有关时效中止和诉讼中止的规定；后又于 3 月 25 日引用《两高有关负责人就惩治妨害疫情防控违法犯罪答记者问》中关于"受到疫情的影响，案件不能在法律规定的审查起诉、审理期限内办结的，应当如何处理？"问题的回答："在疫情防控期间办理案件，既要严格依法，也要严格落实隔离、防控的要求。人民检察院在疫情防控期间办理审查起诉案件，应当以书面审查为主要方式，尽量不采取当面方式讯问犯罪嫌疑人、询问证人等诉讼参与人以及听取辩护律师意见，可以采取电话或视频等方式进行，以减少人员流动、聚集、见面交谈。犯罪嫌疑人被羁押的审查起诉案件，应当严格依照法律规定的审查起诉期限办结。如果因为疫情影响，不能在法律规定的审查起诉期限内办结，需要继续办理的，人民检察院可以按照刑事诉讼法第九十八条的规定，对犯罪嫌疑人取保候审或者监视居住。同时，根据刑事诉讼法第二百零六条的规定，在审判过程中，由于不能抗拒的原因，致使案件在较长时间内无法继续审理的，可以中止审理。据此，在疫情防控期间，对于刑事案件，包括适用简易程序、速裁程序审理的案件，人民法院可以依法中止审理。同时，要切实注意防止超期羁押。对于涉及妨害疫情防控的刑事案件，以及羁押期限临近可能判处刑罚的案件，在疫情防控期间确需开庭审理的，应当做好相关防护工作，在充分保障当事人及其他诉讼参与人诉讼权利的前提下，及时开庭审理；条件具备，案情适宜的，可以采取视频方式开庭，人民检察院可以通过视频方式出庭支持公诉。"

（三）检察机关行使法律监督职能的具体体现

针对法院裁定理由的前者，检察室研究后认为，省级法院涉民事诉讼的内部解答不能直接套用至事关公民人身自由权利的刑事诉讼案件。法院能否对刑事案件裁定中止审理，只能依据《刑事诉讼法》第二百零六条来判断。不能将疫情等同于当然诉讼中止。针对法院理由的后者，检察室认为法院是选择性引用了问题的答案，而没有注意维护被告人不被超期羁押的合法权益，有失公正执法之要义。笔者认为，一是当前上海市疫情并未达到所有诉讼活动均一律无法正常进行的不可抗力程度，故疫情防控并非一定会导致所有刑事案件的中止审理。且由于全国疫情防控形势的向好，2020 年 5 月，上海市因疫情防控启动重大突发公共卫生事件已由二级响应降为三级响应，包括看守所在内的全市各看守所出入所、提审、开庭通道虽已严格防控要求，但均未关闭。二是疫情期间刑事案件是否中止需要根据案件的具体情况而定。不能单纯以疫情防控的需要为由，中止一切刑事案件的审理，被告人在押的刑事案件本质上不同于无案件当事人被羁押的民事案件，所以因疫情防控而中止案件审理的刑事案件的标准理应高于民事案件，而被告人被羁押的刑事案件的标准更应高于被告人未被羁押的刑事案件的标准。

综上，检察室认为法院单纯以疫情防控需要为理由，裁定中止被告人任某等涉嫌逃汇罪案件的审理，是对《刑事诉讼法》第二百零六条的误判，并可能导致在押被告人的隐性超期羁押，检察机关应当履行法律监督的职能，对法院作出的上述裁定依法予以纠正。

（责任编辑：季敬聚）

涉及人格权的疫情防控措施的比较与刑法保障

姜　伟*

传染病防控既是传染病医学科学问题，也是社会治理和法律问题，包括新型冠状病毒肺炎在内的严重传染病，典型传播方式都是人传人，疫情防控重点在于"管住人、管好人"的隔离措施。早在 2003 年抗击"非典"疫情重大斗争中，国务院制定《突发公共卫生事件应急条例》，以法治方法、法治手段在各地采取坚决有力的隔离措施，有效防控疫情，确保抗击"非典"斗争取得胜利。2020 年年初爆发的新型冠状病毒肺炎疫情是对我国国家治理体系和治理能力的一次大考。习近平总书记在中央全面依法治国委员会第三次会议上发表重要讲话强调，疫情防控越是到最吃劲的时候，越要坚持依法防控，在法治轨道上统筹推进各项防控工作，保障疫情防控工作顺利开展。

打好抗疫阻击战要保证各项疫情预防控制措施落实，维护防疫工作秩序。但是，隔离、检验、流行病学调查等疫情防控措施涉及人身自由权、身体权、隐私权和个人信息保护等人格权益，直接影响人民群众切身利益，既需要有力的法律保障，还需要严格的法律规制。目前，对如何有效落实限制人格权的疫情防控措施，相关法律规定还不够具体，保障措施相对缺乏，运用移动网络技术收集个人行踪信息等新问题有待明确。本文将从参考比较域外传染病防治法律入手，对疫情防控措施的法律规制和刑法保障提出参考建议。

一、限制人身自由权的隔离措施

2020 年年初，在新冠肺炎疫情防控的关键阶段，一些敏感人员的违法违规现象时有发生，严重危害到人民群众生命健康和公共安全。如个别人故意隐瞒病情，扩散疾病风险，山东某居民隐瞒接触史、旅行史，导致 68 名医务工作者被隔离；福建某居民隐瞒武汉居住史，参加聚会，导致 3 000 多人被医学观察。又如个别人不服从隔离和预防措施，扰乱防疫秩序，无锡市对 9 名拒不服从居家隔离规定者实施强制隔离措施。多地公安机关还采取坚决行动，对隐瞒病情、拒不执行预防控制措施，与多人接触甚至到公共场所活动等严重违反疫情防控措施行为人，按照以危险方法危害公共安全罪立案侦查。由此可见，作为重要防控措施的"隔离"需要强有力的法律强制手段予以保障，行政强制手段及时有效，也可以避免违法行为的影响和危害扩大，对于风险人群也起到保护作用。但是，直接限制人身自由权的隔离措施可能会引发法律争议。2003 年"非典"疫情过后，疫情期间

---

* 　姜伟，法学博士，上海市人民检察院第一分院研究室副主任，检察官。

政府采取的隔离措施也引起一些讨论，如国务院制定《突发公共卫生事件应急条例》设定隔离措施，引发对"行政应急性原则"的讨论；[1]又如《传染病防治法》对于限制人身自由权的强制措施规定过于抽象，对适用条件、方式和程序都缺少具体规定，导致一些个案中强制手段运用过度，产生侵犯被隔离对象基本人权的问题。[2]

（一）限制人身自由权隔离措施的类型

美国传染病防治法律有三种隔离措施：第一种是针对病人、病原体携带者的隔离治疗（Isolation）；第二种是限制与病人有接触的疑似病人或者密切接触者行动自由的隔离（Quaruatine）；第三种是有条件的释放（Conditional Release），即对可能暴露在传染病影响下的个人进行随访、电话或者电子、互联网监控。《德国防疫法》针对病人、疑似病人、病原体携带者、密切接触者的人身限制统称为"隔离"（Quarantäne）。在我国，根据《立法法》第八条规定，涉及人身自由的强制措施属于法律保留事项，只能由法律来设定。《传染病防治法》中限制人身自由的隔离措施分为四种：一是对病人、病原体携带者的隔离治疗；二是对疑似病人，确诊前在指定场所单独隔离治疗；三是对医疗机构内的病人、病原携带者、疑似病人的密切接触者，在指定场所进行的医学观察；四是对已经发生甲类传染病病例的场所或者该场所内特定区域的人员的隔离措施。前三种强制措施见于《传染病防治法》第三十九条，实施主体为医疗机构，必要时公安机关可以协助医疗机构采取强制执行。后一种见于同法第四十一条，实施主体为县级以上人民政府，决定主体为上一级人民政府。前三种措施针对的对象相对特定，基于疾病预防控制机构、医疗机构中的医生等专业人员对特定对象的诊断，被隔离对象的判断不是法律问题，也不是一般事实问题，而是医学或者流行病学的专门问题。后一种隔离措施针对的对象是不特定的，只要在甲类传染病发生区域内的人员都会成为隔离对象，属于不需要专门知识的事实判断问题。

处在隔离治疗、医学观察和隔离措施中的人员，应当保障他们得到适当的医疗、生活保障条件。目前，《传染病防治法》对隔离治疗、医学观察场所、隔离场所没有具体规定，只有国家卫生行政主管部门制定的《传染病管理制度》中有相关内容，主要是疫情管理人员、医疗机构及其工作人员，对于被隔离治疗、医学观察的对象的义务并不涉及。如果隔离措施发生在医疗机构内部，被隔离人员应当按照病人、疑似病人来对待，保障其得到相当水准的医疗条件和生活保障，尚未明确的是发生在医疗机构之外的隔离。美国联邦法律在这方面的规定也比较原则：疾病控制中心必须为被隔离人员准备足够的食物、水、适当住宿、适当医疗以及必要的通信手段。[3]德国防疫法要求，各州为隔离设施保证必要的房屋、设施和交通工具。[4]

在传染病防控过程中，医疗机构实施限制人身自由隔离措施时，属于法律授权行使公

---

[1] 参见赵颖：《对行政应急性原则研究的回顾与展望》，载《行政法学研究》2005 年第 4 期。

[2] 参见陈仕学：《传染病防治中的权利保护》，载《医学与社会》2005 年第 2 期。

[3] 42 Code of Federal Regulations §70.06（b）.

[4] Infektionsschutzgesetz §30 Quarantäne.

共管理职能的组织，应当具有与行政机关同样的执法权威。《突发公共卫生事件应急条例》第四十四条也明确规定，在突发事件中需要接受隔离治疗、医学观察措施的病人、疑似病人和传染病病人密切接触者在卫生行政主管部门或者有关机构采取医学措施时应当予以配合；拒绝配合的，由公安机关依法协助强制执行。

（二）限制人身自由隔离措施的强制力

上述四种限制人身自由的隔离措施属于具有公共管理职权的法定组织实施的行政行为，具有强制力，被隔离对象必须服从，与被隔离对象有利害关系的其他人员、其他机关、单位和社会组织也应当配合。对拒不配合隔离措施的两类行为作如下处置：

一是拒不服从隔离治疗场所、医学观察场所、隔离场所规定。处在隔离中的人员在人身自由等各项基本权利都会受到限制，为了保障防疫工作秩序，维护公共安全，个人应当服从这些规定和限制。比如《德国防疫法》规定，被隔离的人必须遵守医院或者其他隔离场所的指示，容忍为了维持场所运转和住宿目的所采取的各种措施；直接或者间接可以帮助被隔离人逃脱的物品应当在其他地方保管；为了隔离场所的安全，还可以在被隔离人在场情况下拆开他的信件、包裹或者予以退回。但是，来自法院、行政机关、法定代理人、律师、公证人、牧师的信件不能拆开或者退回，除非是为了消毒的需要才能拆开，被隔离人在基本法上的人身权、自由权和通信秘密权相关规定受到限制。[①]在此次疫情中，新型冠状病毒的传播路径尚有不明确之处，既有"人传人"，还有"物传人"和"环境传人"。因此在隔离措施上应当更加严格，被隔离人既要遵守与外界交流的规则，还要遵守隔离场所运行的规则。如果被隔离对象不遵守医疗机构隔离场所的规定，应当由医疗机构强制执行。如果被隔离对象不遵守政府隔离场所规定的，应当由公安机关强制执行。

二是逃避隔离措施。即明知自己应当被隔离而逃逸，或者隔离治疗期间、医学观察期内未经许可离开隔离场所。被隔离人逃避由医疗机构实施的隔离治疗、医学观察的，可以由公安机关依法协助强制执行，包括抓捕被隔离对象，并将被隔离对象送至医疗机构或者其他规定的隔离场所。逃避《传染病防治法》第四十一条规定的隔离措施，属于拒不执行人民政府在紧急状态下依法发布的命令、决定，违反《治安管理处罚法》第五十条的行为，情节严重的还有可能构成《刑法》第三百三十条规定的妨害传染病防治罪。因此，应当由公安机关负责强制执行。在特定场所发现逃逸的被隔离对象时，为了防治传染风险扩散，还可以依据《人民警察法》第十七条规定实行现场管制，以及《人民警察法》第八条规定，将被隔离对象强行带离现场。为了确保被隔离对象的基本权利，根据《行政强制法》第二十条规定，公安机关在紧急状况下实施抓捕后，应当立即通知当事人家属实施强制措施的机关、被隔离的场所和期限。美国联邦法律上也有类似规定，基于联邦隔离、附条件释放命令可以对个人实施抓捕，该命令必须在 72 小时内送达。[②]

---

① Infektionsschutzgesetz § 30 Quarantäne.
② 42 Code of Federal Regulations § 70.6.

二、涉及其他人格权的疫情防控措施

除直接限制人身自由的隔离措施之外，其他针对人格权的强度较弱的预防措施，在疫情防控的关键阶段、关键地区也十分必要，有必要明确其内容和强制力。

（一）涉及其他人格权的防控措施的主要类型

根据现行法律法规，这些措施主要包括：一是对人员的卫生检疫，依据《传染病防治法》第四十三条规定，在宣布为疫区的区域，对出入疫区人员实施卫生检疫，实施主体为县级以上人民政府；以及依据第四十四条规定，在发生甲类传染病时，对交通工具乘运人员实施卫生检疫，一般设置在车站、机场、码头，这对于流动人口集中的超大型城市控制疫情扩散非常重要。二是疾病预防控制机构、医疗机构对有关人员进行传染病调查、检验、采集样本等措施，向相关人员调查了解情况；三是对流动人口的疫情信息收集，其他国家法律中也有类似措施，比如美国联邦法律规定：作为公共防疫措施，疾病控制中心可以要求个人提供美国或者外国的地址、电话、邮件地址以及其他联系信息、目的地信息、健康状况、可能的暴露史和旅行史等。[1]四是进入公共场所的人员采取必要防护措施，以佩戴口罩为典型；五是要求有敏感地区旅行史、居住史，或者与相关重点人员有密切接触者居家隔离观察。

2020年2月7日，上海市人大常委会通过《关于全力做好当前新型冠状病毒感染肺炎疫情防控工作的决定》（以下简称《决定》），依法授权市政府采取必要临时措施，要求对单位、个人违反法律法规传染病防控措施追究法律责任，采取惩戒措施，要求人民法院、人民检察院积极履行职责，为疫情防控提供司法保障。在疾病预防控制机构、医疗机构和公安机关依法实施上述疫情防控措施之外，《决定》特别强调疫情防控应当发挥群防群治力量，充分发动基层群众性自治组织采取针对性防控举措，机关、企业事业单位、社会组织应当建立健全防控工作责任制和管理制度，对重点人员、重点群体、重要场所、重要设施实施严格管控，加强健康监测，发现异常情况及时报告相关部门。《决定》还明确要求"个人应当做好自我防护，进入公共场所的，自觉佩戴口罩。个人应当按照规定如实提供有关信息，配合相关部门做好疫情防控工作，依法接受调查、监测、隔离观察、集中救治等防控措施"。根据《决定》要求，上海市绝大多数居民小区均实行封闭管理，对出入人员进行登记或体温监测，要求外地返沪人员及时登记；要求外地返沪人员自觉居家隔离；要求乘坐公交、地铁的市民佩戴口罩等。上述对人的预防控制措施，多数情况下分布在交通站点、社区、机关、企业组织等非医疗场所，主要依靠公共交通运输工作人员、安全检查员、社区保安、居民委员会、村民委员会工作人员等不具有国家机关工作人员身份的人员实施。

（二）涉及其他人格权防控措施的强制力

在疾病预防控制机构、医疗机构工作人员实施对人的防控措施时，比如检疫、身体检

---

① 42 Code of Federal Regulations § 70.10.

查、传染病调查、采集样本、访谈时，属于执行公务的行为，被调查对象有配合的义务，调查人员有进入特定区域包括进入被调查对象住所的权力，被调查对象应当接受身体检查、如实汇报健康状况、居住和旅行史等个人信息。特别是在当下的信息时代，配合义务还应当包括接受移动互联网监测、允许主管机关收集对传染病控制必要的个人信息等。如《德国防疫法》第二十五条第五款规定，在卫生防疫部门医生及工作人员进行传染病调查、身体检查时，被调查对象在基本法上的身体权、人身自由权和住宅不受侵犯权相关规定受到限制。[1]根据《德国防疫法》第二十九条规定，病人、疑似病人、密切接触者和病原体携带者都有义务允许防疫部门工作人员进入住所询问和检查，并提供有关健康状况的所有信息，并且在住所地或经常居住地发生变化的情况下向卫生部门报告，被调查对象在基本法上的身体权、住所不受侵犯权相关规定也受到限制。[2]

疾病预防控制机构、医疗机构、公安机关之外的其他基层群众性自治组织、企业事业单位、社会组织在实施其他对人的防控措施时，属于特殊情况下受委托的组织。根据国务院《突发公共卫生事件应急条例》第四十条规定，传染病暴发、流行时，街道、乡镇以及居民委员会、村民委员会应当组织力量，团结协作，群防群治，协助卫生行政主管部门和其他有关部门、医疗卫生机构做好疫情信息的收集和报告、人员的分散隔离、公共卫生措施的落实工作，向居民、村民宣传传染病防治的相关知识。基层社区、公共交通运输企业、企业事业单位的防控措施是专门机关防控措施的前端，是传染病预防控制网络的重要组成部分。依据"行政应急性原则"，在特殊紧急情况下，出于国家安全、社会秩序和公共利益的需要，行政机关可以采取没有法律依据或者与法律相抵触的措施。[3]在一般状况下，上述主体不能作为行使疫情防控职权的主体。但是，在突发重大公共卫生事件中，《突发公共卫生事件应急条例》临时委托上述主体行使部分疫情防控职能，在本社区、本单位范围内实施收集和报告疫情、分散隔离人员、落实公共卫生措施等行政应急行为，社区居民、该单位人员以及乘用公共交通工具的人员应当服从管理。但是要遵循比例原则，不能过度采取限制人身自由的措施。对拒不服从防控措施的，或者发现异常情况时要履行及时报告、转送的义务，交由县级以上人民政府、公安机关、医疗机构、疾病预防控制机构等具有行政强制措施执行权的主体，并由它们承担相应法律责任。需要特别指出的是，上述主体实施对人的防控措施的主要目的是保障公共安全，而不是为了自身的利益和安全，不能以民事法律上自助行为为理由，[4]采取以邻为壑，危害公共安全、破坏防疫工作秩序的处置方式。

---

① Infektionsschutzgesetz § 25 Ermittlungen.
② Infektionsschutzgesetz § 29 Beoachtungen.
③ 参见刘莘：《行政应急性原则的基础理念》，载《法学杂志》2012年第9期。
④ 民事上的自助行为是指合法权益受到侵害，情况紧迫且不能及时获得国家机关保护的，受害人可以在必要范围内采取扣留侵权人的财物等合理措施。

三、涉及人格权疫情防控措施的刑法保障

刑法手段是保障传染病预防和控制措施执行落实最有力的法律手段。2020 年 2 月 8 日，国家卫健委、最高人民法院、最高人民检察院、公安部联合印发《关于做好新型冠状病毒肺炎疫情防控期间保障医务人员安全维护良好医疗秩序的通知》，要求依法严厉打击疫情防控期间涉医违法犯罪行为。2 月 10 日，最高人民法院、最高人民检察院、公安部、司法部又联合印发《关于依法惩治妨害新型冠状病毒感染肺炎疫情防控违法犯罪的意见》（以下简称《意见》），要求依法严惩妨害疫情防控的各类犯罪活动。司法机关应当按照通知和意见要求，准确适用法律，完善工作机制，落实疫情防控措施的刑事保障。

（一）准确适用妨害疫情防控措施的相关罪名

根据《意见》规定，拒绝执行卫生防疫机构依照传染病防治法提出的防控措施，引起新型冠状病毒传播或者有其他传播严重危险的，依照《刑法》第三百三十条规定，以妨害传染病防治罪定罪处罚。其他国家也将严重妨害传染病防控措施的行为纳入刑法处理。根据美国联邦法律规定：个人违反联邦隔离治疗、隔离观察或有条件释放命令的行为，属于A 级轻罪。应当处以不超过 10 万美元的罚金或者 1 年的监禁刑，也可以合并适用，如果造成一人死亡，应当处以不超过 25 万美元的罚金或者 1 年监禁刑，也可以合并适用。① 根据《德国防疫法》的规定，违反疫情防控措施的行为一般采取罚金刑予以处罚。涉及特定类型传染病时，可以判处最高 5 年有期徒刑。②

以暴力、威胁方法阻碍国家机关工作人员依法履行防控疫情而采取的防疫、检疫、强制隔离、隔离治疗等措施的，依照《刑法》第二百七十七条第一款、第三款规定，以妨害公务罪定罪处罚。在确定妨害公务罪构成时，为了支持全民参与、群防群治抗击疫情的现实需要，《意见》对"国家机关工作人员"范围作了适度扩张：包含在依照法律、法规规定行使国家有关疫情防控行政管理职权的组织中从事公务的人员，在受国家机关委托代表国家机关行使疫情防控职权的组织中从事公务的人员，虽未列入国家机关人员编制但在国家机关中从事疫情防控公务的人员。据此，在突发公共卫生事件中，卫生行政主管部门、疾病预防控制机构、医疗机构中从事疫情防控工作的人员，不论是否有公务员身份，都属于从事疫情防控的公务人员。在村委会、居委会等基层群众性自治组织中受委托行使疫情防控职权的人员，也属于从事疫情防控的公务人员，以暴力、威胁方式阻碍上述人员疫情防控工作的，也构成妨害公务罪。

鉴于新型冠状病毒肺炎在全国造成的严峻形势和公众的恐慌情绪，违反疫情防控措施的行为具有更高的社会危险性，《意见》对某些具有严重社会危险性的妨害疫情防控措施的行为予以严厉打击：对于已经确诊的新型冠状病毒感染肺炎病人、病原携带者，拒绝治

---

① 42 Code of Federal Regulations §70.18.
② Infektionsschutzgesetz §74 Strafvorschriften.

疗或者隔离期未满擅自脱离隔离治疗，并进入公共场所或者公共交通工具的，按照以危险方法危害公共安全罪定罪处罚；疑似病人有上述行为的，造成新型冠状病毒传播的，也按照以危险方法危害公共安全罪定罪处罚。

（二）完善妨害疫情防控犯罪案件办案机制

《意见》在明确法律适用之外，还要求司法机关健全完善工作机制，保障办案效果。检察机关应当按照《意见》要求，完善检察环节办案机制，为打赢疫情防控阻击战贡献检察力量。首先，检察机关应当积极运用认罪认罚从宽程序加快办案节奏。对于妨害疫情防控工作涉嫌犯罪，但是情节较轻、危害不大的案件，引导犯罪嫌疑人、被告人认罪认罚，避免刑事程序给司法机关疫情防控带来不必要的压力。其次，妥善运用强制措施确保隔离措施效果。对于拒绝隔离治疗或者隔离期未满擅自脱离隔离治疗的人员，公安机关要协助医疗机构采取强制隔离措施；对涉嫌犯罪符合逮捕条件的，公安机关应当提请检察机关逮捕，仍然需要隔离治疗或者隔离期未满的，检察机关可以对其适用在隔离场所的监视居住；对具有较高社会危险性，继续对抗隔离措施的犯罪嫌疑人，应当适用逮捕措施，交付具有医疗条件的公安监管场所继续隔离。最后，探索适应疫情防控需要的诉讼权利保障机制。与负责隔离治疗、医学观察、隔离措施的医疗机构、行政机关探索以书信方式听取意见，以远程视频方式实现讯问、询问，充分保障处在隔离措施中的犯罪嫌疑人、被告人的诉讼权利。

四、结论

在本次抗击新型冠状病毒肺炎疫情的斗争中，各个省级行政区启动重大突发公共卫生事件一级响应。在这种状况下，疫情防控措施具有一定紧急行政权特征，不能与平常状态的疫情防控措施同等对待，行政强制的启动必然更迅速、措施更加有力、违法责任也更加严重。基于人类与病毒斗争的规律，此种规模的重大突发公共卫生事件在未来仍有可能发生。因而重大突发公共卫生事件中疫情防控措施应当逐步减少应急行政色彩，纳入法治化轨道，一方面要强化其行政强制力，另一方面也要加强规范事中和事后的法律监督。

（责任编辑：金华捷）

重大疫情下刑事检察工作的"应然状态"

杨秦峰　殷思源*

新冠肺炎疫情的突发，不仅严重威胁人民群众的生命安全和身体健康，还引发暴力伤医、制假售假、造谣传谣、任性执法等各类社会乱象和连锁反应，让严峻的疫情形势"雪上加霜"。习近平总书记指出，依法治理是最可靠、最稳定的治理，法治是国家治理体系和治理能力的重要依托，疫情防控越是到最吃劲的时候，越要坚持依法防控，在法治轨道上统筹推进各项防控工作，保障疫情防控工作顺利开展。检察机关作为司法机关，作为法治的践行者、人民合法权益的维护者，应坚持运用法治思维和法治方式将疫情相关工作积极稳妥推进。这次疫情是对我国治理体系和能力的一次大考，也是对检察机关政治自觉、法治自觉、检察自觉的一次大考。在这场抗击疫情的司法攻坚战中，检察机关如何确保自身"免疫"，刑事检察工作开展中如何变被动"应战"为积极"迎战"，应对的"应然状态"如何，而目前的"实然状态"又是如何，检察机关应作出思考。

一、重大疫情下刑事检察工作的"实然状态"

为处理好严格依法办案与严格隔离防控的平衡关系，各地检察机关积极调整、探索，为维护疫情防控秩序、服务保障防控工作大局而不懈努力。但是不可否认的是疫情给检察机关原本办案工作造成了冲击，既有诸多工作模式以及法定程序的运行面临不便甚至难以开展的问题，也有疫情所带来的法律适用、权益保障等新的难点问题。

（一）远程信息化办案模式得到广泛应用但仍有局限

最高人民检察院下发的《关于在防控新型冠状病毒肺炎期间刑事案件办理有关问题的指导意见》指出，在疫情防控期间应以案卷书面审查为主要方式，尽量不采取当面方式讯问犯罪嫌疑人，可以采取电话或者视频等方式进行。全国各地检察机关纷纷开始采用远程视频系统"隔空"提审、"零接触"办案，由检察官对在看守所内的犯罪嫌疑人进行远程视频通话并同时制作电子笔录，由看守所内工作人员接受打印的笔录，也有与认罪认罚工作相结合，在值班律师远程视频见证下签署认罪认罚具结文书。另外，依托法院的远程在线庭审客户端、移动微法院"小程序"，检察官只需一台配有摄像头的电脑或一部手机即可在线出庭支持公诉。远程信息化的办案系统既减少了接触感染风险，也减少了人力物

---

* 杨秦峰，法学本科，上海市浦东新区人民检察院检察官。殷思源，法学硕士，上海市浦东新区人民检察院检察官助理。

力、在途时间等司法成本，成为疫情期间的"免疫系统"。但在远程信息化办案模式的实际运行过程中，检察机关仍面临如下问题：

1. 远程设备难以满足实际办案需求

对于案件体量大的基层检察院而言，由于疫情发生前远程提审使用频率不高、设备配备不足，以往检察机关各部门、各承办检察官直接分散前往看守所提审，案件突然大量而集中采用远程提审方式，远程设备难以负荷。同时由于疫情防控影响，特别是山东、湖南、浙江等地爆发监狱疫情以来，看守所防控级别再次提高。以上海浦东为例，检察院进入看守所的人数、次数、时间均受限定，全院仅有 2 间远程提审室，而各办案部门均需使用，不同的案件类型需要的提审时间也有所差异，有些只需简单讯问，而有些则需较长时间。每个检察官均不得不加快提审速度，但在中午不休息的情况下仍然存在不能在工作时间内完成全部提审任务的情形，而且大量案件能够安排提审时往往已经临近到期日，办案进程面临被动局面：如犯罪嫌疑人突然翻供，需要详细讯问时，检察官要再安排时间自行前往看守所提审；如因安排在前面提审的案件稍微耗时较长时，安排在后面的案件未能如期提审，则会导致本应适用认罪认罚速裁程序因未能及时提审而未能适用；再如看守所对于新收犯有一定的隔离期，若未满隔离期则无法提审，但是承办人在提审前并不完全知晓所要提审的对象是否是新收犯，往往直到提审时才被看守所告知系新收犯不能提审。

2. 与非本地单位的远程设备端双向互联未能达到全面覆盖

就上海浦东而言，对于羁押在本区看守所的犯罪嫌疑人，本市取保候审的对象大部分可以通过远程提审解决，但对于羁押在非本辖区的看守所、市看守所、市第三看守所、强制隔离戒毒所的犯罪嫌疑人，或者是人在外地的取保候审对象采用远程提审则存在困境。上海市浦东新区人民检察院与外区、市级、外地办案机关远程视频端未能形成双向互联，对于关押（或取保候审）在非本辖区的犯罪对象难以实现远程提审。若要求外地的取保候审对象来沪，疫情严重时需要对象在沪隔离一段时间，甚至对于身处疫情高发区的对象因管控措施无法离开所在地区，实行上亦存在难度。

3. 远程提审、线上开庭仍有一定局限性

对于事实清楚、证据确实充分的、犯罪嫌疑人（被告人）认罪等简易（速裁）案件而言，开展远程提审、开庭无疑提高了诉讼效率，避免安全风险，实际工作中适用比率也较高。但对于案情疑难复杂、犯罪嫌疑人认罪态度较差、时而翻供的案件来说，远程提审存在"空间隔离""隔空对话"，与面对面讯问相比，有时难以捕捉到犯罪嫌疑人细微的反应，面对面直接讯问的严肃性以及心理强制、震慑效果都是远程提审难以达到的。在远程庭审中，法官、被告人和公诉人处于不同的地点，虽然通过网络空间形成一个逻辑上的"同一法庭"，但法庭的"剧场效应"难以形成，法庭审判的威严感和神圣感明显下降，虚假陈述也可能会在利益驱动下，比在开庭审理中更多地出现。①目前来看，现行的法律法

---

① 熊秋红：《远程庭审有哪些优势和不足》，载《法治视点》2016 年第 27 期。

规和司法解释并未对远程提审有相关规定，远程提审的法律依据不足，缺乏相对统一的操作流程规范，如哪些案件、哪些程序可以适用远程提审，相关单位及部门间如何明晰职责紧密配合以达到更好的提审效果、庭审效果，提供怎样的技术保障、警务保障以确保远程提审、线上开庭能够安全规范地进行等。因此，疫情期间复杂案件的远程提审、开庭工作仍存在一定的适用难度。

（二）法律适用的认识标准不统一致使打击不当

疫情期间，特别是初期疫情严重时期，公安、检察院、法院对于违反新冠肺炎防控规定，引起新冠病毒传播或者有传播风险等行为应当如何定性存在认识差异，主要表现在以危险方法危害公共安全罪、妨害传染病防治罪、过失以危险方法危害公共安全罪等罪名适用、尺度把握上认识不同，导致出现初始证据收集存在偏差、打击不当等问题。如对于妨害疫情防控过失造成传染病传播的行为，有的地方以过失以危险方法危害公共安全罪立案，有的地方以妨害传染病防治罪立案。①再如疫情初期媒体通报的公安机关查处的一批违反新冠肺炎防控规定的案例中，公安机关大多以以危险方法危害公共安全罪立案，而犯罪主体是否适格、行为的社会危害性是否达到了严重侵害公共卫生安全的程度、是否能够认定行为人的主观为故意，都需要综合诸多因素审慎考量。如在马鞍山市中心医院心胸外科医生江某中案中，公安机关以以危险方法危害公共安全罪立案，但江某中只是出现低热、感冒症状，并未经医疗机构认定为疑似病人，且无证据证实其感染了他人，在当时的情境下，有这种症状并不能高概率地得出行为人可能患有新冠肺炎的结论，不宜认定为主观上具有传播新型冠状病毒感染肺炎病原体的故意，亦未造成严重危害后果，故不应认定为以危险方法危害公共安全罪。②

（三）疫情下犯罪嫌疑人等合法权益保障面临缺失风险

1. 犯罪嫌疑人面临超期羁押的风险

疫情防控虽是当前工作中的重中之重，但绝不应以牺牲案件犯罪嫌疑人的合法权益为代价，刑事司法亦不能陷入停滞状态。疫情当前，部分案件会延期审理、中止审理，不能及时有效惩治犯罪，造成案件积压，甚至滋生超期羁押的弊病，刑事惩罚的时效性与刑法一般预防的功能必将大打折扣。③而且对于已在看守所羁押的犯罪嫌疑人而言，应判刑期应当大于或等于实际羁押日期，若开庭日期往后推迟，特别是对于轻罪案件的犯罪嫌疑人，则面临实际应判刑期小于羁押日期，出现变相超期羁押的风险，犯罪嫌疑人权益受到侵害，同时也无法及时有效打击犯罪，特别是妨害疫情防控的犯罪行为若无法及时打击，也不利于维护社会秩序的安定。

---

① 高景峰、卢宇蓉：《关于妨害新冠肺炎疫情防控犯罪若干法律适用问题的分析》，载《人民检察》2020 年第 8 期。
② 《安徽马鞍山一医生有疑似新冠肺炎症状仍到院工作　被警方立案侦查》，https://www.sohu.com/a/371178096_123753，2020 年 2 月 27 日访问。
③ 庄绪龙、田然：《疫情期间刑事案件"视频庭审"的正当性》，载《法律适用》2020 年第 5 期。

2. 关于犯罪嫌疑人（被告人）辩护权的行使存在风险

辩护权是指法律赋予犯罪嫌疑人、被告人根据事实和法律，针对指控、起诉进行申述、辩解和反驳，提出证明自己无罪或者罪轻的材料和意见，维护自己合法权益的诉讼权利。根据《刑事诉讼法》第三十九条规定，辩护律师可以同在押的犯罪嫌疑人、被告人会见和通信；辩护律师要求会见在押的犯罪嫌疑人、被告人的，看守所应当及时安排会见，至迟不得超过四十八小时；辩护律师会见在押的犯罪嫌疑人、被告人，可以了解案件有关情况，提供法律咨询等；自案件移送审查起诉之日起，可以向犯罪嫌疑人、被告人核实有关证据。犯罪嫌疑人（被告人）委托辩护人行使辩护权无论在何时、何种情形下都应当得到保障，不应受到干涉和侵害。浙江省宁波市鄞州区人民法院审理的应某利用疫情虚假出售口罩诈骗案，应某从被抓获到一审宣判仅用时不到 3 日，该案侦查阶段、审查起诉阶段和审判阶段各 1 日，速战速决的办案方式，使得留给犯罪嫌疑人及其家属委托辩护律师的时间稍显紧张。[①]特别是疫情严重时，看守所对于律师会见予以严格限制，以上海浦东为例，对于新收入所 21 天的对象不安排会见，由于疫情管控举措，犯罪嫌疑人（被告人）的辩护权行使存在一定的风险。

3. 未能充分发挥《听取犯罪嫌疑人意见书》的制度作用

根据最高人民检察院《关于在防控新型冠状病毒肺炎期间刑事案件办理有关问题的指导意见》，对于审查逮捕案件检察机关可制作《听取犯罪嫌疑人意见书》，与权利义务告知书一并交于刑事执行检察部门人员或看守所值班人员送达，以保障犯罪嫌疑人的诉讼权利。在不提审的情况下，更应当通过制作《听取犯罪嫌疑人意见书》全面认真听取犯罪嫌疑人意见，如实反映案件的实体问题和程序问题，防止出现关键性问题的遗漏，导致错案等办案风险的发生。但目前的《听取犯罪嫌疑人意见书》尽管留有让犯罪嫌疑人书写自己意见的空白之处，可以让犯罪嫌疑人自由表达自己的意见，但没有一定的内容格式作为参考，更没有人予以指导，犯罪嫌疑人不知道该写什么，导致写出的内容空洞、或与案件关联性不大、或并非案件的关键性问题，未能充分发挥该制度的作用，最终沦为走形式、走过场。

二、重大疫情下严守法律底线是刑事检察工作的"应然状态"

无论状态多紧急，无论事态多严重，法治的底线都必须守住，这是依法防控的核心要义。检察机关需要严格认定抗拒疫情防控犯罪案件，严守法律的底线和边界，准确适用法律，切实发挥刑法的特殊预防和一般预防功能，保持刑法的谦抑性，防止过度执法、过度追诉等"非理性"执法问题发生。

（一）严格认定犯罪主体

严格认定犯罪主体，特别是疑似病人。根据最高人民法院、最高人民检察院、公安

[①] 黄云、张明珠：《疫情期间，如何更好地保障犯罪嫌疑人的合法权利？》，https://www.jtnfa.com/CN/booksdetail.aspx?type＝06001&keyid＝00000000000000004549&PageUrl＝majorbook&Lan＝CN，2020 年 3 月 1 日访问。

部、司法部《依法惩治妨害新型冠状病毒感染肺炎疫情防控违法犯罪的意见》，新型冠状病毒感染肺炎疑似病人拒绝隔离治疗或者隔离期未满擅自脱离隔离治疗，并进入公共场所或者公共交通工具，造成新型冠状病毒传播的，以以危险方法危害公共安全罪定罪处罚。根据《传染病防治法》第七十八条以及国家卫健委制定的《新型冠状病毒感染的肺炎诊疗方案》，新型冠状病毒感染疑似病例具有明确的诊断标准，需经正规医疗机构经过胸部影像检查、核酸检测、快速检测试剂等层层筛查后方能确认。不能仅根据行为人逃避防控的行为时具有发热、咳嗽等发病症状来判定其属于疑似病人，还应以医疗机构出具的诊断结论、检验报告等为依据进行判断，若行为时没有被确诊，即使最终被确诊也不能进行反向推定。随着疫情救治工作的推进，关于病人诊断的标准也在不断变化，检察机关需及时跟进，以确保犯罪主体认定的准确。

（二）严格认定犯罪主观方面

新冠肺炎的诊断需要经过一系列严格的程序，疑似病人在尚未确诊前，对病毒传播风险、后果的认知上可能存在不足或侥幸心理，还有一些系无临床症状的患者出入公共场所、接触人群引发疫情传播，其在确诊前感受不到自身的危险性。在判断时，需要综合考量行为发生的原因、经过、行为人认知能力、认知水平，客观上有无拒绝隔离治疗或者隔离期未满擅自脱离隔离治疗，实施了进入公共场所或者公共交通工具的行为，结合是否造成了疫情的传播，对疫情传播危害结果发生所持有的态度等因素，若在证据不能排除合理怀疑等情况下，不应一律认定其主观上有无传播新冠肺炎病原体的故意。

（三）严格把握罪名界限

以危险方法危害公共安全罪相较妨害传染病防治罪，是更为严重的犯罪，要求行为人使用与放火、决水、爆炸、投放危险物质等相当的危险方法侵害不特定多数人的生命健康权或重大公私财产权，对公共安全造成严重损害，犯罪客体是公共安全，主观方面为故意，即明知行为会造成危害公共安全的后果，并且希望或者放任这种危害结果发生。根据最高人民法院、最高人民检察院、公安部、司法部《依法惩治妨害新型冠状病毒感染肺炎疫情防控违法犯罪的意见》的规定，即明知自己已经确诊为新冠肺炎病人而拒绝隔离治疗或者隔离期未满擅自脱离隔离治疗，并进入公共场所或者公共交通工具的；明知自己是新冠肺炎疑似病人拒绝隔离治疗或者隔离期未满擅自脱离隔离治疗，并进入公共场所或者公共交通工具，造成新型冠状病毒传播的，依法应当适用以危险方法危害公共安全罪。妨害传染病防治罪的犯罪客体是国家关于传染病防治的管理秩序，主观方面表现为对违反传染病防治法规定的行为是故意，但是对可能造成的损害后果是不明知的，客观方面表现为除拒绝隔离治疗或者隔离期未满擅自脱离隔离治疗外，实施了其他拒绝执行疫情防控措施，引起新冠病毒传播或者有传播危险的行为。前者的主观恶性、社会危害性相较后者更大，司法实践中应当严格审慎适用以危险方法危害公共安全罪这一重罪。如对于未造成实害后果的疑似病人而言，若其行为只侵害了防疫秩序，可依法适用妨害传染病防治罪定罪处罚。

（四）注意疫情下的特殊情况，防止"一刀切"

2020年2月11日，最高人民检察院下发《关于组织做好疫情防控期间检察业务工作的通知》，要求依法从严从快追诉妨害疫情防控犯罪，同时避免搞"一刀切"。比如以危险方法危害公共安全类型案件中，在疫情严格管控、企业尚未复工复产的一段期间内，部分公共场所会存在没有人的情况，因此对于确诊、疑似病人出入没有人的公共场所，未能引起不特定多数人的感染，是否应当认定以危险方法危害公共安全罪，在实践中应结合主客观因素予以具体把握，防止一刀切。

三、重大疫情下刑事检察工作"应然状态"的设想

坚持以人民为中心的理念，检察机关应始终把人民群众身体健康放在第一位，坚持刑法谦抑性原则，平衡好秩序控制与人权保障的关系，建立疫情相关工作机制，让防控措施在法律的框架下运行，构建有力的法律防控体系，实现源头治理、依法治理。

（一）广泛应用信息化技术，打造"智慧检务"新模式

1. 搭建信息交流查询的"云平台"

搭建检察机关与公安、法院、看守所等机关之间信息互通的网络平台，将工作迁移至"云端"，实现信息交流的及时、充分、有效，最大限度减少不必要的疫情传播风险。检察机关可以与相关单位随时开展视频语音会议交流、文件数据及时传输共享、信息及时发布通报、在线建立各方疫情期间的工作协作机制、在线查看案件相关信息等，从而实现疫情期间防控工作的紧密配合以及突发情况的随时调整。比如，检察官可以随时在线查询羁押在看守所内的犯罪嫌疑人是否处于隔离期、是否能够提审，做出相应的工作安排。

2. 加强远程信息化的场所建设、设备投入

重视远程信息化工作，加强相关硬件、软件设备的投入，提高远程提审的适用比率、工作效率和承受度，减少不必要的现场提审，节省时间成本，但对于疑难复杂、仍有当面提审必要的案件，也应与看守所提前做好沟通，在做好防范措施的情况下进行当面讯问。当地检察机关应与相关看守所、强制隔离戒毒所、异地检察机关等相关单位建立远程系统连接，保障本辖区关押对象的远程提审、实现非本辖区关押对象的异地远程提审，对于身在外地的取保候审对象可在当地检察机关远程提审室内接受讯问，同时应确保提审的画面声音清晰、传送流畅。各办案单位之间应紧密配合，突破异地空间的局限性，达到双赢多赢共赢的局面。

3. 优化升级刑事案件智能辅助办案系统

打破疫情带来的沟通不便、信息不畅、衔接困难、效率降低等种种壁垒，以此倒逼公检法办案系统的优化升级，从而实现更深层次、更高效率的互联互通，除了案件电子卷宗能够全面、及时上传，办案流程、节点可以清晰查看，在退补、起诉时也可以直接网上换押，提前介入、引导侦查、证据收集工作可以实时更新，侦查方向、证据缺失、法律适用问题可以在线讨论，补充证据以及时线上提交，法律监督工作能实时回馈，等等。

（二）完善涉疫案件办理机制，协同配合聚合力

1. 建立信息实时共享通报机制

检察机关设立涉疫情案件信息对接小组，及时与公安、法院联络掌握案件进展情况，保证公检法三方能够信息实时共享、及时互通。与公安、法院之间确定通报疫情案件进展的关键时间节点，如在立案、提前介入、批准逮捕、提起公诉、判决的程序启动当日或即将启动之前，与公安、法院之间以信息互通实现各环节的有效衔接，开通涉疫情案件"绿色通道"，优先快速受理，依法快捕快诉，为快审快判打好基础。

2. 建立涉疫情案件的提前介入机制

及时掌握公安机关查处涉疫情刑事犯罪案件情况，对证据收集存在难度、社会危害性大、引发舆论关注的有提前介入必要的案件，检察机关自案件立案之日起一律指定专人或专业化办案团队提前介入，引导侦查取证、全面收集固定证据，注重取证程序的合法性、规范性，对侦查活动进行法律监督。

3. 建立涉疫情案件的研判会商机制

对于涉疫情案件的事实认定、法律适用、证据标准等方面存在争议的，检察机关及时召集业务骨干会同公安、法院在信息交流"云平台"上开展线上视频会议进行研讨会商，共享案件证据材料、研判争议焦点，达成涉疫情案件相关罪名的证据标准，明确此罪与彼罪之间的界限，统一执法标准。

（三）注重风险防范，权益保障不缺位

1. 完善《听取犯罪嫌疑人意见书》的格式参考

比如在《听取犯罪嫌疑人意见书》上列举是否认罪、在公安阶段供述是否属实、是否有刑讯逼供等承办检察官所要了解的关键问题，给犯罪嫌疑人书写提供格式参考，在疫情有限的条件下更大限度地保障犯罪嫌疑人能实现有效、全面的表达，以此维护自己的合法权益。

2. 建立与法院之间关于超期羁押的预警机制

关注犯罪嫌疑人已羁押期限与量刑建议的刑期相差不大的案件、轻罪案件，对于延期审理、中止审理的案件进行审查，结合案件事实、量刑情况等判断是否有延期审理和中止审理的必要性，对已经起诉的、审限即将到期案件予以排查，及时向法院作出提醒、对接，可制发超期羁押预警的法律文书，及时确定开庭时间、开庭方式，防止因疫情而导致超期羁押情况的发生。

（四）以点带面、溯本求源，建言献策补漏洞

1. 挖掘防控失守的薄弱环节，实现全方位、全链条治理

检察机关应立足个案、关注类案，挖掘案件背后存在的市场监管、卫生健康、防御防疫等方面的管理漏洞、薄弱环节，追溯至防控失守的各个链条、环节，对案件高发地区、集中地区高度重视，并相应提出检察建议，督促有关部门加强监管力度、整治力度，以点带面实现各个击破、全方位全链条治理。

2. 完善法律、优化对策，推动依法治理、源头治理

现有的法律框架和制度不可能尽善尽美，法治思维不仅要在法律规范的框架内运行，而且要在法治精神和基本原则的指引下，对现行法律框架和制度中的缺陷和短板进行补救。①检察机关可以结合办案，发现公共卫生领域法律法规、产业政策以及基层治理等方面存在的不足、盲点以及法律适用的问题，提出完善法律、优化政策的建议，推动基层治理问题在制度层面的解决，实现依法治理、源头治理。

（责任编辑：金华捷）

---

① 王晨光：《运用法治思维推进疫情防控》，载《法律适用》2020 年第 5 期。

新型冠状病毒疫情防控重点环节
犯罪行为的分析和认定

刘金泽　江奥立*

一、疫情防控期间的刑事治理挑战和基本对策

(一) 疫情防控期间违法犯罪的基本情况及其特点

2020 年以来, 新型冠状病毒感染肺炎疫情在全国各地肆虐, 对人们的日常生活和全社会的经济发展都造成极大的影响。在疫情防控工作的开展期间, 不法分子利用新型冠状病毒肺炎疫情实施违法犯罪活动的事件屡见报端, 这些行为不仅严重侵害了公共卫生安全与社会秩序稳定, 而且严重妨害了疫情防控工作的顺利推进。根据最高人民检察院发布的数据, 自疫情发生以来, 截至 2020 年 3 月 3 日全国检察机关共介入侦查引导取证涉疫情刑事犯罪 6 428 件 8 595 人; 受理审查逮捕 1 806 件 2 174 人, 审查批准逮捕 1 546 件 1 826 人; 受理审查起诉 1 286 件 1 580 人, 审查提起公诉 962 件 1 144 人。对此, 各地也都及时地发布相关涉疫犯罪的数据, 譬如上海市人民检察院发布自疫情发生以来, 截至 2 月 15 日全市检察机关提前介入公安机关立案侦查的涉疫情刑事犯罪 62 件 90 人, 批准逮捕 8 件 9 人, 提起公诉 1 件 1 人。

防疫期间的违法犯罪行为呈现出以下几个特点: 第一, 犯罪类型相对集中。从最高人民检察院和地方检察机关公布的数据来看, 涉疫犯罪主要表现为以危险方法危害公共安全罪、妨害传染病防治罪、妨害公务罪、寻衅滋事罪、生产、销售伪劣产品罪、编造、故意传播虚假信息罪等犯罪类型。第二, 犯罪增长比较明显。最高人民检察院曾两次对外发布涉疫犯罪数据, 第一次数据统计截至 2020 年 2 月 18 日。全国检察机关共介入侦查引导取证涉疫情刑事犯罪 2 692 件 3 722 人; 受理审查逮捕 603 件 729 人, 审查批准逮捕 498 件 598 人; 受理审查起诉 323 件 409 人, 审查提起公诉 238 件 290 人。第二次数据统计截至 2020 年 3 月 3 日。在不足一个月的时间里, 单就检察机关介入侦查引导取证的涉疫刑事犯罪案件数就增长了 138.78%。第三, 社会危害更加严重。由于疫情的影响, 社会秩序难免出现松动和混乱, 犯罪分子借机实施犯罪行为毫无疑问会倍化犯罪行为的社会危害性。譬如, 一则新闻指出在广东省佛山市一家药店, 不法分子居然将口罩价格提高了 560%, 严

---

* 刘金泽, 大学本科, 上海市人民检察院第一分院第二检察部主任, 二级高级检察官。江奥立, 法学博士, 上海市人民检察院第一分院第三检察部检察官助理。

重扰乱了当地的市场交易秩序。

（二）疫情防控期间刑事政策的准确把握

面对疫情期间的违法犯罪行为，最高司法机关均及时作出回应。2020年1月28日，最高人民法院召开应对新型冠状病毒感染肺炎疫情工作领导小组会议，指出认真贯彻实施相关法律规定，依法严惩妨害预防、控制突发传染病疫情等各类犯罪，切实保障疫情防控工作顺利进行，切实维护人民群众生命安全和身体健康。1月30日，最高人民检察院发布《关于在防控新型冠状病毒肺炎期间刑事案件办理有关问题的指导意见》，提出把疫情防控作为当前最重要的工作任务，对于危害疫情防控、严重扰乱社会秩序的犯罪行为，依法从严从重把握。2月11日，最高人民法院、最高人民检察院、公安部、司法部联合发布《关于依法惩治妨害新型冠状病毒感染肺炎疫情防控违法犯罪的意见》（以下简称《意见》），指出要坚决把疫情防控作为当前压倒一切的头等大事来抓，用足用好法律规定，依法及时、从严惩治妨害疫情防控的各类违法犯罪，为坚决打赢疫情防控阻击战提供有力法治保障。

在疫情防控的特殊时期，充分考虑人民群众的安全感以及惩治犯罪的实际需要，对涉疫情犯罪采取从严从快从重打击的刑事政策，是减少防控阻力的重要举措。但需注意的是，严惩不等于乱罚。譬如在《意见》中就明确了两点内容，一是坚守罪刑法定原则。《意见》强调当前刑事治理工作必须用足用好法律，司法机关需要在合法性的框架中考量刑事政策问题，定罪量刑切勿僭越法律的规定和尺度。二是该严则严，当宽得宽。对于情节显著轻微，危害不大的行为，还需兼顾宽严相济。譬如《意见》特别强调造谣传谣情节危害不大、为防止疫情蔓延擅自设置路障没有造成严重后果等行为，不应贸然入罪。

（三）疫情防控期间刑事犯罪治理的重点

对于司法机关的日常工作而言，除了需要提高涉疫情防控刑事犯罪的治理意识以外，还需对其中涉及的犯罪类型和认定规则加强分析和研究，以满足非常时期对司法工作提出的非常要求。涉疫犯罪的类型虽然比较集中，但在数量上却不少，譬如《意见》归纳了九种犯罪行为，涉及的罪名多达二十余个。通过对这些犯罪方式和罪名的研究，大体可以围绕疫情治理工作的重点，将所涉犯罪类型划分为涉及疫情防控环境的犯罪行为、涉及疫情防控物资的犯罪行为和涉及疫情防控对象的犯罪行为。

涉及疫情防控环境的犯罪行为，主要是指对疫情防控工作赖以续存的社会环境、生活环境等进行破坏的行为。其中，造谣、传谣行为带来的危害尤为严重，根据"微博辟谣"平台整理的相关数据，2020年1月20日至2月11日间与新冠肺炎相关的谣言946条，辟谣微博804条。①舆情的稳控是疫情防控工作顺利开展的前提，旨在稳定社会秩序、安抚群众情绪，最终促成全国上下齐心协力打赢疫情阻击战。

涉及疫情防控物资的犯罪行为，主要是指利用虚假物资、虚假物资信息等方式，谋取

---

① 刘金泽、于爽：《涉疫谣言、司法要分类处置、精准发力》，载《澎湃新闻》2020年3月6日。

非法利益大发"国难财"的行为。对于这类行为，一般联想到的是生产、销售伪劣口罩、消毒水的行为。但事实上，根据 2020 年 3 月 8 日最高人民检察院第一检察厅厅长苗生明答记者问中的回复，诈骗犯罪占涉疫犯罪总量的三成以上，是所有涉疫犯罪中发生率最高、数量最多的犯罪类型。因此，有必要重点关注诈骗罪与相关罪名之间的辨析。

涉疫情防控对象的犯罪行为，主要是指防控对象拒绝接受防控措施，最终造成严重后果的行为。从目前来看，全社会的人员均是疫情防控对象，具体可以划分为携带病毒的人员和不携带病毒的人员。携带病毒的人员拒绝接受防控措施，极有可能造成新冠病毒传播的危险，相较不携带病毒的人员而言更具社会危害性。此外，上述行为应如何准确定性在司法实践中也存在巨大的争议。最高人民法院、最高人民检察院相关部门答记者问时，就专门对这个问题进行回复，指出可以视情况以以危险方法危害公共安全罪、过失以危险方法危害公共安全罪以及妨害传染病防治罪进行规制。这些罪名轻重不一，稍有不慎便会对行为人造成重大的影响，故需要进行深入的辨析。

二、涉疫舆情环节：虚假信息的危害及治理

（一）造传谣行为对疫情防控工作的危害

法国学者庞勒曾一针见血地指出，"群体永远漫游在无意识的领地，会随时听命于一切暗示，表现出对理性的影响无动于衷的生物所特有的激情，它们失去了一切批判能力，除了极端轻信外再无别的可能"。①具言之，谣言有以下三大危害：（1）谣言容易左右舆论导向，舆论则衍生道德审判，道德审判将动摇司法的独立性，化解法治壁垒；（2）正所谓"三人成虎"，谣言会使人们的是非观产生混乱；（3）客观事实的发现往往不易，谣言使得真相更加难以揭露。

谣言的危害性会因社会形势的变化、具体场景的替换而有所不同，换言之，谣言也可谓是一种病毒，具有择机变异的特性。在疫情爆发期间，全社会都陷入恐慌和不安之中，然而，防控工作并不是某一机构、某一部门就能独自承担的任务，需要动员全社会共同参与才能真正抑制疫情的蔓延。因此，稳定社会秩序、消除群众内心的恐惧是防控工作顺利开展的重要前提。疫情期间的谣言其最大的弊害就在于混淆和遮蔽疫情相关信息，让政府机构力求信息透明化的努力付之东流，从根本上消解民众的凝聚力，阻碍疫情防控工作的有效开展。可以说，疫情期间的谣言更具破坏性和危害性。

可以看到，自疫情发生以来，谣言便相伴而生。"微博辟谣""互联网联合辟谣平台"等专区每日都要处理大量的不实信息。在这些信息中，出现了部分影响尤其恶劣、危害尤其严重的虚假信息，其对社会秩序的侵害达到了质变的程度。譬如 2020 年 1 月 28 日，刘某在网上自称感染新型冠状病毒后，故意前往人员密集场所，意图传染他人。警方调查显示，刘某未感染病毒，其供称自己出于恶作剧心态编造散布虚假信息。对于这种情节恶劣

---

① ［法］古斯塔夫·勒庞：《乌合之众》，冯克利译，广西师范大学出版社 2007 年版，第 59 页。

的造谣、传谣行为，毫无疑问应进行刑事打击。

（二）虚假信息的判断规则

《刑法》第二百九十一条第二款规定："编造虚假的险情、疫情、灾情、警情，在信息网络或者其他媒体上传播，或者明知是上述虚假信息，故意在信息网络或者其他媒体上传播，严重扰乱社会秩序的，处三年以下有期徒刑、拘役或者管制；造成严重后果的，处三年以上七年以下有期徒刑。"本罪是治理疫情期间造谣、传谣行为主要的罪名，其中，如何准确认定"虚假疫情"是问题关键。

笔者认为，刑法中的"虚假信息"不能简单地等同于不实信息，对其认定应主要考虑信息是否存在虚假性以及有无根据性。一方面，虚假性是指信息本身与客观事实基本不符，如果该信息相较客观事实只是在细微之处存在出入，并不影响受众对信息的知晓和理解，那么该信息就不应认定为具有虚假性。譬如某甲在网络上发布信息，指出当地某商场出现多名新冠病毒确诊病例，号召大家出行注意安全。事实查明，确诊患者并非在商场发现，而是在离该商场不远的居民小区中。在此例中，某甲的信息虽与客观事实存在差别，但是不妨碍受众知晓确诊病例的存在以及安全出行的必要，因此，不能认为上述信息具有虚假性。另一方面，无根据性是指信息本身无中生有，并非基于一定事实所作的通常理解和判断。无根据性之于"虚假信息"存在两方面的意义，一是可以判断行为人的主观恶性。如果行为人发布、传播毫无根据的信息，足见其存在破坏社会秩序的主观恶意；二是对个体有限认识能力的客观看待。我们不能期待每个人都能发布与客观真相完全一致的信息，尤其针对疫情防控等情形，绝大多数人都不具备医学等专业知识。因此，只要发布者、传播者对信息的处理是有一定根据的，即使该信息与客观真相存在一定出入，也不应认定为本罪当中的"虚假信息"。

（三）编造、故意传播虚假信息行为的认定

诚然，编造、故意传播虚假信息罪是刑事打击造谣、传谣行为的重要手段，但是本罪却作了两方面的限定，一是犯罪对象必须是险情、疫情、灾情、警情，二是犯罪行为必须发生在"信息网络或者其他媒体"。不过，在疫情发生期间，造谣、传谣的信息内容不都是上述四种情况，并且造谣、传谣的方式也非都通过信息网络或者其他媒体。那么，对于不符合编造、故意传播虚假信息罪构成要件要素但严重扰乱社会秩序的造传谣行为该如何进行规制？对此，最高人民法院、最高人民检察院曾于2013年9月6日联合发布《关于办理利用信息网络实施诽谤等刑事案件适用法律若干问题的解释》（以下简称《解释》），明确编造虚假信息，或者明知是编造的虚假信息，在信息网络上散布，或者组织、指使人员在信息网络上散布，起哄闹事，造成公共秩序严重混乱的，应以寻衅滋事罪定罪处罚。

值得注意的是，并不是编造、故意传播虚假信息罪无法规制的造传谣行为都可以由寻衅滋事罪调整，为避免寻衅滋事罪在造传谣行为的治理中沦为"口袋罪"，需要结合该罪的构成要件对虚假信息的内容作出限定。根据《刑法》的规定，寻衅滋事罪第四类行为方式特意强调对"公共场所秩序"进行保护。公共场所秩序，是指供不特定多数人进行社会活动的具体平台呈现出有序、稳定的状态，公共场所秩序的混乱则表现出该公共交流平台无法向民众提供正常的交往环境，为了造成这样的危害结果，行为人的行为需要指向一定的场所，并对公共场所原有的稳定有序的状态造成冲击。具言之，这里所提到的"冲击"存在两种情况：一种是外源性，即行为人强行介入公共场所内部，使该场所被迫停止运行；另一种是内发性，即行为人利用群体从众①以及趋利避害的心理，使群体对原有的秩序产生不信任感，此时群体自身就会出现逆反行为，原有秩序自然会出现混乱。散布"虚假信息"便是其中适例。在"内发性"的场合，如果行为人的信息中没有涉及一定的场所，目标场所中的群体便无法知悉该"虚假信息"是否与自身相关，就不可能产生群体的安全感危机，更遑论该场所的群体会自乱阵脚。因此，寻衅滋事罪视野中的"虚假信息"其内容需要涉及一定的场所。

三、涉疫物资环节：虚假广告罪与诈骗罪的辨析及适用

（一）涉疫情防控物资犯罪的类型

口罩、消毒水等物资是打赢这场战"疫"的重要武器。疫情期间，口罩、消毒水等物资的供应缺口非常大，某些不法分子正是利用这一点恶意谋取非法利益。《意见》涉及防疫物资的犯罪行为主要有利用物资的虚假性谋取利益和利用物资信息的虚假性谋取利益两类。前者主要指的是制造销售假口罩、假防护服的行为，这类行为一般以生产、销售伪劣产品罪等罪名进行处理。后者主要表现为某些不法分子自身根本没有生产、出售口罩等物资的能力，却利用当下社会公众对疫情的恐慌心理以及购买物资的焦急心理，假借可以提供防疫物资或者购买渠道，要求被害人提供定金或者购置款，以此骗取他人钱款。这类"浑水摸鱼"型的诈骗行为在犯罪数量上甚至超过了生产、销售伪劣产品、妨害公务等行为，成为疫情期间最为多发的犯罪类型。

上述"浑水摸鱼"型的诈骗行为一般来讲可以通过诈骗罪定罪处刑。但是，当这类行为发生在市场经济活动之中时，其社会危害性将叠加更多的内容，即除了侵害他人的合法财产以外，也会对市场秩序造成破坏。最为典型的例子便是，行为人对外虚假宣传，承诺自己可以提供质量可靠的防疫物资，最终骗取他人钱款行为。此时，行为人的犯罪行为既符合诈骗罪的构成要件，同时也符合成立虚假广告罪的条件，如何准确适用两个罪名是精准定罪量刑要求下必须面对的重大问题。

（二）罪名关系和保护法益

虚假广告罪，指的是广告主、广告经营者、广告发布者违反国家规定，利用广告对商品或者服务作虚假宣传，情节严重的行为。本罪的行为方式落脚于虚假性，此与诈骗罪中

---

① 勒庞在言及个体在群体中的表现时，提到群体中的个体会表现出明显的从众心理，群体只知道简单而极端的感情；提供给他们的各种意见、想法和信念，他们或者全盘接受，或者一概拒绝，将其视为绝对真理或绝对谬误。（参见［法］古斯塔夫·勒庞：《乌合之众》，冯克利译，广西师范大学出版社 2007 版，第 10 页。）这种从众心理极易强化原本只是为群体中个别人所接受的信息的真实性，进而被整个群体视为真理。

虚构事实、隐瞒真相的手段相仿。另外，2010 年 5 月 7 日最高人民检察院、公安部联合颁布的《关于公安机关管辖的刑事案件立案追诉标准的规定（二）》第七十五条明确规定，"违法所得 10 万元以上"是认定虚假广告罪情节严重的标准之一，这使得本罪和诈骗罪之间的界限更加难以捉摸。有观点认为，同样是欺骗，两罪的欺骗程度是不一样的。虚假广告罪中的欺骗并没有达到诈骗罪中欺骗的强度，如西田典之认为，如未达到这种程度，则要么不可罚，要么只成立虚假广告罪。[①]然而，何谓强度高的欺骗，何谓强度低的欺骗，这种观点实际上无法提供明确的辨识方法。

在笔者看来，区分两者的关键不在于"欺骗"本身，而在于保护法益的不同。虚假广告罪归根结底是通过保护正常广告秩序来保障市场交易秩序，诈骗罪的保护法益在于合法的财产权。因此，从犯罪罪质的倾向来看，虚假信息罪更加强调行为的不法，即必须通过广告这种特定的方式进行欺骗，诈骗罪更加强调结果的不法，即客观上必须有财产损失的危险或者结果。沿袭这个逻辑，可以得出，对虚假广告行为情节的判断，主要应该围绕行为的恶性，诸如多次实施虚假广告行为、曾因虚假广告被行政处罚又实施虚假广告等。对于诈骗行为情节的判断，主要应该围绕财产损失的数量、侵害合法财产的危险等。在存在违法所得的情形时，两罪处于竞合的状态，应择一重进行处罚。

（三）行为类型及认定思路

在司法实践中，虚假广告罪和诈骗罪之间的关系颇为复杂，仅凭保护法益的不同，似乎很难准确把握每种行为方式的性质，因此，需要通过类型化的分析，实现精确定性的目的。

首先，并非实施虚假广告的行为都可能构成犯罪。虚假广告罪的客观行为是对商品或者服务作虚假广告，除此以外便不属于本罪规制的对象。譬如利用广告进行虚假的招聘，由于其欺骗行为发生在非交易领域，故无法认定其触犯虚假广告罪。

其次，虚假广告罪并不都具有牟利的目的。与诈骗罪不同的是，虚假广告罪并不需要特定的犯罪目的，只要手段上利用广告虚构事实、隐瞒真相就可以构成本罪中的欺骗性。因此，诸如为贬低同类竞争产品，行为人利用虚假广告，捏造并散布虚假事实的行为，就不能以诈骗罪予以认定。

再次，吹嘘或不实虚假广告是虚假广告罪规制的典型情形，主要是指商品销售者或服务提供者对其商品或服务进行过度、过誉的宣传，滥用各种溢美之词，造成言过其实，名不副实的广告。[②]这类广告虽然也可能存在欺骗之处，但一般并不直接以某种非法目的为前提。

最后，欺诈型广告实质上是诈骗广告，而不是虚假广告。欺诈型广告主要是指以推销伪劣产品或者价值极其低廉的产品，骗取他人钱财或进行其他犯罪活动为目的，采用虚构

① ［日］西田典之：《日本刑法各论》，刘明祥、王昭武译，中国人民大学出版社 2007 年版，第 150 页。
② 杨彩霞：《虚假广告罪的认定》，载《国家检察官学院学报》2001 年第 3 期。

事实或隐瞒真相的手法进行的广告宣传。在这种情况下，所谓的商品只是一个幌子，譬如在疫情期间，不法分子制造的伪劣口罩一撕就破，没有任何防护作用，但仍对外进行宣传出售。这种行为应直接认定为诈骗罪。

四、涉疫对象环节：以危险方法危害公共安全罪的适用

（一）防控对象的治理重要性及罪名辨析

有效管控疫情防控对象，对于切断病毒传播途径、稳定疫情而言具有重大的意义。但是，就在这场事关全国人民安危的阻击战中，部分疫情防控对象仍然我行我素，拒不配合有关疫情防控处置工作，以致相关工作无法有序开展，造成恶劣的影响。甚至在有些地区，因为防控对象的任性行为，使得感染人数进一步增加，导致疫情形势更加危急。因此，加强对防控对象的管理，并对涉及的犯罪行为予以打击，其意义不言而喻。

确诊患者、疑似患者以及病原携带者拒不执行防控措施，最终导致病毒传播的行为性质是司法实践中的认定难点。根据行为人主观内容的不同，《意见》总体上指出，故意实施上述行为以以危险方法危害公共安全罪进行处理，过失实施上述行为以妨害传染病防治罪进行处理。由于以危险方法危害公共安全罪属于重罪，因此适用本罪时必须要从限缩的角度进行考量，即一是主体必须是病原携带者，二是主观必须故意，三是犯罪行为必须进入公共场所，危害公共安全。其中，故意和过失的判断问题是区分本罪和妨害传染病防治罪的关键。

其实真正有难度的是，同为过失犯罪的过失以危险方法危害公共安全罪和妨害传染病防治罪应该如何有效进行区分。对此，《解释》将过失实施上述行为认定为过失以危险方法危害公共安全罪，《意见》因《传染病防治法》的修改和《关于公安机关管辖刑事案件立案追诉标准的规定（一）》的补充，认为过失实施上述行为构成妨害传染病防治罪。近期，最高人民法院、最高人民检察院相关部门负责人答记者问时，专门提到过失以危险方法危害公共安全罪和妨害传染病防治罪两者属于竞合关系，按照特别法优于一般法的原理，优先适用妨害传染病防治罪。准确厘清两罪之间的关系显然迫在眉睫。

（二）故意犯罪主观明知的认定

病原携带者拒不执行防控措施，导致病毒蔓延的行为，若以以危险方法危害公共安全罪认定，需结合疫情防控的具体措施判断行为人主观的明知内容。

对于新型冠状病毒的患者或疑似者而言，只要经医疗机构诊断确认，就可明确其主观存在明知。确诊或者疑似患者一旦被医疗机构确认即被重点隔离，这种情形下的防控对象实际上很难出现危害公共安全的行为，此其一。其二，新型冠状病毒的患者或疑似者、密切接触者未经医疗机构诊断，但明知自身存在发热咳嗽症状、进出重大疫区的真实行程活动等事实仍予以隐瞒，拒绝履行报告和自我隔离义务。各地都通过各种方式反复宣传疫情的严峻性和防治方法，一般民众对于疫情的传播已有基本的认识和了解，在此情况下，行为人仍旧实施上述行为，可以认定其存在对危害结果的"放任"，应认定具有间接故意。

需要注意的是无症状的患者，而且不少患者并无重大疫区方面接触史，此类人员往往难以认识到随意进出公共场所的危害性，因此，这些人员若隐瞒真实行程、拒绝履行报告和自我隔离义务的，应慎重认定为犯罪行为。

（三）过失犯罪罪名的选择及适用

过失以危险方法危害公共安全罪和妨害传染病防治罪在司法实践中的准确适用，需要注意以下两点内容。

一方面，过失以危险方法危害公共安全罪是司法重罪。从法定刑来看，过失以危险方法危害公共安全罪和妨害传染病防治罪均有两档法定刑，而且都为"三年以下有期徒刑或拘役""三年以上七年以下有期徒刑"。但从法条描述看，过失以危险方法危害公共安全罪原则上处三年以上七年以下有期徒刑，情节较轻的，处三年以下有期徒刑或拘役。妨害传染病防治罪则作出相反规定，即原则上处三年以下有期徒刑或拘役，后果特别严重的，处三年以上七年以下有期徒刑。因此，在实际处理上，过失以危险方法危害公共安全罪势必重于妨害传染病防治罪。

另一方面，两罪保护的法益不同，在适用竞合时应认定过失以危险方法危害公共安全罪。过失以危险方法危害公共安全罪保护的是公共安全，因此成立本罪的首要条件便是犯罪行为与公共场所之间需存在联系。妨害传染病防治罪保护的是疫情防控的管理秩序，行为人因妨害防控工作导致他人被传染或者有被传染的严重危险，这个过程并不一定发生在公共场所。譬如，甲为与家人团聚隐瞒自身咳嗽发烧的症状，拒绝执行卫生防疫机构提出的预防、控制措施，最终导致家人感染新冠肺炎。此时，甲的行为应认定为妨害传染病防治罪。在上述例子中，若甲不是为了与家人团聚，而是为了出入公共场所进行游玩，最终导致多数人感染新冠肺炎，此时，甲的行为同时构成过失以危险方法危害公共安全罪和妨害传染病防治罪，应择一重处理，即以过失以危险方法危害公共安全罪定罪处罚。

（责任编辑：金华捷）

以"伪劣口罩"为视角浅析重大疫情期间对《刑法》第一百四十五条的实践应用

陆　锋*

新冠病毒肺炎疫情爆发，最高人民法院、最高人民检察院（以下简称两高）和各级地方司法机关先后制发相关文件和通知，强调在疫情期间重拳打击几类与疫情防控相关的违法犯罪行为。其中，对制售"伪劣口罩"行为的惩处受到广泛关注，理论和实务界围绕"伪劣口罩"入刑也有诸多观点。特别是关于是否适用《刑法》第一百四十五条以生产、销售不符合标准的医用器材罪（以下简称本罪）定性的问题产生了诸多争议。民生无小事，在重大疫情防控工作中，司法机关责无旁贷，对制售"伪劣口罩"等生产、销售伪劣防治、防护产品的行为理应从严从重处理。但同时也应当严格法律适用和证据标准，坚持做到依法打击，在重拳出击的同时，守住不枉不纵的司法底线。

一、问题的提出——"伪劣口罩"案件的范围和以本罪名进行刑事处罚的现实必要性

（一）"伪劣口罩"案件的范围

2020 年 1 月，国家卫健委先后发布《新型冠状病毒感染不同风险人群防护指南》和《预防新型冠状病毒感染的肺炎口罩使用指南》。根据上述指南，本次重大疫情期间，国家卫健委将四种口罩推荐为社会公众的防疫用品，分别为：一次性使用医用口罩、①医用外科口罩、KN95/N95 及以上颗粒物防护口罩、医用防护口罩。故从广义上来说，笔者所称"伪劣口罩"是指所有未按规范化标准生产、销售、贮存；或冒用他人注册商标；又或实质不具备上述四种口罩所对应之防护功能的普通口罩，冒充上述四种防疫推荐的口罩。

由此可见，对"伪劣口罩"案件的研判，关键的行为要素在于"冒充"。即行为人是否在生产、销售过程中，存在将非上述四种推荐口罩冒充推荐口罩的行为。此种行为的具体表现包括：在产品标识、广告和具体销售等活动中的明示或暗示，足以使作为一般公众的口罩消费者对口罩的属性产生错误认识。换言之，笔者所称"伪劣口罩"案件属于广义上的"假冒类"案件。

因上述四种推荐口罩并非全部列入医疗器械进行管理，故并非所有的"伪劣口罩"案

---

* 陆锋，法学、文学双学士，上海市人民检察院第三分院（铁检分院）第一检察部副主任，上海市检察机关食药环资专业化办案团队召集人。

① 笔者注：根据《医用口罩产品注册技术审查指导原则》等规范，又称"医用普通口罩"。

件均属于本罪的讨论范围。根据国家食品药品监督管理局于 2003 年"非典"时期颁布的《关于医用一次性防护服等产品分类问题的通知》（以下简称《通知》），自 2003 年 5 月 15 日起，医用防护口罩和医用外科口罩划为第二类医疗器械进行管理，故此二类口罩作为医疗器械当无争议。而 KN95/N95 及以上颗粒物防护口罩并不属于医疗器械，根据《GB2626-2006-呼吸防护用品——自吸过滤式防颗粒物呼吸器》，KN95 及以上系列口罩是粉尘防护标准，目前只能视为在工业、环保等领域的防护用品。

需要重点明确的是一次性使用医用口罩是否属于医疗器械的范畴。因为一些先期发表的文章中，①援引上述《通知》，明确医用防护口罩和医用外科口罩作为第二类医疗器械管理，但却未提及一次性使用医用口罩的归类，而当前最主要的"伪劣口罩"却恰恰集中在一次性使用医用口罩上。从新冠病毒肺炎疫情爆发以来，上海公安机关立案的"伪劣口罩"刑事案件中，涉及一次性使用医用口罩的占比超过 60%。而由于相关文章还同时强调了并非所有"三无产品"都属于当然的不合格产品，容易产生"一次性使用医用口罩不宜列入犯罪打击"的认识。

笔者认为，根据法律规定和相关规范，一次性使用医用口罩属于当然的医疗器械。理由如下：首先，根据我国《医疗器械监督管理条例》第七十六条，所谓"医疗器械"是指直接或者间接用于人体的仪器、设备、器具、体外诊断试剂及校准物、材料以及其他类似或者相关的物品，包括所需要的计算机软件。此定义实际上最大限度地囊括了一切与医疗目的相关的、非药品的所有器械和用品。其次，根据 2017 年版《医疗器械分类目录》和《医用口罩产品注册技术审查指导原则》，以及上海市药监局注册处整理的相关技术标准，医用普通口罩（一次性使用医用口罩）和医用防护口罩、医用外科口罩一样，在《医疗器械分类目录》中管理类别为 II 类，分类代号为 6864。

需要进一步明确的是，一次性使用医用口罩是否属于《医疗器械监督管理条例》第六条规定的"一次性使用的医疗器械"是有争议的。笔者认为不宜直接划入。理由是，从已公布的《一次性使用无菌医疗器械产品目录》来看，暂不包括口罩产品。而此类产品在目录的"产品类别"分类中又同时标注"三类"，与一次性使用医用口罩不在同一分类中。因而，一次性使用医用口罩也就不宜适用《一次性使用无菌医疗器械监督管理办法》。

综上，笔者认为，讨论以本罪处置"伪劣口罩"的案件范围，可以进一步精确到以非涉疫推荐口罩或不合格口罩，冒充合格的一次性使用医用口罩、医用防护口罩或医用外科口罩的案件。

笔者认为，有一种观点是应当重视的。该观点认为，当前防疫形势严峻，口罩供应十分紧张，故对于一次性使用医用口罩不宜列入打击范围。一是因为该类口罩不会成为医院的防疫用品，社会危害性不高；二是因为群众买不到口罩会产生社会焦虑。笔者对这种观点表示极为强烈的反对。在重大疫情面前，医院虽然是防疫工作的核心一线区域，但并不

---

① 王勇：《当前疫情下"假口罩"类案件常见问题解析》，载《检察日报》2020 年 2 月 4 日第 3 版。

意味着社区防疫就可以降低基本的合格标准，从流行病防疫的历史经验看，防疫工作成功的关键在于社区，而一次性使用医用口罩本身就是群众日常防疫的关键所需，普及面最为广泛，更凸显其在此次防疫工作中的重要地位和作用。让群众有口罩用，是要让群众有具备防疫功能的口罩用，将伪劣一次性使用医用口罩毫不动摇地列入刑事打击范围，不仅是为助力防疫工作，更是司法工作的良知和底线。

（二）以本罪处置"伪劣口罩"有紧迫的现实必要性

1. 防疫形势的现实考量

从国家卫健委和相关专家的众多公开表态来看，进一步防止二代感染是重中之重。而防疫口罩又是防止二代感染的重点防护用具。因此，"伪劣口罩"的社会危害性在重大疫情时期已不仅体现为对市场秩序的破坏，更直接危害到防疫工作的成败和人民生命健康。

应当注意的是，当前有部分省市出台的相关指导性意见中，①对于本罪强调了医用防护口罩和医用外科口罩，未明确一次性使用医用口罩。如前所述，这显然不够全面，也容易造成实践中的困惑。因为市场监督管理部门（包括药监局），对行政违法行为的处罚不包括人身强制措施。从上海市的司法实践来看，大多数分销一次性使用医用口罩的行为人或是流动摆摊，或是本身就不具备经济受罚能力；同时由于口罩作为防疫商品的紧俏程度，大多数案件被查处时已经有大量口罩被实际销售，给后期的口罩召回工作带来了极大的负担。故对行为人处以罚款、没收非法财物、责令停产停业、吊销执照等行政处罚既不符合实际，也难以确保处罚到位，而在当前极其紧迫的防疫背景下，对于利欲熏心者难以起到警示和威慑作用，再犯可能性极大。

此外，上述相关意见中还强调了"对于涉嫌犯罪，但生产、销售具有防护性能口罩的案件，鉴于能够保护人民群众利益和当前口罩供应不足的现实状况，应根据案件具体情况，考虑作宽缓处理"。笔者认为，此类原则性的规定虽然有宽严相济和为防疫工作减压的考虑，但同样难以在实践中展开。因为所谓"防护性能"的说法过于宽泛，且"防护性能"不等于"防疫功能"，容易使社会公众造成另一种误解，即类似于"只要是口罩就能用"，不仅不利于当前防疫工作的开展，也与相关指导性意见和通知关于从严惩处的要求精神不符。

本次重大疫情爆发以来，各级领导和司法机关都高度重视。习近平总书记主持召开中央全面依法治国委员会第三次会议时强调严厉打击制假售假等破坏疫情防控的违法犯罪行为；最高人民检察院出台《关于在防控新型冠状病毒肺炎期间刑事案件办理有关问题的指导意见》，公安部也发布了关于依法严厉打击制售假冒伪劣防护物资等违法犯罪活动的紧急通知；各地司法机关如黑龙江、贵州②等地，都先后出台了相应的指导意见，都强调了

---

① 参见《江苏省检察院出台疫情防控期间办理生产、销售假口罩类案件的十条意见》，载 https://mp.weixin.qq.com/s/iHo4mYJb4BHGunJDxmlzXw，2020 年 2 月 5 日访问。

② 参见黑龙江省高级人民法院制发《关于严厉打击涉疫情防控相关刑事犯罪的紧急通知》；贵州省高级人民法院制发《关于办理妨害预防、控制新型冠状病毒疫情相关刑事案件的意见》，见相关法院微信公众号。

依法从严从重惩处。

2. 全面依法惩处的现实需要

本次新冠病毒肺炎疫情爆发以来，多篇分析文章和前述相关指导性意见对上述"伪劣口罩"的刑事打击都进行了相应的罪名分析。比较集中的罪名为生产、销售伪劣产品罪，假冒注册商标罪和本罪。但是，从打击假冒类案件的司法实践来看，由于结果犯在立案标准上相对容易掌握，故大量案件一般首要考虑的是其他两个罪名。事实上，经笔者查阅相关司法判例，①发现以本罪追究刑事责任的实践判例并不多见，且未发现有针对疫情爆发期间"伪劣口罩"的相关判例。

然而，从当前上海市现有案件来看，相应案件虽然涉及口罩的数量众多——除一例为4 000余只外，其他数量均在1万只以上，最高数量超10万只。但由于一次性使用医用口罩的售价较为便宜，多数在1—3元/只不等，累计销售（含待销售）金额达不到5万元，因而也就无法用假冒注册商标罪和生产、销售伪劣产品罪进行刑事处罚。而从执法"三个效果"统一的基本要求来看，对重大疫情时期的"伪劣口罩"案件以假冒注册商标罪定性，对防疫工作的针对性不强，也不利于体现刑事司法工作的社会效果。

基于上述情况，随着防疫形势的进一步严峻，加大对"伪劣口罩"案件的刑事打击力度的要求不断增强，相应的案件数必然会日趋增多，此类情况将更加明显。因而充分发挥本罪在打击"伪劣口罩"案件方面的作用，也将日趋紧迫。

二、实践障碍的厘清——法律适用的争议焦点和执法标准的统一性辨析

（一）围绕本罪法律适用的实践争议

由于相关立法和司法解释并不十分明晰，刑事司法机关对行政法规、相关标准的掌握和理解并不全面，实践中针对性判例几乎寥寥②等诸多因素，在实践层面对本罪的法律适用存在亟须明确的空白。正是这些空白引发了相关争议，主要包括以下三个方面的焦点：

1. 选取何种检验标准

不同于生产、销售伪劣产品罪需要援引《产品质量法》判断产品是否合格，本罪将"不符合保障人体健康的国家标准、行业标准"作为罪状表述，明确了本罪中对医疗器材进行检验的标准类别。其中，对国家标准的理解是统一的。然而对于行业标准却存在两个需要厘清的问题。

第一，行业标准是否包含"企业标准"。有观点在分析"伪劣口罩"是否构成生产、销售伪劣产品罪时认为，对于生产、销售者违反企业标准的，只能定性为生产、销售伪劣产品，而不属于本罪的范畴。③笔者不同意上述观点。该观点可能忽视了2001年4月9日两高《关于办理生产、销售伪劣商品刑事案件具体应用法律若干问题的解释》第六条，该

---

① 参见中国裁判文书网 http://wenshu.court.gov.cn/ 和《刑事审判参考》。
② 参见《刑法注释书》（何帆编著，中国民主法制出版社2019年版）等书籍资料，本罪尚无指导性案例或参考案例。
③ 王勇：《当前疫情下"假口罩"类案件常见问题解析》，载《检察日报》2020年2月4日第3版。

解释明确，对于生产、销售不符合标准的医疗器械、医用卫生材料，"没有国家标准、行业标准的医疗器械，注册产品标准可视为'保障人体健康的行业标准'"。换言之，我国相关司法解释已经明确对行业标准作出了扩大解释，将注册产品标准纳入了行业标准的范畴。

第二，本罪所称行业标准是否排斥推荐性行业标准。在我国医疗器械的行业标准分类中，分为 YY（医药行业标准）和 YY/T（医药行业推荐标准）。实践中有观点认为，在日常行政执法过程中，如果发现相关产品违反 YY/T 标准的，一般是难以进行行政处罚的。故举轻以明重，不能进行刑事处罚，否则即破坏了法秩序内在统一性。笔者认为不能一概而论。首先，本罪的法条以及相关司法解释中，并未将推荐性行业标准排除出行业标准的范围。其次，该观点混淆了推荐性行业指标和强制力的关系。推荐性行业标准是否具有强制性属性是根据不同产品的种类进行区分的。如果对应产品的注册许可或其他规范性要求明确该产品应当使用推荐性行业标准的，则推荐性标准具有强制力，行政处罚也就有执法依据，并不存在所谓"凡是推荐皆无强制力"的问题，更不可能导致法秩序内在统一性的破坏。医用口罩产品即是如此，根据《医用口罩产品注册技术审查指导原则》第二部分第七项第三条，"一次性使用医用口罩应符合 YY/T0969-2013《一次性使用医用口罩》要求"。

综上，根据《医用口罩产品注册技术审查指导原则》的规定，一次性使用医用口罩应符合 YY/T0969-2013 标准，医用外科口罩应符合 YY0469-2011 标准，医用防护口罩应符合 GB19083-2011 标准。上述标准均具有执行的强制力。

在此基础上，需要进一步讨论的问题还有两个方面。

第一，如果相关医用口罩的注册产品标准，高于相应国家标准、行业标准的，是否可以选择注册产品标准作为检验参照。笔者认为不可以。理由包括：一是相关司法解释明确了只有在没有国家标准、行业标准的情况下，注册产品标准才能进入研判视野；二是如果相关医用口罩产品虽然不符合注册产品标准，但却符合相应国家标准、企业标准的，则该产品虽然可被判断为不合格产品，但却不能被"不符合保障人体健康的国家标准、行业标准"的罪状描述所包含。

第二，相应的国家标准、行业标准有多个指标，是否需要全面比对。笔者认为仍然应当分类讨论。首先应明确，何种指标与人体健康密切相关，这关系到实质判断"足以危害人体健康"的研判，此处不作详细展开，仅以 YY/T0969-2013 标准为例。在该标准第四条"要求"中，有 14 项具体指标，其中细菌过滤效率、通气阻力、微生物指标、环氧乙烷残留量、生物学评价等直接关系到人体健康和防疫的功能性，系与"保障人体健康"密切相关的指标。同时，笔者认为，经过检验，在上述指标中仅需一项不合格，则可以判断为不符合。理由包括，一是《医用口罩产品注册技术审查指导原则》对三类医用口罩产品应当符合三种标准的指标要求是整体性，而非选择性；二是全面检验耗费司法成本巨大，特别是时间成本，仅其中一项微生物指标的检验就要耗时半个月左右，不符合当前从快、从严和及时回应的工作要求。

2. 如何评判足以严重危害人体健康

《刑法修正案（四）》将本罪从结果犯修正为危险犯，根据全国人大常委会法工委对本罪的立法理由表示，[①]本罪的修正是"放宽了定罪标准""只要是足以危害不特定的多数人的健康，其社会危害性就很严重了"，可见，从立法本意来说，对"足以严重危害人体健康"内涵的理解不宜过于苛刻。然而两高对这一危险的具体表现仅有过一次司法解释，即《关于办理生产、销售伪劣商品刑事案件具体应用法律若干问题的解释》第六条，主要针对病毒性肝炎、艾滋病、残疾、轻伤、重伤和死亡等具体表现。这一司法解释出台于2001年，早于"非典"时期近两年时间，故在有效对应重大疫情期间的防护型医疗器械方面存在一定程度的立法滞后。虽然两高在2003年"非典"时期又出台了《关于办理妨害预防、控制突发传染病疫情等灾害的刑事案件具体应用法律若干问题的解释》（以下简称《疫情解释》），但该解释第三条在对本罪做解释时只简单表述"不具有防护、救治功能，足以严重危害人体健康的"，并未在行文上予以特别释明，导致实践中仍然存在较大分歧。相关法律制度存在一定程度上的不完善，也是实践中以本罪罪名打击相关行为尤显"乏力"的重要原因。笔者通过"中国裁判文书网"检索，截至2020年2月6日，该网站与本罪罪名相关的一审刑事判决书为42份，而其中以本罪罪名定罪处罚的仅为20件，约占该网站所有公开一审刑事判决数量的二十九万分之一。

笔者认为，针对当前防疫工作的紧迫形势和司法实践的现实问题，立足《疫情解释》出台的特定背景，结合司法解释的行文逻辑，可以将该解释第三条中"不具有防护、救治功能"理解为"足以严重危害人体健康"的具体表现，即两者之间是释义关系。理由如下：首先，《疫情解释》出台于"非典"防治的特殊时期，故相关条款必然针对特殊时期犯罪中行为的具体表现作出解释说明。而"不符合保障人体健康的国家标准、行业标准"，已经有明确的GB、YY、YY/T等标准体系，无需特别解释，故"不具有防护、救治功能"只能是针对"足以严重危害人体健康"而言。其次，判断司法解释的具体适用应当结合具体的司法实践环境。医用口罩作为防护用具，在一般情况下而言，除非含有致病菌毒、被污染等特殊原因，否则不会直接对人体健康产生危害。因而在通常时期，对医用口罩的防护功能没有必要作出单独的入刑规定。但在重大疫情期间，防护功能是医用口罩用以防治疫情的关键性因素。换言之，由于疫情环境，特别是传染病传播途径的因素，不合格的医用口罩起不到应有的防护功能，也就当然造成了严重危害人体健康的危险状态。

综上，笔者认为，一旦涉案医用口罩不符合相关国家标准、行业标准，只要该种情形被依法认定为"不具有防护、救治功能"，就具备了"足以严重危害人体健康"的危险状态。然而确认这种状态，是需要相关证据支持的。

---

① 全国人大常委会法工委刑法室编：《中华人民共和国刑法条文说明、立法理由及相关规定》，北京大学出版社2009年版，第230页。

3. 检验、认定、鉴定、评估的证据属性

之所以要厘清上述四种方法所对应的证据属性，一方面是为完善实践中以本罪处置"伪劣口罩"案件的证据标准，另一方面也是因为笔者发现，无论是理论界还是实务界，对上述四种手段对应的证据种类存在模糊认识，一定程度上影响了包括本罪在内的一系列案件①的执法统一性。

实践中，检验、认定、鉴定、评估都是以文书形式出现的证据，在《刑法》第三章第一节等行政违法前置类犯罪中尤为常见。以文书形式出现的证据，在我国《刑事诉讼法》所对应的证据种类中只有两种：书证和鉴定意见。但如果将上述四种手段对应的证据全部归类于鉴定意见，是不符合司法实践的实际情况的。而能否作为鉴定意见的关键在于鉴定资质。

《最高人民法院〈关于适用中华人民共和国刑事诉讼法〉的解释》第八十四条明确将"鉴定机构和鉴定人是否具有法定资质"作为审查鉴定意见的首要条件，而第八十五条更是直接明确鉴定机构、鉴定人不具备法定资质的，鉴定意见"不得作为定案的根据"。《人民检察院刑事诉讼规则（试行）》也有相应规定。此外，最高人民法院、最高人民检察院、公安部、国家安全部和司法部联合发布的《关于办理刑事案件严格排除非法证据若干问题的规定》等与刑事诉讼程序相关的法律规定，也都将鉴定资质作为证据合法性的基础。在此前提下，依法检验、鉴定、评估后的鉴定结论，只有具备资质条件，才能是当然的"鉴定意见"。

实践中，某些检验或评估报告并非当然的"鉴定意见"。例如，关于食品危险性的评估，各地的标准并不统一，并无全国的立法性规定，仅有两高、公安部、食药监总局和国务院食安办联合发布的《食品药品行政执法与刑事司法衔接工作办法》（以下简称《工作办法》）的指导意见。大致来说是由行政主管部门召集相关领域内的专家组成专家组进行论证，再由行政主管部门将论证意见汇总，依据相关法律和既定指标出具评估报告。参与评估的专家并不需要由法律授予特定资质的要求，法律也并未对相关行政主管部门作出资质性授权。但需要特别强调的是，不是"鉴定意见"并不意味着相应的检验和评估报告就不能作为刑事证据，只是在证据归类上不属于鉴定意见，而只能归类为书证。如《工作办法》所规定的，此类检验和评估"可作为定罪量刑的参考"。

在笔者与部分学者的交流中，有反对观点认为，不具有资质的检验、评估报告，包括笔者后文将重点讨论的认定意见，不符合书证的概念，因为刑事案件的书证只能是在刑事案件发生过程中形成的书面记录。笔者不同意上述观点。姑且不论前述的相关资质等证据的合法性问题，仅从证据的概念入手，不具备资质的检验、评估和认定意见也应当属于书证。全国人大常委会法工委关于书证的定义是"能够以其内容证明案件事实的文字、图案"等资料，②并未要求书证必须是在案件事实的进展过程中所形成的。该定义同时列举

---

① 笔者注：主要是指生产、销售伪劣产品罪，生产、销售不符合安全标准的食品罪，生产、销售假药罪。
② 王爱立：《中华人民共和国刑事诉讼法释义》，法律出版社2018年版，第106页。

了几种书证形式，包括"合同、账本、书信"，虽然没有明确将行政机关的意见列入，但如果据此就将行政机关出具的书面意见排除出书证范围，那么公安机关出具的案发经过、情况说明又当如何归类？当然，笔者也注意到，有将此类证据与鉴定意见一并列入专家证言的理论观点，但笔者在此着重讨论的是我国刑事诉讼法立法和实践上的归类，其他不再赘述。

需要重点讨论的是认定。实践中，一般由行政机关出具书面认定意见。笔者在司法实践中，多次遇到过对认定意见合法性的质疑，质疑的基础即是相应的行政机关没有鉴定资质。笔者认为，认定意见本身就不属于鉴定意见的范畴，同样属于书证。首先，行政认定意见并不是按照鉴定程序出具的结论。例如，根据《工作办法》，认定意见可以根据对象的特定性状直接出具，而无需检验前置。其次，认定意见的依据是行政部门的职能、职权，而并非特定资质。再次，"认定"作为一种司法、执法活动，即通称的"行政判断"和"司法判断"，是指有权机关依据相关法律规定作出合法性判断。换言之，如果法律规定是明确的，而行政执法机关出具的认定意见又明显违反相关法律规定，则司法机关当然有权根据法律规定作出不同的认定。如果将认定意见视为鉴定意见，那么司法机关将无权直接修改认定，必须经过"重新鉴定"程序，显然与法不符。最后，虽然我国刑事诉讼的程序性立法没有特别明确认定意见的证据属性，但从如《工作办法》及两高和海关总署《关于办理走私刑事案件适用法律若干问题的意见》等单行的法律规范中，对认定意见的形式和效力规范都作出了等同于书证的规定。

由此不难发现，两高《关于办理生产、销售伪劣商品刑事案件具体应用法律若干问题的解释》第一条第五款"对本条规定的上述行为难以确定的，应当委托法律、行政法规规定的产品质量检验及结构进行鉴定"只是补充性、提示性条款，并非指所有的此类刑事案件均需要以"鉴定意见"作为必要证据。只有在依据相关法律"难以确定"的前提条件形成时，才有依法出具"鉴定意见"的必要性。

综上，在厘清上述四种证据的证据属性后，结合前述争议焦点的分析，笔者认为：就本罪而言，对"伪劣口罩"是否不符合保障人体健康的国家标准、行业标准，应由行政主管部门下属特定机构，依据前述三个标准，围绕与人体健康密切相关的指标出具检验报告；而后，再由行政主管部门对经检验不合格、不达标的"伪劣口罩"是否属于在重大疫情期间"不具有防护、救治功能"出具认定意见。

（二）入刑标准的具体化和统一性进路

如前所述，本罪现已被修正为危险犯，而目前理论界比较流行的观点是将危险犯区分为抽象危险犯和具体危险犯。① 而对于本罪是属于抽象危险犯还是具体危险犯是存在一定争议的，有观点认为本罪属于具体危险犯，② 但也有观点认为本罪中的"足以"并非是具体危险犯的标志。③ 笔者虽然倾向性认为实践中本罪与具体危险犯并不能完全契合，但此

---

① 张明楷：《刑法学》（第四版），法律出版社 2011 年版，第 167 页。
② 张明楷：《刑法学》（第四版），法律出版社 2011 年版，第 654 页。
③ 陈洪兵：《重新审视具体危险犯与抽象危险犯的归类——以案例为进路分析》，载《山东大学法律评论》2011 年第 1 期。

处对设定具体的入刑标准的探讨，并非对本罪进行危险犯归类，更多的是基于司法实践中对执法标准的统一性要求，以及对不盲目扩张刑罚圈的现实考量。

笔者认为，对本罪设定数量标准与危险犯理论并不冲突。事实上，《关于办理生产、销售伪劣商品刑事案件具体应用法律若干问题的解释》第六条是以伤亡人数和程度作为具体入刑的数量标准的。值得注意的是，虽然该司法解释是在 2001 年出台的，而本罪是在 2002 年才被修订为危险犯的，但该司法解释仍然现行有效，可见两高是认可数量标准作为司法实践中统一执法标准和限制刑罚圈扩张的必要手段的。在此基础上，笔者认为，在本次重大疫情期间，以本罪对"伪劣口罩"进行刑事处罚，仍然应当考虑设定可行的数量标准。

而对于数量标准的设定，不能盲目地"拍脑袋"，同样应当针对具体情况。鉴于各省疫情态势并不完全一致，目前出台全国统一性标准确实存在一定难度，故可以考虑由各省依据各自的防疫工作实际先行出台地方标准，必要时再由两高出台统一的指导意见。一方面当前疫情的严重程度确实在各省有明显不同，另一方面由于防疫工作的需要使各省之间的人口流动降低，上述两个因素一定程度上为各省设立差异性地方标准提供了必要的环境条件。

笔者认为，全面考量防疫工作的实际，结合病毒传播的具体情况，从涉案伪劣口罩的数量和扩散范围等角度，充分考虑社会危害性的程度，不失为设定入刑数量标准的一种可行进路。例如，国家卫健委发布的最新数据显示，[①]截至 2020 年 2 月初，全国新冠病毒确诊病例的致死率约为 2.1%；如去除湖北省，其他省份确诊病例的平均病死率为 0.16%，即一千名确诊病例中有一人以上死亡。参照两高《关于办理生产、销售伪劣商品刑事案件具体应用法律若干问题的解释》第六条"一人以上重伤"的相关规定，本次重大疫情期间，就可以考虑以生产、销售伪劣口罩导致超过 1 000 只以上被实际使用或无法召回的，设定为入刑的参考标准。而此数量标准在具体适用时，还应进一步考虑传播的范围和对象，以及是否造成实际的后果等。如在采购者使用涉案口罩后，有 3 人以上被确诊为新冠病毒感染者的，可视为"对人体健康造成严重危害"；如有 1 人以上因感染新冠病毒引发死亡的，可视为"后果特别严重"。而在刑格提升中，不宜再以"伪劣口罩"的数量作为标准，一方面是为了避免打击的盲目扩大；另一方面是因为随着口罩数量的提升，涉案金额也必然提升，就很容易产生与其他罪名的竞合，根据从一重断处的原则，以本罪对"伪劣口罩"进行刑事打击的现实必要性也自然会降低。

三、立足实务的答卷——以本罪处置"伪劣口罩"的证据参考标准

立足笔者自身的提前介入工作，充分考虑侦查取证和行刑衔接的实际，笔者就以本罪

---

① 《新冠病毒肺炎病死率高不高？你想知道的都在这里》，看看新闻 Knews，https://baijiahao. baidu. com/s? id = 1657625352762787122&wfr = spider&for = pc，2020 年 2 月 5 日访问。

处置"伪劣口罩"案件提出如下主要证据的参考标准。

（一）主观方面

1. 讯问笔录

一是通过嫌疑人描述涉案口罩的数量、进货渠道、交易过程及是否索证索票等事实要素，结合嫌疑人的认知水平、从业经验等，综合证明其是否知道或者应当知道涉案口罩的质量情况；二是通过嫌疑人描述对当前疫情和防疫工作的要求，证明其对口罩作为疫情防护用品的明知情况；三是通过嫌疑人描述推销涉案口罩的情况、销售时对产品的介绍情况等事实要素，证明其销售口罩时是否对外宣称或暗示涉案口罩为三类医用口罩或具有同等防护作用，明确其销售行为是否具备假冒的主观故意。

2. 电子数据

及时提取相关手机、电脑中相关聊天记录的电子数据。时间紧迫的，可以摄影照片形式先行固定，作为提请审查批捕的证据。通过聊天记录的客观证据，印证或排除嫌疑人供述中的主观明知情况。

3. 询问笔录

通过询问购买口罩的证人，明确嫌疑人销售涉案口罩时，对外宣称涉案口罩的性质和作用，进一步印证或排除嫌疑人供述。

（二）客观方面

1. 物证

应对现场执法发现的涉案口罩、生产器械、电脑手机等销售记录载体及时依法扣押，并按口罩外包装示明或嫌疑人指认的分类情况，对涉案口罩进行分类、清点，并对执法过程进行录像或摄影记录。

2. 检验报告

将扣押的涉案医用口罩交有权检验机构，按照对应的国家标准、行业标准进行检验，重点选取与防疫功能、生物指标等与疫情期间保障人体健康有密切关联的指标作为参照。

3. 认定意见

由行政主管部门（一般为药监部门）出具涉案口罩是否属于"在疫情期间具有防护、救治功能"的认定意见。原则上，如果检验报告中只要有一项与人体健康密切相关的指标不合格，即应当符合认定标准。

4. 讯问笔录、询问笔录、电子数据

讯问犯罪嫌疑人，询问购买口罩的证人，以及提取犯罪嫌疑人手机、电脑中相关通信电子数据，通过相互印证，全面固定采购、销售的具体行为以及所涉口罩的总体种类、数量，采购者的实际使用情况、健康情况等。也为尽全力召回涉案口罩提供基础条件。

5. 电子数据及银行转账记录等书证

固定销售的数量和金额，为罪名竞合的处置留下基础。

6. 营业执照、户籍资料等书证

证明涉案主体的身份情况。特别重视对个人独资企业（包括加盟店）的查证，一方面为判断是否属于单位犯罪提供基础，另一方面如果发现存在体系性问题应及时通过检察建议或移交公益诉讼线索，加强和完善法律监督工作。

在任何一场重大的公共事件面前，司法从来都不是被动的参与者，更不是旁观者。在这场全民皆兵的"战疫"斗争中，司法工作虽然不能站在与新冠病毒直接交锋的最前线，但严格依法维护防疫的社会秩序，打击、威慑严重破坏防疫工作的违法犯罪行为，为防疫工作提供稳定有序的社会环境，是司法工作的应尽义务，更是重大贡献！

（责任编辑：金华捷）

完善妨害传染病防治罪的思考

——以抗拒疫情防控措施行为为切入

江 学*

为遏制疯狂肆虐的新型冠状病毒肺炎疫情（以下简称新冠肺炎疫情），广大的医务工作者逆风前行，深入一线抗击疫情。然而，在这场战争中，有些人却任意妄为，对防控疫情的各种措施公然抗拒，造成疫情的扩散与情势恶化。因而，在防控疫情的斗争中，法律自然不能缺位。对严重的抗拒疫情防控行为，则应进行刑法规制。从刑法以及相关司法解释、规范性文件看，主要涉及以危险方法危害公共安全罪、妨害传染病防治罪、妨害公务罪等犯罪的适用。本文以抗拒防控措施行为为切入，拟围绕现行妨害传染病防治罪的相关问题展开探索。

一、对抗拒疫情防控行为的刑事规范

2003 年"非典"疫情期间，最高人民法院、最高人民检察院共同出台《关于办理妨害预防、控制突发传染病疫情等灾害的刑事案件具体应用法律若干问题的解释》（以下简称 2003 年解释），其中涉及抗拒疫情防控措施的犯罪主要有三个罪名：以危险方法危害公共安全罪、过失以危险方法危害公共安全罪、妨害公务罪。

2020 年年初，新冠肺炎疫情爆发，最高人民法院、最高人民检察院、公安部、司法部联合发布《关于依法惩治妨害新型冠状病毒感染肺炎疫情防控违法犯罪的意见》（以下简称 2020 年意见），涉及抗拒疫情防控措施的犯罪主要也是三个罪名：以危险方法危害公共安全罪、妨害传染病防治罪、妨害公务罪。

对比 2003 年解释与 2020 年意见，可以梳理出法律适用上的传承与变迁。

（一）传承

（1）故意传播传染病病毒或病原体的，无论是造成病毒扩散（实害犯）还是引发扩散的具体危险（危险犯），都构成以危险方法危害公共安全罪。

（2）抗拒疫情防控措施既危害公共安全又妨害国家工作人员依法执行公务，均构成犯罪的，系想象竞合，应从一重处罚；在不构成危害公共安全犯罪的情况下，可能构成妨害公务罪。

（二）变迁

（1）2003 年解释对以危险方法危害公共安全罪犯罪主体未加限定；而 2020 年意见将

---

* 江学，法学硕士，上海市浦东新区人民检察院检察一部检察官。

犯罪主体限定为传染病病人、病原携带者（传染病病人和病原携带者均系确诊的病人，以下简称病人）、传染病疑似病人（以下简称疑似病人）。

（2）2020 年意见规定，病人构成以危险方法危害公共安全罪的，既可以是实害犯，也可以是危险犯；疑似病人构成此罪的，仅限于实害犯。2003 年解释则不加区分，对疑似病人也以危险犯处罚。

（3）根据 2003 年解释，过失造成传染病传播的，构成过失以危险方法危害公共安全罪；根据 2020 年意见，则构成妨害传染病防治罪。

（4）根据 2003 年解释，过失以危险方法危害公共安全罪系特殊主体犯罪，限于病人、疑似病人，其他人员抗拒防控措施过失造成传染病传播的未予明确，似乎不构成犯罪；①根据 2020 年意见，上述行为涉嫌妨害传染病防治罪，且犯罪主体为一般主体。

（5）过失以危险方法危害公共安全罪为实害犯；妨害传染病防治罪系实害犯与过失危险犯。因此，根据 2003 年解释，抗拒防控措施造成传染病扩散的具体危险的，并不构成犯罪；②而按照 2020 年意见，则属于犯罪。

二、对最高人民检察院典型案例的梳理

为有效打击与新冠疫情相关的刑事犯罪，指引司法办案，最高人民检察院发布了一系列典型案例。在这些案例中，有五个案例涉及妨害传染病防治罪，均属于抗拒疫情防控措施的情形。

（一）案情简介与梳理

1. 四川南充孙某某案③

基本案情：孙某某系武汉市某医院护工。2020 年 1 月 20 日与家人驾车从武汉返回四川南充家中。1 月 21 日去吃酒席，接触多人。1 月 22 日出现发热咳嗽症状，去医院就医，乘客车回家，在车上接触多人。1 月 23 日病情恶化，再次就医，医生让其隔离治疗。孙某某不听，逃离医院乘客车回家，车上接触多人。1 月 23 日 14 时许被强制隔离治疗。在被确诊和收治隔离后，仍隐瞒真实行程和活动轨迹，导致 21 人以及三个社区被隔离观察。

案情梳理：从案情看，孙某某实施了从疫区返回后不进行居家隔离、无防护措施进入

---

① 2003 年解释第一条第二款规定："患有突发传染病或者疑似突发传染病而拒绝接受检疫、强制隔离或者治疗，过失造成传染病传播，情节严重，危害公共安全的，依照刑法第一百一十五条第二款的规定，按照过失以危险方法危害公共安全罪定罪处罚。"该规定明将犯罪主体限定为病人、疑似病人，其他人员不构成此罪，但又无法适用妨害传染病防治罪等其他罪名，因此意味着其他人员的过失传播行为无法入罪。

② 2003 年解释第一条第二款将危害结果表述为"过失造成传染病传播，情节严重，危害公共安全"，且明确规定，依照刑法第一百一十五条第二款的规定定罪处罚，而该条款针对的实害犯。因此，抗拒疫情防控引发传染病传播严重危险的，不构成过失以危险方法危害公共安全罪。同时该行为又不构成其他犯罪。故在刑法调整之外。

③ 参见最高人民检察院发布《全国检察机关依法办理妨害新冠肺炎疫情防控犯罪典型案例（第一批）》，2020 年 2 月 11 日发布。

公共场所、隔离治疗期间逃离、隐瞒行程与活动轨迹等抗拒疫情防控的行为。其行为导致多人、多个社区被隔离观察的严重后果。另外，孙某某在被确诊后仍有瞒报行程与活动轨迹的情况。

2. 湖北嘉鱼尹某某案①

基本案情：尹某某从事私人客运业务。2020 年 1 月 23 日 10 时武汉市封城。当天 10 时至 20 时，尹某某在无营运许可证的情况下，两次接送乘客往返于武汉、嘉鱼两地。2 月 4 日，尹某某被确诊为新冠病例，与尹某某密切接触的 20 人被集中隔离。2 月 11 日因犯妨害传染病防治罪被判处有期徒刑 1 年。

案情梳理：从案情看，在武汉封城，禁止人员进出的情况下，尹某某的抗拒疫情防控行为表现为违反禁令先后两次接送人员进出武汉。其行为后果是造成自己感染新冠肺炎，并导致多人被集中隔离。

3. 河北内丘梁某某、任某军、任某辉案②

基本案情：梁某某与妻子退休后长期居住在武汉其女儿住处。2020 年 1 月 15 日左右，其妻出现感冒、咳嗽症状。1 月 17 日，梁某某与妻女等人从武汉驾车回到内丘县老家，途中无防护措施出入沿途高速公路服务区加油站、公共卫生间。返乡后，梁某某未采取防护措施，多次出入内丘县大卖场、邢台市商场，在饭店与多人聚餐。因症状加剧，其妻于 1 月 18 日就诊，输液至 1 月 23 日。1 月 31 日其妻咳嗽、胸闷，到内丘县中医院就诊，2 月 4 日病情加重，转院至邢台市人民医院。2 月 6 日，其妻确诊新冠肺炎，2 月 8 日死亡。在内丘县摸排武汉返乡人员期间，梁某某故意隐瞒，特别是在 1 月 31 日其妻到内丘县中医院就诊以及在邢台市人民医院就诊期间，梁某某仍继续隐瞒去过武汉、与外来人员接触史等情况。直到 2 月 6 日梁某某才承认从武汉返乡事实。

任某军系内丘县某村党支部书记，全面负责本村疫区返乡人员摸排工作，在明知梁某某从武汉返乡的情况下，拒不履行职责，还通知村主任任某辉，让其通知梁某某隐瞒事实。村主任任某辉明知上述事实，同样拒不履行职责，并授意梁某某将武汉牌照车辆转移隐藏。

截至 2 月 20 日，因上述三名犯罪嫌疑人的行为导致邢台市两区、内丘县与梁某某妻子密切接触者 153 名、间接接触者 356 名被隔离观察，邢台市和内丘县多家单位、小区全部封闭。

案情梳理：梁某某主要有隐瞒从武汉返乡事实（包括医院就诊期间对医护人员进行隐瞒）、无防护措施进入公共场所等抗拒防控行为，由此造成多人被隔离、多处场所被封闭的危害后果。需要注意的是，其 1 月 20 日之前的无防护措施进入公共场所行为并不发生

---

① 参见最高人民检察院发布《全国检察机关依法办理妨害新冠肺炎疫情防控犯罪典型案例（第二批）》，2020 年 2 月 19 日发布。

② 参见最高人民检察院发布《全国检察机关依法办理妨害新冠肺炎疫情防控犯罪典型案例（第三批）》，2020 年 2 月 26 日发布。

在疫情防控期间。另外两名犯罪嫌疑人比较特殊，系身负防控疫情职责的基层工作人员，其妨害传染病的行为表现为消极的不作为。此外，梁某某只是病人的密切接触者，并没有事后被确诊，这也有别于其他案件。

4. 广西来宾韦某某案①

基本案情：韦某某长期在武汉市华南水果批发市场水果行上班。在 2020 年 1 月 23 日武汉封城前乘坐动车返回来宾市，与妻子张某某等人住在家中。1 月 25 日，社区要求其居家隔离。1 月 26 日至 29 日，韦某某多次外出买菜、探亲访友，还参加张某某母亲葬礼，与多人密切接触。1 月 30 日，妻子张某某出现咳嗽症状，到来宾市人民医院检查。2 月 6 日，张某某被确诊新冠肺炎并隔离治疗；次日韦某某也被确诊并隔离治疗。之后，与张某某密切接触的 8 人被确诊新冠肺炎。韦某某所在小区及周边被封闭，与韦某某夫妇密切接触的 122 人被集中隔离观察。

案情梳理：韦某某抗拒防控的行为表现为拒绝居家隔离、多次进入公共场所，其行为造成与行为人及其妻子密切接触的多名人员被感染，多人被隔离，多个地方被封闭。

5. 上海金山李某某案②

基本案情：李某某系湖北广水人，在上海有住所。2020 年 1 月 23 日，在武汉居住三日的李某某得知武汉将于当天 10 时封城，遂改签车票经南昌于次日返回上海。回沪后李某某未居家隔离，而是隐瞒武汉旅行史，入住松江区某酒店，次日独居于金山区家中。1 月 25 日至 30 日，多次出入超市、水果店、便利店。1 月 26 日至 30 日出现咳嗽、胃口差、乏力、胸闷等症状，搭乘公交车、出租车去医院就诊，并隐瞒武汉旅行史，密切接触多人。1 月 30 日，经有关工作人员协查，方承认武汉旅行史，并承诺居家隔离。1 月 31 日，梁某某擅自搭乘公交车上医院、药店，并在就诊时继续隐瞒旅行史。2 月 2 日，在医护人员追问下承认武汉旅行史，后被隔离。2 月 4 日被确诊新冠肺炎。与李某某密切接触的 55 人被隔离观察。

案情梳理：李某某主要有拒绝居家隔离、隐瞒武汉旅行史、多次进入公共场所等行为，由此造成多名密切接触者被隔离观察。

（二）综合分析

综合分析以上五个典型案例，可以提炼出以下要点：

1. 犯罪主体特征

虽然多数涉案行为人最终被确诊为病人，但在行为时并没有被确诊，因此不能根据事后的确诊而将行为人认定为病人或疑似病人。

进一步追问：行为人虽然没有确诊，但不少行为人是有新冠肺炎的一些症状的，能不能据此认为妨害传染病防治罪的犯罪主体是特殊主体？

---

① ② 参见最高人民检察院发布《全国检察机关依法办理妨害新冠肺炎疫情防控犯罪典型案例（第三批）》，2020 年 2 月 26 日发布。

2. 犯罪主观方面

行为人抗拒防控措施显然出于故意，但对导致的危害结果或严重危险系何种心理状态？有些是明显的过失，但有些似乎具有放任的故意。因此，本罪的罪过形式需要进一步探究。

3. 对危险犯的刑事处罚

典型案例显示，除了一个案例出现了导致多人被确诊的危害结果，其他案件都是导致他人被隔离或某些场所被封闭。他人被隔离或场所被封闭这样的结果并不是妨害传染病防治罪的法定结果，但这样的非法定结果表明了有传染病传播的严重危险，是过失危险犯的表现。因此，危险犯也在本罪规制范围内。如果是故意犯罪，处罚危险犯是广为接受的观念，但如果是过失犯罪，处罚危险犯是否很危险？

4. 犯罪客观行为

典型案例揭示，抗拒防控措施的行为有很多表现形式，典型的抗拒隔离治疗、隔离观察等行为构成妨害传染病防治罪。除了这些典型行为，还有哪些抗拒防控措施行为构成本罪？能否为抗拒防控行为设定一个判断标准？

5. 与其他犯罪的关系

在最高人民检察院发布的典型案例中，抗拒防控措施行为除了涉嫌妨害传染病防治罪，还涉嫌妨害公务罪。妨害传染病防治罪与相关犯罪的关系如何？

三、对法律适用问题的分析

（一）犯罪客观方面问题

1. 抗拒疫情防控行为的范围

为抗击新冠肺炎，采取大到封城小到戴口罩、勤通风、常洗手等各种防控措施，是不是任何抗拒防控措施的行为都有可能构成犯罪呢？从典型案例来看，似乎找不到答案，我国刑事法律也没有予以明确。

另外，从 2020 年意见看，妨害传染病防治罪的客观方面表现为"其他拒绝执行防控措施"的行为，这里的其他行为是指构成以危险方法危害公共安全罪中的"隔离治疗"行为之外的行为，这是不是意味着"隔离治疗"行为被排除在妨害传染病防治罪的客观行为之外？

从典型案例以及其他渠道获取的案例看，最常见的抗拒防控行为是拒绝隔离、隐瞒疫区行程，从境外输入型疫情来看，隐瞒境外行程也是。但是，从理论上来说，涉嫌妨害传染病防治罪的抗拒防控行为不限于此，例如，典型案例还将破坏封城措施的非法车辆接送人员进出城、无防护措施进入公共场所、疫情防控人员的不作为等行为纳入本罪的规制范围。也就是说，无论抗拒的是何种防控措施，只要该抗拒行为可能导致传染病传播，就应纳入本罪的调整范围。正是在这种意义上，笔者认为，试图从抗拒的防控措施上来划定客观行为的范围，可能是没有多大价值的，判断标准应该落实到是否可能导致传染病传播上来。

2. 妨害传染病防治罪是实害犯还是危险犯，如果是过失犯罪，处罚过失危险犯是否存在刑法扩张问题？

从我国《刑法》第三百三十条（妨害传染病防治罪）的规定来看，引起甲类传染病传播或者有传播严重危险的，均构成犯罪。显然，法律既处罚实害犯，也处罚危险犯。虽然有部分学者主张过失危险犯，但刑法学主流观点还是认为过失犯罪仅限于实害犯，不赞同过失危险犯理论。在司法实践中，一般也认为过失犯罪仅限于造成实际危害结果的情形。处罚过失危险犯，可能导致刑法的扩张适用。

（二）罪过形式问题

关于妨害传染病防治罪的主观方面，有三种观点：故意说、过失说、故意加过失说。

1. 故意说评析

包括张明楷教授在内的一些学者主张故意说。但张教授的依据仅在于刑法条文。他指出："将本罪确定为过失犯罪，缺乏'法律有规定'的前提，只能确定为故意犯罪。"[①]似乎除了立法技术上的理由，再无支撑。

从事实层面看，妨害传染病防治罪的主观方面也可以是故意。以抗拒防控行为为例，行为人在未被确诊为病人或者疑似病人之前，如果已经有较为明显的咳嗽、发烧、乏力、胸闷等症状，如果此时不进行隔离或隐瞒疫区行程，仍不加防护进入公共场所，对造成传染病传播或传播的严重危险，主观上很难说是过失，而应判定为间接故意；如果能证明具有报复社会、有意传播等主观目的或故意，则属于直接故意。

另外，从我国《刑法》第三百三十条规定的其他三种行为类型看，也无法将故意排除在外。尤其是拒绝按要求对被传染病病原体污染的污水、污物、粪便进行消毒处理，准许或者纵容传染病病人、病原体携带者、疑似病人从事应当禁止从事的易使传染病扩散的工作，行为人主观上出于故意的情况是明显存在的。

2. 过失说评析

过失说是当前的主流观点。无论是从理论还是实践出发，实施妨害传染病防治行为导致传染病传播或有传播的严重危险，行为人主观上都可以是过失。

但过失说仍存在问题。一是张明楷教授所质疑的立法技术问题。二是犯罪客体或法益问题。妨害传染病防治罪属于妨害社会管理秩序的犯罪，以危险方法危害公共安全罪属于危害公共安全的犯罪，对于妨害传染病防治的行为，为什么过失犯罪与故意犯罪侵害的法益或者犯罪客体不同？三是前文提及的过失危险犯的认可度问题，一般认为，过失犯罪不处罚危险犯。

3. 故意加过失说

故意加过失说面临以下问题：一是犯罪构成类型化特征遭破坏。故意行为与过失行为

---

① 张明楷：《刑法学（第四版）》，法律出版社 2011 年版，第 985 页。

分属不同的行为类型，如果一个犯罪构成里既包含了故意行为，又包含了过失行为，就不能认为系同一个犯罪构成。二是有违罪过形式原理。故意与过失分属不同的罪过形式或责任形式，因而，一个罪名既包含故意也包含过失的情况不符合刑法理论。三是刑罚配置问题。犯罪故意与犯罪过失不只是罪过形式上的差异，还体现在社会危害性的差异，同样一种行为，是在故意心理下导致还是过失引发危害结果，其社会危害性的差距是明显的。因而刑法的否定评价——科处何种刑罚以及多重的刑罚也存在明显差异。但事实是，《刑法》第三百三十条并没有区分故意与过失而配置不同的法定刑。

（三）犯罪主体问题

1. 是特殊主体还是一般主体

妨害传染病防治罪系一般主体，且可以是单位犯罪。这都没有争议。但单就抗拒防控行为这一行为类型来说，是一般主体还是特殊主体并不明确。从案件情况来看，并不要求行为人系确诊的病人或疑似病人，虽然不少行为人最终被确诊为病人，但行为人是否为特殊主体，判断的依据则是行为时，而不能将行为后取得的特殊身份作为依据。

虽然本罪并不要求行为人具有病人或疑似病人等特殊身份，但是从典型案例及其他渠道的案例来看，被追究刑事责任的都是些去过疫区且有发烧、咳嗽等新冠肺炎症状的人，因为只有这样的人才有造成疫情传播的危险。如此看来，去过疫区以及具有疑似症状等特征能否作为特殊主体成立的依据？或者更退一步，抗拒防控行为以行为人负有遵守防控措施的义务为前提，那么，行为人负有隔离、如实报告行踪、健康状况等义务，是否可以作为将其认定为特殊主体的依据？

2. 病人、疑似病人是否为本罪的主体

根据 2020 年意见，病人、疑似病人抗拒疫情防控措施，故意传播病原体的，构成以危险方法危害公共安全罪。但对于过失造成病原体传播的是否构成犯罪、构成何种犯罪没有涉及。

从妨害传染病防治罪规制的行为来看，对病人、疑似病人过失传播病原体的行为不处罚的可能性不存在。因为对于未确诊的行为人抗拒疫情防控行为都进行了刑法规制，没有道理将防控疫情责任更重的病人、疑似病人排除在刑法规制之外。因此，需要考虑的就是是否构成妨害传染病防治罪或其他犯罪的问题了。

（四）刑罚配置问题

我国《刑法》第三百三十条在设定法定刑时，没有针对实害犯与危险犯分别设置，因而受到学界的质疑。实害犯已经对刑法保护的利益造成了现实损害，而危险犯只是引发了损害发生的风险，但实际损害并没有发生，两者对法益的侵犯存在明显的程度差异，这种差异既应当体现在宣告刑上，也应该体现于法定刑之中。不区分实害犯与危险犯，配置相同的法定刑，这是明显的立法缺陷。

（五）与相关犯罪之间的关系

由于本罪是故意犯罪还是过失犯罪尚存争议，因此，在讨论它与相关犯罪之间的关系时，需要区分两种情况：

1. 故意犯罪前提下的相互关系

如果本罪为故意犯罪，则首先必须考虑与以危险方法危害公共安全罪的关系，两者是不是法条竞合关系？其次，需要考虑过失的妨害传染病防治行为如何处理，是不作为犯罪处理，还是应当入罪？最后，如果应当入罪，是按照过失以危险方法危害公共安全罪处理，还是另外设立诸如过失妨害传染病防治罪这样一个新罪？

2. 过失犯罪情况下的相互关系

如果本罪为过失犯罪，一方面，要考虑它与过失以危险方法危害公共安全罪的关系。另一方面，也需要考虑故意妨害传染病防治的行为如何处理，是设立故意妨害传染病防治罪之类的新罪，还是按照以危险方法危害公共安全罪处罚？如果论之以以危险方法危害公共安全罪，那么 2020 年意见将以危险方法危害公共安全罪限定为特殊主体（病人、疑似病人）犯罪是不是不合适？

四、对妨害传染病防治罪的完善

（一）犯罪客观方面

1. 抗拒防控行为的界定：抗拒疫情防控措施足以引发传染病传播严重危险

如前所述，虽然不能对可能涉嫌本罪的疫情防控措施划定一个范围，但可以对抗拒防控行为确立一个具有实质意义的判断标准，符合该标准的，就应纳入刑法评价的视野。这个标准就是抗拒防控行为有没有引起甲类传染病或按照甲类传染病管理的传染病传播的严重危险。

2. 处罚过失危险犯是基于防控疫情的现实需要

对于过失犯罪，我国刑法原则上只处罚实害犯。然而，有原则就有例外。笔者认为，如果某种过失行为引发的危险巨大、现实或者迫切，对重大的国家、社会利益形成威胁的，刑法的介入就是必要的。就当下的新冠肺炎疫情而言，举全国之力与其对抗，稍有不慎即可能令之前的种种努力付诸东流。而且，从发布的典型案例看，很多情况下没有发生传染病传播的危害结果，不是因为没有这种危险，也不是因为这种危险不具有现实性，而是在危险发生后，整个社会积极补缺防漏。因此，可以说，在这些情况下，危害结果的避免并不意味着行为的危害性不严重，危害结果的避免也不能归因于行为人。概言之，基于国家与社会的重大利益考虑，对某些过失危险行为进行刑法规制，既是必要的，也具有正当性。

（二）犯罪主体

妨害传染病防治罪的犯罪主体是一般主体，而其中抗拒防控措施这种类型的犯罪主体是不是特殊主体呢？笔者认为，仍应属于一般主体。

首先，无论行为人有哪些与新冠肺炎相似的症状，例如咳嗽、发烧、乏力、胸闷、腹泻，可能在现实中被怀疑为新冠肺炎病人，但在经医学诊断确诊之前，都不能称之为新冠肺炎病人，也不能认定为刑法规范中的疑似病人。就如前面所强调的，病人、疑似病人都必须坚持医学标准。

其次，能不能把犯罪主体特殊化为"具有新冠肺炎症状"的特殊群体？笔者认为还是不能。一方面，具有疑似症状这一特征在边界上也是不明确的，上述症状可以出现在很多常见疾病中，而现有证据表明，有近乎一半的新冠肺炎病人在早期没有发烧的症状，也有一些病人没有任何上述症状，这导致上述症状特征用来区分不同危险人群的效用大为降低。因此，不宜用上述标准将抗拒防控措施的行为人特定化。另一方面，事实表明，即使不具有上述症状特征也可以成为犯罪主体，例如典型案例中湖北嘉鱼的尹某某在武汉市封城期间非法用车辆接送人员进出武汉，还有河北内丘的任某军、任某辉，系疫情防控人员，因为不履职而构成本罪。

最后，病人、疑似病人能否构成本罪呢？根据 2020 年意见，病人、疑似病人故意传播传染病病原体的，构成以危险方法危害公共安全罪。与之相关的问题是，如果病人、疑似病人过失传播传染病的，如何处理？这个问题涉及妨害传染病防治罪与相关犯罪的关系，笔者认为病人、疑似病人不能排除构成本罪的可能，这将在后文专门论述。

另外，前文提及，本罪行为人都负有遵守疫情防控措施的义务，这个法定义务能否作为犯罪主体特殊化的依据？答案也是否定的。因为在疫情期间，负有遵守义务的并不是某些人，而是全体公民以及身处我国的外国人、无国籍人。因此，这种普遍的法定义务是无法令犯罪主体特殊化的。

（三）犯罪主观方面

故意加过失说则与刑法的基本理论相矛盾，存在难以调和的内在矛盾，应当首先予以排除。

关于故意说与过失说之争，笔者倾向于过失说，但这并不意味着故意说不可取。站在故意说的立场上，需要对《刑法》第三百三十条配置的法定刑进行修改，同时还有必要对过失妨害传染病防治的行为作出刑法规定。而从过失说出发，或者只需在法条中明确本罪的主观方面为过失就能解决所有问题。当然，为完满起见，可以再增设一个故意妨害传染病防治罪。

综上所述，本罪的罪过形式应区分故意与过失两种情形，至于是选择故意还是过失，都是可以接受的，但若从维护刑法稳定、节约修法资源的立场考虑，明确为过失犯罪更可取。

（四）刑罚配置

在将本罪明确为过失犯罪的情况下，刑罚配置问题的解决相对简单一些。因为本罪的配置是一个比较典型的过失犯罪配置，与同为过失犯罪的过失以危险方法危害公共安全罪进行比较，会发现两个罪名的法定刑配置在刑种与刑度上都是完全相同的，只不过本罪是一个基准刑和一个加重型两个量刑区间，过失以危险方法危害公共安全罪是一个基准刑和一个从轻处罚的量刑区间。

但是，如前所述，实害犯与危险犯适用同样的法定刑是不合适的。鉴于过失以危险方法危害公共安全罪处罚的只是实害犯，笔者认为，《刑法》第三百三十条的法定刑配置对实害犯来说是合适的，需要调整的只有危险犯的法定刑。笔者认为，危险犯轻于实害犯，且不存在法条规定的"后果特别严重的"情形，配以"三年以下有期徒刑或者拘役"的法定刑就可以。

（五）与相关犯罪的关系

以妨害传染病防治罪为过失犯罪为立论基础，对于本罪与相关犯罪之间的关系，可以厘定为：

1. 与过失以危险方法危害公共安全罪系法条竞合关系

将两者界定为法条竞合关系，可能的争议在于：本罪系妨害社会管理秩序的犯罪，而过失以危险方法危害公共安全罪属于危害公共安全的犯罪，两者侵犯不同的法益或社会关系，如何法条竞合？

诚然，两罪确实分属不同类别的犯罪，但进一步分析会发现，妨害传染病防治罪侵犯的直接客体或法益是公共卫生，而公共卫生显然也是事关公共安全的重大利益，将其理解为公共安全不存在任何问题。之所以两罪分属不同大类犯罪，是因为犯罪客体或法益之间不是截然对立的关系，由于社会关系或法益的错综复杂，你中有我我中有你的情况并不鲜见。将存在交叉重叠情况的法益列入不同种类的犯罪客体，可能只是单纯的立法技术问题，不能因为技术操作造成的形式差异来否定法益相同的实质判断。正因如此，笔者认为，妨害传染病防治罪本质上也是一种危害公共安全犯罪，与兜底危害公共安全犯罪的以危险方法危害公共安全罪系法条竞合关系。

在法条竞合的情况下，应适用特别法优于一般法的适用规则。在两者的竞合中，妨害传染病防治罪法条系特别法，因此应认定为妨害传染病防治罪。由此可知，对于抗拒疫情防控行为，通常不以过失以危险方法危害公共安全罪追究刑事责任。在新冠肺炎疫情期间，有些地方以过失以危险方法危害公共安全罪立案侦查，可能并不合适。

另外，关于病人、疑似病人能否构成妨害传染病防治罪，笔者认为是可能的。通常情况下，病人在医学上已经确诊，此时抗拒疫情防控，并进入公共场所，无论是造成传染病传播还是引发传播的严重危险，主观上通常都是故意。因为新冠肺炎的传染性很强，传播途径也很多，只要进入公共场所，即便不实施积极的传播行为，导致病毒传播也是大概率事件。但是，如果病人进入公共场所时采取了一定的防护措施，例如戴好口罩、避免人群聚集等，则不应一概认定为主观故意，而是要考虑系过失的可能。对于疑似病人更是如此。因为医学上确诊的疑似病人也只是很可能的患者，不能排除最终不是新冠肺炎患者的可能。如果疑似病人进入公共场所采取了一定的防护措施，则通常需要考虑主观过失而非故意。

2. 故意妨害传染病防治的犯罪可以设立单独罪名，或者认定为以危险方法危害公共安全罪

在刑法处罚过失的妨害传染病防治行为的情况下，对于故意的妨害传染病防治行为，自然也是需要进行刑事追究的。对于这种行为如何进行刑法评价，似乎还是一个法律盲点。

有观点认为，对于故意传播传染病的，直接适用以危险方法危害公共安全罪。这样操作理论上是可行的，但如果结合 2020 年意见的规定，似乎又行不通。2020 年意见规定，只有病人、疑似病人故意传播传染病的才构成以危险方法危害公共安全罪，除此之外的其他情况，均构成妨害传染病防治罪。

将故意传播传染病行为认定为以危险方法危害公共安全罪，笔者认为是行得通的。可以说，2020 年意见将以危险方法危害公共安全罪的主体限定为病人、疑似病人，是不当限缩了该罪的主体范围。虽然将主体限定为病人与疑似病人有限定打击范围的慎刑考量，但将其他人员故意传播传染病的行为排除在刑法调整之外，可能造成刑法上的漏洞。至于慎刑慎罚，完全可以在刑法适用过程中进行把控。

较之于动用兜底条款严密法网，笔者更愿意选择新立罪名这条道路。在以明文规定的方式打击过失的妨害传染病防治罪的情况下，同时对故意传播传染病行为设立相应的罪名（如沿用现在的妨害传染病防治罪，或表述为"故意妨害传染病防治罪"），既体现刑法打击的明确性，又彰显行为类型化的立法成果，还能与过失情形下的犯罪形成鲜明对比，远比适用一个跨越犯罪种属的较为模糊的兜底罪名更有效果。

3. 与妨害公务罪系想象竞合关系

抗拒疫情防控行为，无论是故意犯罪还是过失犯罪，如果其抗拒行为造成了对疫情防控职务行为的妨害，就可能涉嫌妨害公务罪，例如为拒绝隔离治疗、隔离观察而殴打履行防控职责的工作人员，其行为就既涉嫌妨害传染病防治罪或者危害公共安全类犯罪，也涉嫌妨害公务罪，这种情况属于想象竞合，根据从一重处罚原则，应适用妨害传染病防治罪或危害公共安全犯罪。只有在抗拒防控行为尚不构成其他犯罪的情况下，才考虑妨害公务罪。

（责任编辑：金华捷）

过失传播新冠肺炎病毒行为的刑法适用初探

陈丽天　邵　旻*

在新冠病毒疫情防控的关键时期，为了阻断病毒传播，防止疫情扩散，保障人民群众的生命安全以及健身体康，各地相继启动了突发公共卫生事件一级响应，紧急出台了一系列疫情防控应急措施。然而，由于种种原因，仍然不时有妨害疫情防控措施的行为发生。这些行为不但对正常的疫情防控以及医疗卫生秩序造成了破坏，而且在客观上造成了病毒扩散的隐患，有些行为甚至造成了多人被感染病毒的严重后果。对此，司法机关高度重视，对此类妨害疫情防控措施的行为给予严厉打击。然而，各地公安机关在处理相似案件时，对相关行为如何适用刑法，行为性质如何认定这一问题产生了不同的认识，导致认定罪名不一，适用刑法各异的状况时有发生。2020 年 2 月 10 日，内蒙古巴彦淖尔乌拉特中旗公安局发布警情通报，对故意隐瞒武汉旅居史和发热病史的新冠肺炎患者赵某某立案侦查。根据通报内容来看，1 月 21 日，赵某某由武汉到达乌拉特中旗父母家中，故意隐瞒其武汉旅居史和发热病史，多次外出与人接触，违反了巴彦淖尔市新冠肺炎疫情防控工作指挥部"关于重点地区人员需如实向社区（村）登记备案并主动居家隔离"的有关要求。赵某某本人及 2 名亲属先后被确诊为新冠肺炎确诊病例，造成多人被感染或集中医学隔离的后果。据此，当地公安机关以涉嫌过失以危险方法危害公共安全罪对赵某某立案侦查，并采取了强制措施。对于诸如此类的违反居家隔离、登记备案等防控措施，并引起新冠肺炎疫情传播或造成病毒传播严重危险的，司法机关按照过失以危险方法危害公共安全罪认定的不在少数。2020 年 2 月 26 日，最高人民检察院在官方微信公众号中披露了一组涉及疫情防控的刑事案件的最新数据。截至 2020 年 2 月 25 日，全国检察机关共介入侦查引导取证涉疫情刑事犯罪 6 144 件 8 243 人；受理审查逮捕 1 673 件 2 010 人，审查批准逮捕 1 430 件 1 688 人；受理审查起诉 1 167 件 1 431 人，审查提起公诉 869 件 1 029 人。其中，全国检察机关介入、办理抗拒疫情防控措施造成新冠病毒传播类犯罪（含以危险方法危害公共安全罪、过失以危险方法危害公共安全罪、妨害传染病防治罪）383 件 481 人。然而，最高人民检察院在其发布的共计三批的《全国检察机关依法办理妨害新冠肺炎疫情防控犯罪典型案例》中，与上述内蒙古赵某某情形类似的案件，检察机关一般都是建议公安机关以行为人涉嫌妨害传染病防治罪开展立案侦查。由此可见，公安机关与检察机关对于

* 陈丽天，法学博士，上海政法学院刑事司法学院副院长、副教授。邵旻，法学学士，上海市杨浦区人民检察院第六检察部主任、检察官。

这一类型案件的理解与认识并没有取得统一，在刑法的适用方面尚存不同的看法。

之所以认为相关的行为构成过失以危险方法危害公共安全罪，其依据是 2003 年 5 月最高人民法院、最高人民检察院发布的《关于办理妨害预防、控制突发传染病疫情等灾害的刑事案件具体应用法律若干问题的解释》（以下简称《解释》）。该《解释》第一条第二款规定：患有突发传染病或者疑似突发传染病而拒绝接受检疫、强制隔离或者治疗，过失造成传染病传播，情节严重，危害公共安全的，依照《刑法》第一百一十五条第二款的规定，按照过失以危险方法危害公共安全罪定罪处罚。因此，对上述行为按照过失以危险方法危害公共安全罪予以认定似乎完全符合《解释》内容。有学者认为，在妨害新冠肺炎防控措施的各类犯罪中，过失以危险方法危害公共安全罪和妨害传染病防治罪的区分关键在于两者主观方面的心理态度不同。"有证据证明行为人应当预见上述结果但因疏忽大意而没有预见，或者已经预见而轻信能够避免，以致发生上述结果的，构成过失以危险方法危害公共安全罪；无法证明行为人对于病毒传播危险或者实际损害结果的主观罪过类型，但其行为特征符合《刑法》第三百三十条明示性规定的四种犯罪行为模式的，构成妨害传染病防治罪。"[1]然而，笔者认为，在新冠肺炎的疫情防控阶段这一特殊时期，《刑法》第三百三十条的妨害传染病防治罪对相关的妨害传染病防治行为已经有所规制，再按照《解释》的规定对相关行为按照过失以危险方法危害公共安全罪予以认定已不恰当，这两个罪名之间存在法条竞合关系，应当按照"特别法优于普通法"的适用原则，统一界定为妨害传染病防治罪。理由如下：

一、妨害传染病防治罪无法得以适用的立法障碍已消除

在司法实践中，妨害传染病防治罪是一个极少得以适用的罪名，长期处于被空置的尴尬境地。其原因在于根据《刑法》第三百三十条的规定，要构成这一犯罪，在客观上必须引起甲类传染病传播或造成传播的严重危险。而按照 1989 年 2 月 21 日第七届全国人民代表大会常务委员会第六次会议通过的《中华人民共和国传染病防治法》的规定，被列入甲类传染病的，仅有鼠疫与霍乱两种。我们所熟知的艾滋病、脊髓灰质炎、猩红热、麻风病、流行性感冒等绝大多数的传染病属于乙类或者丙类传染病，因此，根据罪刑法定原则，无法以该罪名对相应的行为追究刑事责任。

2003 年，"非典"疫情在我国暴发，严重危害人民群众的生命安全以及身体健康。当时，国家以及各地卫生部门出于疫情防控的需要，建立了一系列包括卫生检疫、强制隔离、强制治疗、医学观察、行程报告等配套制度在内的疫情防控措施。与这次新冠疫情相同的是，当时也出现了"非典"患者或者疑似患者抗拒疫情防控，通过出入公共场所，乘坐公共交通工具等方式传播"非典"病毒的行为。在此背景下，2003 年 5 月，最高人民法院、最高人民检察院专门就此出台了司法解释，对此类行为的法律性质进行了界定。而

---

① 谢杰：《妨害新冠肺炎疫情防控犯罪问题的刑法分析》，载《民主与法制时报》2020 年 2 月 11 日第 3 版。

在当时，"非典"作为一种刚被发现的全新的呼吸系统传染病，还没有被《传染病防治法》列为法定传染病，因此，自然无法按照妨害传染病防治罪定罪量刑。在当时那种情况下，出于疫情防控的迫切需要，通过司法解释的方式，把破坏"非典"疫情防控措施，过失造成"非典"病毒传播行为界定为过失以危险方法危害公共安全罪无疑是恰当的。

2004 年 8 月，第十届全国人民代表大会常务委员会第十一次会议对《中华人民共和国传染病防治法》进行了修订，对传染性非典型肺炎、炭疽中的肺炭疽和人感染高致病性禽流感等三种乙类传染病采取甲类传染病的预防、控制措施。同时规定，其他乙类传染病和突发原因不明的传染病需要采取甲类传染病的预防、控制措施的，由国务院卫生行政部门及时报经国务院批准后予以公布、实施。也就是说，从 2004 年 10 月 1 日新修订的《传染病防治法》生效之时起，如果再出现妨害"非典"等上述三种按照甲类传染病的预防、控制措施的行为，并引起这些传染病传播或有传播严重危险的，就应当适用《刑法》第三百三十条，以妨害传染病防治罪追究刑事责任。2020 年 1 月 21 日，国家卫健委发布公告，将新型冠状病毒感染的肺炎纳入《传染病防治法》规定的乙类传染病，并采取甲类传染病的预防、控制措施。而这一公告，也从立法层面消除了当前新冠肺炎疫情防治状态下将相关行为认定为妨害传染病防治罪的障碍，打通了正确判断这一行为法律性质的路径。2020 年 2 月 10 日，最高人民法院、最高人民检察院、公安部、司法部联合发布了《关于依法惩治妨害新型冠状病毒感染肺炎疫情防控违法犯罪的意见》（以下简称《意见》），正是对这一立法变化的回应。

需要指出的是，《解释》第一条第二款并非在司法实践中已经不起作用，只是对于鼠疫、霍乱、传染性非典型肺炎、炭疽中的肺炭疽和人感染高致病性禽流感以及新冠肺炎这六种突发性传染病病原体的过失传播行为，不应当再适用。对于其他不属于甲类传染病或者没有采取甲类传染病进行防控的乙类、丙类传染病，如果行为人的行为与该解释的规定相吻合，仍然可以被认定为过失以危险方法危害公共安全罪。

二、从法益角度考量，将违反疫情防控规定，过失传播新冠肺炎病毒的行为按照妨害传染病防治罪认定符合立法意图

我国刑法理论一般认为，《刑法》第一百一十四条与第一百一十五条所规定的以危险方法危害公共安全罪、过失以危险方法危害公共安全罪所侵害的法益是公共安全，即不特定多数人的生命、健康以及重大公私财产的安全，是将无数个人法益抽象而形成的社会公共利益。而妨害传染病防治罪侵害的法益是传染病预防、控制的公共卫生管理秩序。长期以来，刑法通说始终将妨害传染病防治罪认定为简单客体的犯罪，认为其所侵犯的客体为国家关于传染病防治的管理制度。[①] 有学者将公共卫生从公共安全中分离出来，认为二者

---

① 高铭暄、马克昌主编，赵秉志执行主编：《刑法学（第七版）》，北京大学出版社、高等教育出版社 2016 年版，第573 页。

之间是有区别的。"公共卫生是指为了在某个地区内消除或改变对所有公民都会产生不良影响的因素而采取的有组织的集体行动，完全不同于公共安全。"①然而，无论是从公共卫生概念的界定还是从相应的妨害传染病防治犯罪的社会危害性来说，公共卫生无疑是具有公共安全属性的。

2003 年，时任国务院副总理兼卫生部部长的吴仪同志在全国卫生工作会议上对公共卫生作了一个定义，即公共卫生就是组织社会共同努力，改善环境卫生条件，预防控制传染病和其他疾病流行，培养良好卫生习惯和文明生活方式，提供医疗服务，达到预防疾病，促进人民健康的目的。即通过公共卫生制度的建立与公共卫生秩序的维护，来达到促进人民群众健康的根本目的。从刑法角度看，公共卫生法益包括公共卫生秩序与公众健康两项内容。刑法保障功能既体现在对公共卫生秩序的维护，也体现在公众健康——公共卫生秩序所保障的这一终极目标的维护上。②其中，公共健康与刑法危害公共安全罪中不特定的多数人的生命、健康权利无论是在内涵还是外延上均是一致的。妨害传染病防治管理秩序，侵犯公共卫生法益的行为，无疑同时对公共健康和公共卫生秩序造成了破坏。因此，妨害传染病防治，导致甲类传染病传播或者有严重传播危险的犯罪行为，在对传染病防治的管理制度造成侵犯的同时，也必然在一定程度上会对公共安全造成危害。所以，妨害传染病防治罪应当是一个复杂客体的犯罪。

在复杂客体的犯罪中，各个客体之间并不是平行的并列关系，而需要进行主次区分，主要客体决定犯罪行为的性质，从而也决定这一罪名在刑法分则中的归类。对于妨害传染病防治的犯罪行为来说，公共卫生秩序是其侵犯的主要客体。公共健康则是基于传染病病毒传播的犯罪结果而产生的、被侵犯的次要客体。因此，我国刑法将妨害传染病防治的行为定位于危害公共卫生的犯罪而不是危害公共安全的犯罪。

刑法设立妨害传染病防治罪的初衷，并非仅仅为了保障公众健康，而是要从刑事法律层面来保障《传染病防治法》所确立的传染病预防、控制等制度在传染病防疫这一特殊时期得以落实并发挥作用，避免因过失而造成传染病病毒传播或者造成传播严重危险结果的出现。因此，将相关过失传播新冠肺炎病毒行为认定为破坏传染病防治管理制度，侵犯公共卫生秩序的行为，从法益角度看，也是符合妨害传染病防治罪立法意图的。

三、过失传播新冠病毒的犯罪行为在主观心理态度上，与妨害传染病防治罪相同

长期以来，对妨害传染病防治罪的主观心理态度，在刑法理论界存在较大争议。究竟该罪是故意犯罪还是过失犯罪，学者们看法各异。张明楷教授认为，《刑法》第十五条第二款规定："过失犯罪，法律有规定的才负刑事责任。"因此判断一个犯罪是否属于过失犯

---

① 谢杰：《妨害新冠肺炎疫情防控犯罪问题的刑法分析》，载《民主与法制时报》2020 年 2 月 11 日第 3 版。
② 李慧：《公共卫生内涵解读——兼论刑法视域下的公共卫生》，载《中国卫生法制》2011 年第 5 期。

罪，必须以刑法条文的文字和文理为依据，即形式规定和实质规定。因此即使条文中没有直接使用"过失""失火""疏忽"之类的词语，也至少要有类似于"严重不负责任""造成……事故"等表示过失的用语时，才可以认定为过失犯罪。但是妨害传染病防治罪的法条中，并无任何能够表现出过失含义的用语，因此应当将该罪认定为故意犯罪。而黎宏教授认为，构成妨害传染病防治罪必须要求行为人对于结果存在认识，行为人在实施违反卫生行政法规的行为时，就必然能认识到会导致甲类传染病传播或有传播严重危险的结果发生。因此属于明知故犯，主观应该是故意。①谢杰副教授则认为，该罪主观上属于故意，行为人的这种故意表现为明知自己违反《传染病防治法》，拒绝防疫措施等行为会发生危害公共卫生秩序的结果，并且希望或者放任这种结果发生的故意，而非引起甲类传染病传播或者有传播严重危险结果的故意。同时，由于妨害传染病防治罪属于"行为＋结果故意＋加重结果的因果关系"的犯罪结构模式，但对于甲类传染病传播的实害结果或者有传播严重危险的风险结果，仅具有"引起"与"被引起"的客观因果关系，并不需要考察或者评价行为人对于该加重结果的主观罪过。所以，妨害传染病防治罪也不要求行为人对于引起甲类传染病传播或者有传播严重危险的结果具有过失的主观心态。②

然而，我国刑法通说始终认为，妨害传染病防治罪是过失犯罪。首先，犯罪的主观方面表现为行为人对自己的行为所造成的结果所持的心理态度，而并非对行为的态度。区分犯罪故意与犯罪过失，关键看行为人对结果持怎样的心理态度，我国《刑法》第十四条和第十五条对故意犯罪与过失犯罪所作的定义就能够表明这一点。根据刑法的规定，故意是指在明知自己的行为会发生危害社会的结果的情况下，并且希望或者放任这种危害结果的主观心理态度，故意是对危害结果的肯定。而过失则是对行为可能造成的危害结果所持的疏忽大意或者过于自信的主观心理态度，是对危害结果的忽视与否定。不可否认，在妨害传染病防治罪中，抗拒执行各项疫情防控措施，如隐瞒行程与接触史、逃避医学隔离观察、不按规定佩戴口罩、谎报病情、不如实填报健康信息等行为，均可以出于故意。然而，行为人对由于这些行为造成的甲类传染病传播或者造成传播严重危险的结果，主观上必须是过失的。否则，其行为就应当按照以危险方法危害公共安全罪追究刑事责任。也就是说，需要对行为人在故意实施妨害传染病防治的行为时对所造成的危害结果所持心理态度进行评价，才能准确区分妨害传染病防治罪与以危险方法危害公共安全罪之间的界限。如果否认犯罪主观方面是对危害结果的心理态度，那么许多刑法规定的过失犯罪就会失去存在的依据。例如作为典型过失犯罪的交通肇事罪，行为人完全有可能故意实施诸如超速、接打电话、超载、闯红灯等交通违法行为，但并不能就此认为交通肇事罪是故意犯罪。其次，如果认为该罪是故意犯罪，就有可能会造成罪责的不协调，导致法秩序的失衡。根据《刑法》第三百三十条的规定，构成妨害传染病防治罪的，处 3 年以下有期徒刑

① 李泽华：《理论构造与实践演进：过失危险犯的发展综述》，载《黑龙江政法管理干部学院学报》2019 年第 5 期。

② 谢杰：《妨害新冠肺炎疫情防控犯罪问题的刑法分析》，载《民主与法制时报》2020 年 2 月 11 日第 3 版。

或者拘役；后果特别严重的，处3年以上7年以下有期徒刑。然而，故意投放传染病病原体或者传播突发性传染病病毒的行为，构成投放危险物质罪或以危险方法危害公共安全罪的，按照《刑法》第一百一十四条、第一百一十五条的规定，尚未造成严重后果的，处3年以上10年以下有期徒刑；而造成严重后果的，处10年以上有期徒刑、无期徒刑或者死刑。可见，其处罚严厉程度远远高于妨害传染病防治罪。但事实上，妨害传染病防治罪的犯罪结果是造成甲类传染病病毒的传播或有传播的严重危险，其危害程度远高于上述两种危害公共安全的故意犯罪。因此，如果将妨害传染病防治罪理解为故意犯罪的话，就会产生危害更大的犯罪的刑事处罚力度反而大大低于危害相对较小的犯罪的怪异现象，造成罪刑配置的混乱，破坏法秩序的平衡。同时，可以看到，妨害传染病防治罪与过失以危险方法危害公共安全罪，在刑罚配置上是完全一致的，这进一步印证了这一罪名在主观上应当出于过失。

四、从行为方式来看，抗拒疫情防控措施，过失传播新冠肺炎病毒与妨害传染病防治罪一致

根据司法解释的规定，传播突发性传染病病毒，构成过失以危险方法危害公共安全罪的，其在客观上表现为行为人实施了拒绝接受检疫、强制隔离或者治疗的行为。而这些行为，正与妨害传染病防治罪的行为相一致。

妨害传染病防治罪是行政犯，其行为应具有"二次违法性"的特征，即必须先违反《传染病防治法》的有关法律规定，再符合刑法规定的犯罪构成的要件。我国《传染病防治法》从传染病的预防、疫情报告、疫情控制、医疗救治等各方面均规定了相应的制度和措施，如其中第三十九条规定：医疗机构发现甲类传染病时，应当及时采取下列措施：（1）对病人、病原携带者，予以隔离治疗，隔离期限根据医学检查结果确定；（2）对疑似病人，确诊前在指定场所单独隔离治疗；（3）对医疗机构内的病人、病原携带者、疑似病人的密切接触者，在指定场所进行医学观察和采取其他必要的预防措施。拒绝隔离治疗或者隔离期未满擅自脱离隔离治疗的，可以由公安机关协助医疗机构采取强制隔离治疗措施。从中可以看到，按照《解释》第一条第二款的规定构成过失以危险方法危害公共安全罪的行为和《传染病防治法》中所规定的违反传染病防控措施的行为完全重合，两者在客观方面是一致的。

综上所述，从犯罪构成的要件分析，抗拒新冠肺炎疫情防控措施，过失传播病毒的行为与现行《刑法》第三百三十条所规定的妨害传染病防治罪，在法益、主观要件、客观要件等方面保持一致，两者之间形成了法条竞合关系。相对于过失以危险方法危害公共安全罪而言，妨害传染病防治罪是众多过失危害公共安全的行为中的一种，属于特别法。按照"特别法优于普通法"的刑法适用原则，对相关行为应定性为妨害传染病防治罪，不应当再按照以危险方法危害公共安全罪定罪量刑。只有这样，才能充分发挥妨害传染病防治罪这一罪名在保障传染病防控制度以及维护公共卫生秩序方面的重要作用，才能更加准确地反映出过失传播新冠病毒的犯罪行为的性质。

（责任编辑：金华捷）

疫情防控视域中刑法适用及司法政策应对研究

曹 坚[*]

2020 年发生的新冠肺炎疫情波及面之大，影响力之深，前所未见，它对刑法的适用、刑事司法政策的运行都产生了直接影响，产生了若干新问题需要检察机关加以应对研究。一方面，在具体个案罪名的适用上，检察机关应当把握罪与非罪、此罪与彼罪的边界，做好个案层面的刑法适用；另一方面，检察机关也要着眼疫情防控源头治理领域的刑事司法协同治理体系构建，特别是针对涉野生动物"生意链"犯罪，正本清源方能收效长远。

一、依罪质精准认定隐瞒疫情不执行防控措施行为的性质

中央政法委在疫情初期就印发通知，要求恪守刑事法律的基本原则，防止司法执法简单随意，相同案情不同处理甚至人为拔高或者降格处理等问题发生，确保案件办理经得起法律和历史检验。在防控新冠肺炎疫情的阻击战中，各地陆续查处了一批隐瞒疫情不服从疫情防控措施的违法犯罪行为，归纳起来，大致分为治安管理处罚、认定为以危险方法危害公共安全罪（过失以危险方法危害公共安全罪）、认定为妨害传染病防治罪等，凸显出司法实践中对此类行为存在罪与非罪、此罪与彼罪界分不够精准的问题。为此，应准确理解最高人民法院、最高人民检察院、公安部、司法部为落实中央政法委要求于 2020 年 2 月 10 日颁布的《关于依法惩治妨害新型冠状病毒感染肺炎疫情防控违法犯罪的意见》（以下简称《意见》）相关规定的精神，从相关罪名的罪质出发，精准认定此类行为的法律性质。《意见》的总体精神之一就是检察机关在履行相关犯罪追诉、法律监督和公益诉讼职能时，应当注意惩治妨害疫情防控措施执行的合理性和法治性。笔者认为：鉴于新冠肺炎疫情的突发性、复杂性，很多问题检察机关在办案中是首次遇到，不宜操之过急而欲速不达，甚至造成违法、引发重大舆情等负面效果，惩处相关犯罪行为应保持谦抑性。

在处理相关犯罪行为时，应当放宽考量视野，更加全面分析事件前因后果、行为人的行为性质及防控、检疫措施合理性等因素，从如何提升办案的整体效果上考虑如何贯彻宽严相济刑事政策，虽然可能存在检察机关从未遇到的新的办案实践问题，但也要最大程度力求精准惩处，避免重刑主义、扩大犯罪圈等不当处置造成次生矛盾。在依法处理妨害疫情防控的违法犯罪行为时，检察机关也应当注意处罚的精准性，摒弃重刑主义和刑罚万能的思想，注意追究过程的正当性和惩罚结果的谦抑性。如，对于故意传播新型冠状病毒感

---

* 曹坚，法学博士，上海市静安区人民检察院副检察长。

染肺炎病原体的违法犯罪行为，《意见》规定了两种情形和一个兜底条款，各地也认真依法追究了一批因隐瞒与疫情相关人员接触史导致疫情扩散的案例。但必须注意的是，在具体实践中应当坚持刑法的"主客观一致"原则，客观归罪作为一直被批判的简单化适用刑法、刑事政策的错误倾向在疫情防控特殊场景内更应被检察机关主动避免。很多患病者在病毒爆发以前没有症状，有些病人自身并没有症状，其畏于各种可能的社会舆论评价而产生"多一事不如少一事"心态而怠于及时汇报、隐瞒病源地接触史也是情理之中，造成病毒传播的后果并非其有意为之，也不是所有患者主观上可以预见的。对于那些无意间造成病毒扩散的患者不宜"一刀切"地使用刑法手段追究刑事责任。

具体而言，笔者认为应当从以下三方面考量涉疫案件相关罪名的适用。

（一）看涉案行为的情节轻重，稳妥把握治安违法行为与涉嫌犯罪行为的边界

在防控疫情的紧要关头，采取严格的管理措施十分必要，人民群众也充分理解与支持配合。对隐瞒疫情不服从管理的人员，其行为的性质是犯罪还是违法，需从犯罪的定罪要件和情节出发，结合《刑法》分则的具体条款，依法稳妥认定；同时还要严格依据《刑法》第十三条的规定，对虽然有一定危害性的行为，但是情节显著轻微危害不大的，依法不认定是犯罪。隐瞒疫情的行为，只有在主观上具有以危险方法危害公共安全的犯罪故意，或者有拒绝执行卫生防疫机构依照传染病防治法提出的防控措施的犯罪过失，客观上实施了法定的相应危害行为，才具备入罪的条件。而《意见》明确以危险方法危害公共安全罪定罪处罚的犯罪主体是已经确诊的新冠肺炎病人、病原携带者或新冠肺炎疑似病人，不具有此主体身份的人员，例如从外地回到本地后未说明实情但又不是确诊的该病毒感染者或者疑似病人的人员，不能构成以危险方法危害公共安全罪，未按照要求居家隔离擅自外出的，只有在有引起新型冠状病毒传播或传播严重危险的，才可构成妨害传染病防治罪。如果传播的危险程度不高，或者其本人已经排除系病毒感染者而无实际传播危险的，对不执行疫情管理措施的行为依据具体情节可按照治安管理处罚法处以相应的行政处罚。

（二）看主观认知程度和意志因素，有效区分危害公共安全犯罪与妨害传染病防治罪

根据媒体公开报道，截至2020年2月5日，全国有19名新冠肺炎患者（一共16起案例，其中一起案例中4人被立案）涉嫌以危险方法危害公共安全罪。梳理这些案例，不难发现涉案人员既有共同点也有不同点，相似之处在于涉案人员大多系从疫区或者从外地赶回，没有遵守当地的防疫要求，隐瞒行程且擅自外出；不同点在于，有的人员系已经确诊的新冠肺炎患者或者疑似病人，有的则没有患病或者没有被确定为疑似病人，在不执行防疫防控措施之后才发病。对此，还是要坚持主客观一致的刑事认定原则，重点考察行为人的主观认知程度和对危害后果的意志因素，切忌客观归罪。

如果主观上已经明知自己系新冠肺炎患者或者疑似病人，拒绝隔离治疗或者隔离期未满擅自脱离隔离治疗，任意出入公共场所，搭乘公共交通工具，已经具备危害公共安全的犯罪故意的，依据《意见》的规定，可以以危险方法危害公共安全罪定罪处罚。

如果主观上不明知自己系新冠肺炎患者或者疑似病人，从疫区或者其他地方回到本地，不执行当地的防控措施，则不能简单认为其行为对公共安全可能造成危害就认定为以危险方法危害公共安全罪，依据《意见》的规定，有引起新型冠状病毒传播或者有传播严重危险的，依照《刑法》第三百三十条的规定，以妨害传染病防治罪定罪处罚。对此行为也不能认定为过失以危险方法危害公共安全罪，因为构成过失犯罪要求造成实际的危害后果，在没有实际危害后果发生的情况下显然不构成过失以危险方法危害公共安全罪；即使出现了病毒传播的实际危害后果，因其主观上并无危害公共安全的预见可能，认定妨害传染病防治罪更加合适。需要强调的是，认定主观上明知自己系新冠肺炎患者或者疑似病人的证据，主要是结合其发病过程、就诊经历以及医院的诊断证明等主客观证据进行综合判断，对认定证据不足的，例如行为人在小诊所问诊时被视为一般感冒发烧的，也没有其他证据能够证明其主观上知道或者应当知道自己患有新冠肺炎或者疑似的，应依法认定为妨害传染病防治罪。

（三）看客观行为的实施手段、实施对象和发生场所，精准把握公共安全的认定边界

以危险方法危害公共安全罪与放火、决水、爆炸、投放危险物质罪同列在《刑法》第一百一十五条，充分表明《刑法》将该罪的罪质与放火等严重危害公共安全的恶性犯罪等而视之，放火等四种法定危害公共安全罪名以外的危害行为，只有在实施手段、危害对象、危害程度达到与放火等犯罪同等的，才能以以危险方法危害公共安全罪论处。在防控疫情的特殊时期要依法客观分析有引起新型冠状病毒传播或者有传播严重危险的行为是否危及公共安全，如果危害到了公共安全则需进一步剖析行为人的主观罪过形式是故意还是过失。有观点认为，妨害传染病防治罪侵犯的法益也是公共安全。从该罪的罪质分析，妨害传染病防治罪侵犯的法益主要是公共卫生安全，虽具有公共安全的属性，但非一般意义上的公共安全。构成妨害传染病防治罪，要求具备引起甲类传染病传播或者有传播严重危险的客观要件。因此，拒绝执行卫生防疫机构依照传染病防治法提出的预防、控制措施有引起该疾病传播或者有传播严重危险的行为，可构成妨害传染病防治罪。可见，妨害传染病防治罪与以危险方法危害公共安全罪不存在法条竞合关系，不是所谓特别法与一般法、重法与轻法的法条关系，两个罪名的罪质存在本质区别。妨害传染病防治罪的客观行为不直接危害公共安全，或者虽然有危害公共安全的可能，但是该罪与针对公共安全而故意实施的传播病毒的危害公共安全犯罪在表现形式和主观恶性上存在较大差异，更多的是表现为不服从防疫预防、控制措施，而不是故意去传播、扩散病毒。当然，故意传播、扩散病毒也可表现为不执行防疫预防、控制措施，但其行为的本质则是故意在公共场所恶意传播、扩散病毒。实践中，两罪在客观表现上的区别可以重点把握如下要点：

第一，直接接触的对象是特定的对象还是不特定的对象。行为人违反防疫规定是为了探访亲属，与家人聚餐等生活目的，虽然其行为对亲属家人的生命健康安全造成了危险，但考虑到其行为未进一步危及不特定多数人的生命健康安全，主观上也不可能是为了危害亲属家人的生命健康安全，其行为的实质是违反传染病防治法的规定，不是故意危害公共安全，应依法认定为妨害传染病防治罪。

第二，在被确诊为新冠肺炎患者或者疑似病人前，不执行防疫预防、控制措施而进入公共场所或者公共交通工具的，应依法认定为妨害传染病防治罪。此时，行为人主观上不明知自己系新冠肺炎患者或者疑似病人，缺乏危害公共安全的犯罪故意，客观上虽然有进入公共场所或者公共交通工具的行为，但这种行为体现的更多是不执行疫情防控措施的性质而非危害公共安全，以妨害传染病防治罪论处符合客观实际。最高人民检察院发布的第二批妨害新冠肺炎疫情防控犯罪典型案例中的"案例一：湖北省嘉鱼县尹某某妨害传染病防治案"体现了司法机关依据主客观一致原则对案件精准定性。

第三，在被确诊为新冠肺炎患者或者疑似病人前后，均有进入公共场所或者公共交通工具的，应结合其主观目的、行为动机及客观行为表现，对前后行为进行整体评价。

之前对自身病情不知情而进入公共领域的，是妨害传染病防治的行为性质，在病情确诊或病情疑似后，仍进入公共领域的，要看这种进入公共领域的行为是故意去传播或扩散病毒，还是出于无知、愚昧等认识原因而违反传染病防治措施。对故意传播或扩散病毒的，以以危险方法危害公共安全罪论处；对出于无知、愚昧等认识原因而违反传染病防治措施的，以妨害传染病防治罪论处。最高人民检察院发布的第一批妨害新冠肺炎疫情防控犯罪典型案例中的"案例一：四川南充孙某某涉嫌妨害传染病防治案"，该孙某某在被医生诊断为疑似病例后，不听劝阻悄悄逃离医院，并乘坐客车返回其居住的吉安镇，虽然有进入公共交通工具的行为，但行为的目的不是故意在公共交通工具上传播或者扩散病毒，仍应认定为妨害传染病防治罪。如果在病情确诊或病情疑似后，出于报复社会等卑劣动机，而随意进入公共场所或者公共交通工具的，应依法以以危险方法危害公共安全罪论处。实践中，要从进入公共场所或者公共交通工具的次数、进入时间长短、运输的距离、有无采取防护措施、有无故意接近密集人群等客观情况综合判断行为人的真实目的和动机，既要严惩危害公共安全的严重犯罪，也要防止因片面认识而认定不当。

二、完善惩治涉野生动物"生意链"的刑事司法协同治理体系

对于刑事法律的治理功效应秉持理性审慎的精神，既不能一味夸大刑法的威慑作用，也不要忽视必要时其所特具的"雷霆万钧"之教育与惩罚功能。客观而言，对很多危害社会的行为，通过刑事治理确能起到釜底抽薪的作用，但对有些危害行为，刑法的作用也可能不那么明显，这是刑事司法运行的真实样态。然而，当某种行为不但危及行为人自身的安全，而且有陷全社会每个人于不安乃至危险境地时，对这样的行为，法律不但应予完全禁止，而且很有必要对情节严重者予以刑事惩罚，以儆效尤。非法捕杀、运输、贩卖、销售、食用野生动物的行为，正是这种急需刑事治理的、严重危害社会的行为。笔者认为，如果一个行为，危害的是特定的个人或者极少数的对象，例如《刑法》里的诸多传统罪名，都有入罪的必要，那么，食用野生动物有传播病毒而危及人类的危险，则更应当予以刑事制裁。当一般的规劝、教育、罚款乃至行政处罚都对嗜食野生动物的饕客无法起到令行禁止的作用时，那么，更严厉的刑罚就应当及时补位，否则就是刑法的社会缺位。何

况，食用野生动物是一个不小的消费群体，必然带动一个庞大的上游猎捕、运输、销售、加工产业链，上下联动对社会乃至自然的伤害难以估量。只有既从源头抓起，又从消费链的末端管起，上下齐治，方起功效。

（一）作为刑法前置法的保护野生动物的行政法律法规应作修订以适应当前及今后公共卫生防疫形势的需要

2018 年修订的《野生动物保护法》将受该法律保护的野生动物限定为珍贵、濒危的陆生、水生野生动物和有重要生态、科学、社会价值的陆生野生动物。而珍贵、濒危的水生野生动物以外的其他水生野生动物的保护，则适用《渔业法》等有关法律的规定。国务院林业草原、渔业主管部门分别主管全国陆生、水生野生动物保护工作。该法规定禁止生产、经营使用国家重点保护野生动物及其制品制作的食品，或者使用没有合法来源证明的非国家重点保护野生动物及其制品制作的食品。禁止为食用非法购买国家重点保护的野生动物及其制品。该法未将一般野生动物纳入法律保护的范畴，自然也就没有禁止捕猎、运输、加工、销售、食用一般野生动物及其制品的行为的规定。鉴于食用野生动物的危险性愈发凸显，《野生动物保护法》及相关行政法律法规应当及时作出修订：一是将对一般野生动物的管理和保护也纳入法律范畴。在突出对珍贵、濒危野生动物保护的同时，不能忽视对一般野生动物的保护，从法律上禁止未经国家主管部门许可的猎捕捕杀行为。二是进一步严格规定对野生动物及其制品的运输、销售、加工行为。以法律明示的方式规定什么情况下可以对合法猎捕的野生动物进行运输、加工及销售，除此之外一律禁止。三是严禁食用野生动物。不仅禁止食用珍贵、濒危野生动物，还要禁止食用一般野生动物。只有在法律允许的前提下，可以食用经国家许可的少数几种经人工驯化、繁殖并检验检疫合格的"准野生动物"。四是统一监管部门，整合执法力量。改变目前对野生动物的保护政出多家的现状，集中统一管理，有效整合执法力量，可考虑设置专门的野生动物保护机构。五是在《野生动物保护法》中预留出与《刑法》衔接的空间，确保行政执法与刑事司法协调并进。

（二）现行《刑法》涉野生动物及其制品的罪名需扩充以震慑相关高风险行为

现行《刑法》在第六章第六节中设置有非法猎捕、杀害珍贵、濒危野生动物罪、非法收购、运输、出售珍贵、濒危野生动物、珍贵、濒危野生动物制品罪、非法狩猎罪等少数几个与野生动物相关的罪名，保护的对象与《野生动物保护法》相似，局限于珍贵、濒危野生动物及其制品；追究的犯罪行为局限于非法猎捕、杀害、非法收购、运输、出售等行为，未涉及制作加工、食用等行为。现有涉野生动物罪名的立法目的还是与《野生动物保护法》一脉相承，即保护珍贵、濒危野生动物，未考虑围绕珍贵、濒危野生动物及其他一般野生动物而产生的食用需求及产生的严重社会危害性。虽然《刑法》中另行规定有生产、销售不符合安全标准的食品罪，生产、销售有毒、有害食品罪等罪名可以作为依法追究制作加工相关野生动物食品行为刑事责任的依据，但此类食品罪名针对的是面向大众的一般食品，在罪名构成要件及证据证明要求上不完全符合生产、销售野生动物用于食用的行为特征，存在定罪难、取证难等困难。鉴于当前食用野生动物及其制品的高风险性，《刑法》应当协同《野生动物保护法》等行政法律法规及时作出修订，建议以修正案的形式集中规定涉野生动物及其制品的犯罪行为：一是将加工、制作珍贵、濒危野生动物及其制品用于食用的行为规定为犯罪，根据加工、制作的时间、次数、数量以及珍贵、濒危动物的等级、销售金额等情节确定刑罚轻重。二是将食用珍贵、濒危野生动物及其制品的行为规定为犯罪，对明知是珍贵、濒危野生动物及其制品而食用的，予以刑事追究。三是将非法猎捕、杀害、非法收购、运输、出售一般野生动物、野生动物制品的行为以及加工、制作一般野生动物及其制品用于食用的行为规定为犯罪，并处以相当的刑罚。四是将食用一般野生动物有引起病毒传播危险的行为入罪，没有消费就没有杀戮，更何况这种不顾自身安危冒险食用可能含病毒野生动物的行为对其他无辜人员也存在潜在传播危险，不予刑事处罚不足以震慑。

（三）现行行政执法、监察及刑事司法体系应以专业化发挥法律治理合力

贩卖、食用野生动物之风屡禁不止，在一些地区甚至成为公开的现象，以致见怪不怪，暴露出有法不依、执法不严的问题，有必要建立行政执法与刑事司法"法法衔接"、行政监管与国家监察合力而为的科学高效的治理体系。结合目前司法改革的成功经验和做法，可考虑着力推动以下若干方面的执法、司法、监察治理体系建设：一是涉野生动物保护的行政执法权统一行使，改变多头管理的现状，提高执法效力。二是将涉野生动物刑事案件集中管辖，例如，以上海跨行政区划管辖检察院、法院特殊案件管辖为例，涉野生动物犯罪多跨地域实施，可将涉野生动物刑事案件由专门检察院、法院集中管辖，提高司法专业能力。三是国家监察对涉野生动物行政执法管理中存在的渎职等职务违法犯罪行为加大监察力度，督促相关部门切实担负起监管职责，对其中存在的职务违法犯罪行为应当依法及时追究其刑事责任。

此次突如其来的新冠肺炎疫情给行政执法、刑事司法、监察衔接工作带来很大的挑战，这也为加大治理涉疫犯罪的执法司法及监察力度，发挥体系化合力提出了全新课题。习近平总书记强调，要加大对危害疫情防控行为执法司法力度。总体而言，依法全方位有效惩治和防范抗拒疫情防控措施、暴力妨害疫情防控工作、诈骗、制假售假和非法经营、造谣传谣、破坏野生动物资源、职务犯罪等涉疫违法犯罪，保障社会安定有序。要分清轻重缓急，充分把握具体个案的社会危害性和人身危险性，既要注重发挥刑事法律作为维护社会安定最终保障器的功能，依法惩治包括涉暴力、谣言、制假售假在内的妨害疫情防控的各类犯罪，绝不手软地控制住涉疫犯罪多发态势，营造疫情防控期间良好的卫生防疫、市场运作和社会管控秩序；也要坚持宽严相济刑事政策，如前所述，把握刑法谦抑性要求，对由于心理危机、生活困境、主观过失诱发的犯罪，要从尽快恢复企业复工复产、社会正常秩序的需求出发，综合全案各方面因素，积极适用认罪认罚从宽制度、附条件不起诉制度、刑事和解制度，化解社会矛盾。在这其中，需要做大量细致的诉前调查工作，这也需要检察机关主动履职，会同审判机关、公安机关、司法行政机关以及相关行业的行政主管部门、行业协会和社会组织开展信息共享和刑事—行政"两法衔接"意见沟通，注重强化相关会商机制遇事运作的及时性、情况分析的全面性、法规把握的透彻性、执行监督的有效性。同时，还要着眼刑法、刑事政策运用的"案结事了"要求，在行政执法、刑事司法、监察三位一体运作模式中，突出疫情防控非常时期类案研判预防和常见矛盾有效化解机制，充分发挥人民监督员、律师、社会矫正机构、心理咨询机构各自优势，在深入全面释法说理的基础上，消弭对抗，平衡利益，化解纠纷，力求涉疫矛盾消弭于萌芽，从而使得涉疫刑法适用和司法政策应对取得最佳效果。

（责任编辑：周　健）

论疫情背景下对"公务人员"范围的界(限)定

——以"妨害公务罪"的行为对象为视角

邵金明　张　烨*

新型冠状病毒来势汹汹，却仍有少数人员我行我素，阻碍疫情防控工作人员依法执行职务，严重干扰疫情防控工作整体推进。为依法惩治妨害新型冠状病毒感染肺炎疫情防控违法犯罪行为，保障疫情防控工作顺利开展，最高人民法院、最高人民检察院、公安部、司法部联合制定了《关于依法惩治妨害新型冠状病毒感染肺炎疫情防控违法犯罪的意见》(以下简称《意见》)，其中就包括准确适用法律，依法严惩妨害公务的犯罪，对执行疫情防控公务的国家机关工作人员范围作了明确界定，取得了较好的成效。

一、妨害公务罪的行为对象

行为对象系犯罪行为直接作用的人或物。根据我国《刑法》第二百七十七条的规定，妨害公务罪的行为对象必须针对正在执行公务的国家机关工作人员、人大代表和红十字会工作人员。其中，学界对人大代表和红十字会工作人员的界定并无异议，故笔者在此不作赘述。

(一)"国家机关工作人员"的认定

随着社会主义市场经济的发展，我国国家机关的人员构成也变得复杂多样。由于我国现行宪法和相关法律并未对国家机关工作人员的概念作出定义，因此，学界对"国家机关工作人员"的界定[1]众说纷纭：

一有身份说。此观点最先由最高人民法院提出，其优点在于认定较为简便，一个人能否成为国家工作人员，只需看其是否隶属国家机关编制。但其缺陷在于，当前国家机关已将不少公务工作通过委托、聘用等方式转交给不具有编制的人员。因此，单纯采用身份说将无法保障这部分履行公务活动人员的权利，不能满足当下司法实践的要求。

二有公务说。此观点认为应以一个人是否从事国家公务行为来判断其是否具有国家工作人员的身份。公务说把握住了"执行职务"这一本质特征，从一定程度上弥补了身份说的不足，但其却忽视了行为对象是否具备履行职责的合法性这一因素，不利于对行为人权

---

* 邵金明，法律硕士，上海铁路运输检察院第一检察部检察官。张烨，法学学士，上海铁路运输检察院第一检察部检察官助理。

[1] 刘立军：《论国家机关工作人员的认定》，https://www.chinacourt.org/article/detail/2006/08/id/214088.shtml，2020年3月12日访问。

益的保护。

笔者认为，对国家机关工作人员的认定，应兼具身份说和公务说，即国家机关工作人员应当是通过一定的合法形式，包括法定的授权、选举、任命、委派、委托、聘用，从而取得从事行使国家公务资格的人员。

（二）两高两部《意见》中对"国家机关工作人员"的认定

此次，在新型冠状病毒疫情防控背景下，两高两部《意见》对"国家机关工作人员"执行公务的资格来源给出了明确的范围。《意见》规定，以暴力、威胁方法阻碍国家机关工作人员（含在依照法律、法规规定行使国家有关疫情防控行政管理职权的组织中从事公务的人员，在受国家机关委托代表国家机关行使疫情防控职权的组织中从事公务的人员，虽未列入国家机关人员编制但在国家机关中从事疫情防控公务的人员）依法履行为防控疫情而采取的防疫、检疫、强制隔离、隔离治疗等措施的，依照《刑法》第二百七十七条第一款、第三款的规定，以妨害公务罪定罪处罚。暴力袭击正在依法执行职务的人民警察的，以妨害公务罪定罪，从重处罚。

由此可见，在涉疫情的妨害公务案件中，"国家机关工作人员"的范围包含以下三类人员：

（1）在依照法律、法规规定行使国家有关疫情防控行政管理职权的组织中从事公务的人员。

（2）在受国家机关委托代表国家机关行使疫情防控职权的组织中从事公务的人员。

（3）虽未列入国家机关人员编制但在国家机关中从事疫情防控公务的人员。

其中，对以暴力、威胁方法妨害人民警察依法执行职务的处理司法实践中已争议不大，《中华人民共和国传染病防治法》（以下简称《传染病防治法》）第三十九条也规定了可以由公安机关协助医疗机构采取强制隔离医疗措施，故不再予以探讨。

二、关于"在依照法律、法规规定行使国家有关疫情防控行政管理职权的组织中从事公务的人员"

（一）卫生行政部门以及其他有关部门、疾病防控机构和医疗机构从事疫情防控公务的人员

《传染病防治法》第五条、第六条明确规定，各级人民政府领导传染病防治工作；国务院卫生行政部门主管全国传染病防治及其监督管理工作，县级以上地方人民政府卫生行政主管部门负责本行政区域内的传染病防治及其监督管理工作。同时对县级以上人民政府其他部门和军队在传染病防治中的职责作了规定。

除军队的特殊属性外，其他均系国家行政机关，符合依照法律、法规规定行使国家有关疫情防控行政管理职权的组织属性，在上述组织中从事公务的人员作为妨害公务罪的行为对象应无不妥。但应当注意的是，《传染病防治法》第五十六条规定，卫生行政部门工作人员依法执行职务时，应当不少于两人，并出示执法证件，填写卫生执法文书。该条款

突出体现了对执法行为合法性和规范性的要求。

《传染病防治法》第十二条又规定了在中华人民共和国领域内的一切单位和个人，必须接受疾病预防控制机构、医疗机构有关传染病的调查、检验、采集样本、隔离治疗等预防、控制措施，如实提供有关情况。卫生行政部门以及其他有关部门、疾病防控机构和医疗机构因违法实施行政管理或预防、控制措施侵犯单位和个人合法权益的，有关单位和个人可以依法申请行政复议或者提起诉讼。

根据该条款规定，笔者认为，疾病防控机构和医疗机构与卫生行政部门及其他有关部门一样，均是依法获得行使国家有关疫情防控行政管理职权的组织，故将该机构中从事公务的人员，纳入妨害公务罪的行为对象范围内也并无不妥。

当然，这里还应当要注意区分妨害公务罪与妨害传染病防治罪。根据《意见》的相关规定，拒绝执行卫生防疫机构依照传染病防治法提出的防控措施，引起新冠病毒传播或者有传播严重危险的，依照《刑法》第三百三十条的规定，以妨害传染病防治罪定罪处罚。据此，如果行为人对卫生防疫机构的工作人员实施的妨害公务行为，并没有引起新冠病毒传播或者有传播严重危险的，那么以妨害公务罪对其定罪处罚，笔者认为并无不妥。相反，如果行为人对卫生防疫机构的工作人员实施的妨害公务行为，已经引起新冠病毒传播或者有传播严重危险的，则行为人的行为属于妨害公务罪与妨害传染病防治罪的想象竞合，应当从一重罪处罚。

（二）街道办事处中从事疫情防控公务的人员

《地方各级人民代表大会和地方各级人民政府组织法》第六十八条规定，市辖区、不设区的市人民政府，经上一级人民政府批准，可以设立若干个街道，管理机构为街道办事处，作为市辖区、不设区的市的派出机关。

在疫情防控期间，街道办事处如果依照法律、法规规定行使从事有关疫情防控行政管理的职权，那么街道办事处内从事有关疫情防控公务的人员，自然就成为妨害公务罪的行为对象。

在最高人民检察院第二批妨害新冠肺炎疫情防控犯罪典型案例中，一例妨害公务罪案件的行为对象就是街道办事处负责疫情防控的工作人员。

2020 年 1 月 24 日，四川省委、省政府决定在全省启动突发公共卫生事件一级应急响应。仁寿县及下属各乡镇、街道和相关部门按照要求成立了疫情防控指挥、领导机构。2 月 4 日 14 时许，被告人王某在仁寿县普宁街道一门市上班时，街道办事处负责疫情防控的工作人员廖某、邓某与县委政法委工作人员杨某、方某等人按照当地新冠肺炎疫情联防联控工作指挥部安排，在旁边的小区外拉警戒带，设置卡点，测量小区进出人员体温。因王某停放的四轮电瓶车挡住卡点进出口通道，廖某等人向其表明疫情防控工作人员身份后，要求王某配合防疫工作将车挪走。但王某拒不配合，并趁廖某不备挥拳击打其脸部，致其面部软组织挫伤。为避免现场秩序混乱，廖某等人上前制止王某，将其摁住。王某仍用手不停抓挠廖某脸部，在其脸上抓出几道血痕。现场工作人员报警，民警赶到现场依法将王某抓获并立案。2 月 11 日上午,仁寿县人民法院远程开庭审理本案,并当庭宣判,采纳了检察机关指控的事实、罪名及量刑建议,以妨害公务罪判处王某拘役四个月。

(三)村委会、居委会等基层组织中从事疫情防控公务的人员

《最高人民法院关于适用〈中华人民共和国行政诉讼法〉的解释》第二十四条规定,当事人对村民委员会或者居民委员会依据法律、法规、规章的授权履行行政管理职责的行为不服提起诉讼的,以村民委员会或者居民委员会为被告。依据该解释规定,村民委员会或者居民委员会可以通过行政授权获得履行行政管理职责的职能。

《突发事件应对法》第五十五条规定,突发事件发生地的居民委员会、村民委员会和其他组织应当按照当地人民政府的决定、命令,进行宣传动员,组织群众开展自救和互救,协助维护社会秩序。

《传染病防治法》第九条第二款也规定,居民委员会、村民委员会应当组织居民、村民参与社区、农村的传染病防治与控制活动。

据此,笔者认为,在防疫期间,村委会、居委会等基层组织根据法律、法规的授权获得了从事有关疫情防控行政管理的职权,在村委会、居委会等基层组织内从事有关疫情防控公务的人员,也可以成为妨害公务罪的行为对象。但是,上述基层组织在获得有关疫情防控行政管理职权后,仍然应当遵循行政行为的合法、合理、程序正当、高效便民、诚实守信、权责统一的基本原则,以实现法律授权的目的和效果。

相反,对于自发参与居(村)委会及社区疫情防控工作的志愿者,不能简单地因为其参与疫情防控措施就认定其为从事公务的国家机关工作人员。同时,笔者也认为,如果国家机关工作人员以志愿者身份,自发参加基层组织的自治防疫活动,其也不应被纳入妨害公务罪的行为对象范围内。

另外,若居(村)委会及社区工作人员,虽无法律、法规、规章的规定,但按照政府部门制定的一般规范性文件的规定,代表政府部门从事疫情防控工作的,则可以认定为"受国家机关委托代表国家机关行使疫情防控职权的组织中从事公务的人员"。

三、关于"在受国家机关委托代表国家机关行使疫情防控职权的组织中从事公务的人员"

从我国的行政法理上看,行政机关在其职权和职责范围内,可以根据行政管理的实际需要将其行政职权或行政事务委托给另一行政主体或其他组织或个人,即行政委托。也就是说,如果其他组织获得了国家机关的委托,可以代表国家机关行使疫情防控职权的,那么这些组织中从事疫情防控公务的人员也就可以成为妨害公务罪的行为对象。而对于这类对象的确认,一看其所在组织是否有受国家机关委托的依据,二看其是否以委托机关的名义行使职权。

(一)受国家机关委托的依据

《最高人民法院关于适用〈中华人民共和国行政诉讼法〉的解释》第二十条第三款规

定，没有法律、法规或者规章规定，行政机关授权其内设机构、派出机构或者其他组织行使行政职权的，属于《行政诉讼法》第二十六条规定的委托。当事人不服提起诉讼的，应当以该行政机关为被告。

也就是说，依照该规定，除法律、法规和规章外，一般规范性文件，如市政府的通知、市防控工作指挥部的通告等刊载于官方网站的公开文件也可以作为行政委托的依据。当然，一般规范性文件规定的委托事项不能与法律、法规和规章规定的内容相抵触，尤其是不能与法律规定的禁止委托的事项相抵触。

例如，上海市政府发布的《关于进一步严格落实各项疫情防控措施的通告》规定，居村委、物业公司要严控小区（村）出入口数量，在出入口设置检查点，加强门岗力量配备，做到人员进入必询问、必登记、必测温，发现异常的要及时报告、移送；无物业管理的小区，居村委要落实防控措施。

该通告明确规定物业公司在小区（村）内的具体防控职责，因此，是不是就可以认定物业公司属于受国家机关委托的组织？而参与小区内疫情防控工作的物业保安能否视为在受国家机关委托代表国家机关行使疫情防控职权的组织中从事公务的人员呢？

然而，上海市人民代表大会常务委员会《关于全力做好当前新型冠状病毒感染肺炎疫情防控工作的决定》（以下简称《疫情防控工作的决定》）明确规定，上海市人民政府可以在不与宪法、法律、行政法规相抵触，不与上海本市地方性法规基本原则相违背的前提下，在医疗卫生、防疫管理、隔离观察、道口管理、交通运输、社区管理、市场管理、场所管理、生产经营、劳动保障、市容环境等方面，就采取临时性应急管理措施，制定政府规章或发布决定、命令、通告等，并报上海市人大常委会备案。

因此，上海市政府发布的通告内容是不能与市人大常委会的《疫情防控工作的决定》相抵触的。

按照《疫情防控工作的决定》的规定，居民委员会、村民委员会应当发挥自治作用，协助相关部门做好社区疫情防控宣传教育和健康提示，落实相关防控措施，及时收集、登记、核实、报送相关信息。业主委员会、物业服务企业应当配合做好疫情防控工作。

由此可见，在该条款中，真正是受国家机关委托，代表国家机关从事社区疫情防控工作的应当是居（村）委会等基层组织，而非物业公司。物业公司在社区疫情防控工作中的作用是有"配合的义务"，而非"受委托行使职权"。因此，笔者认为，不宜将参与疫情防控工作的物业保安视为在受国家机关委托代表国家机关行使疫情防控职权的组织中从事公务的人员。

（二）代表国家机关行使疫情防控职权

上海市新型冠状病毒感染的肺炎疫情防控工作指挥部（以下简称市防控工作指挥部）发布的《关于严格执行公共场所体温检测和自觉佩戴口罩的通告》（以下简称通告）规定，任何人进入上海市机场、火车站、长途汽车站、轨道交通站、医疗卫生机构、商场、超市等公共场所，搭乘公共交通工具，都应当自觉佩戴口罩，配合接受体温检测。

拒不配合的，工作人员应当拒绝其进入。

按上述通告的规定，在机场、铁路、轨道交通及商场的工作人员如果在公共场所及公共交通工具内执行体温检测的疫情防控工作，是不是应当视为在受国家机关委托代表国家机关行使疫情防控职权的组织中从事公务的人员？

笔者认为并非如此。市防控工作指挥部的通告虽然在形式上可以成为国家机关委托的依据，但从实质上看，是否受到国家机关的委托，最关键的还是要看在实施疫情防控工作的过程中，究竟是以谁的名义来进行工作的，又是由谁来对外承担法律责任的。简单来说，就是实施疫情防控措施的主体责任应由谁来承担？

按照《疫情防控工作的决定》要求，机关、企事业单位、社会组织对本单位落实各项疫情防控措施负有主体责任，应当强化防控工作责任制和管理制度，对重点人员、重点群体、重要场所、重要设施实施严格管控；要求航空、铁路、轨道交通、长途客运、水路运输等公共服务单位确保各项疫情防控措施有效落实。

可以看到，在《疫情防控工作的决定》中对本单位落实各项疫情防控措施负有主体责任的表述中，"机关、企事业单位、社会组织"是依次、并列出现的。也就是说，企业、事业单位（包括公共服务单位）及社会组织与国家机关一样，对外均应当要以自己的名义来落实各项疫情防控措施，也应当由自己承担相应的法律责任。

而根据我国现行《行政法》第二十六条第五款的规定，行政机关委托的组织所作的行政行为，委托的行政机关是被告。因此，在"受国家机关的委托"中，承担主体责任的应当是委托的国家机关，而非被委托的组织。

由此，可以看到，《疫情防控工作的决定》中对企事业单位落实各项疫情防控措施负有主体责任的规定与行政委托只能以行政机关的名义实施行政行为的性质完全不相符合。

因此，笔者认为，各企事业单位及社会组织，如商场、铁路、轨道交通等单位按照政府通告的要求，安排工作人员对进入公共场所与搭乘公共交通工具的人员进行体温检测，其实质应是在履行本单位的疫情防控任务，并承担自己落实各项疫情防控措施的主体责任，而非属于受国家机关委托以国家机关的名义行使疫情防控工作职权的情况。所以，在这些单位中从事疫情防控的工作人员，包括商场保安、地铁保安及安检员，自然也不应纳入妨害公务罪的行为对象范围内。

四、关于"虽未列入国家机关人员编制但在国家机关中从事疫情防控公务的人员"

以警务辅助人员为例，《公安机关维护民警执法权威工作规定》明确规定，公安民警依法履行职责、行使职权受法律保护，不受妨害、阻碍，人身财产安全不因民警依法履行职责、行使职权行为受到威胁、侵犯，人格尊严不因民警依法履行职责、行使职权行为受到侮辱、贬损。行为人实施侵犯民警执法权威的行为，构成犯罪的，依法追究刑事责任；尚不构成犯罪，构成违反治安管理行为的，依法给予治安管理处罚。同时规定，警务辅助人员在协助民警依法履行职责、行使职权过程中受到不法侵害的，参照本规定开展相关工作。

在非防疫期间，由于警务辅助人员作为辅助警力，不具有独立的执法权。因此，在司法实践中，其只有在有执法权的民警指挥下依法执行职务时，才能被纳入妨害公务罪的行为对象中。而在防疫期间，《意见》已明确规定，虽未列入国家机关人员编制但在国家机关中从事疫情防控公务的人员也属于妨害公务罪的行为对象。笔者认为，在防疫期间，警务辅助人员，即便单独从事疫情防控公务，也可被纳入妨害公务行为对象的范围内。当然，该情形也应同样适用于其他国家机关中以聘用及借调等形式从事疫情防控公务的人员。

综上所述，在新型冠状病毒感染肺炎疫情防控工作期间，为保障人民群众生命健康安全，保障社会安定有序，对涉疫妨害公务案件有必要从严从重从快打击，但仍应遵循刑法的"罪刑法定原则"，尊重刑法的谦抑性，做到精准打击，将妨害公务罪的行为对象作严格规制。同时，对不符合上述妨害公务罪行为对象条件的疫情防控参与人员也要运用相关法律、法规予以保护。既要严厉打击除妨害公务之外的妨害疫情防控的违法犯罪行为，也要严厉查处国家机关工作人员或参与防疫工作的其他人员借疫情防控之名侵害人民群众合法权益的行为，这样才能真正彰显法律的公平与正义。

（责任编辑：周　健）

重大疫情期间涉疫网络谣言的刑法规制

罗 凯*

重大疫情期间，网络谣言的规制应当慎之又慎。在当今现实与网络相互间有紧密影响的"双层社会"的大背景下，如何在保护言论自由的情况下对网络谣言从各个方面进行有效规制是一个考验政府精细管理能力的重要课题。笔者拟从刑事法律规制的角度出发，讨论网络谣言在重大疫情期间的刑法规制问题。

一、重大疫情期间刑法意义上的网络谣言

所谓网络谣言，一般是指与事实部分不相符或完全不相符，通过信息网络传播的信息。不过目前刑法上对"网络谣言"一词并没有明确的规定，结合网络谣言在信息网络进行传播的特征，与之相关的、有法律及相关司法解释规定的罪名为诽谤罪，[1]编造、故意传播虚假恐怖信息罪，[2]编造、故意传播虚假信息罪[3]及寻衅滋事罪。[4]

综合分析以上涉及网络谣言的罪名所涉条文、司法解释、指导案例，笔者认为刑法意义上的网络谣言有以下几条特征：

（一）完全虚假性

即完全没有事实根据，仅由当事人主观编造、捏造的信息。首先，网络谣言在客观上

---

* 罗凯，法学硕士，上海市宝山区人民检察院检察官助理。

[1] 最高人民法院、最高人民检察院《关于办理利用信息网络实施诽谤等刑事案件适用法律若干问题的解释》第一条具有下列情形之一的，应当认定为刑法第二百四十六条第一款规定的"捏造事实诽谤他人"：

（一）捏造损害他人名誉的事实，在信息网络上散布，或者组织、指使人员在信息网络上散布的；

（二）将信息网络上涉及他人的原始信息内容篡改为损害他人名誉的事实，在信息网络上散布，或者组织、指使人员在信息网络上散布的；明知是捏造的损害他人名誉的事实，在信息网络上散布，情节恶劣的，以"捏造事实诽谤他人"论。

[2] 《刑法》第二百九十一条之一第一款：投放虚假的爆炸性、毒害性、放射性、传染病病原体等物质，或者编造爆炸威胁、生化威胁、放射威胁等恐怖信息，或者明知是编造的恐怖信息而故意传播，严重扰乱社会秩序的，处五年以下有期徒刑、拘役或者管制；造成严重后果的，处五年以上有期徒刑。

[3] 《刑法修正案（九）》在刑法第二百九十一条之一中增加一款作为第二款：编造虚假的险情、疫情、灾情、警情，在信息网络或者其他媒体上传播，或者明知是上述虚假信息，故意在信息网络或者其他媒体上传播，严重扰乱社会秩序的，处三年以下有期徒刑、拘役或者管制；造成严重后果的，处三年以上七年以下有期徒刑。

[4] 最高人民法院、最高人民检察院《关于办理利用信息网络实施诽谤等刑事案件适用法律若干问题的解释》第五条：利用信息网络辱骂、恐吓他人，情节恶劣，破坏社会秩序的，依照刑法第二百九十三条第一款第（二）项的规定，以寻衅滋事罪定罪处罚；编造虚假信息，或者明知是编造的虚假信息，在信息网络上散布，或者组织、指使人员在信息网络上散布，起哄闹事，造成公共秩序严重混乱的，依照刑法第二百九十三条第一款第（四）项的规定，以寻衅滋事罪定罪处罚。

的内容应当是虚假的。根据 2003 年"非典型性肺炎"（以下简称"非典"）疫情期间的案例、最高人民检察院发布的此次疫情期间典型案例及相关罪名的指导案例（2013 年最高人民检察院第三批指导案例，检例第 9/10/11 号）①可以发现，涉案的信息完全是由当事人在没有任何外部事实根据的情况下故意凭空编造的。其次，网络谣言在主观上应当是编造，或者明知虚假而故意传播的。如果只是考虑内容的虚假，就会产生一个问题，即如果该虚假信息是通过糅合现有真实信息而成的，是否也应当认作是完全虚假？如 2020 年 3 月 14 日，部分网民在微信朋友圈上传播"××社区居民发热瞒报，导致一家五口疑似感染新冠肺炎"的信息，同时附有社区工作人员、民警上门排查时两人在家躺倒的视频。②经辟谣，发现"网传视频实为 2 月 17 日××离退休工作处工作人员与相关部门紧急施救一对摔伤老人的现场视频"。笔者认为，对于此类谣言，不能因为其消息的客观上的内容虚假而断定其完全虚假，应当综合考虑网络信息传播者主观上的故意及传播内容客观上的真实性。互联网传播信息高效快速的同时，也容易造成信息的丢失，把 A 认作 B。另外，网络信息受众的广泛性，也几乎不可避免地使得不同的人对相同的信息内容有不同的解读，在这个过程中，就容易使得信息失真。以此次疫情期间最高人民检察院公布的典型案例"赵某某编造、故意传播虚假信息案"为例，当事人用于佐证其所散布谣言真实性的照片亦系真实的警察执勤图片，但其明知虚假仍然以此故意编造城市公交停运的虚假信息，故而可以认定该信息在客观内容上虚假，主观上系故意编造，该信息是完全虚假的。

（二）广泛传播性

通过对诽谤罪、编造、故意传播虚假恐怖信息罪及寻衅滋事罪的法律及相关司法解释的分析，刑法上的网络谣言应当是具有广泛传播性的，这是网络谣言的特征，同时也是法律上的要求。信息网络传播信息的高效、快捷决定了网络谣言的广泛传播是其天生的属性。问题在于，网络谣言传播到多大程度上才需要采用刑事司法的手段进行规制？从现有的法律及司法解释来看，对这个问题并不明确，仅有诽谤罪对信息的传播的程度有部分明确要求，③法律及司法解释总体上采取了较为模糊的处理，采用诸如"散布""传播"等语汇进行描述，并更多地聚焦于网络谣言对于公共秩序、社会秩序的影响。毕竟，如果以具体的浏览、转发数来评估网络谣言的影响，本身就是仁者见仁、智者见智的事情，很难确定一个标准，比如司法解释认为"信息实际被点击、浏览次数达到五千次以上"就是"情节严重"，那为什么 4 999 次就不严重？为什么不是 10 000 次才严重？相对而言，虽然聚

---

① 分别为黄某、李某编造虚假恐怖信息案、黄某某编造虚假恐怖信息案、赵某某涉嫌编造、故意传播虚假信息案、李某某编造、故意传播虚假恐怖信息案、卫某某编造虚假恐怖信息案、袁某某编造虚假恐怖信息案，后文会有部分涉及。

② 消息来源于中国互联网联合辟谣平台，http://www.piyao.org.cn/2020-03/15/c_1210515272.htm，2020 年 11 月 30 日访问。

③ 最高人民法院、最高人民检察院《关于办理利用信息网络实施诽谤等刑事案件适用法律若干问题的解释》第二条：利用信息网络诽谤他人，具有下列情形之一的，应当认定为刑法第二百四十六条第一款规定的"情节严重"：（一）同一诽谤信息实际被点击、浏览次数达到五千次以上，或者被转发次数达到五百次以上的；……

焦于网络谣言对于公共秩序、社会秩序的影响同样难以把握，但一方面，网络谣言本身就具有广泛传播性，使得规范具体数字意义不大，以具体数字也难以评估所造成的危害，聚焦于公共秩序能够避免上述数字化标准的问题；另一方面，也能将视线更多关注于网络谣言产生的不良后果。

（三）现实危害性

仅仅是信息的完全虚假和广泛传播并不足以、也没有必要动用刑事司法手段来对网络谣言进行规制，网络谣言必须造成社会危害。而且，笔者认为，网络谣言所造成的危害应当是现实世界的，而非虚拟网络上的危害，只有这样才有必要动用刑法进行规制。一方面，无论是从事实上和法律上而言，网络谣言不会造成信息网络系统空间中的"公共场所"秩序混乱，能够造成信息网络空间中"公共场所"秩序混乱的行为，应当是《刑法》第二百八十五条、第二百八十六条所规定的非法入侵、破坏计算机系统的犯罪行为，[1]很难想象网络谣言会对计算机系统进行侵入并造成破坏；但另一方面，网络行为不是单纯的虚拟行为，其被赋予了更多的社会意义，并且对于现实空间形成了巨大的辐射效应，[2]比如本次国内疫情刚开始发展时，网络上出现一篇《最新发现：中成药双黄连口服液可抑制新型冠状病毒》的报道，报道称："中国科学院上海药物研究所和武汉病毒所联合研究初步发现，中成药双黄连口服液可抑制新型冠状病毒感染的肺炎"。报道发出后网友抢购双黄连药品，造成该药在城市的实体药店及购药平台被抢购一空。[3]因此，网络谣言对现实社会造成的危害才应当是刑法应予规制的对象。这次最高人民检察院发布的典型案例也是如此，赵某某编造、故意传播的虚假信息发布后，被多名网友转发至朋友圈和微信群，造成大量市民向相关部门电话咨询，引发不良影响，影响疫情防控工作的秩序。

综上所述，笔者认为，刑法意义上的网络谣言较之一般意义上的网络谣言有且应当有更为严苛的要求，即在客观上内容虚假，主观上故意编造，或明知虚假而故意传播，造成广泛的传播，最终造成了现实空间公共秩序的严重混乱。

二、重大疫情期间涉疫网络谣言的罪名适用

如前所述，目前我国刑法涉及网络谣言规制的罪名为诽谤罪，编造、故意传播虚假恐怖信息罪，编造、故意传播虚假信息罪及寻衅滋事罪。考虑到诽谤罪不完全亲告罪的属性，且纵观此次疫情中出现的网络谣言，绝大部分谣言可能影响的是公共秩序而非个人的声誉，诽谤罪的实践意义似乎相对不大，笔者在下文仅作简要分析。而在某特定的网络谣言符合上述刑法意义上网络谣言的特征的情况下，最有可能触及的罪名是编造、故意传播虚假恐怖信息罪，编造、故意传播虚假信息罪以及网络谣言型的寻衅滋事罪，粗略研读三项罪名，很难区分出三者的区别，笔者试对三者作重点分析。

---

① 曲新久：《一个较为科学合理的刑法解释》，载《法制日报》2013 年 9 月 12 日第 7 版。
② 于志刚：《网络"空间化"的时代演变与刑法对策》，载《法学评论》2015 年第 2 期。
③ 《"双黄连"这个谣言是怎么出炉的呢？》，搜狐网 https://m.sohu.com/a/370579144_100023511/，2020 年 11 月 30 日访问。

（一）诽谤罪

我国《刑法》第二百四十六条规定："以暴力或者其他方法公然侮辱他人或者捏造事实诽谤他人，情节严重的，处三年以下有期徒刑、拘役、管制或者剥夺政治权利。前款罪，告诉的才处理，但是严重危害社会秩序和国家利益的除外……"最高人民法院、最高人民检察院《关于办理利用信息网络实施诽谤等刑事案件适用法律若干问题的解释》（以下简称《解释》）第一条规定："具有下列情形之一的，应当认定为刑法第二百四十六条第一款规定的'捏造事实诽谤他人'：（一）捏造损害他人名誉的事实，在信息网络上散布，或者组织、指使人员在信息网络上散布的；（二）将信息网络上涉及他人的原始信息内容篡改为损害他人名誉的事实，在信息网络上散布，或者组织、指使人员在信息网络上散布的；明知是捏造的损害他人名誉的事实，在信息网络上散布，情节恶劣的，以'捏造事实诽谤他人'论。"第二条："利用信息网络诽谤他人，具有下列情形之一的，应当认定为刑法第二百四十六条第一款规定的'情节严重'：（一）同一诽谤信息实际被点击、浏览次数达到五千次以上，或者被转发次数达到五百次以上的；（二）造成被害人或者其近亲属精神失常、自残、自杀等严重后果的；（三）二年内曾因诽谤受过行政处罚，又诽谤他人的；（四）其他情节严重的情形。"

从法条的规定来看，网络谣言要构成诽谤罪，其谣言内容首先正如前所述，必须是完全虚假的，而且还要达到"情节严重"的程度，具体就是要在网络上达到一定的点击、浏览、转发量，或者对被造谣者及亲属产生严重的人身影响。不过即使具有造成这些对被造谣者产生严重影响的情节，也需要由被害人自己提出，司法机关才会受理，也就是亲告罪。但是，诽谤罪并非完全的亲告罪，上述《解释》第三条规定："利用信息网络诽谤他人，具有下列情形之一的，应当认定为刑法第二百四十六条第二款规定的'严重危害社会秩序和国家利益'：（一）引发群体性事件的；（二）引发公共秩序混乱的；（三）引发民族、宗教冲突的；（四）诽谤多人，造成恶劣社会影响的；（五）损害国家形象，严重危害国家利益的；（六）造成恶劣国际影响的；（七）其他严重危害社会秩序和国家利益的情形。"也就是说，如果严重危害了社会秩序和国家利益，无论被造谣人是否愿意诉诸法律途径，司法公权力也可以进行干预。

这里就产生了一个问题，从法律规定来看，法律规定诽谤罪，其保护的法益包括个人名誉及社会秩序、国家利益，那么二者是递进关系还是平行关系？亦即如果诽谤他人导致严重危害社会秩序和国家利益，但没有达到诽谤他人情节严重的程度，司法机关是否还需以诽谤罪予以介入？笔者持否定意见，理由在于：

一方面，从文义来看，《刑法》第二百四十六条第二款是对第一款规定的补充，其内涵两层含义，第一层含义在于，如果捏造事实诽谤他人达到了严重后果，被害人可以诉诸刑法，也可以不诉诸刑法；第二层含义在于，行为人捏造事实诽谤他人达到了严重后果，如果被害人不诉诸刑法，但该行为还严重危害社会秩序和国家利益，司法公权力也应当介入。而这两层含义的前提都是捏造事实诽谤他人达到了严重后果，即已经严重侵害了他人名誉。

另一方面，如果捏造事实诽谤他人并未造成严重后果，却严重危害社会秩序和国家利益，在这种情况下，捏造事实诽谤他人完全可以看作危害公共秩序的手段，司法机关完全可以以编造、故意传播虚假信息或寻衅滋事罪进行干预、规制，无需拘泥于以诽谤罪进行介入。

总结一下，诽谤罪保护的是公民个人名誉及社会秩序、国家利益，只有在公民个人名誉及社会秩序、国家利益都受到侵害的情况下，司法机关才能介入，如果没有在刑法意义上侵犯到公民个人名誉，仅侵犯社会秩序、国家利益，司法机关完全可以以编造、故意传播虚假信息或寻衅滋事罪进行干预。

（二）编造、故意传播虚假恐怖信息罪与编造、故意传播虚假信息罪

编造、故意传播虚假恐怖信息罪与编造、故意传播虚假信息罪都是《刑法》第二百九十一条所规定的内容，粗读两条的内容，似乎只能得出这样一个结论，即：编造、故意传播虚假恐怖信息罪适用于虚假的重大疫情信息，而编造、故意传播虚假信息罪适用于在信息网络上传播的虚假疫情信息，两者的区别似乎在于前者适用于"重大疫情"，[1]后者适用于网络上传播的疫情信息。这样的理解会产生两个问题：第一，在网络上传播的虚假"重大疫情"信息适用何罪？第二，如何判定"重大疫情"，重大疫情的标准是什么？对于第一个问题，似乎可以采用想象竞合从一重罪的方法来区分适用，前者的处罚力度明显比后者要重，这样看，似乎应当适用编造、故意传播虚假恐怖信息罪。但后者是《刑法修正案（九）》新增之罪名，如此适用等于否定了《刑法修正案（九）》的作用；对于第二个问题，何为"重大疫情"、何为一般疫情，很难给出一个容易操作的标准。显然，仅从文义上解释两罪的区别难以得出令人满意的结论。不过对比同是疫情期间两罪的指导、典型案例就能发现区分所在。

两件发生于2003年"非典"疫情期间的案例：其一，2003年4月25日，黄某在北京市发生"非典"疫情期间，编造了肖某出现发烧、咳嗽等"非典"症状的虚假事实，指使被告人李某两次拨打北京120急救中心电话。北京急救中心派急救车前往涉事的汉威大厦出诊，致使该公司及在大厦内办公的其他单位人员误以为汉威大厦内有人患有"非典"，造成大厦内人员恐慌，严重影响了大厦的正常秩序，亦干扰了120急救中心的正常工作。北京市第二中级人民法院经审理认为，黄某明知北京市正在发生"非典"疫情，而利用人们对于"非典"疫情存在的恐惧心理，编造他人有"非典"症状的恐怖信息，致使医务人员到汉威大厦出诊，给该大厦内的工作人员造成极大恐慌，严重扰乱了社会秩序；李某虽未编造该信息内容，但明知黄某编造虚假恐怖信息是为报复他人，也明知疫情期间人们的

---

[1] 最高人民法院《关于审理编造、故意传播虚假恐怖信息刑事案件适用法律若干问题的解释》第六条：本解释所称的"虚假恐怖信息"，是指以发生爆炸威胁、生化威胁、辐射威胁、劫持航空器威胁、重大灾情、重大疫情等严重威胁公共安全的事件为内容，可能引起社会恐慌或者公共安全危机的不真实信息。

恐惧心理，仍在黄某指示下拨打 120，二人的行为均已构成编造虚假恐怖信息罪。[①]

其二，2003 年 4 月，黄某某于家中，借当时北京市"非典"疫情高发期易引起人们心理恐慌之机，在无任何事实依据的情况下，编造题为《绝对可靠消息，上海隐瞒了大量"非典"病例》《中国已因"非典"而正式进入了经济危机》的文章，使用家中电脑，通过其住宅电话以拨号方式登录互联网，在"搜狐网站"新闻评论网页和"西路网站"的"海阔天空"等论坛中，多次上网传播，谎称我国上海市已因"非典"死亡数百人、全国死亡3 000 多人，鼓动尽快储备物品，制造恐怖气氛，严重扰乱了社会秩序。法院认为，黄某某在我国人民共同抗击"非典"疫情的特殊时期，故意捏造虚假的恐怖信息并故意在互联网上发表、传播，严重扰乱了社会秩序，其行为已构成编造、故意传播虚假恐怖信息罪。[②]

为应对此次疫情，最高人民检察院发布了一系列新冠肺炎疫情防控犯罪典型案例。其中，第二批典型案例涉及了编造、故意传播虚假信息罪，即赵某某涉嫌编造、故意传播虚假信息案：赵某某系无业人员，自 2018 年开始购置警用装备，并多次在社交平台发布其穿戴警用装备的视频冒充警察。2020 年 1 月 26 日，赵某某将自己身着警服的照片设为微信头像，同时将微信昵称设为"鞍山交警小龙"，并在微信朋友圈发布"鞍山市今晚全城开始封路！请广大司机朋友们！没事请不要出门了"等信息，并配发多张警察执勤图片。信息发布后，被多名网友转发至朋友圈和微信群，大量市民向相关部门电话咨询。案发后，鞍山市铁西区人民检察院第一时间启动重大敏感案件快速反应工作机制，掌握案件进展与取证情况，就证据调取、适用法律问题与公安机关充分交换意见。2 月 10 日，铁西区人民检察院对犯罪嫌疑人赵某某以编造、故意传播虚假信息罪批准逮捕。

从上述案例中，不难分析出以下结论：第一，是否在网络上传播虚假信息不是两罪区分的关键，如同黄某某编造虚假恐怖信息案，只要编造的信息涉及的虚假内容足够重大，后果足够严重，无论是否通过信息网络传播，都可以适用编造、故意传播虚假恐怖信息罪。第二，两罪在涉疫谣言上的关键区别并不在于是"重大疫情"还是"一般疫情"，而在于与疫情的关联上，编造、故意传播虚假恐怖信息罪规制的信息是虚假的重大疫情本身，而编造、故意传播虚假信息罪则应当是适用于与疫情相关的虚假信息。

应当指出的是，编造、故意传播虚假恐怖信息罪产生于 2001 年施行的《刑法修正案（三）》，那时的互联网并没有如今的强大影响力，虚假的重大疫情信息本身才更有可能引起社会公共秩序的严重混乱。而在互联网发达的现在，任何虚假的信息借助互联网的强大传播能力都能对社会迅速产生巨大的影响力，不仅是虚假的重大疫情本身，与疫情相关的任何信息都可能通过互联网造成巨大的负面影响，编造、故意传播虚假信息罪正是在这种时代背景下才由《刑法修正案（九）》新增入刑法的，网络只不过是对虚假信息的影响有所加强，刑法关注的重点事实上还是在虚假信息造成的影响而非传播方式上。故而，编

---

① 参见"黄某、李某编造虚假恐怖信息案"，北大法宝引证码 CLI.C.227561。
② 参见黄某某编造虚假恐怖信息案，北京市第一中级人民法院《刑事判决书》（2003）一中刑初字第 1499 号，法宝引证码 CLI.C.168718。

造、故意传播虚假信息罪是编造、故意传播虚假恐怖信息罪在当今互联网时代下的有益补充。相应地，体现在刑罚上，编造、故意传播虚假信息罪的法定刑也更为克制。

（三）编造、故意传播虚假信息罪与网络谣言型寻衅滋事罪

从这次最高人民检察院公布的疫情防控典型案例法律要旨来看，对于编造虚假的疫情信息并在信息网络上传播的，可以适用编造、故意传播虚假信息罪以及寻衅滋事罪。①但是研读两个罪名的条文后，很难让人对罪名的适用产生非常明确的区分，同样是编造虚假的疫情信息并在信息网络上传播，什么情况下适用编造、故意传播虚假信息罪，什么情况下适用寻衅滋事罪？

寻衅滋事罪是典型的"口袋罪"，包含了多项行为，包括随意殴打他人、追逐、拦截、辱骂、恐吓他人、强拿硬要或毁坏财物以及在公共场所起哄闹事，可以说"寻衅滋事是个筐，什么都能往里装"。理论上，有学者认为，可以通过想象竞合从一重罪的方式来区分适用寻衅滋事罪和其他罪名。②比如，同样是毁坏公私财物的行为，同时可适用故意毁坏财物罪和寻衅滋事罪，在都达到故意毁坏财物罪的数额标准时，③应认定该行为同时触犯两罪，从一重罪论处。司法实践中，一般仍是通过对象的特定性来区分适用寻衅滋事罪与其他罪名的。又比如，同样是殴打他人导致轻伤，如果嫌疑人与被害人素有恩怨，则认为是针对特定对象，适用故意伤害罪；如果嫌疑人与被害人素不相识，仅因为偶发事件将被害人打伤，则认为是针对不特定对象，适用寻衅滋事罪。

笔者认为，无论从理论上还是实践上，疫情防控期间的涉疫网络谣言都更应该适用编造、故意传播虚假信息罪而非寻衅滋事罪。理论上，使用想象竞合从一重罪的方式区分适用寻衅滋事与编造、故意传播虚假信息罪，前提在于编造、故意传播虚假疫情信息的行为同时符合寻衅滋事与编造、故意传播虚假信息罪的罪状。通过相关司法解释及前述分析可知，编造、故意传播虚假信息罪中的虚假信息，是以发生疫情等影响公共安全的事件为内容，可能引起社会恐慌或者公共安全危机的不真实信息。而寻衅滋事罪并未限定是否是与疫情相关的内容。④根据一般法服从于特别法的原则，应当适用编造、故意传播虚假信息罪。实践上，参考 2013 年发布的最高人民检察院指导案例检例第 9 号"李泽强编造、故

---

① 在疫情防控期间，编造虚假的疫情信息，在信息网络或者其他媒体上传播，或者明知是虚假疫情信息，故意在信息网络上或者其他媒体上传播，严重扰乱社会秩序的，依照刑法规定，以编造、故意传播虚假信息罪定罪处罚。编造虚假信息，或者明知是编造的虚假信息，在信息网络上散布，或者组织、指使人员在信息网络上散布，起哄闹事，造成公共秩序严重混乱的，依照刑法规定，以寻衅滋事罪定罪处罚。

② 张明楷：《寻衅滋事罪探究（下篇）》，载《政治与法律》2008 年第 2 期。

③ 最高人民检察院、公安部《关于公安机关管辖的刑事案件立案追诉标准的规定（一）》第三十三条：故意毁坏公私财物涉嫌下列情形之一的，应予立案追诉：（一）造成公私财物损失 5 000 元以上的。
最高人民法院、最高人民检察院《关于办理寻衅滋事刑事案件适用法律若干问题的解释》第四条：强拿硬要或者任意损毁占用公私财物，破坏社会秩序，具有下列情形之一的，应当认定为刑法第二百九十三条第一款第三项规定的情节严重：（一）强拿硬要公私财物价值 1 000 元以上，或者任意损毁、占用公私财物价值 2 000 元以上的。

④ 最高人民法院、最高人民检察院《关于办理利用信息网络实施诽谤等刑事案件适用法律若干问题的解释》第五条：编造虚假信息，或者明知是编造的虚假信息，在信息网络上散布，或者组织、指使人员在信息网络上散布，起哄闹事，造成公共秩序严重混乱的，依照刑法第二百九十三条第一款第（四）项的规定，以寻衅滋事罪定罪处罚。

意传播虚假恐怖信息案"要旨，"编造、故意传播虚假恐怖信息罪是选择性罪名。编造恐怖信息以后向特定对象散布，严重扰乱社会秩序的，构成编造虚假恐怖信息罪。编造恐怖信息以后向不特定对象散布，严重扰乱社会秩序的，构成编造、故意传播虚假恐怖信息罪"。可见，编造、故意传播虚假恐怖信息罪并不区分是否针对特定对象散布，区别只在于向特定对象散布则构成编造虚假恐怖信息罪，而向不特定对象散布则构成编造、故意传播虚假恐怖信息罪。无论是否针对特定对象，只在该罪名内部进行排列组合，考虑到编造、故意传播虚假信息罪对编造、故意传播虚假恐怖信息罪的补充关系，疫情期间的涉疫网络谣言并不需要适用寻衅滋事罪来区分适用。

此外，从法律及司法解释颁布的日期来看，编造、故意传播虚假信息罪是由 2015 年颁布的《刑法修正案（九）》所增设，而规定信息网络编造及散布虚假信息适用寻衅滋事罪的《关于办理利用信息网络实施诽谤等刑事案件适用法律若干问题的解释》颁布于 2013 年 9 月 6 日，实施于 2013 年 9 月 10 日，根据新法优先于旧法的原则，规制刑法意义上的涉疫网络谣言适用编造、故意传播虚假信息罪也更为妥当。同时考虑到寻衅滋事罪在实践中作为口袋罪的情况，为防止滥用寻衅滋事罪而造成对公民权利不必要的损害，寻衅滋事罪也不宜用于疫情期间规制涉疫网络谣言的刑法实践。所以，笔者认为，重大疫情期间对于涉疫网络谣言的规制，无论从理论上考量，还是从实践中对象特定性出发，抑或是一般法与特别法、旧法与新法之间的关系，适用编造、故意传播虚假信息罪较之适用寻衅滋事罪都更为妥当。

三、结语

重大疫情期间，信息网络是谣言产生的重灾区，但谣言的产生不可避免，如何既保护公民的言论自由不受侵犯，从而推进疫情防控的进展，又能避免谣言过多过滥而损害公共秩序，刑法应当在其中扮演一种底线的角色，对于网络谣言的规制慎之又慎。一方面，对于刑法应当介入的网络谣言应有严格的门槛，即完全虚假，广泛传播，同时造成严重的现实危害；另一方面，在满足刑法上网络谣言的特征后，对涉疫网络谣言根据内容及其与疫情的相关性，区别适用诽谤罪及《刑法》第二百九十一条的两项罪名，即编造、故意传播虚假恐怖信息罪与编造、故意传播虚假信息罪。同时，应尽量避免网络谣言型寻衅滋事罪的适用，从而避免因为寻衅滋事罪的滥用而损害公民的言论自由，进而对疫情有效防控产生负面影响。

（责任编辑：周　健）

新冠肺炎疫情对基层检察机关
刑事检察业务的影响与对策

——以 S 市 J 区为例

徐海清　曹俊梅*

自新冠肺炎疫情发生以来，全国各级检察机关认真贯彻落实习近平总书记关于疫情防控工作的重要指示和党中央的决策部署。涉疫情犯罪是疫情期间办案重点，但基层检察机关涉疫情犯罪量相对较少，以 S 市 J 区 2020 年 1 月 20 日至 2020 年 3 月 12 日期间办理的刑事案件为例，其中涉疫诈骗案件 2 件，共提前介入涉疫销售不符合标准的医用器材案、盗窃案、妨害公务案 4 件。这也意味着对于基层检察机关来说，在疫情形势逐渐好转情况下，重点办理好涉疫犯罪的同时，提高受疫情影响而降低的办案效率反而成为主要任务。本文以 S 市 J 区刑事检察办案数据为研究样本，对基层检察机关疫情期间的办案情况及规律进行总结分析，为基层检察机关在未来一段时间的办案提供借鉴和参考。

一、疫情对基层检察机关刑事检察办案的影响

疫情期间①公安机关警力下沉一线抗疫，检察机关也抽调志愿者下沉社区参与抗疫工作。总体来看，案件总量呈现下降趋势，同时也影响了案件办理效率。

（一）疫情导致刑案数量大幅下降，并集中体现在审查逮捕环节

自 2020 年 1 月 20 日至 2020 年 3 月 12 日，J 区共办理审查逮捕、起诉案件 208 件289 人，较去年同期分别下降 62.72% 和 61.82%，其中办理审查逮捕案件较去年同期下降75.65%，办理审查起诉案件较去年同期下降 53.65%。审查逮捕案件下降幅度明显超过审查起诉案件（见图 1）。

从 2020 年疫情期间与 2019 年同期各类型犯罪案件审查逮捕及起诉案件总量下降对比情况来看，审查逮捕案件下降也远远大于审查起诉案件（见表 1）。

单独考察疫情期间犯罪情况，案发时间在 2020 年 1 月 20 日至 3 月 12 日的案件占7.69%，2019 年同期案件占 21.61%，同比下降 86.77%。这是因为 2019 年同期发生的案件，较多为在 KTV 因口角而引发的寻衅滋事，以及春节期间亲友聚会时因醉驾而导致的交通肇事、危险驾驶等案件。2020 年疫情期间聚餐聚会大量减少、KTV 等场所关闭，相关案件大幅度减少（见图 2）。

---

* 徐海清，工科学士、法律硕士，上海市嘉定区人民检察院第六检察部主任。曹俊梅，管理学士、法学硕士，上海市嘉定区人民检察院第六检察部检察官助理。

① 为便于研究，本文"疫情期间"统计时间段为 2020 年 1 月 20 日—2020 年 3 月 12 日。

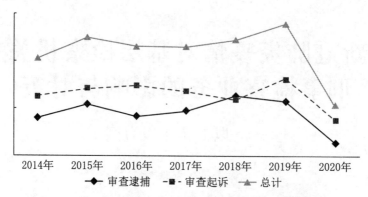

图 1　2020 年疫情期间以及近年同期办理案件数量变化情况

表 1　2020 年疫情期间与 2019 年同期各类案件审查逮捕与起诉案件数下降情况比较

	审查逮捕	审查起诉
危害公共安全犯罪	↓85.71%	↓67.02%
破坏社会主义市场经济秩序犯罪	↓76.00%	↓51.72%
侵犯公民人身权利、民主权利犯罪	↓78.26%	↓56.25%
侵犯财产犯罪	↓67.65%	↓36.73%
妨害社会管理秩序犯罪	↓84.85%	↓59.74%

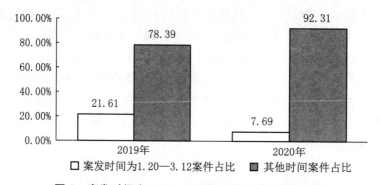

图 2　案发时间为 1.20—3.12 期间案件占比情况对比

（二）疫情期间诈骗等犯罪增加，寻衅滋事、交通肇事等犯罪锐减

疫情期间办理案件涉及罪名 31 项，对比 2019 年同期涉及罪名 38 项，2018 年同期涉及罪名 40 项，疫情期间涉及罪名减少。首先，疫情期间案发占比排名前十的罪名与往年罪名大致相同。盗窃罪仍然是疫情期间主要犯罪类型，占 29.81%。其次，疫情期间几类犯罪增长明显。诈骗罪占比增加，2018 年与 2019 年同期诈骗罪约占所有犯罪总量的 3.68% 和 4.48%，2020 年占 13.46%，成为疫情期间案件数量占比第二的犯罪类型。除诈骗罪外，引诱、容留、介绍卖淫罪与合同诈骗罪案件总量也明显增长。再次，寻衅滋事、交通肇事等

以外出和接触为条件的犯罪总量明显下降。疫情期间寻衅滋事案件占比仅为 2.88%，相比 2019 年，占比下降 3.75 个百分点。最后，特别值得注意的是疫情期间虚开增值税专用发票、用于骗取出口退税、抵扣税款发票案件数据为零，而历年同期均有 8—21 起相关案件（见表 2）。

表 2　疫情期间与往年同期主要罪名情况对比

占比排名	2020 年		2019 年		2018 年	
	罪　名	占比	罪　名	占比	罪　名	占比
1	盗窃罪	29.81%	盗窃罪	29.75%	盗窃罪	34.56%
2	诈骗罪	13.46%	危险驾驶罪	14.34%	危险驾驶罪	10.02%
3	危险驾驶罪	11.54%	故意伤害罪	6.63%	故意伤害罪	9.61%
4	引诱、容留、介绍卖淫罪	7.69%	寻衅滋事罪	6.63%	寻衅滋事罪	6.13%
5	故意伤害罪	4.33%	走私、贩卖、运输、制造毒品罪	5.73%	走私、贩卖、运输、制造毒品罪	5.73%
6	走私、贩卖、运输、制造毒品罪	4.33%	交通肇事罪	4.66%	侵犯公民个人信息罪	4.09%
7	交通肇事罪	3.37%	诈骗罪	4.48%	引诱、容留、介绍卖淫罪	3.89%
8	合同诈骗罪	2.88%	引诱、容留、介绍卖淫罪	4.12%	诈骗罪	3.68%
9	妨害公务罪	2.88%	虚开增值税专用发票、用于骗取出口退税、抵扣税款发票罪	3.76%	交通肇事罪	2.66%
10	寻衅滋事罪	2.88%	妨害公务罪	2.87%	虚开增值税专用发票、用于骗取出口退税、抵扣税款发票罪	1.64%

　　具体犯罪类型的变化，导致案件结构类型发生变化。2020 年疫情期间办理的主要案件类型中，侵犯财产类案件占 45.67%，妨害社会管理秩序类案件占 19.71%，危害公共安全类案件占 15.87%，破坏社会主义市场经济秩序类案件占 9.62%，侵犯公民人身权利、民主权利类案件占 9.13%，其中侵犯财产类案件较往年占比增长明显（见图 3）。

　　疫情期间各类案件总数较 2019 年同期平均下降 64.34%，其中下降幅度最大的是妨害社会管理秩序类案件，同比下降 71.33%；危害公共安全类案件其次，同比下降 69.44%；侵犯公民人身权利、民主权利类案件同比下降 65.45%；破坏社会主义市场经济秩序类案

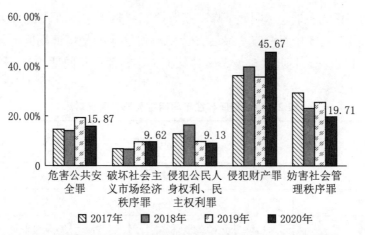

图 3 2020 年疫情期间及历年同期各类案件类型占比情况比较

件同比下降 62.96%；下降幅度最小的是侵犯财产类案件，同比下降 52.50%。这是因为在危害公共安全罪中占比较大的交通肇事、危险驾驶案件以及妨害社会管理秩序类犯罪中占比较大的寻衅滋事、走私、贩卖、运输、制造毒品等案件总量减少，导致该类案件占比降低。而侵财类犯罪中盗窃案件虽然总量有所下降，但整体案件数仍然高于其他犯罪类型，因此在前两类案件数量大幅度降低情况下，侵财类犯罪占比增加。

（三）疫情期间共同犯罪情况有所下降

以审查逮捕案件为例，自 2014 年以来，J 区检察机关办理的审查逮捕案件中平均每起案件嫌疑人数约为 1.3 人，但疫情期间平均每起案件嫌疑人人数约为 1.17 人，呈现明显下降特征（见图 4）。

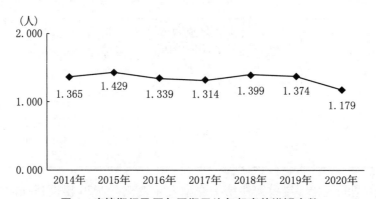

图 4 疫情期间及历年同期平均每起案件嫌疑人数

疫情期间每起案件嫌疑人数减少与疫情期间犯罪类型结构变化密切相关。从本院历年办理的刑事案件数据看，破坏社会主义市场经济秩序类案件中非法吸收公众存款案件，妨害社会管理秩序类案件中寻衅滋事案件以及侵犯公民人身权利、民主权利类案件中侵犯公民个人信息案件等涉案嫌疑人数往往较多，而疫情期间这几类案件大幅度减少，影响平均每起案件嫌疑人数（见图 5）。

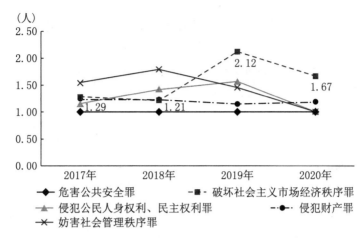

图 5 疫情期间及历年同期主要犯罪类型平均每起案件嫌疑人数

二、疫情对基层检察机关刑事检察办案效率的影响

（一）疫情导致平均办案周期延长，涉众、复杂案件办案周期受疫情影响较大

疫情期间平均办案天数为 48.18 天，与往年同期相比，延长了约 18.68 天，根据 2017 年以来本院办案周期数据，疫情期间平均办案天数明显增长（见图 6）。

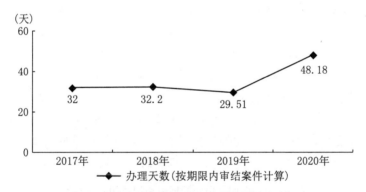

图 6 疫情期间及历年同期办案周期变化情况

从具体案件类型看，首先，疫情对盗窃、抢劫、诈骗案件办案周期影响较小，其中盗窃案件与 2017 年至 2019 年三年同期办案周期差异为 3.78 天，诈骗案件差异为 0.66 天，抢劫案件差异为 0 天。其次，妨害公务、故意伤害、引诱、容留、介绍卖淫和寻衅滋事等案件办案周期明显增长。其中妨害公务案件办案周期较三年平均办案周期延长 100.26 天，[1] 故意伤害案件办案周期延长 50.58 天，寻衅滋事案件延长 30.84 天，引诱、容留、介绍卖淫案件延长 17.64 天。前两类犯罪实践中案情往往较为复杂，而引诱、容留、介绍卖淫与寻衅滋事案件往往涉案人数较多，因此办案周期延长。最后，疫情期间危险驾驶案件办案周期明显缩短，由 2019 年同期的 11.29 天缩短为 3 天。[2]

---

① 平均办案周期计算方法：以统计时间段案件结案日期—该案件受理日期。
② 危险驾驶案件办案周期受个案影响，2020 年疫情期间审结危险驾驶案件 1 件，2019 年同期审结 65 件。

（二）疫情期间刑事案件审结率呈现下降趋势，对一般刑事案件承办部门影响大于专业化办案部门

疫情期间案件审结率为 46.67%，较 2019 年同期下降 34.38 个百分点，与往年相比呈下降趋势（见图 7）。

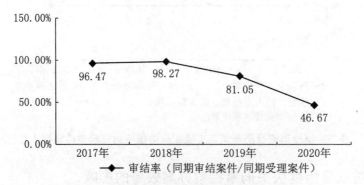

图 7　疫情期间及历年同期审结率变化趋势

从案件类型来看，疫情期间大部分案件审结率与办案天数呈负相关，但盗窃、诈骗案件主要与案件总数呈相关性。首先，疫情期间审结率主要受办案周期影响，一般情况下办案周期越短审结率越高，疫情期间案件审结率的变化趋势与办案周期的变化趋势基本一致。如故意伤害、引诱、容留、介绍卖淫、寻衅滋事等办案周期延长的案件审结率较三年同期平均审结率分别下降 24.76、29.32、41.86 个百分点。其次，案件数量影响审结率。疫情期间盗窃、诈骗案件办案周期较近三年同期办案周期差异分别为 0 天和 0.66 天，但审结率却分别下降 28.72、10.85 个百分点。再次，审结率受办案难度影响。疫情期间妨害公务罪办案周期为 128 天，相较三年同期延长 100.26 天，但审结率为 100%，相较三年同期增加 11.11 个百分点。最后，危险驾驶罪案件虽然办案天数最短为 3 天，但审结率仅为 4.17%，这是因为疫情期间审结案件 1 件，影响了总体办案周期计算（见表 3）。

表 3　疫情期间及历年同期各类犯罪历年审结率

罪　　名	2017 年	2018 年	2019 年	2017—2019 年平均	2020 年
妨害公务罪	60.00%	116.67%	90.00%	88.89%	100.00%
盗窃罪	117.24%	88.06%	107.69%	104.33%	75.61%
合同诈骗罪	25.00%	/	83.33%	/	75.00%
故意伤害罪	145.83%	54.55%	73.91%	91.43%	66.67%
引诱、容留、介绍卖淫罪	80.00%	87.50%	113.33%	93.61%	64.29%
寻衅滋事罪	120.00%	100.00%	55.56%	91.85%	50.00%
诈骗罪	44.44%	42.86%	40.00%	42.43%	31.58%
危险驾驶罪	104.17%	106.12%	81.25%	97.18%	4.17%

疫情对一般刑事案件承办部门影响大于专业化办案部门。第一检察部疫情期间审结率为 62.64%，较 2019 年同期下降 21.17 个百分点；第二检察部疫情期间审结率为 3.23%；第三检察部疫情期间审结率为 47.83%，较去年同期下降 17.28 个百分点。从审结率看，疫情对一般刑事案件承办部门的影响大于专业化办案部门。

（三）疫情期间刑事案件"案—件比"①呈增长趋势

疫情期间本院刑事案件"案—件比"为 1∶4.48，相比去年同期增长 119.60%，呈上升趋势（见图 8）。

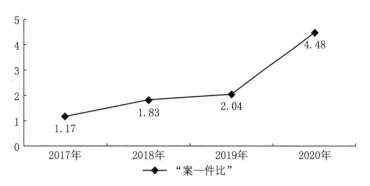

图 8　疫情同期历年"案—件比"变化趋势

疫情期间大部分案件"案—件比"由办案效率决定，部分案件受疫情影响"案—件比"异常。疫情期间超过平均"案—件比"的案件类型有 9 项，其中"案—件比"最高的是寻衅滋事案件，为 1∶24；最低的是走私、贩卖、运输、制造毒品案件，为 1∶6。首先，部分案件"案—件比"受办案效率影响增高。大部分案件"案—件比"情况与各类案件办案周期、审结率变化趋势一致，"案—件比"较高的寻衅滋事、引诱、容留、介绍卖淫、故意伤害案件办案周期长、审结率低；诈骗、盗窃案件尽管在疫情期间办案周期缩短，但由于案件量大、审结率低，因此"案—件比"较高。其次，部分案件"案—件比"数据受疫情影响变化异常。按照目前"案—件比"计算公式，"案"为疫情期间受理的审查逮捕案件数与扣除采取逮捕强制措施的审查起诉案件数之和，其中交通肇事、危险驾驶疫情期间受案数大幅度下降，但"件"数包括了办理疫情期间受理"案"产生的"件"数和办理疫情前受理"案"产生的"件"数。"案"的大幅度减少与"件"的正常增加，导致一些审结率相对较高、办案周期相对较短的案件"案—件比"反而偏高。最后，"案—件比"受办案进度影响。以危险驾驶罪案件为例，疫情期间审结 1 件，但"案—件比"仅

---

① "案"指受理的审查逮捕案件数与扣除采取逮捕强制措施的审查起诉案件数之和；"件"具体包括 16 类业务活动，分别是批捕（不批捕）申诉、不批捕复议复核、一次、二次、三次延长审查起诉期限、一次退回补充侦查（扣除直诉案件中未提前介入案件）、二次退回补充侦查、不起诉复议复核、不起诉申诉、撤回起诉（扣除因法律、司法解释改变而撤回起诉的）、法院退回（扣除因被告人不在案而退回的）、被告人上诉、检察机关建议延期审理和国家赔偿。

为 1∶1.08，接近于 1（见表 4）。

表 4　疫情期间及往年同期"案一件比"

	2017 年	2018 年	2019 年	2017—2019 年平均	2020 年
寻衅滋事罪	2.08	1.95	1.84	1.96	24.00
引诱、容留、介绍卖淫罪	2.00	1.73	3.25	2.33	11.00
职务侵占罪	/	5.50	3.33	/	10.00
敲诈勒索罪	/	5.00	3.00	/	8.00
合同诈骗罪	6.50	4.80	1.86	4.39	7.50
非法经营罪	4.00	1.50	3.00	2.83	7.00
诈骗罪	1.83	2.17	2.87	2.29	6.63
故意伤害罪	2.12	1.90	2.12	2.04	6.33
抢劫罪	3.50	1.20	2.50	2.40	6.00
走私、贩卖、运输、制造毒品罪	2.11	2.06	1.82	1.99	4.17
盗窃罪	1.61	1.59	1.84	1.68	4.05
强制猥亵、侮辱罪	1.00	3.00	/	/	4.00
妨害公务罪	1.30	2.00	2.43	1.91	2.25
交通肇事罪	1.14	1.43	2.11	1.56	2.00
危险驾驶罪	1.00	1.06	1.18	1.08	1.08
以危险方法危害公共安全罪	3.00	/	/	/	1.00

从部门分布来看，疫情期间第一检察部"案一件比"为 1∶5.39，相比去年同期增高 3.52；第二检察部"案一件比"为 1∶1.15；第三检察部（不包括金融）"案一件比"为 1∶8.36，相比去年同期增高 5.34，金融案件"案一件比"为 1∶5.33，相比去年同期增高 2.33。疫情对第一检察部"案一件比"影响明显，而金融案件本身较为复杂，办理时间长，因此疫情对金融案件办理影响反而相对较小。

（四）各部门检察官人均办案情况

疫情期间各部门检察官人均办案量普遍下降，其中第一检察部检察官人均办案量较去年同期下降 66.67%；第二检察部检察官人均办案量最大为 8.25 件，高于第一检察部；第三检察部（不包括金融）人均办案量较去年同期下降 56.25%，第三检察部（金融）人均办案量较去年同期下降 77.14%（见表 5）。

表 5　疫情期间及 2019 年同期各部门人均办案量（件）

	2019 年	2020 年
第一检察部(普通刑事犯罪检察)	24.53	8.19
第二检察部(重大犯罪检察)	1.00	8.25
第三检察部(职务犯罪和经济犯罪检察)	9.43	4.13
第三检察部(金融犯罪检察)	7.00	1.60

综合疫情期间各部门办案量、办案周期、审结率、案件比等指标看，首先，疫情主要影响第一检察部的数量指标，对其质量指标影响相对较弱。在案件总量和人均办案量大幅度下降的情况下，较高的案件总数能够相对平衡疫情对"案—件比"质效指标的影响；其次，第二检察部疫情期间虽然面临相对较高的人均办案量和审结率压力，但危险驾驶案件相对简单，退查等情况较少，因此在一定时间内"案—件比"指标反而相对较好；最后，疫情对第三检察部质效指标影响最大。由于第三检察部承办案件多疑难、复杂，在案件总量及人均办案量大幅度减少情况下，"案—件比"指标却相对偏高。

三、未来一段时间刑事案件情况预测及建议

（一）未来一段时间案件数量将大幅度增加，刑事案件承办人将面临较大的办案压力

首先，审查逮捕案件数量将大幅度增加。2019 年同期办理的案件中案发时间段在 2019 年 1 月 20 日之前案件占比 78.4%，2020 年疫情期间办理案发时间在 1 月 20 日前的案件仅占 2019 年同期的 43.73%，这部分案件主要受公安机关移送案件情况影响，这也意味着随着抗疫形势好转，可能会出现移送案件的高峰。其次，案件数长期高位运行的案件类型案件数将增加。从历年疫情同期数据来看，盗窃罪、危险驾驶罪、故意伤害罪、寻衅滋事罪、诈骗罪等案件一直占有较大比重，随着疫情形势好转，以上几类犯罪案件总量可能回升。最后，受疫情影响而大幅度减少的案件类型数量将反弹回升。如因疫情减少的寻衅滋事、交通肇事、危险驾驶等主要因隔离等措施减少的犯罪，随着社会生活恢复正常轨道占比将上升。

根据疫情期间案件办案周期和审结率情况，在新案激增而已受理案件未审结的情况下，刑事案件承办人将面临较大的办案压力。同时从现阶段办案指标，特别是"案—件比"指标看，未来一段时间，承办人还面临着在后续的办案过程中缩短办案周期、提高审结率，降低"案—件比"的压力。

笔者建议，一是加强提前介入工作。退回补充侦查和延长审查起诉期限对"案—件比"影响最大，从疫情期间各项办案指标来看，加强提前介入是后续提高办案效率，确保案件质量的重要途径。其中特别需要加强对疫情期间妨害公务罪、故意伤害罪、引诱、容留、介绍卖淫罪和寻衅滋事等疫情期间办案周期明显延长，"案—件比"明显增加案件的提前介入。二是提高认罪认罚从宽制度的适用率，认罪认罚从宽制度有利于提高办案效率，对于危险驾驶、盗窃、交通肇事等相对简单而总量较大案件的高效办理，有利于降低

"案—件比"。三是在办案中积极探索稳妥规范的远程办案机制，提高办案效率。四是加强自行补充侦查的适用，承办人对于可以自行补充侦查的情况应当尽量避免退回补充侦查。

（二）主要案件类型与往年基本一致，案件类型结构对比可能存在变化

从历年数据看，首先，盗窃、危险驾驶、故意伤害、寻衅滋事、交通肇事、诈骗等仍然是未来一段时间基层检察机关办理的刑事案件的主要类型。其次，随着具体犯罪类型的变化，虽然盗窃等侵财类案件数量占有相当比例，总体呈现增长趋势，但随着危险驾驶、交通肇事等案件数量的增加，未来一段时间危害公共安全案件和妨害社会管理秩序案件占比将上升，侵犯财产类案件尽管数量上呈现增加趋势，但总体占比将有所下降。

笔者建议，一是加强案件管理，重点关注疫情期间审结率低、办案周期延长、"案—件比"增加明显的案件类型，提醒督促案件承办人提高办案进度。二是结合疫情期间案件办理情况，对受疫情影响较大的疑难复杂案件，短期内可以适当倾斜办案资源。对于因案件总量较大而导致审结率下降的盗窃、诈骗等案件，建议分配案件时，分散分配到案件承办人。

（三）涉疫案件、涉企案件及涉境外输入疫情防疫防控案件或将成为未来一段时间办案的重点关注领域

首先，涉疫案件。随着疫情结束，抗拒疫情防控措施而构成的相关犯罪如以危险方法危害公共安全罪、过失以危险方法危害公共安全罪、妨害传染病防治罪、妨害公务罪，以及涉疫寻衅滋事罪、诈骗罪、编造、故意传播虚假信息罪等案件将减少；但制假售假类犯罪包括生产、销售伪劣产品罪、生产、销售不符合标准的医用器材罪、销售假冒注册商标的商品罪等案件，以及破坏野生动物资源类犯罪，包括非法猎捕、杀害珍贵、濒危动物罪，非法收购、运输、出售珍贵、濒危野生动物、珍贵、濒危野生动物制品罪、非法狩猎罪等案件则需要长期关注，建立长效打击机制。其次，涉企案件。在确保疫情防控到位的前提下，推动非疫情防控重点地区企事业单位复工复产是一项重要任务。2020年2月25日，中央政法委、两高两部制定印发《关于政法机关依法保障疫情防控期间复工复产的意见》，要求政法机关充分发挥职能作用，依法全力做好新冠肺炎疫情防控工作、保障疫情防控期间复工复产工作，在未来一段时间，在检察办案中促进企业复工复产将成为重点关注领域。最后，随着境外输入型病例的增加，涉境外输入型疫情防控案件也将成为检察机关办案关注的重点。

笔者建议，一是根据最高人民检察院和上海市人民检察院各项决策部署，围绕疫情防控、帮助企事业单位复工复产等重点工作，立足检察职能提供检察保障。二是加强理论研究，服务办案决策。发挥法律政策研究工作对决策和办案的"智囊""参谋"作用，为检察办案提供有力保障；关注和回应办案需求，加强对办案中法律政策问题的收集研究，就办案相关问题进行研究、请示；注重总结、提炼疫情期间优秀办案经验，发掘和培育典型案例；对办案实践中遇到的疑点、难点、堵点充分调研，为检察办案提供理论支撑。

（责任编辑：周　健）

试论重大疫情防控与个人信息保护的冲突和平衡

——兼论检察机关的责任与担当

严晓慧　孙宋龙　孙珍珍*

一、引言

随着新冠肺炎疫情防控形势的不断升级，各地纷纷采取硬核的防控方式，对已感染的病人、疑似患者及相关接触人群进行确定与追踪，成为新冠肺炎救治与防控工作非常重要的一环。面对中国庞大的人口基数，特别是春运中人口大规模流动的复杂局面，疫情防控过程中必然涉及海量的个人信息收集与披露工作。排查上报确诊患者和密切接触者以及大量返乡人员信息，是一项十分重要的举措，能够帮助卫生监督机构及时掌握情况，迅速切断病人、病原体的携带者、疑似病人以及与其密切接触者人群对于疾病传播的可能性。[1]然而，一份份载有个人信息的文件，突然间在微信、微博等社交平台上疯狂转发，内容包括但不限于相关人员的姓名、照片、工作单位、就读学校、家庭住址、手机号码等，给确诊患者、密切接触者等人的生活带来极大困扰，不少人接到骚扰电话和谩骂短信。信息"裸奔"，潜藏着被不法分子利用的巨大风险。在疫情防控的严峻形势下，个人信息该如何保护？面对公共卫生突发事件，如何权衡公共需要与个人权利保护需求，进而以此划定合理的信息保护与利用的界限？防疫期间及疫情过后，检察机关如何承担个人信息保护领域的检察职责？当前疫情防控情势下，面对个人信息保护与公共需要之间的冲突现象，以上这些问题更加值得重视并亟待解决。

二、个人信息的概念澄清

什么是个人信息？哪种信息又属于个人敏感信息？在诸如此类的问题开始涌现之时，对个人信息的相关概念进行澄清就显得十分必要。

（一）个人信息以及个人敏感信息

个人信息是指与特定自然人相关联，反映个体特征，具有个人身份可识别性，以电子或者其他方式记录的，能够单独或者与其他信息结合识别的自然人身份的各种符号系统。

---

* 严晓慧，法学硕士，上海市金山区人民检察院第五检察部副主任。孙宋龙，法学硕士，上海市金山区人民检察院检察官助理。孙珍珍，法学硕士在读，上海政法学院。

[1] 葛鑫、洪延青：《大数据支撑联防联控工作中个人信息保护问题分析》，载《中国信息安全》2020年第2期。

个人信息的范围广泛，包括姓名、出生日期、身份证号码、个人生物识别信息、住址、电话号码、工作、家庭、财产、健康、民族等，凡是符合个人信息概念定义要求的，都是个人信息。[①]2021 年 1 月 1 日起施行的《中华人民共和国民法典》（以下简称《民法典》）第一千零三十四条、第一千零三十五条明确了个人信息权：自然人的个人信息受法律保护。处理个人信息的，应当遵循合法、正当、必要原则，不得过度处理。其中，个人信息的处理包括个人信息的收集、存储、使用、加工、传输、提供、公开等。

2020 年 2 月 9 日，中央网络安全和信息化委员会办公室在官网上发布了《关于做好个人信息保护利用大数据支撑联防联控工作的通知》（以下简称《通知》），以指导新冠肺炎疫情联防联控中的个人信息保护和利用大数据支撑联防联控工作合法有效地开展。根据网信办《通知》，能够反映特定自然人活动情况的各种信息都属于个人信息。

个人信息中包含个人敏感信息，个人敏感信息是指一旦泄露、非法提供或滥用可能危害人身和财产安全、损害个人名誉和身心健康、导致歧视性待遇等的个人信息。个人敏感信息包括身份证件号码、个人生物识别信息、银行账号、通信记录和内容、财产信息、征信信息、行踪轨迹、住宿信息、健康生理信息、交易信息等。[②]

（二）疫情期间所收集的个人信息包含大量个人敏感信息

《传染病防治法》规定，在中华人民共和国领域内的一切单位和个人，必须接受疾病预防控制机构、医疗机构有关传染病的调查、检验、采集样本、隔离治疗等预防、控制措施，如实提供有关情况。疾病预防控制机构、医疗机构不得泄露涉及个人隐私的有关信息、资料。由于各类传染病疫情不尽相同，在法律层面难以对应当收集的个人信息进行统一规定，而应当根据实际防控与治疗需要由医疗机构、疾病预防控制机构决定收集范围。根据《传染病防治法》，疾病预防控制机构、医疗机构可能收集的个人信息包括传染病史、接触人群、疾病诊断信息等。

根据观察，在新冠肺炎防控工作中，个人信息主体被收集的信息主要包括：姓名、身份证号码、手机号、行踪轨迹（包括口述信息、交通工具乘坐记录、手机定位与监控视频等）、健康生理信息、就诊信息、家庭地址、家庭成员信息、疫区接触史等，这些信息几乎全部属于个人敏感信息。

三、重大疫情防控期间个人信息的公开及其限制

重大疫情期间，公共安全的保障需要适当使用部分公民的个人信息。而个人信息在我国法律上是受到保护的，但是出于必要公共利益的考量，现实中也是允许例外存在的。因此，重大疫情防控期间，部分个人信息是可以公开的，但是要受到一定的限制。

[①] 齐爱民：《拯救信息社会中的人格——个人信息保护法总论》，北京大学出版社 2010 年版，第 77—93 页。

[②] 齐爱民：《个人资料保护法原理及其跨国流通法律问题研究》，武汉大学出版社 2004 年版，第 6 页。

（一）公民的个人信息受法律保护

1. 人格尊严和自由构成个人信息保护的宪法基础

在信息时代，人格尊严和人格独立是个人信息的主要价值体现。我国《宪法》第三十三条第二款规定"国家尊重和保障人权"、第三十八条规定"中华人民共和国公民的人格尊严不受侵犯"都属于保护人格尊严、促进人格发展的概括性条款，是我国公民个人信息权得以确立和保护的宪法依据。公民对个人信息具有信息自决权。信息自决权的本质是信息主体对自身信息所具有的控制、选择与决定权，其核心是人的价值与人的尊严。①因此，实现公民的个人信息权不仅是文明社会所必须，也是法治社会中民主自由和公民自治的保障。从宪法层面考察，在我国确立个人信息权具备宪法上的依据，与国家尊重和保障人权的价值目标也是一致的。

2. 我国法律明确规定个人信息受保护

《民法典》第一千零三十四条、第一千零三十五条明确了个人信息权：自然人的个人信息受法律保护。处理个人信息的，应当遵循合法、正当、必要原则，不得过度处理。其中，个人信息的处理包括个人信息的收集、存储、使用、加工、传输、提供、公开等。另外，《民法典》第一千零三十八条、第一千零三十九条还规定了持有公民个人信息的信息处理者、国家机关、承担行政职能的法定机构及其工作人员在其工作过程中，对于所持公民个人信息的保密义务，严禁私自向他人泄露或者非法提供公民的个人信息。

《传染病防治法》第十二条规定，疾病预防控制机构、医疗机构不得泄露涉及个人隐私的有关信息、资料。网信办《通知》也明确要求"除国务院卫生健康部门依据《中华人民共和国网络安全法》《中华人民共和国传染病防治法》《突发公共卫生事件应急条例》授权的机构外，其他任何单位和个人不得以疫情防控、疾病防治为由，未经被收集者同意收集使用个人信息"。网信办《通知》非常强调对个人信息的保护。《通知》规定：收集联防联控所必需的个人信息应坚持最小范围原则；为疫情防控、疾病防治收集的个人信息，不得用于其他用途；任何单位和个人未经被收集者同意，不得公开姓名、年龄、身份证号码、电话号码、家庭住址等个人信息，因联防联控工作需要，且经过脱敏处理的除外。对收集或掌握个人信息的机构而言，它们要"对个人信息的安全保护负责，采取严格的管理和技术防护措施，防止被窃取、被泄露"。

（二）出于公共安全的考量，可以公开必要的个人信息

在疫情防控的特殊时期，公众知情权、公共安全与公民个人信息权需要兼顾平衡，《政府信息公开条例》第十五条规定：涉及商业秘密、个人隐私等公开会对第三方合法权益造成损害的政府信息，行政机关不得公开。但是，第三方同意公开或者行政机关认为不公开会对公共利益造成重大影响的，予以公开。因此，笔者认为，基于疫情防控这一公共利益的切实需要，可以对特殊人群的特定信息进行披露，但应当秉持谦抑克制的态度，遵

---

① 姚岳绒：《论信息自决权作为一项基本权利在我国的证成》，载《政治与法律》2012 年第 4 期。

守比例原则，公开内容应确实必要，符合疫情防控目的，公开手段应合理适当，通过官方平台披露，尽可能将负面影响降到最低。

（三）任何单位和个人未经被收集者同意，不得公开个人敏感信息

《通知》要求任何单位和个人未经被收集者同意，不得公开个人敏感信息，因联防联控工作需要，且经过脱敏处理的除外。数据脱敏是指对某些敏感信息通过脱敏规则进行数据的变形，实现敏感隐私数据的可靠保护。笔者认为对个人信息进行数据脱敏，应当遵循两个重要原则：第一，隐私保密性。需要保证个人敏感信息无法被准确地逆推出。第二，数据可用性。保证被处理后的数据仍然保持某些统计特性或可分辨性，在某些特定场景（如疫情态势分析预测）中是可用的。

四、平衡"公共安全"与"个人信息保护"需求的困境

重大疫情防控期间，保障公共安全的需求不免会涉及个人信息的保护问题。一方面是宪法上规定的基本公民信息保障权利，另一方面是关乎国家安全的公共安全需求。忽略任何一方，或者过多地侵涉任何一方权利，都是不利于疫情防控以及公民个人信息保护的。在面对重大疫情的防控需求时，一个关于平衡"公共安全"保护与"个人信息保护"需求的困境就会出现，由此会产生一系列的实际问题，这一系列问题既不容忽视又亟待解决。

（一）个人信息兼具财产属性，使用不当容易侵犯公民民事权益

对公民本人所具有的个人信息加强保护，是《民法典》人格权编的重要组成部分。在互联网大数据时代下，面对疫情防控的要求，足不出户就可以购买产品的电子消费平台的优势逐渐显露。但是，提高电子平台的销售能力，必须十分明确地了解消费者的消费需求及其相关的购买偏好。这些，都依赖于对每位电子产品用户的个人信息的分析与掌握。比如，微信、淘宝等电子平台往往会通过收集公民的个人信息，进而分析、评估，并最终以对此类数据的分析作为推送相关电子消费产品到达具体客户的依据。[①]在当下重大疫情防控对公共安全保护的需求下，大量的公民个人信息被一定程度地收集起来。一方面这是维护国家总体安全的需求，在一定范围内是被允许的；但是另一方面，当一些商家出于市场盈利目的对个人信息进行收集并分析，进而针对性地推送相关具有商业价值的产品时，那么这一收集利用公民个人信息的行为，就将会给公民个人的民事权益带来被侵犯的可能性。[②]

（二）个人信息具有私益价值，利用不当容易构成刑事犯罪

重大疫情防控，在有限制的条件下，部分机关、部门、组织等需要使用一些公民的个人信息，以此保障公共卫生利益的安全，进而以最低的成本换取最大程度上的社会效益。虽然，在重大公共卫生安全问题面前，具有个人私益的个人信息保护一定程度上让位于具

---

① 刘天宇、李居正：《浅析重大疫情下个人隐私的保护》，载《河北青年管理干部学院学报》2020年第5期。
② 郑佳豪：《传染病疫情防控中个人信息权的保护与限缩》，载《广播电视大学学报（哲学社会科学版）》2020年第3期。

有公共利益性质的公共安全保护。但是，这一利于公共安全的行为，可能也会因对公民个人信息使用不当进而产生一些刑事犯罪问题。在重大疫情下，为了降低医护人员以及社会公众人员感染新冠肺炎的风险，一些大数据往往会通过电子平台进行公布，疫情防控相关部门会对其进行分析、统计，进而为疫情防控部署提供数据基础。但是，在此过程中可能会出现一些相关人员故意泄露公民个人信息，或者是一些人故意通过破解健康码等途径，或者是其他的一些非法方法进而获取公民个人信息的现象。①重大疫情防控期间出现的这些问题，不仅仅影响到公民对政府行为的信赖利益，严重侵犯个人与社会法益者，还可能涉及刑事犯罪问题。在电信诈骗领域，因疫情原因产生的网贷类诈骗、兼职刷单类诈骗的犯罪率都有所上升。②所以，对于为了维护公共安全而对公民个人信息收集利用过程中可能出现的刑事犯罪问题，需要对其更加重视。

（三）个人信息使用不当，容易滋生行政违法行为

重大疫情防控形势下，我国政府部门为了应对这一公共卫生安全问题，也建立了相应的网络应对对策。日常的政府登记、注册行为，也收集了大量的公民个人信息。对于这些信息的滥用，也会形成一些违法行为。③虽然，这些违法的行为没有达到刑法惩罚的标准，但是，也存在危害疫情防控的可能性。为了公共卫生安全的保障以及公民个人信息的保护，这个问题也需要被重视起来。

五、重大疫情防控期间检察机关的责任与担当

尽管当前疫情尚未结束，但已经可以预见到，由于海量的个人敏感信息被多渠道密集地收集，防疫期间以及疫情过后如何保护它们将是涉及众多法律领域的问题。个人信息保护不仅关乎民事权益问题，还涉及行政法、刑法等领域，是一个综合性的法律保护问题。泄露个人信息应承担法律责任，检察机关将积极发挥个人信息保护领域的刑事、民事、行政、公益诉讼检察工作等方面的作用，促进公民个人信息的全方位司法保护。

（一）个人信息的民法保护模式

《民法典》第一千零三十四条、第一千零三十五条规定自然人的个人信息受法律保护。处理个人信息的，应当遵循合法、正当、必要原则，不得过度处理。其中，个人信息的处理包括个人信息的收集、存储、使用、加工、传输、提供、公开等。另外，《民法典》第一千零三十八条、第一千零三十九条还规定了持有公民个人信息的信息处理者、国家机关、承担行政职能的法定机构及其工作人员在其工作过程中，对于所持公民个人信息的保密义务，严禁私自向他人泄露或者非法提供公民的个人信息。这些法条明确了自然人的个人信息受法律保护。任何个人信息遭受泄露的公民都有权直接依据这些法条作为请求权基础，向侵权人请求承担《民法典》第一百七十九条规定的停止侵害、消除影响、恢复名

①③ 参见蒋丽华：《新冠肺炎疫情防控中个人信息的公开与保护》，载《征信》2020年第9期。
② 贾柠宁、韩玫：《后疫情时代个人信息公开与保护的路径建构》，载《河北农业大学学报（社会科学版）》2021年第1期。

誉、赔礼道歉、赔偿损失等民事责任。根据《最高人民法院关于审理利用信息网络侵害人身权益民事纠纷案件适用法律若干问题的规定》第十七条规定，侵害公民个人信息的赔偿损失范围可包括精神损害赔偿。权利人可以通过提起侵权责任请求权获得救济，请求侵权人承担赔偿责任。疫情防控过程中以及疫情结束后，泄露公民个人信息，造成他人隐私受到侵犯的，公民可以通过向法院起诉保护自己的权利。对个人信息保护领域裁判确有错误的民事判决、裁定，检察机关应当依法向法院提出抗诉或检察建议。

（二）个人信息的刑法保护模式

《刑法》第二百五十三条之一规定了侵犯公民个人信息罪，违法出售或提供个人信息，情节严重的将追究刑事责任。《传染病防治法》第六十八条、第六十九条还规定了疾病预防控制机构、医疗机构故意泄露传染病病人、病原携带者、疑似传染病病人、密切接触者涉及个人隐私的有关信息、资料，由县级以上人民政府卫生行政部门责令限期改正，通报批评，给予警告；对负有责任的主管人员和其他直接责任人员，依法给予降级、撤职、开除的处分，并可以依法吊销有关责任人员的执业证书；构成犯罪的，依法追究刑事责任。

根据《刑法》第二百五十三条之一以及《最高人民法院、最高人民检察院关于办理侵犯公民个人信息刑事案件适用法律若干问题的解释》规定，以下三类行为均为法律所禁止的侵犯公民个人信息行为即禁止性行为：一是向他人出售或者向特定人提供公民个人信息，以及通过信息网络或者其他途径发布公民个人信息；二是未经被收集者同意，将合法收集的公民个人信息向他人提供的，但是经过处理无法识别特定个人且不能复原的除外；三是窃取或者以其他方法非法获取公民个人信息（违反国家有关规定，通过购买、收受、交换等方式获取公民个人信息，或者在履行职责、提供服务过程中收集公民个人信息）。实施上述行为，将构成"侵犯公民个人信息罪"，并会面临相应的刑法处罚，归纳而言主要包括：被他人用于犯罪（该种情形并无提供个人信息条数的限制，哪怕仅提供过一条也可能构成犯罪）；达到数量标准（行踪轨迹等50条、住宿信息等500条、其他信息5 000条，向不同单位或者个人分别出售、提供同一公民个人信息的公民个人信息数量累计计算，可见将包含众多个人的姓名、住址等信息的名单发送到不同微信群、QQ群的行为很容易就将达到定罪数量标准）；达到违法所得标准（五千元，为合法经营非法获取获利五万元）；将在履行职责或提供服务中获得的信息违法提供的则定罪数量或数额标准减半且依法从重处罚（行踪轨迹等25条、住宿信息等250条、其他信息2 500条）。检察机关将坚决严惩侵犯公民个人信息的相关犯罪，以此保障公民个人的信息得到合法保护。

（三）个人信息的行政法保护模式

我国系由《刑法》先于其他部门法明确了侵犯公民个人信息犯罪的界限，再通过《刑法》的积极适用防止侵犯公民个人信息违法犯罪行为的蔓延。因此，实施上述侵犯公民个人信息的行为，若尚未达到犯罪标准的，将被追究行政法方面的违法责任，其中较为常用的法规如：《治安管理处罚法》第四十二条规定，偷窥、偷拍、窃听、散布他人隐私的，处五日以下拘留或者五百元以下罚款；情节较重的，处五日以上十日以下拘留，可以并处五百元以下罚款。检察机关可在行政检察监督领域发挥作用，依法打击侵犯个人信息的相关违法行为。

（四）个人信息的公益诉讼保护模式

在侵犯不特定多数人的个人信息的问题发生之后，检察机关提起个人信息保护公益诉讼的性质应包括民事公益诉讼与行政公益诉讼，但在具体设计上应以督促相关行政机关履行职责的行政公益诉讼为主、以支持符合条件的组织提起民事公益诉讼为辅，充分发挥诉前检察建议的作用。检察机关通过公益诉讼厘清行政机关之间的职责分工，通过诉前检察建议的方式要求具体的行政机关充分履职，将会有效杜绝行政机关推诿扯皮，进而促进争议问题的有效解决。

在检察公益诉讼介入个人信息保护领域时，也可以借助刑事检察这一成熟的业务平台推进公益诉讼工作。检察机关提起公益诉讼制度的重点，应为针对负有个人信息监管职责的行政主体，提起行政公益诉讼。检察机关应通过对行政权的有效监督，发挥行政规制的优势，从而实现对公众个人信息安全的源头保护，并推动整体行业的治理进程。在对个人信息进行检察公益诉讼的探索阶段，应充分利用在办理侵犯个人信息安全类刑事犯罪案件等履行职责过程中所获得的线索与证据，对涉及相关行政机关违法行使职权或者不作为致使众多公民个人信息被侵害的，通过检察建议督促相关行政机关纠正违法行为或依法履行职责，并进而在其不予改正时，提起公益诉讼。与此同时，各地检察机关在相关刑事检察实践中多与行政机关建立起了较为成熟的"两法衔接"机制，即行政执法与刑事司法衔接，凝聚执法司法力量合理解决特定领域的违法问题。在个人信息保护领域，也可以充分利用这一平台，针对个人信息侵权所具有的侵害范围广、事实认定困难等特点，针对案件管辖的确定、网络证据的收集与固定等问题，与相关部门建立联动机制，以监督与支持并重的思路推进个人信息保护进程。

六、结语

重大疫情防控期间，维护公共安全的行为必然会侵涉到公民个人信息的保护。在保障公共卫生安全前提下，可以有限制地公开公民的部分个人信息，但是涉及公民个人敏感信息的公开问题，仍然需要十分谨慎。平衡公共安全与公民个人信息保护需求，涉及民法、刑法、行政法等部门法领域。在此期间，人民检察院作为国家法律监督机关以及检察公益诉讼的起诉主体之一，在公共卫生安全保障以及公民个人信息保护方面也具有自己的责任与担当。积极发挥检察机关的作用，对于维护社会公益以及保障公民私益都是具有重要意义。

（责任编辑：周 健）

疫情背景捐赠欺诈的财产损失认定

杨 兰*

新冠疫情期间，在全国人民齐心协力共同抗疫的情况下，一些不法分子，利用广大人民群众的慈善之心，假借抗击疫情的名义，向社会公众进行募捐，最终获取私利。这些不法分子，在全国人民众志成城抗击疫情之时，消耗慈善人的社会爱心，严重影响了疫情防控和社会稳定。例如，最高人民检察院公布的一则个人伪装慈善机构诈骗的案例：2020年1月27日，广东揭阳蔡某注册名为"武汉市慈善会"的微信公众号，此后，陆续有多名群众搜索咨询捐款事宜。蔡某欺骗对方称捐款功能还在完善，误导群众通过扫描其本人的微信支付"二维码"进行捐款。1月27日16时至22时间，共有112名群众通过该方式向蔡某个人微信账户累计转入人民币8 800余元，其中最大一笔为人民币3 000元。1月29日，犯罪嫌疑人蔡某被广东省揭阳市公安局抓获。[①]这些情况必须及时予以遏制，否则可能造成更为恶劣的影响。

刑法通说认为，诈骗罪是侵犯财产的犯罪，如果被骗人没有存在财产损失，那么就没有诈骗罪成立的空间。可见，认定被骗人是否存在财产损失，以及财产损失的大小对于诈骗罪的定罪量刑至关重要。在普通的经济交易类型的案件中，对于被骗人财产损失的认定，不论是整体财产说还是个别财产说，都是在客观上比较被骗人的财产在被骗前后的数量是否遭受减损。然而，在捐赠欺诈的案件中，由于区分了单方给付型捐赠、不对等给付型捐赠以及对待给付型捐赠三种情形，在这三种情形中被害人并非处于正常的经济往来中，或者更准确地说，并不是完全出于经济目的的"交易"，于是就涉及如何认定是否存在对待给付以及对待给付的法律效果等问题，这使得让财产损失的认定愈加复杂。

一、捐赠欺诈之类型

（一）单方给付型捐赠

在大多数的捐赠行为中，捐赠一方都是单纯地为了救助被捐赠一方而不求回报地给予金钱或物质上的帮助。单方给付类型的捐赠案件中，捐赠方单纯出于社会公益目的而进行捐赠，但是，行为人却通过欺诈的方式，将捐赠的财物私自挪用，使得捐赠人的社会公益目的落空。这样的情况下，在大部分人看来，理所当然成立诈骗罪，因为被害人在客观上

---

* 杨兰，法学硕士，上海市黄浦区人民检察院检察官助理。

① 《多地出现假借疫情募捐名义诈骗，民政部提示公众如何甄别》，载新浪新闻中心 http://news.sina.com.cn/c/2020-03-06/doc-iimxxstf7013343.shtml，2020年9月3日访问。

当然地遭受到财产损失。然而，学术上对于单方给付的诈骗行为，会利用"目的失败论"的理论进行解释，目的失败论更加注重考察被骗人的主观目的。所以，在被骗人主观上主要是出于攀比心理或其他非社会公益目的时，就不能轻易认定行为人的行为构成诈骗罪。捐赠欺诈的案件层出不穷，在疫情期间，更是引起广泛的讨论，但是，在刑法范畴似乎对于捐赠欺诈的规制并没有统一的标准和切实的效果，因此，笔者不得不从刑法的角度重新审视对于捐赠欺诈行为性质的认定。

（二）客观经济不对等给付型捐赠

不对等给付型捐赠是指行为人有骗取被骗人财物的意图，但是并非完全没有向对方进行一定的给付，而是用一些明显不对等的物品来进行交换。对于这种不对等的给付，由于行为人并非完全没有给予任何回馈，有些是可以忽略不计的给付，有些给付虽然不对等，但是还是拥有一定的价值的。因而除了上述单方给付中如何认定是否构成诈骗罪之外，更加难以确定的是诈骗的数额，如果认定其构成诈骗罪，是否需要扣除对方给付的部分来认定财产损失也成为讨论此类捐赠欺诈行为的重点之一。

（三）客观经济对待给付型捐赠

对待给付型捐赠是指，行为人实际上提供了相应的对价，只是其宣称的募捐理由并非真实，其募捐的善款最终也并非用于社会公益事业，而是据为己有。在这类案件中，行为人虽然对募捐理由进行了编造，但是还是给予了相应对价的财物或服务，因此在财产损失的认定上可能更具困难。

二、理论之探讨

（一）个别财产说

在我国的《刑法》中，诈骗罪的规定较为笼统，对于财产与财产性利益在法条规定中没有进行明确的区分，只是规定了"骗取数额较大的公私财物"。由于日本刑法学界认为诈骗罪只是针对个别财产的犯罪，因此针对个别财产说，根据诈欺行为侵害的到底是财物的所有权及其本权还是也同时保护财物的占有，个别财产说还分为形式的个别财产说与实质的个别财产说。

1. 形式的个别财产说

形式的个别财产说认为，通过欺骗行为人的行为使对方陷入错误认识后，使得对方交付财物的行为就成立诈骗罪，即物或者利益通过交付行为而转移，由此，诈骗罪达到既遂。因交付而转移的个别的物或者利益的丧失本身，就是诈骗罪中的法益侵害，这样，诈骗罪被认为是针对个别财产的犯罪。[①]形式的个别财产说并不关注行为人是否给予了受骗人对待给付，即不考虑受骗人是否遭受到实际的损失，即使受骗人获得了相对应的等值给付也不能成为犯罪阻却事由，因为这种对待给付只是诈欺行为的一种手段而已。在可以认

---

① ［日］山口厚：《刑法各论（第 2 版）》，王昭武译，中国人民大学出版社 2011 年版，第 311 页。

为如果被告知真相对方就不会交付财物的场合，即使提供了与财物价值相当或者超过它的代价，也不妨碍诈欺罪的成立。[①]通过对形式的个别财产说的研究，可以发现其理论存在以下几个较为明显的缺陷：

首先，形式的个别财产说对于法益的保护范围有明显的扩张趋势，过分强调对于"秩序法益"的维护，是不可取的。然而，随着社会经济的不断发展，全球化趋势的日益增强，"秩序"应该成为刑法重点保护的法益这一观点遭受到了不少学者的质疑，尤其是在一些刑民交叉的经济类犯罪行为中。如果一味地为了维护社会秩序、管理秩序而将许多经济交易全盘否定，就会遏制社会经济的发展，对于新兴贸易方式的发展也具有极大的消极影响。因此，在一些国家，已经逐渐从"秩序法益观"转向了"利益法益观"，不再单单着眼于对"秩序"的过分维护，而是要求造成实际的客观损害才能使行为进入刑法的评价范围。

其次，形式的个别财产说对于案件评价易存在不合理性。例如，在以欺诈行为骗回自己所有的他人非法占有的自己的财物时，根据形式的个别财产说，由于其保护占有，维护财产占有的稳定秩序，因此，只要行为人通过欺骗手段骗得了受骗人的财物，"交付＝财产损失"，那么就成立诈骗罪，而不考虑该财物的性质等其他因素。这样的结论是不能被接受的，他人非法占有的自己的财物，通过一些手段将其取回，只是让其恢复到原来的状态，是一种自力救济的方式，很难断定有违法之嫌。究其根源，就在于跟维护占有的稳定相比，合法的所有权及其本权的保护更为重要，更加需要刑法加以保护。

再者，形式的个别财产说，存在着逻辑上无法自洽的情况。个别财产说虽然是针对个别财产的，但是也是承认应当存在财产损失的。可是，形式的个别财产说又强调，交付本身就相当于财产损失，相当于其不承认实际上的财产损失。那么，形式的个别财产说其实就是不承认诈骗罪应当有财产上的损失，这样一来，就产生了内部逻辑矛盾。如果说坚持彻底的形式财产说，那么就是否认诈骗罪需要有财产损失，有的学者就转而用实质的个别财产说试图掩盖这一缺陷，但是，笔者认为，实质的个别财产说不过是套用了"个别"的名称外表下的整体财产说，并非真正的个别财产说。

2. 实质的个别财产说

与形式的个别财产说针锋相对的是实质的个别财产说，持该学说的学者认为，诈骗罪毕竟是侵犯财产的犯罪，保护的应当是财产的所有权及其本权，因此，认定受骗人遭受到实际损失应当成为一个独立的要件。诈骗罪的认定不能仅仅考虑财产的交付，还应当着眼于受骗人的实际财产损失以及财产作为交换手段、目的达到手段的意义。如果行为人给予了对待给付，并且受骗人也达到了其社会经济往来的目的，就不应当认定行为人的行为构成诈骗罪。从对待给付的角度来看，实质的个别财产说认为，需要行为人在客观经济上和被骗人主观目的同时满足要求，才能排除不对等给付的成立。

---

① ［日］大塚仁：《刑法概说各论》，冯军译，中国人民大学出版社 2009 年版，第 288 页。

形式的个别财产说与实质的个别财产说的区别主要在于对法益的保护范围是不一致的。

（二）整体财产说

德国关于诈骗罪中财产损失的认定，通说为整体财产说。诈骗罪的成立以被害人的整体财产减少为必要，反之，就不成立诈骗罪。[①]就对整体财产的犯罪而言，应当将财产的丧失与取得作为整体进行综合评价，如果没有损失，即可否认犯罪的成立。[②]持整体财产说的学者认为，不仅仅要考虑财物客观经济的实际损失，还应当考虑财物的交易目的是否得到实现。只有当客观经济和主观交易目的两个方面都没有损失的情况下，才能排除诈骗罪的成立，否则，成立诈骗罪。

笔者认为，对于整体财产说，需要强调两点。第一，这里的整体财产说并非德国刑法理论中最为原始的整体财产说的理论，而是经过长时间不断发展后形成的整体财产说的理论。因为不少学者，尤其是持实质个别财产说的学者在反对整体财产说的时候，会将其理解为单纯比较财产转移或交付前后的整体的得失就可以作出判断，而不考虑其他因素，这样就变成一种纯客观的判断方式，不利于合理判断财产损失。但其实不然，这里的整体财产说已经是理论经过完善，不仅考虑"净财富"的得失，而且考虑行为人交易的重大目的的实现与否。第二，虽然整体财产说兼顾了客观经济的得失和主观交易目的的实现与否，但是仍然需要强调，客观经济的得失判断是处于基础的地位，是一种价值导向，不能本末倒置。

依据整体财产说，需要进行两个方面的判断。首先，就客观经济是否存在损失进行判断，这是一种实质性的判断，也是重要的判断依据。财产损失既然作为诈骗罪具有刑事违法性的一种基础，那么就应当具备较为客观的判断标准，而客观经济损失就很好地作出了指引，如果将主观价值损失作为基础，违法性判断就会存在巨大的流动性，处于一种摇摆不定的状况之中。其次，关于被骗人主观交易目的的背离与否。笔者认为，这里的主观目的不仅仅是指被骗人处分财物所想要实现的经济价值方面的目的，同时也包括被骗人处分特定财物想要实现的目的。当然，需要强调的是，应当排除动机错误的情形，目的与动机是不同的，如果目的背后的动机发生错误，并不会导致损失的当然成立。同时，对于目的，需要进行一定的限定，并非任何目的都要纳入讨论的范畴。笔者认为，被骗人支配财产主要的、决定性的目的或者双方约定的目的应当成为判断主观目的是否实现的基础。也就是说，这里的目的虽说是主观目的，却带有一定的客观色彩，并非完全由被骗人决定，应当通过社会公认的秩序来进行推理。这样的方式才能具有较强的稳定性，符合一般的判断规则。

根据整体财产说，首先就被害人的客观财产价值是否受到损失进行判断，如果被害人

[①] ［日］林干人：《刑法各论》，东京大学出版会1999年版，第150页。
[②] 张明楷：《论诈骗罪中的财产损失》，载《中国法学》2005年第5期。

的财产在客观上遭受到损失，即成立诈骗罪；如若行为人得到相当价值的对待给付，则要考察主观价值是否遭受损失，如果遭受损失，则成立诈骗罪；如果主客观都没有遭受损失，则排除诈骗罪的成立。

（三）实质的个别财产说与整体财产说之比较

从判断规则上来看，两种学说都对于被骗人的客观经济和主观交易目的进行了认定，但是，仔细分辨，还是存在如下区别。

首先，从思考的路径角度出发，两者存在区别。德国是以整体财产说作为通说的，且德国刑法明文规定诈骗罪是针对整体财产的犯罪，因而会比较整体财产在转移交付前后的得失。如果没有减少，原则上就排除财产损失的成立，但是如果在下一个判断步骤，即交易目的的实现与否的判断中，确定交易目的失败或落空，也就是所谓的主观价值损失成立的情况，就能够成立财产损失；而实质的个别财产说肯定财产损失的成立原则是财产的移转，以被害人的错误与财产没有实质关联作为例外。两者对于财产损失理论架构的基础理解不同，判断路径也就存在不同。

其次，在犯罪数额的认定上存在区别。实质的个别财产说是基于诈骗罪是针对个别财产的犯罪的理论出发的，其会将被骗人转移或交付的所有财产当作财产损失的数额，而并不会考虑行为人是否有给予一定程度的对待给付等情形；而整体的财产说则会考虑行为人是否提供了相应的对待给付或提供了部分给付，从而将行为人给付的这部分予以扣除。

综上所述，个别财产说在诸多方面都存在缺陷，无法很好地对捐赠欺诈中的财产损失进行正确的评价，应当予以排除，适用更为合理的整体财产说。

（四）目的失败论

在刑法理论中，有学者提出了利用目的失败论来专门解释捐赠欺诈类犯罪的定性问题。目的失败论的理论基础源于对财产损失意识是否必要的判断上。学理上，原本只有无意识的自我损害必要说与无意识的自我损害不要说两种观点，但是，由于捐赠欺诈的特殊性，排除了这两种学说的运用，而产生了目的失败论。

首先，无意识的自我损害必要说是德国刑法中的通说理论，该学说认为并非只要有损害就能够成立财产损失，仅当受害人无意识的损害才能成为诈骗罪中所指向的财产损失，也就是说，受害人对于转移或交付自己的财物会导致自己财产减少或受损时没有意识。采取无意识的自我损害必要说的原因有以下三点：第一，诈骗罪所想要保护的法益只能是财产，不能够将其不当扩大到权利人支配处置财物的权利自由或者是没有实际经济价值只是附加情感价值的物体。第二，之所以会有无意识的自我损害，是基于诈骗罪中财产的转移或交付与盗窃罪不同，是经过权利人同意的财产转移，如果权利人对于财产的减损是有意识的，那就相当于被害人同意的情形，被害人自愿放弃法益而不需要法律进行保护。第三，在德国刑法中，诈骗罪被认为是一种特殊的间接正犯的情形，但被骗人意识到自己可能会遭受到财产损失的时候，就不可能成为行为人的作案工具，那么就不可能出现间接正犯的情形。

无意识的自我损害不要说与无意识的自我损害必要说的观点相反，但是，支持该说的学者数量甚少。该观点认为，成立诈骗罪不需要无意识的自我损害，因为被害人的财产通过处分而减损，不管对财产的损失是否有意识，所有的目的失败案件都存在损失，构成诈骗罪。[①]而无意识的自我损害必要说的优势也正是无意识的自我损害不要说的缺陷所在。

一般的双方交易运用无意识的自我损害必要说是畅通无阻的，但是，对于捐赠欺诈的情形，自我损害必要说就可能出现问题。捐赠欺诈中，捐赠的目的是社会慈善公益目的，由于是单方给付的情形，捐赠人对于自己的财产损失的后果是有充分且明确的认识的，如果运用自我损害必要说的观点，就会导致在捐赠的情形中，不可能会有财产损失认定的可能性，也就无法成立诈骗罪。这样的结论在刑事政策上无法让人接受，目的失败论也因此诞生，专门针对单方给付的捐赠欺诈的情形。

目的失败论的主张论者认为，不同于有偿的交换型交易，单方交易的意义只能单纯通过其追求的社会目的来确定。在单方交易的情况下，人不可能成为纯粹的经济人，因此必须从经济的角度考虑社会要素。[②]依照目的失败论，行为人的欺骗行为即使导致了被骗人在客观上确实遭受了财产损失，但是，由于其主观目的都得到了实现，由于行为人的欺骗行为使得被骗人产生错误认识，从而交付其财物并最终遭受到财产损失，却因为主观上的目的而使得行为人能够逃避刑事责任，听起来似乎不符合常理。具体而言，其具有以下几个明显的缺陷：

首先，法益保护的不明确性。目的失败论强调的是被骗者主观目的的实现与否，但是，我们都知道，诈骗罪在绝大多数国家，都是一种侵犯财产的犯罪，将被骗人意欲实现的社会目的与实际经济上的损失画等号是有些荒谬的，在实践操作中也无任何标准将社会目的换算为具体的财产损失。这就使得诈骗罪的保护法益发生了分歧，原本只是客观保护公民的财产安全转变为既要保护财产安全，又要兼顾公民的普遍信赖与社会慈善等公益目的的实现，将两种概念混为一谈，显然有扩大保护法益之嫌。应当警惕，法益处分的社会意义不是法益本身。[③]

其次，主观目的判断标准不统一。主观原本是需要透过客观来进行推断的，一旦脱离了客观行为，主观的判断就五花八门，对于主观的把握每个人都有不同的理解。因此，就算希望通过对主观目的的把握来认定是否存在财产损失，也可能会出现同案不同判的情形。而对于司法实务工作者来说，目的失败论的实际标准不一，操作性不高，毕竟，探究被骗者的主观目的在一般情况下都是很困难的，尤其是完全不考虑被骗人是否存在客观上的财产损失的情况下，单纯探究其主观意图，难免会造成主观定罪的后果，这与现代刑法的精神是背道而驰的。刑法一直强调应当通过客观行为来推断主观目的，而目的失败论却试图以主观取代客观成为主要的判断依据，这是非常不妥的。况且，某一行为的做出，往

---

① ② 陈毅坚：《捐赠诈骗的刑事可罚性研究——以对"目的失败理论"的批判为中心》，载《政治与法律》2018 年第 4 期。

③ 陈毅坚：《诈骗罪中财产损失的概念与认定——以混合型交易为中心》，载《政法论坛》2019 年第 1 期。

往并非出于一种动机或者目的，一系列的动机或目的综合导致被骗人做出某些行为，利用这样没有判断标准的"标准"来确定诈骗罪的财产损失成立与否，显然是无法得出明确且唯一的结论的。

最后，违背刑法明确性原则。目的失败论实际上并非从法益保护的角度出发来考量财产损失的成立与否，而是从被害人的角度出发来考虑的。它的产生是出于对财产损失必要说的漏洞的一种补充，实际上是因为根据刑事政策的需求，在认为捐赠人在捐赠情形下被欺诈的状况是值得被保护的，因而将对保护性的考量取代了对财产损失的判断，这样偷换概念的举动会导致刑法的明确性原则得不到保障。

综上，由于目的失败论存在诸多漏洞，应当予以排除。

三、捐赠欺诈财产损失认定的路径

（一）财产损失之定性

实际上，捐赠欺诈完全符合诈骗罪客观构成要件中的欺诈行为、认识错误、财产处分和财产损失要素。行为人的欺诈行为都制造并实现了法律不被允许的风险。[①]笔者认为不应当过分去关注被骗人的目的是否落空，更多地应该去探讨客观归责的问题。整体财产损失理论实际上既考虑了客观损失，又兼顾了被骗人的主观利益。因此，笔者认为，没有必要再去创造某一种新的学说去单独解释捐赠欺诈这一类行为，利用整体财产说其实就能很好地解决所有诈骗罪的财产损失认定问题，使得财产损失的认定能够在诈骗罪范围内一以贯之，引入目的失败论进行解释，反而会造成难以界定的情况。

首先，就单方给付的情形而言，需要对整体财产说作出一定的修正。因为在单方给付的情况下，在客观经济付出上，受赠方是没有给出经济上的相对给付的，而是以慈善行为来作为一种对待给付的方式，来抵消捐赠方的客观经济给付，实际上就类似于民法中的债的关系。在主观交易目的，即主观价值损失方面的判断上，基本可以明确，捐赠人既然被称为捐赠人，其一定是带有公益目的的而不论其是否还抱有其他目的。但是，应当注意的是，如果确实有证据证明捐赠方抱有其他目的，那么，该目的的实现可以考虑作为量刑的一种酌定因素。当然，如若行为人将一部分受赠财物用于相应的公益活动，可以理解为这部分财物物尽其用，应当在认定诈骗数额的时候予以扣除。此外，笔者想强调，在交易过程中，尤其是捐赠交易过程中，必须明确区分捐赠动机与捐赠目的，毕竟捐赠欺诈中是以主观交易目的作为一个重要的判断。捐赠动机的错误与一般捐赠的效果是相同的。

其次，就混合交易类型的案件的判断，也应当遵循整体财产说，按照如下步骤进行判断：

第一，应当对客观经济方面进行评价，即计算被骗人的整体财产状况在其作出捐赠行为前后资产的增减数量。在不对等给付型捐赠案件中，被骗人的财产虽然得到一定程度的

---

① 陈毅坚：《被害人目的落空与诈骗罪基于客观归责理论的教义学展开》，载《中外法学》2018 年第 2 期。

给付，但是还是可以肯定其在客观上存在财产损失，只是在数额的确定上还需进一步判断；在对待给付型捐赠案件中，应当认定被骗人在客观上是没有遭受到损失的，但是，也不能就此直接得出不成立财产损失的结论，因此，就应当进行下一步的判断。

第二，应当对主观价值方面进行评价，即对被骗人社会目的的实现与否的判断。实际上，在本文所讨论的三类捐赠欺诈案件中，比较引起争议的应当是最后一种，即在有对待给付情况下，如何认定财产损失。经过第一个步骤的判断，应当认定被骗人在客观上是没有遭受到财产损失的，此时，需要继续进行探究，笔者认为，以下几点需要被特别关注。首先，就被骗人捐赠的主要目的与次要目的进行区分，如果被骗人的社会公益目的表示明确，那么就应当认定其主观价值上遭受到损失，从而成立诈骗罪的财产损失。如果有明确的证据证明被骗人的主要目的并非公益目的，而是约定了其他目的，那么就可以认定被骗人在主观上的目的实际上并没有受到侵害，即排除了财产损失的成立。一般来说，以慈善公益的目的举办的募捐活动，被骗人的主要目的当然是希望能够借由活动达到救助社会弱势群体的目的。因此，必须要在有非常明确且具体的证据的证明下，方可排除诈骗罪的成立，但是，如果是以其他目的作为预定的主要目的，实际上也就不会在捐赠类案件中被讨论，应当归属于一般的双方交易类型。其次，就被骗人所获得的财物或利益对于被骗人的必要性进行考察，如果并非被骗人所需物品，就可以认定被骗人是出于公益目的进行的交易而非经济目的，对于被骗人来说，并非需要的物品，其主要目的就在于公益，由此，认定被骗人的主观损失成立是合理的结论。

（二）财产损失的数额认定

根据整体财产说，并非行为人取得的财物就是其犯罪所得或者说是受骗人财产损失的数量，应该从整体看待被骗人的财产损失。尤其是在行为人给予一定给付或者相当给付的情况下，更要审慎认定财产损失的数额。对此，笔者认为应当注意以下两点：

第一，诈骗罪的本质是侵犯财产的犯罪，因此应该以财产权受到侵害为主要的判断标准，而非以被骗人的社会目的作为主要的判断标准。

第二，关于相关给付是否应当扣除的问题，笔者认为，应当结合涉案金额，行为人的主观恶性、被骗人的主观目的以及对待给付的大小来进行综合认定。首先，在单方给付型捐赠案件中，由于被骗人完全没有得到任何"回报"，在客观上肯定遭受财产损失，应当认定为诈骗罪的前提下，一般应当认定行为人的犯罪数额是其获得的捐赠的财物的数额。但是，当被骗人原本的动机就并非单纯的社会公益目的时，可以酌情减轻行为人的刑事责任。其次，在不对等给付型捐赠与对待给付型捐赠案件中，在判断行为人构成诈骗罪的前提下，应当酌情对行为人从轻或减轻处罚，也更加符合罪责刑相适应原则。对于其数额的认定，如果证明行为人的给付是符合被骗人的主观目的的给付，应当扣除相应的给付部分，剩余的部分应当认定损失数额。

四、结语

当前，全球疫情还在持续蔓延，"抗疫战争"还需要不断坚持，因而，对此期间的慈善诈捐的情形要时刻警惕。我国司法实务中对于诈骗罪的认定还是处于一个较为谨慎、抑制的状态。究其原因，就是诈骗罪案件中存在大量民刑交叉的情形，稍有不慎，可能会导致刑罚滥用的后果，尤其是在捐赠欺诈案件中，而财产损失要件对于克制诈骗罪的滥用具有显著的效果。此外，目前我国《刑法》关于诈骗罪的规定，比较笼统，对实务中的具体操作造成一定的困难。再有，若要通过"非法占有"等主观要素的判断来进行诈骗罪的限缩，有造成无法操作的可能。因而，构建统一的规制模式对于理论研究和司法实践都具有重大意义，尤其是在司法实践之中，有利于培养体系性的思维，有利于维护法律的稳定性，有利于同案同判原则的实现。

捐赠欺诈行为看似与一般的诈骗行为略有不同，但是，其实质仍然是一样的，在财产损失的认定方面，运用既有的整体财产说即可进行合理的解释，而不需要运用目的失败论或其他修正的理论作为重新认定捐赠欺诈中财产损失的路径。尤其是在疫情期间，通过对客观经济财产和主观交易目的的判断，来共同对财产损失的性质与数额进行认定，由此，形成统一、稳定的判断规则。

（责任编辑：周　健）

新冠疫情防控常态化背景下
农民工"讨薪"困境与破解

——以检察机关支持起诉为视角

张　为　曹瑞璇[*]

一、问题的提出

农民工通常是指"为用人单位提供劳务的农村居民"。[①]改革开放以来，农民工以其庞大的数量和低廉的用工成本为我国经济社会发展作出了重大贡献。[②]但是，在我国经济社会转型过程中，劳资关系矛盾日益凸显。农民工劳动报酬涉及人民群众的切身利益，对其合法权益的保障关系到社会和谐稳定，是一项重要的公益工作和民生议题。党中央、国务院对此高度重视，制定了一系列保障农民工权益的法律、法规和政策措施。例如，2011年《刑法修正案（八）》规定拒不支付劳动报酬罪，2013年《最高人民法院关于审理拒不支付劳动报酬刑事案件适用法律若干问题的解释》为具体案件办理提供了明确的入罪标准。又如2017年国务院办公厅印发《保障农民工工资支付工作考核办法》，2019年国务院制定了《保障农民工工资支付条例》。以上法律法规及配套政策措施的出台，健全了法律体系，加强了政策引导，增强了农民工维权能力和农民工权益保障力度。

2020年，一场突如其来的新冠肺炎疫情给包括我国在内的全球经济、社会带来了重大影响，各行各业均受到不同程度的冲击。农民工群体的劳动报酬收入同样受到极大影响。在新冠肺炎疫情防控常态化背景下，做好"六稳"工作，落实"六保"任务，保障农民工按时足额获得劳动报酬需要社会各界的共同努力。各地检察机关围绕党中央、国务院的部署，在新冠肺炎疫情防控常态化期间积极开展农民工"讨薪"支持起诉，助力保障农民工合法权益。2020年1月至11月，全国检察机关共办理支持农民工起诉民事案件13 700余件，同比上升47.4%，占支持起诉总数的62.7%。[③]在检察机关支持起诉如火如荼进行的同时，系统分析检察机关支持起诉的必要性，反思工作中面临的制度供给不足问题，探索完善检察机关支持起诉的可行路径是十分必要的。

---

[*] 张为，法学学士，上海市奉贤区人民检察院副检察长。曹瑞璇，法学博士，上海市奉贤区人民检察院检察官助理。
[①] 《保障农民工工资支付条例》第二条。
[②] 2020年2月28日，人力资源社会保障部副部长游钧在国务院联防联控机制新闻发布会上介绍：农民工是我国产业工人的主体，总量去年已达到2.9亿人，其中有1.7亿人外出务工，这包括7 500万的跨省务工。
[③] 刘佳音：《最高检：民事检察部门支持农民工起诉13 700件占比超6成》，载正义网，2020年12月23日。

二、检察机关开展农民工"讨薪"支持起诉之现实困境

（一）法理依据存在瑕疵

支持起诉原则源于苏联法上的社会干预诉讼制度，它的立法目的在于维护社会公益，保护社会弱势群体。①法律语境下的"弱势群体"通常是指受到物质资源、政治权利、文化知识等因素影响，导致其相对于社会一般民众更容易受到损害，而无法依靠自身力量完善权利救济的群体。②农民工往往因经济与文化水平低、诉讼意愿与诉讼能力缺乏等因素导致不知、不能、不便甚至不敢提起诉讼，继而减损了其所应当享有的诉讼程序正义与实质正义。因此，农民工符合法律语境下有关弱势群体的定义。此外，《民法典》是对传统私法自治与契约自由的修正，呈现"社会化"现象。《民法典》通过限制私法自治、加强国家干预的方式，强化对弱势群体（农民工）的保护，③在利益平衡中形成了国家治理体系的制度保障。④对农民工合法权益保护支持起诉是国家干预在民事检察领域的自然延伸，但需要注意的是，检察机关不能忽视对当事人处分权的尊重与保障。⑤

我国《民事诉讼法》具有当事人处分与国家干预相交织的特点。⑥其第十五条规定，"机关、社会团体、企业事业单位对损害国家、集体或者个人民事权益的行为，可以支持受损害的单位或者个人向人民法院起诉"。本条仅是对支持起诉进行了原则性规定，对于支持起诉的"机关"、支持起诉的方式、支持起诉的参与程度等均未作出具体规定。从程序法基本要求出发，当法律未明确规定相关程序规则时，支持起诉主体不能凭空行使权力。⑦与此同时，有学者主张，尽管支持起诉条款并未明确"机关"是否包含检察机关，但条文中的"机关"应排除检察机关。⑧理由在于，检察机关支持起诉将导致当事人诉讼地位失衡，可能出现检察权错位或越位现象。⑨从检察机关作为国家司法机关、法律监督机关以及"公共利益代表人"的角度看，《民事诉讼法》第十五条规定的"机关"更适宜作扩大解释。检察机关积极开展农民工"讨薪"支持起诉符合其立法原意。检察机关支持起诉并不是我国法律明确规定的一项制度，而是检察机关通过实践对《民事诉讼法》第十五条支持起诉原则进行解释的结果。⑩

---

① 陈刚：《支持起诉原则的法理及实践意义再认识》，载《法学研究》2015 年第 5 期。

② 冯彦军：《社会弱势群体保护问题论纲》，载《当代法学》2005 年第 4 期。

③ 例如，《民法典》（侵权责任编）第一千一百九十二条规定了个人劳务中的用工替代责任。即农民工与个人签订的个人用工合同（如家庭保姆），在农民工按照合同约定履行合同义务提供劳务时造成他人损害的，由接受劳务一方承担赔偿责任。《民法典》第一千一百九十三条规定了定作人指示过失责任。该规定对第三类劳务输出方式中的农民工给予救济，如开荒保洁，农民工在完成工作任务的过程中，因定作人错误的定作、指示或选任而遭受损害或造成第三人损害的，由定作人承担相应的赔偿责任。

④ 王利明：《民法典：国家治理体系现代化的保障》，载《中外法学》2020 年第 4 期。

⑤ 蒋集跃、梁玉超：《存在未必合理——支持起诉原则的反思》，载《政治与法律》2004 年第 5 期。

⑥ 常怡：《民事诉讼法学研究》，法律出版社 2010 年版，第 22 页。

⑦⑧⑨ 段厚省：《论检察机关支持起诉》，载《政治与法律》2004 年第 6 期。

⑩ 黄学贤、张牧遥：《检察机关支持公益诉讼制度论》，载《甘肃社会科学》2016 年第 1 期。

然而，从上述条文中不难发现，我国现行《民事诉讼法》对于支持起诉制度的规定较为原则，并没有通过相关配套制度加以明确化、具体化。《民事诉讼法》亦未明确界定支持起诉的主体、方式、范围和程序。有学者曾指出，此立法结构呈现出"有头无尾、前呼后不应"的现象，导致整部法律在立法结构上存在瑕疵。①在此背景下，检察机关在开展支持起诉工作中面临角色定位不清晰、职责权限不明确等现实问题，一定程度上制约了检察机关支持起诉职能的发挥，给检察机关开展司法实践带来诸多困难。

（二）案件来源有待丰富

充足的案源是做好支持起诉工作的前提和基础，支持起诉案源较少的问题长期困扰着基层检察机关。而弱势群体特别是农民工却通常不知道在发生劳资矛盾时可以向检察机关申请支持起诉。再加上检察机关与行政机关、其他司法机关之间的信息壁垒，检察机关往往难以第一时间掌握辖区内农民工"讨薪"情况的相关信息。基于上述因素的影响，检察机关依当事人申请发现案源支持起诉案件总量中的占比较低，多数支持起诉案件为检察机关依职权发现案源线索，再通过劝说的方式让农民工申请支持起诉。

需要指出的是，检察机关依职权启动支持起诉具有局限性。首先，依职权启动支持起诉可能存在差异性、选择性司法弊端。有关弱势群体的民事纠纷数量庞大，拖欠劳动报酬案件时有发生，检察机关囿于人力、物力、财力等因素的限制，客观上不可能全部支持起诉，那么必然存在主观判断后的选择性重视或选择性忽视问题，从而引发对检察机关差异化司法和选择性司法的质疑。其次，依职权起诉将使支持起诉失去弱者保护的存在价值。支持起诉旨在保护弱势群体，而督促起诉的初衷是检察机关依职权督促（如检察建议）怠于维权的单位或个人提起民事诉讼。②如果检察机关依职权启动支持起诉将使其与督促监督发生混同，从而与支持起诉最初的立法初衷相背离。最后，依职权支持起诉忽视了当事人的处分权。是否将民事纠纷提交法院审理是当事人的处分权能之一，依职权支持起诉是对当事人处分权的不当干预。③

（三）支持范围、方式与程序不一

由于现行立法对支持起诉规定较为原则，导致在各地检察机关支持起诉的司法实践中，存在着支持起诉案件范围、支持起诉参与方式以及支持起诉参与程序不统一的问题。

首先，支持起诉的案件范围庞杂。通说认为，检察机关启动支持起诉的前提是受害人尚未提起民事诉讼。如果受害人已经提起民事诉讼，那么检察机关就没有支持诉讼的必要。但在司法实践中，检察机关支持起诉不仅包括弱势群体未提起民事诉讼的案件，还包括弱势群体已提起民事诉讼的案件甚至还有检察机关"支持上诉""支持反诉"案件。④上述做法显然具有过度干预私益诉讼之嫌。

其次，支持起诉的方式不同。有的检察机关仅提供法律咨询，即通过自身具备的法律

---

① 蒋集跃、梁玉超：《存在未必合理——支持起诉原则的反思》，载《政治与法律》2004年第5期。
②③ 李德恩：《接近司法视阈下检察机关支持起诉的体制建构》，载《法治研究》2016年第1期。
④ 王稼瑶：《完善制度机制 突破支持起诉工作现实困境》，载《检察日报》2020年12月23日第7版。

知识为当事人提供法律咨询。有的检察机关在法律咨询之外，还会提供调查取证或/和派员出庭等支持举措。例如在"山东省惠民县国泰房地产开发有限公司、吴某追索劳动报酬纠纷案"中，当事人因客观原因无法收集证据申请由检察机关进行收集，检察机关依法调取了 25 名欠薪农民工的工资确认表，并作出支持起诉意见书。[①]在派员出庭方面，有的检察机关仅提交支持起诉意见书，而不派检察官出庭支持起诉;[②]有的检察机关派员出庭，但支持起诉出庭人员仅宣读支持起诉意见书;[③]有的检察机关派员出庭，除宣读支持起诉意见书外，还参与法庭调查和法庭辩论。[④]有关派员出庭支持起诉问题，学界争议较大。有学者曾指出"检察机关派员出庭支持起诉已突破了民事诉讼法设定的支持起诉原则的边界"，[⑤]不仅会影响当事人诉讼地位平等原则的落实，还会阻碍检察机关民事抗诉和再审监督权的行使。

最后，支持起诉的参与程序不一。在不同的个案中，检察机关诉讼参与程度有所差别。有的检察机关仅部分参与支持起诉的诉讼过程，有的检察机关则全程参与整个诉讼过程。[⑥]目前，检察机关应当部分参与抑或是全程参与支持起诉的诉讼过程缺乏明确的法律指引，检察机关大多通过对个案的审查判断，决定是否全程参与诉讼过程，这不免会产生随意性和偶然性，因而容易发生实践偏差。

三、检察机关开展农民工"讨薪"支持起诉的审查原则

受新冠肺炎疫情的影响，许多企业难以进行正常的生产经营，出现了不按时、足额发放农民工劳动报酬的问题。那么如何兼顾农民工合法权益保护和护航民营企业发展效果之利益平衡是摆在检察机关面前的一道难题。因此，检察机关在开展农民工"讨薪"支持起诉案件中，要坚持合法合理原则、谦抑性原则以及有限性原则，努力破解利益平衡难题。

（一）合法合理原则

从检察工作的角度看，在农民工"讨薪"支持起诉中，必须坚持合法合理原则，既要符合法律规定，又要符合社会公理。具体而言，合法性要求检察机关在支持起诉过程中根据法律法规的规定，依法履行支持起诉职能。合理性原则要求检察机关在开展农民工"讨薪"支付起诉案件中注重法律效果、社会效果和政治效果的统一。当前，为统筹新冠肺炎疫情防控和经济社会发展之间的动态平衡，检察机关必须更加严格公正地履行宪法和法律赋予的职责，综合考虑企业资金周转困难与恶意拖欠劳动报酬之间的界限以及不可抗力因素对企业经营的影响。针对实际经营困难的企业，建议企业与农民工积极协商工资支付时

---

① （2020）鲁 16 民终 3482 号。

② （2020）甘 2922 民初 1684 号。

③ （2020）云 0381 民初 4040 号。

④⑥ 徐清、徐德高：《检察机关支持起诉面临的困境分析》，载《人民检察》2017 年第 20 期。

⑤ 李浩：《论检察机关在民事公益诉讼中的地位》，载《法学》2017 年第 11 期。

间与方式，协商不成的，可以通过支持起诉的方式帮助农民工"讨薪"，从而维护其合法权益。在案件办理过程中努力化解矛盾，平衡利益冲突，实现法律效果、社会效果和政治效果的有机统一。

（二）谦抑性原则

作为具有法律监督性质的公权力，检察机关通过支持起诉介入民事诉讼领域也应当遵循谦抑性原则，[1]即保持克制、妥协与宽容。[2]首先，加强对监管主体的监督。县级以上地方人民政府、人力资源社会保障、工程建设行业主管部门以及发改、财政、公安等部门依职责承担相应的农民工劳动报酬支付监管职责，检察机关通过监督相关主体积极履职，帮助农民工"讨薪"，最大限度减少不当干预的影响。其次，在监管主体帮助农民工"讨薪"遭遇困难，且农民工申请检察机关支持起诉的情形下，检察机关才能够经审查决定是否受理。换言之，在支持农民工讨薪起诉案件中，检察机关要充分尊重当事人的程序选择权和实体权利处分权，避免过度干预当事人程序性权利和违反私法自治原则。[3]最后，检察机关在开展农民工"讨薪"支持起诉前，有必要在用尽当事人救济程序后启动支持起诉，从而避免越俎代庖干预甚至取代行政执法工作，最大程度满足诉讼经济的考量。

（三）有限性原则

有限性原则要求检察机关在开展农民工"讨薪"支持起诉案件过程中，要始终牢记自身作为"帮助者"的诉讼地位，以确有必要为限度支持受损害农民工提起民事诉讼。首先，检察机关支持起诉并不能涵盖所有可能的案件，而需要立足于民事诉讼中原告弱势被告强势的利益平衡，协调好公权力与私权利的冲突。[4]其次，检察机关支持起诉有必要区分公益诉讼与私益诉讼。在农民工"讨薪"案件中，在当事人具备经济能力和诉讼能力时，检察机关就不应再启动支持起诉。最后，检察机关支持起诉的方式也要遵守有限性原则。具体而言，当单一的支持方式可以促使农民工独立完成民事诉讼时，那么检察机关就不必再为其提供更多的支持方式。[5]检察机关坚持有限性原则，在农民工"讨薪"支持起诉案件既可以帮助农民工实现诉讼目的又可以节约司法资源。

四、完善检察机关开展农民工"讨薪"支持起诉之具体举措

（一）完善顶层立法设计

检察机关开展农民工"讨薪"支持起诉肩负着维护弱势群体利益的重任。现行支持起诉立法存在原则性有余、操作性不足的问题，应对相对原则性的内容进行细化，对支持起诉的条件、方式、程序保障等方面进行具体制度完善。

---

① 肖建国、蔡梦非：《环境公益诉讼诉前程序模式设计与路径选择》，载《人民司法（应用）》2017年第13期。
② 郭云忠、常艳、杨新京：《检察权谦抑性的法理基础》，载《国家检察官学院学报》2007年第5期。
③ 杜闻：《简论民事诉讼当事人处分权》，载《政法论坛》2001年第1期。
④ 王丽娴：《检察机关支持起诉制度的完善》，载《重庆工商大学学报》2008年第18卷增刊。
⑤ 段厚省：《论检察机关支持起诉》，载《政治与法律》2004年第6期。

1. 明确支持起诉的条件

在民事诉讼中，当事人享有处分权，是否启动诉讼程序亦是当事人处分权能之一。如果不明确支持起诉的条件，检察机关支持起诉就存在过度干预当事人处分权行使的问题。[①]因此，有必要明确检察机关支持起诉的条件。第一，支持起诉的主体。在农民工"讨薪"支持起诉案件中，检察机关在职能范围内有权作为适格主体，但应当遵循合法合理、谦抑性及有限性原则。第二，支持起诉的案件范围。需实际发生损害农民工民事权益的侵权行为，例如未按时或未足额向农民工发放劳动报酬，且农民工尚未提起民事诉讼。第三，支持起诉的对象。受害农民工具有起诉意愿，但囿于诉讼能力、诉讼技巧等客观原因往往存在不知、不敢、不能、不便诉诸法院消极现象。[②]例如，在"讨薪"案件中，大多数农民工"不知道到法院打官司需要准备哪些材料、不知道怎样写起诉状、不知道相关法律规定的内容以及诉讼要经过怎样的程序"，[③]检察机关通过支持起诉，为农民工维护合法权益提供专业支持。

2. 明确支持起诉的方式

检察机关作为支持起诉人向农民工提供支持起诉的帮助，其参与方式有必要进一步明确。笔者主张检察机关支持起诉的方式应明确为提供法律咨询和制作支持起诉意见书。一方面，针对农民工"讨薪"案件所提出的事实问题和法律问题，检察机关可以在自身业务范围内，通过口头或书面的方式为当事人提供必要的解答，或者帮助农民工协调司法行政机关获得法律援助，从而协助农民工制定诉讼策略。[④]另一方面，检察机关通过书面的支持起诉意见书发表对案件的意见。支持起诉书内容应当包括案件来源、基本案情、支持起诉的法律依据和理由，通过获得法院的支持，从而帮助受害农民工达成其诉讼请求。对于实践中检察机关采用的调查取证、派员出庭支持起诉等方式，笔者持保留意见。理由如下：检察机关调查搜集的直接证据要质证，当农民工自身无法独立完成证据质证及辩论时，检察机关参与质证及辩论违背了民事诉讼当事人诉讼地位平等原则，可能造成对私权的不当影响。因此，在调查证据方面，检察机关不能陷入"替代化"的陷阱，否则将背离支持起诉制度的立法原意。[⑤]此外，检察机关只有权协助受害农民工向法院提起民事诉讼，[⑥]在支持起诉案件中的地位和作用是"帮助原告进行诉讼的诉讼参与人"。[⑦]检察机关作为支持起诉人，其诉讼权利受限，原则上不应参加法庭调查和法庭辩论，不应享有对案件实体问题产生重大影响的权利（例如，和解、调解、自认、变更、撤销诉讼请求等）。因

① 李德察：《接近司法视阈下检察机关支持起诉的体制建构》，载《法治研究》2016 年第 1 期。
② 朱刚：《从高站位认识支持起诉工作的重要意义》，载《检察日报》2020 年 12 月 23 日第 7 版。
③ 曹国华、陶伯进：《农民工劳资纠纷司法救济的困境与破解——检察机关支持起诉的视角》，载《河北法学》2012 年第 6 期。
④⑤ 秦天宝：《论环境民事公益诉讼中的支持起诉》，载《行政法学研究》2020 年第 6 期。
⑥ 柴发邦、赵惠芬：《中华人民共和国民事诉讼法（试行）简释》，法律出版社 1982 年版，第 15 页。转引自陈刚：《支持起诉原则的法理及实践意义再认识》，载《法学研究》2015 年第 5 期。
⑦ 李浩：《论检察机关在民事公益诉讼中的地位》，载《法学》2017 年第 11 期。

此，检察机关对于支持起诉的案件应当制作支持起诉意见书并送达法院，而不必派员出庭支持起诉。

3. 完善支持起诉的程序

在"讨薪"过程中，农民工应当向检察院递交支持起诉申请书以申请检察机关支持起诉。对于符合支持起诉条件的案件，民事检察部门应当及时作出支持起诉决定书。启动支持程序后，检察机关还应将支持起诉决定书面告知各方当事人（包括农民工）以及法院，依法支持受害农民工向法院提起民事诉讼，促使用工单位及时、足额向农民工支付劳动报酬。对于不符合申请支持起诉条件的案件，民事检察部门要加强释法说理工作，向申请人说明驳回申请的理由以及补正措施。例如，案件不属于检察机关同级人民法院管辖的情形，应当告知申请人向受诉法院对口的检察机关重新提出支持起诉申请。

（二）拓展案源发现机制

在吸纳现有支持起诉案源发现方式的基础上，检察机关要主动破除"等米下锅"的观念，探索多元化案件线索发现机制，破解支持起诉案源偏少、信息不畅等难题，以便最大限度地为农民工"讨薪"提供支持。

1. 加强支持起诉职能宣传

检察机关可以通过微信公众号、官方微博、快手、抖音等新媒体平台发布支持起诉宣传片与典型案例，主动将支持起诉的法律服务职能宣传送到人民群众心间。在开展检察机关送法"进企业、进乡村、进社区、进校园"活动中，深入开展支持起诉职能的宣传服务，广泛收集案件线索。

2. 注重区域内资源利用

充分依托基层法律服务机构、乡村"法律明白人""法治带头人"以及人大代表家、站、点贴近群众的优势，通过聘请民事检察联络员等方式，扩展发现侵害农民工合法利益的案件线索。有的检察机关探索在法院立案大厅设立"检察机关支持起诉岗"的形式，以及时掌握符合条件的支持起诉案件。①

3. 强化检察机关内部合力

建立行政检察、刑事检察、控告申诉部门的内部协作机制，最大程度实现部门之间案件资源整合，形成维护民生民利的检察合力。

（三）强化外部协作机制

从检察机关帮助维护农民工合法权益，助力相关职能部门依法治理拖欠农民工劳动报酬乱象的经验来看，检察机关有必要强化与相关职能部门的协作配合。

1. 建立信息共享制度

检察机关与法院、劳动仲裁机构、人力社保部门、信访部门、法律援助机构等建立农民工"讨薪"信息共享机制。②通过案件信息登记、案件线索移送、联席会议和网格化信

---

① 吕唤平、林燕：《让"弱势群体维权驶入"快车道"临县人民检察院设立支持起诉岗》，载《山西法制报》2020年12月25日第2版。

② 2017年最高人民检察院民事行政检察厅下发《关于充分发挥民事行政检察监督职能协助解决农民工讨薪问题的通知》。

息收集等机制，①全面系统地规范案件信息采集和线索衔接程序，逐步实现对辖区农民工讨薪信息的同步交流共享，最大限度地发挥检察机关支持弱势群体起诉职能，提高办理农民工"讨薪"案件的质效。

2. 建立工作衔接机制

一是民事检察与法律服务联系机制。检察机关可以与司法行政机关主动对接，建立健全检察机关支持起诉与法律援助工作的衔接机制，法律援助部门作为农民工"讨薪"案件承办部门，检察机关作为支持起诉部门，与法律援助部门密切配合，畅通弱势群体维权渠道。二是支持鼓励社会公益组织。在司法行政部门的协作下，检察机关可以依托现有的法律援助社会公益组织或公益基金（如北京义联劳动法援助与研究中心、中央专项彩票公益金法律援助项目），为经济困难的群体性农民工"讨薪"提供法律援助。三是利用工作衔接平台。在充分利用行政机关与检察机关司法衔接平台等联系机制基础上，增强民事检察在推动农民工"讨薪"问题顺利解决方面的针对性。

3. 争取人民法院的支持配合

在农民工"讨薪"个案办理过程中，检察机关要加强与法院的沟通协调，确保案件得到公正处理。对于支持起诉案件中的调查取证、证据质证、派员出庭以及其他程序统一认识，在尊重法院审判权的基础上，为检察机关开展支持起诉营造良好的氛围。②对于案件涉及的专业问题，检察院可以与法院协商，由法院依法指定鉴定机构提供专业咨询、发表鉴定意见。在案件审理过程中，检察机关通过制发支持起诉意见书、派员出庭宣读支持起诉意见书的方式，帮助农民工"讨薪"的诉讼请求能够得到法院支持，妥善化解劳资矛盾纠纷。在审理程序和诉讼费用减免方面，建议法院适用简易程序，通过快审快结快执行、减免诉讼费用的方式，提高农民工合法权益保护的效果。

（四）健全常态化监督机制

新冠肺炎疫情防控常态化背景下，建立健全农民工"讨薪"常态化监督机制，是贯彻习近平总书记关于保障农民工工资支付的重要指示批示精神的重要举措，是落实司法为民理念的必然要求，是推动农民工权益保护的根本保障。

1. 加强对农民工工资支付责任主体的监督

2020年5月1日施行的《保障农民工工资支付条例》（以下简称《条例》）将工资支付的主体责任细分为三个层次。首先，主体责任。《条例》明确工资支付的主体是农民工用工单位。③其次，属地责任。县级以上地方人民政府对本行政区域内保障农民工工资支付工作负责。④最后，部门监管责任。人力资源社会保障、工程建设行业主管部门以及发

① 齐齐哈尔市铁锋区检察院和铁锋区人社局会签《关于建立农民工讨薪信息共享机制的意见》，达州市渠县检察院与县人社局会签《关于建立讨薪案件支持起诉协作机制的意见》。
② 唐玉玲、苏锡飞：《检察机关出庭支持起诉民事案件之据及实践应对》，载《中国检察官》2013年第12期。
③ 《保障农民工工资支付条例》第二条。
④ 《保障农民工工资支付条例》第四条。

改、财政、公安等部门依职责承担相应的监管职责。①检察机关要加强对农民工工资支付责任主体的监督，督促相关部门履行监管责任，通过监督形成主动、高效维护农民工合法权益的合力。

2. 重视农民工工资保证金收缴、管理、执行监督

一是加强收缴工作。在建设工程领域，通过人力资源社会保障部门的协助，检察机关可以向未收缴农民工工资保证金的工程主管部门制发检察建议书。通过及时收缴农民工工资保证金，有力推动农民工"讨薪"工作的开展。二是加强管理监督。农民工工资保证金实行专户存储、专项支取，任何单位和个人不得挪用。三是加强诉后执行监督。针对部分农民工"讨薪"案件执行难问题，民事检察通过个案监督能够维护农民工的合法权益以及法院判决的执行力。②一方面，检察机关可以告知农民工向法院申请强制执行或者申请由农民工工资保证金先行垫付，再向用工单位追偿。另一方面，对于人民法院执行活动存在不执行、怠于执行、违法执行等情形，依法行使执行监督职能，助力农民工"讨薪"，维护劳动者最基本的权益。

3. 助力矛盾化解全程监督

着力避免矛盾激化，努力做好矛盾化解工作。农民工"讨薪"过程中可能通过偏激行为进行非正式利益抗争。③这种看似无奈的偏激行为透露着转型时期社会结构的失调，极易引发危害社会治安稳定的事件。检察机关对履职过程中发现的农民工"讨薪"线索，主动协助相关职能部门，积极为案件当事人搭建表达诉求、沟通协商的平台，为农民工畅通救济渠道、排解负面情绪、避免矛盾激化发挥积极作用。

五、结语

习近平总书记在中央政治局第二十次集体学习（"切实实施民法典"主题）时强调，"要加强民事检察工作，加强对司法活动的监督，畅通司法救济渠道，保护公民、法人和其他组织合法权益"，为检察机关在《民法典》时代开展民事检察工作指明了方向。农民工作为社会中的弱势群体，其合法权益保障是牵涉公共利益的社会民生问题。检察机关除运用刑事手段打击恶意欠薪犯罪、发挥行政公益诉讼和行政监督职能助力农民工"讨薪"外，还应重视支持起诉制度在农民工"讨薪"案件中的应用，强化农民工讨薪等合法权益保障，使得问题治理更有力度、更有精度。

（责任编辑：陈龙鑫）

---

① 《保障农民工工资支付条例》第七条。
② 肖建国：《民事程序构造中的检察监督论纲——民事检察监督理论基础的反思与重构》，载《国家检察官学院学报》2020年第1期。
③ 王伦刚：《中国农民工非正式的利益抗争：基于讨薪现象的法社会学分析》，法律出版社2011年版。

疫情防控下行政检察参与社会治理的路径

——以C区检察院依法支持政府开展民宿疫情防控工作为例

徐 蕾 陆海萍*

党的十八届四中全会对行政检察工作提出要求，"检察机关在履行职责中发现行政机关违法行使职权或者不行使职权的行为，应当督促其纠正"，并且要"完善检察机关行使监督权的法律制度"，使得行政检察的内容和内涵不断丰富。在疫情防控的关键时期，行政检察应当承担起责任与使命，充分发挥检察监督职能，为疫情防控贡献行政检察力量。

一、疫情防控下行政检察的职责与使命

新型冠状病毒感染肺炎疫情发生以来，各级人民检察院坚决贯彻落实党中央关于新型冠状病毒感染的肺炎疫情防控工作部署和习近平总书记在中央全面依法治国委员会第三次会议上的重要讲话精神，以高度的政治自觉、法治自觉，坚决把疫情防控作为当前压倒一切的头等大事来抓。新冠肺炎疫情是对我国治理体系和治理能力的一次检验，监督体系作为国家治理体系和治理能力现代化的重要组成部分，决定了检察机关应在疫情防控的关键时期有所作为。行政检察作为"四大检察"之一，应当积极探索在疫情防控时期参与社会治理的路径，为依法行政、依法防疫提供法治保障。

（一）提高政治站位，依法支持行政机关采取疫情防控措施

检察工作与行政工作都是新时代党和国家工作的重要组成部分，均肩负着建设法治国家的重要责任，在服务和保障广大人民群众的合法权益、促进经济社会发展、维护社会和谐稳定等方面的目标是完全一致的。[1]新冠肺炎疫情期间，无论是检察机关还是行政机关，都认真践行着以人民为中心的理念，坚持依法防控、依法治理，打赢疫情防控阻击战是一致的目标。为了使得疫情防控更加规范、科学、精准，行政检察部门应当进一步提高政治站位，积极与人民法院、行政机关沟通、协调，依法支持行政机关依法行政、依法防控。[2]

根据最高人民检察院有关通知要求和上海市人民检察院发布的《上海市检察机关积极履行检察职责依法保障新型冠状病毒感染肺炎疫情防控的工作指引》，在疫情防控的关键时期，行政检察部门应当切实做好新型冠状病毒疫情防控期间行政检察工作：自觉加强与

---

* 徐蕾，刑法学硕士，上海市长宁区人民检察院第五检察部检察官助理。陆海萍，法学学士，上海市长宁区人民检察院第五检察部检察官。

[1] 肖中扬：《论新时代行政检察》，载《法学评论》2019年第1期。

[2] 陈剑峰：《论行政检察服务保障疫情防控法治化》，载《中国检察官》2020年第5期。

人民法院、行政机关信息沟通和工作协调；依法保障对隐瞒病史、逃避医学隔离等行为采取的行政处罚及强制措施；依法支持行政机关为防控疫情而采取的应急行政措施和临时性应急管理措施；妥善处理涉及涉疫情防控的重大敏感案件；适时关注政府机关税收优惠、租金减免、社保费调整等政策实施中的行政给付行为。

（二）依法履行行政检察职责，贡献行政检察力量

在疫情防控期间，行政检察部门应当发挥"一手托两家"的作用，对于办案过程中发现的疫情防控中突出的违法行为、现象，要敢于"亮剑"，运用政治智慧、法律智慧以及检察智慧，充分发挥行政检察监督职能作用。要重点关注卫生防疫、动物检疫、市场监管领域的行政案件和行政非诉执行案件，针对人民法院和行政机关在案件办理中存在的违法情况，积极主动作为，及时提出抗诉或检察建议；依法监督行政机关作出行政处罚未执行情况，开展非诉行政执行监督，确保依法打击力度；结合案件办理和监督履职，注重分析研判本地区破坏疫情防控的行政违法情况，针对食品药品、市政服务等涉民生领域行政监管工作中存在的不足适时提出加强社会治理检察建议，为行政机关依法治理、有效防控提供法律支撑。

同时，也应当注重维护当事人合法权益，依法加强对当事人涉疫情相关法律权利保护。对于因疫情影响诉讼时效期间的案件，加强与法院的沟通，明确诉讼时效计算的标准，切实保障当事人的基本诉权；对涉企业案件，注重保障企业当事人的合法权益，在行政非诉执行监督等案件中加强对限制高消费、列入失信名单和查封冻结等措施的监督，进一步优化营商环境，依法帮助企业渡过难关。

（三）加强法律指引，为社会治理提供有益建议

现代法治具有法治国家、法治政府和法治社会的三维视角，行政检察无论是发挥"一手托两家"作用，还是参与社会治理，都是融入国家治理体系和治理能力建设大局的重要手段。检察机关应积极履职，为打赢疫情防控阻击战提供有利的司法环境，行政检察更肩负着监督公正司法和促进依法行政的双重责任，在疫情防控的关键时期，不仅应当依法发挥行政检察监督职能作用，维护社会稳定，还应当融入国家治理体系和治理能力建设，为疫情防控提供法治保障。

疫情防控是行政检察深层次融入国家和社会治理的切入口，行政检察部门应当注重收集在疫情防控期间全国各地热点案件及其背后的法律问题，适时发布指导；同时，认真研究分析疫情防控有关行政法规、地方性法规、规章、决定、命令，在行政规范性文件的制定和实施中，探索行政检察在疫情防控法治保障中发挥作用的方式方法，为社会治理提供有益建议。

二、典型案例：依法支持政府开展民宿疫情防控工作

（一）基本案情

2020年2月4日，在新型冠状病毒肺炎防控的重要窗口期和关键期，上海发布《上海

市新型冠状病毒感染的肺炎疫情防控工作领导小组办公室通告》（以下简称《通告》），要求针对人员返程高峰和部分企事业单位陆续复工现状，进一步做好疫情防控工作。《通告》发出后，各区积极研究落实。

位于上海中心区域的 C 区人员密集，外地复工来沪人员增多，特别是辖区内有携程和美团两大民宿平台，涉及民宿六千余家，存在消防、食品、人员管理多重问题，对疫情防控更是存在巨大的疾病传播隐患，形势严峻。为此，C 区新型冠状病毒感染的肺炎疫情防控工作领导小组办公室 2 月初召集区委政法委、区市监局、区公安分局、区检察院，就民宿暂停营业问题进行专题研究。

C 区经排查发现，美团电商平台上有近 3 千家位于 C 区的民宿，遂要求美团提供全部 C 区民宿资料。但是，美团网仅提供了三分之一的民宿信息，并以涉及商业竞争为由拒绝提供其余民宿信息。针对这一情况，C 区区委政法委遂要求 C 区检察院对相关法律政策进行研究，并对拟在工作中使用的相关文书进行审核，为依法防控提供法律支撑。

（二）民宿治理行为分析

民宿，也被称为在线短租、网约房、日租房，即以互联网平台、房屋中介为主要媒介，以日为计费单位的短期租赁房。大众旅游背景下，民宿作为一种利用自家闲置房屋，提供多种特色服务的接待设施，极大地促进了城乡经济、社会和文化发展。民宿作为共享经济产品，有效盘活了闲置住房资源，随着国家大力支持民宿发展政策出台，城市人口流动不断增加，民宿行业更是呈现出积极发展态势。

但是，民宿作为新生事物，自身具有极强的不确定性。近年来，虚构"房源"、平台缺乏严格的审核机制、入住用户的个人隐私安全和人身安全缺乏保障等民宿市场的乱象行为，刷新了公众对于民宿的看法。同时，各地政府对民宿行业的监管实施方案尚不完善、城市民宿地域较为分散导致各部门难以进行有效监管、存在诸多治安隐患和监管盲区等问题也引起了相关部门的重视。

新兴事物在经过快速发展期后，规范化发展是市场的必然要求。民宿市场的乱象迫切需要政府职能部门、平台等形成合力，强化对民宿的监管。尤其在疫情期间，民宿的不规范发展极易导致交叉感染，存在扩大疫情的风险。在疫情防控的关键时期，C 区为全力做好新冠肺炎疫情防控工作，有效预防和控制新冠肺炎疫情，最大限度保障人民群众身体健康和生命安全，在外地民工返沪复工增多的现状下，考虑到人员聚集可能会出现交叉感染的情况，决定在疫情期间要求 C 区的民宿暂停营业。

由于前期沟通中民宿管理经营平台只肯提供部分民宿信息，可能会导致具体执行中遇到阻碍，C 区检察院遂根据上海市人民检察院第七检察部发布的《关于积极稳妥履行行政检察职责依法保障新型冠状病毒感染肺炎疫情防控的指导意见》，结合区新型冠状病毒感染的肺炎疫情防控工作领导小组排摸发现的民宿疫情防控可能存在的问题以及部分电商平台不提供完整民宿商户信息导致无法有效监管的情况，快速应对，自觉与区委区政府、行政机关加强信息沟通和工作协调，为有效开展民宿治理工作找到切入口，为疫情防控工作提供精准有力的法治保障。

（三）检察机关工作开展情况

1. 快速应对，压实工作任务和质量

在春节后大量干警尚未返沪和部分干警居家隔离的情况下，C区检察院立即开启行政检察参与疫情防控的"应急"模式，迅速行动起来。区院检察长和分管领导亲自参加研究会商，围绕区防控工作领导小组办公室要求，组织精干力量，认真部署开展研究。经讨论，确定将疫情防控、民宿管理、电商平台职责相关法律法规作为主攻方向，并决定以行政检察办案人员为主，抽调补充精干力量组成专班，明确分工并压实工作任务和质量要求限期完成。

专班成员在短短两天时间内，审慎高效地完成相关工作。一是集中梳理和研究《传染病防治法》《突发事件应对法》《电子商务法》、上海市委依法治市委出台的疫情防控依法保障十条意见、上海市人大常委会《关于全力做好当前新冠肺炎疫情防控工作的决定》等法律和规章。二是积极参与区疫情期间网络平台民宿管理的有关专题会议，全面收集情况信息，为准确筛选法律依据奠定基础。三是在区委政法委组织下，与区市监局、区公安分局网安、治安、法制支队等共同研讨，认真分析民宿管理经营平台拒不提供全部信息的深层原因，及时反馈有关法律动态，听取各方意见。经分析，C区检察院发现，民宿管理经营平台不提供信息的民宿，既有商业竞争因素，也存在部分民宿不规范、证照不全，担心被发现受到处罚等方面因素，确有必要向其明确法律适用的依据，打消其顾虑。

2. 发挥专业优势，提供法律支撑

对抗疫期间有关电商不提供完整民宿商户信息行为，C区检察院梳理相关法律发现，区政府要求提供民宿信息具有充分的法律依据。

首先，根据《电子商务法》第二十八条、《网络交易管理办法》第二十三条，电子商务平台经营者应当按照规定向市场监督管理部门报送平台内经营者的身份信息等。第三方交易平台经营者应当对申请进入平台的经营主体身份进行审查和登记。其次，《传染病防治法》第三十一条、第五十四条、第七十七条，《突发事件应对法》第五十六条、第六十六条等，对有关单位的责任义务作了规定。再次，上海市人大常委会《关于全力做好当前新冠肺炎疫情防控工作的决定》第三条规定，任何单位都应当遵守疫情防控的规定，服从本地区政府的统一指挥和管理。上海市《关于促进本市乡村民宿发展的指导意见》规定，市场监督管理局有核发营业执照、食品经营许可证职责，派出所有消防安全备案职责，卫计委有核发公共场所卫生许可证职责。各职能部门对违反法律规定、告知承诺的，有查处职责。最后，《刑法》第三百三十条妨害传染病防治罪规定、最高人民检察院和公安部追诉标准的规定，违反传染病防治法，引起甲类或者按照甲类管理的传染病传播或者有传播严重危险，有拒绝执行预防控制机构按照传染病防治法提出的预防、控制措施等情形的，可构成妨害传染病防治罪。综上，电商平台有义务向政府提供完整民宿商户信息，否则，应承担民事、行政责任乃至追究刑事责任。

据此，C区检察院提出：（1）疫情防控期间，为最大程度保护公民身体健康和生命安全，区政府有权依法采取临时性应急管理措施，依法发布决定通告；（2）任何单位都应遵守疫情防控规定，服从本地区政府的统一指挥和管理；（3）上海城区民宿管理规章制度明显缺失，缺乏有效行政监管，在疫情防控中极易发生人员管理缺失，存在疫情输入、扩散的极大可能；（4）电子商务经营者应接受政府和社会监督，电子商务平台应按规定向市场监督管理部门报送平台内经营者身份信息，电子商务经营者销售的商品或者提供的服务应当符合保障人身、财产安全的要求和环境保护要求。

3. 推动民宿疫情防控工作有效落实

根据以上情况，2020年2月6日，C区检察院形成《对抗击疫情期间，有关电商不提供完整民宿商户信息行为的分析意见》并提交区委政法委和区防控工作领导小组办公室。同时，分管检察长根据区委政法委要求，对C区《新型冠状病毒感染的肺炎疫情期间民宿暂停营业的通告》《关于新型冠状病毒感染的肺炎疫情防控工作承诺书》《关于新型冠状病毒感染的肺炎疫情防控工作告知书》等进行规范性审查，并向区防控工作领导小组办公室提出检察机关的修改意见。

C区检察院还积极参与区疫情期间网络平台民宿业管理专题会，与区委政法委、区市监局、区公安分局网安、治安、法制支队等共同研讨，形成民宿疫情防控工作流程图，从落实线上下架与开展线下巡查、C区区域内平台及区域外平台下架民宿产品等层面，综合制定工作措施及时间节点，加大联合执法力度与规范性，确保政府通告下发后全面有效贯彻落实。2020年2月7日，C区政府发布通告决定全区民宿一律暂停营业。2月10日，携程、美团两大平台下架全部C区民宿店铺产品。随后C区政府又向C区区域外途家、爱彼迎、飞猪（杭州）、小猪等四家经营民宿的互联网平台送达《关于新冠肺炎疫情期间C区民宿暂停营业的告知函》，尽全力避免通过民宿途径导致疫情的输入与扩散。其间，C区检察院也参与了对告知函的审核和相关工作。

4. 持续关注民宿疫情防控及长效管理情况

C区检察院在此次民宿疫情防控工作中，为区政府准确适用相关法律法规、依法采取临时性应急管理措施、依法制定发布通报等工作均提供有力的法治保障，获得区委领导高度肯定。事后，C区检察院也安排行政检察人员参与为期三周的街道社区一线防控工作，将社区内民宿相关情况作为重要关注点之一。同时，积极收集上海市其他区域关于民宿、互联网短租房的情况分析及工作方法，为协助区政府之后制定民宿管理长效机制做好法律支持准备。

三、行政检察参与社会治理的探索

经过持续的严格防控，我国的疫情防控工作取得阶段性的成效，并稳步进入常态化疫情防控阶段，与此同时也逐步加快了推进生产、生活秩序全面恢复的步伐，促进复工复产、化解防控疫情期间矛盾纠纷等维护社会秩序稳定的工作均有序开展。行政检察部门积极履行行政检察职能，探索参与社会治理的路径，通过支持行政机关采取有效防控措施、协助政府在应急状态下充分运用法律手段，解决防疫工作中的堵点、难点，在疫情防控中发挥了不可忽视的作用，为实现国家治理体系和治理能力现代化贡献了行政检察智慧和力量。

（一）立足服务大局，发挥行政检察职能作用

疫情防控期间，检察机关应立足服务大局，发挥行政检察职能作用，积极为疫情防控提供高质量检察产品。上海检察机关高度重视在疫情防控期间行政检察的作用发挥，上海市人民检察院第七检察部在《关于积极稳妥履行行政检察职责依法保障新型冠状病毒感染肺炎疫情防控的指导意见》中明确要求各级行政检察部门自觉提高政治站位，加强与人民法院、行政机关信息沟通和工作协调，依法支持行政机关为防控疫情而采取的应急行政措施和临时性应急管理措施。C区检察院在疫情防控工作关键时期，牢记习近平总书记"始终把人民群众生命安全和身体健康放在第一位"的要求，根据区委区政府要求和应急状态法治需要，依法坚决支持行政机关为疫情防控而采取的应急行政措施和临时性应急管理措施，充分考虑时间上返程高峰即将到来的紧迫性，在人力受限的情况下压实工作任务和质量，充分发挥行政检察在疫情防控中的应有作用，为依法开展民宿治理，保障疫情防控无死角，提供了高质量的行政检察产品和行政检察服务。

（二）充分发挥行政检察专业化优势

检察机关在履行行政检察监督职责的同时，应当注重发挥人民检察院的专业优势，充分运用政治智慧、法律智慧、检察智慧，为行政机关正确适用法律、依法防疫提供法律支撑。积极参与政府疫情防控决策和政策文件的论证，加强法律风险评估，共同促进良法善治。对于疫情期间政府及其部门出台的防控文件、采取的应急措施，发现存在可能违反法律保留原则或易引发行政争议的情形的，主动为党委政府提出法律建议和指引，努力从源头上化解法律风险和行政争议，尽量避免后端的纠纷与诉讼。本案中，民宿治理是一个系统工程，涉及的法律法规纷繁复杂，尤其在疫情防控的关键时期进行民宿治理工作，对于行政机关来说，不仅需要做好疫情防控工作，避免发生人员聚集交叉感染的情况，又要厘清自身的监管职责，依法行政、精准发力，实现整治效果。C区检察院审慎高效地履行行政检察监督职能，集中梳理研究了《传染病防治法》《突发事件应对法》《电子商务法》、上海市委依法治市委出台的疫情防控依法保障十条意见、上海市人大常委会《关于全力做好当前新冠肺炎疫情防控工作的决定》等法律规章，并在此基础上撰写了专题分析意见，为行政执法提供了有效的法律指引，有益于支持和促进行政机关依法履职，提高依法行政效能。

（三）凝聚合力，助力提升社会治理现代化

在疫情防控中，检察机关要依法、灵活、适度开展行政检察工作，发挥检察机关作为党委法治参谋作用，发挥检察机关在调查核实、司法专业判断等方面的优势，为有序高效推进疫情防控工作提供及时有效的法治保障。一方面，检察机关要站在共同推进法治建设

的高度，凝聚司法、执法合力，与行政机关开展有效的沟通协调工作，形成执法司法的良性互动格局。比如，通过联席会议等方式，加强疫情防控下与政府及其工作部门的联系会商，及时充分了解政府部门在开展疫情防控工作中的主要困难和问题，以"法治保障"对接"政府负责"。C区检察院与区委政法委、区市监局、区公安分局网安、治安、法制支队等共同研讨，群策群力，综合制定工作措施形成民宿疫情防控工作方案，确保民宿整治措施能够全面有效贯彻落实。并且，C区检察院在参与疫情防控中，始终注重在发挥行政机关主体作用的前提下开展检察工作，并积极建言献策，协助政府机关从落实线上下架与开展线下巡查、C区区域内平台及区域外平台下架民宿产品等层面，综合制定工作措施，加大联合执法力度与规范性，确保政府通告下发后能够全面有效贯彻落实。另一方面，检察机关应当督促相关部门严格根据疫情防控和应急处置相关法律法规进行防控，并持续关注本区域采取的行政管控、激励措施，真正实现效能落地，从而提高依法防控和治理能力。C区检察院在民宿治理工作中，持续关注民宿疫情防控及长效管理情况，为协助区政府之后制定民宿管理长效机制做好法律支持准备，充分展现了行政检察监督的持续性与有效性。

四、结语

中国特色社会主义法治与社会治理有着内在的联系和外在的契合，行政检察作为完善法治建设的重要一环，对推动打造社会治理体系和治理能力现代化的新格局有着重要作用。行政检察部门要结合新时代人民群众对民主、法治、公平、正义、安全、环境的新需求，依法履行行政检察监督职责，为人民群众提供更加优质高效的法治产品、行政检察产品，保障人民群众的合法权益。[①]在疫情防控的关键时期，检察机关应当积极回应社会治理的需求，针对堵点、难点精准发力，加强深层次的法律问题研究，探索行政检察在社会治理中发挥作用的方式方法，为依法行政和社会治理提供有益建议和决策参考，助力社会治理体系和治理能力现代化。

（责任编辑：陈龙鑫）

---

① 史文辉、赵岩：《行政检察视域下疫情防控法律体系的完善》，载《中国检察官》2020 年第 4 期。

疫情防控中的行政应急检察监督

林竹静[*]

这次新冠肺炎疫情，是新中国成立以来在我国发生的传播速度最快、感染范围最广、防控难度最大的一次重大突发公共卫生事件。[①]疫情爆发后，各级人民政府及其职能部门采取强有力的行政应急措施，有效控制住了疫情的传播和蔓延，切实保障了人民群众生命安全和身体健康，有力维护了经济社会大局稳定。2月5日，习近平总书记在主持召开中央全面依法治国委员会第三次会议上强调，要全面提高依法防控依法治理能力，为疫情防控提供有力法治保障。[②]新冠肺炎疫情属于非常规、突发性的重大公共卫生事件，应对的行政应急措施实施主体具有非常社会状态下"超限"的自由裁量权，且应急决策由更少法定程序限制，这就导致行政应急行为比正常社会状态下的行政行为更易被滥用。作为宪法规定的法律监督机关，检察机关加强对行政应急的法律监督很有必要，也责无旁贷。

一、"行政应急"及其监督必要

行政机关管理的行政事务，大体上可以分为正常社会状态下的行政事务和非常社会状态下的行政事务。[③]行政应急是法律上为管理和控制非常社会状态下突发事件的相应制度，与正常社会状态下的政府行政相比，行政应急行为具有以下特点：

（一）权力更为集中

《突发事件应对法》将各政府部门、应急机构的实际权力集中于一个临时性的突发事件应急指挥机构，便于统一领导、协调、开展突发事件应对工作。[④]疫情防控决策指挥权的高度集中虽能最大限度提高应急反应速度和防控工作效率，但是权力过于集中，缺少有效限制，也可能导致权力滥用带来新的危害。虽然在行政应急的过程中有行政监察部门的

---

* 林竹静，法学博士，上海市人民检察院法律政策研究室检察官。

① 习近平总书记在统筹推进新冠肺炎疫情防控和经济社会发展工作部署会议上的讲话，新华网，2020 年 2 月 23 日访问。

② 2 月 5 日，习近平总书记在主持召开中央全面依法治国委员会第三次会议上的讲话指出，要严格执行疫情防控和应急处置法律法规，加强风险评估，依法审慎决策，严格依法实施防控措施，坚决防止疫情蔓延。载中国共产党新闻网 http://cpc.people.com.cn/n1/2020/0206/c164113-31573729.html，2020 年 3 月 18 日访问。

③ 莫于川主编：《行政法与行政诉讼法（第二版）》，中国人民大学出版社 2015 年版，第 34 页。

④ 《突发事件应对法》第八条第二款规定：县级以上地方各级人民政府设立由本级人民政府主要负责人、相关部门负责人、驻当地中国人民解放军和中国人民武装警察部队有关负责人组成的突发事件应急指挥机构，统一领导、协调本级人民政府各有关部门和下级人民政府开展突发事件应对工作；根据实际需要，设立相关类别突发事件应急指挥机构，组织、协调、指挥突发事件应对工作。

监督，但其接受本级人民政府领导，监督缺乏独立性，现实中很难在应对突发事件的关键时点有效监督自己的领导者。

（二）权力更易滥用

政府的行政应急权能够在国家层面最快时间、最高效率、最大限度整合社会资源，组织和动员全社会力量合力抗疫，比正常社会状态下的行政权力更加强大。在紧急情况下，绝大多数行政应急行为是必须且必要的，但其合理行使的尺度与边界也很难把握，加之行政应急行为主体"下沉"，进一步加大了行政违法行为出现的概率。①本次疫情期间，各地在抗疫中出现一些借疫情防控之名违反法律、侵犯公民基本权利的乱象，均说明基层防疫措施存在因行政应急措施的实施主体范围扩大后"执法者"素质良莠不齐的问题，抗疫措施由"硬核"异化为"硬来"的巨大风险。

（三）自由裁量权更大

包括疫情防控在内，突发事件处置过程中面临着许多事前无法预料的不确定因素，为了确保行政应急措施的及时、高效，立法赋予了行政机关在疫情期间较之正常社会状态下更大的自由裁量权。如在《突发事件应对法》中，立法并未采用常见的"正面清单"列举方式明确"有关人民政府及其部门采取的应对突发事件的措施"的具体表现形式，而是笼统作出"应当与突发事件可能造成的社会危害的性质、程度和范围相适应"的范围限制，并将"多种措施"的选择权授予相关地方政府及其部门。②

（四）公民权利克减③

公民权利克减是国家出于保护公民根本利益的需要，不得已而又必须采取的临时特别措施，每一个公民都有接受合法克减的义务。本次疫情发生以后，根据国务院《突发公共卫生事件应急条例》等规定，各地采取了设卡检查、测量体温、交通管制、封闭式管理，甚至"封城"等一系列疫情防控措施。组织、指挥疫情防控的相关行政部门还被赋予了对公民或社会组织的财产征收征用权。又如，出于疫情防控需要，国家林业和草原局会同市场监管总局、农业农村部先后下发紧急通知和公告，宣布在疫情期间实施最严厉的野生动物管控措施，全面禁止人工繁殖场所野生动物转运贩卖，禁止一切形式的野生动物交易。④无疑，这些行政应急举措一定会给人民群众生产生活带来诸多不便，给特种养殖企

---

① 《突发事件应对法》第五十七条规定，突发事件发生地的公民应当服从人民政府、居民委员会、村民委员会或者所属单位的指挥和安排，配合人民政府采取应急处置措施，积极参加应急救援工作，协助维护社会秩序。

② 《突发事件应对法》第十一条规定，有关人民政府及其部门采取的应对突发事件的措施，应当与突发事件可能造成的社会危害的性质、程度和范围相适应；有多种措施可供选择的，应当选择有利于最大程度地保护公民、法人和其他组织权益的措施。

③ "克减"作为法律用语最早出现在联合国《公民权利和政治权利国际公约》第四条第一至三项，"在社会紧急状态威胁到国家的生命并经正式宣布时，本公约缔约国得采取措施克减其在本公约下所承担的义务，但克减的程度以紧急情势所严格需要者为限"。载杨宇冠：《人权法——〈公民权利和政治权利国际公约〉研究》，中国人民公安大学出版社 2004 年版，第 122 页。

④ 国家林草局：疫情解除前暂停一切野生动物猎捕活动，载中新网 https://m.chinanews.com/wap/detail/chs/zw/9071183.shtml，2020 年 1 月 27 日访问。

业和农户带来经济损失，却又都是不得不作出的公民权利克减。

二、行政应急检察监督的现实困难与潜在优势

《中共中央关于全面推进依法治国若干重大问题的决定》明确提出，要"完善对涉及公民人身、财产权益的行政强制措施实行司法监督制度。检察机关在履行职责中发现行政机关违法行使职权或者不行使职权的行为，应该督促其纠正"。中共中央、国务院印发的《法治政府建设实施纲要（2015—2020年）》也明确规定，"检察机关对在履行职责中发现的行政违法行为进行监督，行政机关应当积极配合"。当前，检察机关开展行政应急行为法律监督，一方面虽仍存在不小的障碍与困难，另一方面也具有不可替代的潜在优势。

（一）存在的现实困难

1. 监督缺乏明确法律授权

我国现行法律尚未专门、系统地对行政应急检察监督的范围、方式、程序作出明确规定。《突发事件应对法》只规定行政机关及其工作人员违法履职或怠于履职的法律责任，却没有如何对其进行监督的规定，更没有任何有关检察机关对行政应急行为进行法律监督的规定。[①]《宪法》《人民检察院组织法》赋予检察机关法律监督主体地位，《行政诉讼法》明确检察机关对行政诉讼活动享有依法监督的权利，并赋予检察机关在因行政机关不作为或怠于履职致使特定领域的国家利益、社会公共利益受到侵害时提起公益诉讼的权利，但也只是将检察监督的范围局限于对行政诉讼活动的监督和行政公益诉讼领域。行政应急检察监督缺乏明确立法授权导致行政应急检察监督范围不确定、程序不严格、不确定因素多，影响行政应急检察监督的有效性和权威性。

2. 监督缺少有力工作抓手

职务犯罪侦防专隶后，行政违法行为检察监督工作抓手有限。虽然检察机关以行政公益诉讼方式监督行政应急行为能够直接督促行政机关依法行政，且具有示范效应，有利于更好维护社会公共利益。但行政公益诉讼可诉范围有限，目前仅包括生态环境和资源保护、食品药品安全、国有财产保护、国有土地使用权出让，以及英烈保护"4+1"法定领域中的"行政机关违法行使职权或者不作为"，司法实践中对"等外"探索多有限制。疫情期间，一些地方已经就危害公共安全领域的行政公益诉讼尝试"等外"探索，但其尚无法成为行政应急检察监督的常态方式。[②]

制发检察建议是当前检察机关监督行政行为最常使用的监督方式，包括个案检察监督

---

① 《突发事件应对法》第六十三条规定："地方各级人民政府和县级以上各级人民政府有关部门违反本法规定，不履行法定职责的，由其上级行政机关或者监察机关责令改正；有下列情形之一的，根据情节对直接负责的主管人员和其他直接责任人员依法给予处分：……""监督"一词仅在《突发事件应对法》第三十条中出现一次，"教育主管部门应当对学校开展应急知识教育进行指导和监督"，并无涉及行政机关履职监督的相关规定。

② 江苏某县检察院在办理一起刑事案件中，发现涉案"黑车"毫无防护措施，存在健康隐患，于是向该县交通运输局发出行政公益诉讼诉前检察建议。详见《江苏发诉前检察建议　不让"黑车"成疫情防控盲点》，载正义网 http://www.jcrb.com/procuratorate/highlights/index_1.html，2020年2月26日访问。

与类案检察监督。个案检察建议针对具体案件中反映出来的违法情形、管理漏洞发出检察建议，其中，诉前检察建议以诉讼程序为依托和后盾，"刚性"较强。类案检察建议则聚焦于监督主责，针对司法个案难以矫正或超越司法范畴的制度性问题提出建议。①在司法实践中，多数检察建议缺乏刚性后盾，不具有司法强制执行力。如果被建议人不予配合或敷衍应付，检察机关很难进一步采取强有力的应对处置措施。

3. 偏重事后监督，缺少同步监督

检察监督一般表现为事后监督，只有当法律规定应当由检察机关实施法律监督的情形出现之后，检察机关才能启动法律监督程序，行使法律监督职权。虽然事后的追惩问责也是保障公民人权的有效方式，但相较于事前预防、事中监督，仍有"亡羊补牢"之憾。加强行政应急检察监督工作，充分发挥检察机关法律监督职能，必须改变偏重事后监督的习惯做法，实现同步监督，尽量将问题解决于萌芽阶段。同步监督的具体方式，可用工程施工中的"施工方"和"监理方"概念形象说明。所谓"施工方"，简单讲就是工程施工单位，而所谓"监理方"，通俗说就是专门监督施工单位工作进度、质量的第三方。把检察机关比作政府开展行政应急行为的"监理方"，由其监视、督促实施行政应急措施的政府行政部门是否在法律的框架内，合法、合理地进行行政应急"施工作业"。检察机关在政府实施行政应急行为的过程中全程监督但不具体参与、有限介入而不"越俎代庖"，既由检察机关国家法律监督机关的角色定位所决定，也与检察机关当前的实际检力配置情况相吻合。②

（二）行政应急检察监督的潜在优势

本次疫情是对我国治理体系和治理能力的一次大考。在国家治理体系层面，检察制度是国家治理体系内部的子系统。检察机关在国家治理中的一项重要职责就是监督政府依法行政。对于疫情期间行政应急行为的监督，除了检察机关的法律监督，还包括人大机关的最高监督、行政机关的内部监督、人民法院的司法监督，以及党的监督、民主监督、社会监督、舆论监督等多种监督形式。不同主体的监督具有特有的监督内容并作为各个结点构成了网状监督体系的重要组成部分。③正因为各个监督主体的监督内容各有侧重，也导致其监督各有不足。例如，行政机关的内部监督是当前行政应急行为的主要监督手段，尽管包括行政复议、行政监察等诸种方式，但因为"自己监督自己"导致公信力不足。人民法院的监督虽然形式上最为公正，但对行政应急行为的监督不仅是被动监督，受案范围相对有限，且主要局限在行政应急行为的合法性审查。人大、人大常委会的监督具体表现为对行政应急行为负有领导责任的主官任免，主要限于对造成重大社会影响的行政应急行为的个案监督。

检察机关是宪法规定的法律监督机关，较之行政机关的内部监督，检察机关在行政应

---

① 张永胜、张亮：《类案检察建议的适用与提高行政监督实效》，载《检察日报》2019年12月3日第3版。
② 叶善麒、林竹静：《社区检察监督公安刑事和解工作机制研究——基于社区检察室与公安派出所层面的近景观察》，载《河北公安警察职业学院学报》2013年第9期。
③ 王戬：《论我国检察机关的"专门"法律监督》，载《中国法学会刑事诉讼法学研究会2010年年会论文集》。

急行为中的地位超然中立，由其进行监督更具公信力与权威性；较之人民法院的司法监督，检察监督启动更加积极主动，且能够在行政复议、行政诉讼外，为行政相对人提供司法救济的新渠道，补齐了司法监督短板；较之人大机关的最高监督，检察监督范围更广、手段更加多样。显然，与其他监督方式相比，由检察机关开展行政应急检察监督更具优势。

三、疫情防控中行政应急检察监督的重点内容与主要途径

检察机关服务保障疫情防控大局，开展疫情防控相关行政应急法律监督，应严格督促行政机关依法履行为防控疫情而采取的各项应急行政措施和临时性应急管理措施，对政策落实不到位、落实偏差以及过度执法、简单执法、粗暴执法等情形充分发挥法律监督职能。

（一）监督重点内容

1. 行政应急行为是否合法

合法性是行政应急行为必须遵循的最基本原则。当前，规制疫情防控等突发公共事件应急措施的法律、法规有《突发事件应对法》《传染病防治法》《突发公共卫生事件应急条例》等。考虑到"事急从权"，立法上为了最大程度保护公民、法人和其他组织权益，赋予相关行政管理部门采取"多种措施"的自由裁量权，在一定程度上突破了正常社会状态下具体行政行为"法无明文规定不可为"的合法性判断标准。①根据行政应急行为合法性判断标准，在重大突发疫情期间，不能苛责行政机关的所有行政应急行为都有具体、明确的法律依据，只要该行政应急行为是出于保护国家利益、公共利益的需要，且"当与突发事件可能造成的社会危害的性质、程度和范围相适应"，仍应被认为合法有效。例如，在2017年判决的一起涉动物疫情行政诉讼案件中，终审法院认为行政机关根据疫情防控的重大公共利益需要，设立活禽定点屠宰，颁发家禽定点屠宰许可证的行为虽然缺乏足够的法律依据，但属于行政应急性原则的合理运用，应认定合法有效。②为准确把握、审查涉疫情防控相关行政应急行为的合法性，检察机关应密切关注疫情防控行政应急行为，特别是有关行政强制、行政处罚、行政给付等方面的政策出台和实施情况，有针对性地加强涉疫情行政管理相关法律适用和政策把握问题的研究。在监督工作中避免对照法条"按图索骥"仅作简单判断。

2. 应急行政行为是否"明显不当"

行政应急检察监督的重点除了审查行政应急的决定和措施是否合法外，还要审查该决

---

① 《突发事件应对法》第十一条第一款：有关人民政府及其部门采取的应对突发事件的措施，应当与突发事件可能造成的社会危害的性质、程度和范围相适应；有多种措施可供选择的，应当选择有利于最大程度地保护公民、法人和其他组织权益的措施。

② 江西省高级人民法院"上饶市东升实业有限公司与上饶市信州区人民政府、上饶市人民政府案"，（2017）赣行终191号。

定和措施是否符合比例原则，是否"明显不当"。尤其在办理因疫情影响而引发的税收征管、行政征用等行政争议案件和行政非诉执行案件时，更要注意合理性。所谓措施适度，也就是根据法律规定，各级政府及其部门采取的疫情防控措施要与疫情可能造成的社会危害的性质、程度和范围相适应，纠正并避免再次出现类如个别地方对药店销售口罩定价管理过严、处罚过重而导致部分药店不敢再出售口罩等相关紧缺物资这一类对抗疫大局不利的情况。①

3. 行政应急行为是否及时

抗疫如救火，突发疫情如无法得到及时防控，将使国家和社会遭受重大损失。对于行政应急行为及时性的关注与强调，可直观见诸立法。如《行政强制法》第十九条规定，"情况紧急，需要当场实施行政强制措施的，行政执法人员应当在二十四小时内向行政机关负责人报告，并补办批准手续。行政机关负责人认为不应当采取行政强制措施的，应当立即解除"。换言之，在疫情严峻的情况下，"应急效率优先，兼顾程序正义"。因此，在疫情防控过程中，检察机关要重点针对疫情防控工作中行政机关的不作为、慢作为、懒政怠政延误疫情防控大局的行为，尤其是疫情中后期很多企业在复工复产中面临的税收优惠、租金减免、社保费调整等政策实施中的相关行政给付是否及时等影响就业稳定和国民经济恢复增长大局的问题，进一步加强同步监督、源头监督。

4. 行为致损是否得到补偿

《突发事件应对法》第十二条明确规定，在紧急情况下，政府因公共利益需要征用单位、个人不动产或者动产的，应当返还；造成毁损、灭失的，应当补偿。②司法实践中也不乏因行政应急行为致损补偿争议引起的行政诉讼案例。例如2014年12月，某市发生重大动物疫情，某市政府为了迅速扑灭疫病、控制疫情、避免造成更大损失，依据国家相关法律规定以及某省防控动物重大疫病指挥部办公室《关于对某市相关动物疫情约谈的意见》，对某公司猪场的生猪进行扑杀并做无害化处理。某公司因动物防疫行政强制及赔偿一案向法院提起诉讼。法院审理后认为，相关行政行为的实施避免了猪瘟疫情造成更大损失，行为并无不当，但同时被告应对原告造成的经济损失给予合理补偿。③但是，在本次疫情期间，一些地方却仍发生因抗疫需要征用企业所有物资却不给予合理补偿的情形，并

---

① 例如有媒体报道，某市一药房受到市级监管当局处罚，因其销售一次性口罩38 000个，采购成本价为0.6元/只，售价为1元/只，处罚理由是认为其购销差价额高于该省市场监管局文件规定的15%标准，该药房被处没收违法所得14 210元，罚款人民币42 630元。类似案例还有某市一药店销售3M口罩进价19元卖25元，被吊销营业执照（《疫情拐点高度警惕地方"乱作为"风气蔓延》，载《财经时代》2020年2月17日）。

② 《突发事件应对法》第十二条规定：有关人民政府及其部门为应对突发事件，可以征用单位和个人的财产。被征用的财产在使用完毕或者突发事件应急处置工作结束后，应当及时返还。财产被征用或者征用后毁损、灭失的，应当给予补偿。

③ 终审法院判令被告某市人民政府给付原告某公司补偿款885 910元（评估价格1 268 470元减去已支付补偿款382 560元），并于判决生效之日起十五日内给付。"某牧业有限责任公司与某市人民政府行政强制及行政赔偿案"，（2016）吉07行赔初1号。

引发网络舆情。①检察机关应加强对此类行政应急行为致损是否得到合理补偿的法律监督，切实保障被征用单位、个人的合法财产权。

（二）主要途径

1. 强化控申检察

行政应急检察监督的启动方式有依职权启动与依申请启动两种。控告申诉检察是检察机关对外工作的窗口，是依申请启动的触发端口。疫情期间，控告申诉检察工作应高度关注疫情防控可能引发的社会群体矛盾、行政争议，尤其在返工复工期间，要及时跟进、分析研判返工人员与所在地居民的矛盾、与商业服务企业的争执、劳动纠纷等问题，以及因疫情原因可能导致的涉法涉诉信访纠纷增多等情况。对于反映到检察机关的矛盾纠纷，要落实群众信访 7 日内程序回复、3 个月内办理过程或结果答复制度；依托全国检察机关网上信访系统 2.0 版、12309 检察服务中心等平台，畅通信、访、网、电等渠道，第一时间受理、核实涉行政应急行为的控告、申诉和举报；强化对特殊困难、特殊矛盾的化解和兜底保障。

2. 完善行政监督协作配合机制

行政执法涉及领域众多、行业广泛、行政执法权配置复杂，再加之疫情防控的行政应急响应急如星火，客观上无法用正常社会状态下具体行政行为的程序规范、过程留痕要求加以苛责。检察机关要在事后再发现行政违法线索殊为不易。亟须完善行政监督协作配合机制，变事后监督为全程监督、实时监督、同步监督。

一是完善行政应急检察监督的协作配合工作机制。包括建立跨部门的联席会议制度，如在市场监督管理局、环保局等重点行政管理部门设置临时性的派驻检察官办公室，扩展检察机关行政检察信息收集渠道，提高行政检察监督效率，通过参与行政综合执法检查的现场监督，进一步加强违法、违规行使职权线索的搜集，及时提出纠正意见并督促相关单位整改；主动加强与卫生健康、生态环境市场、监督管理、森林公安等相关职能部门的沟通协作，完善信息共享、案件会商、线索移送等工作机制，实现涉疫情案件办理的无缝衔接。通过工作联系强化跨部门协作，重点关注、防疫用品市场秩序、医疗废弃物处理、生鲜屠宰检验检疫、野生动物保护等领域的公益保护情况及安全风险，共同推动严格执法、规范监管，依法助力疫情防控源头治理。

二是建立检察机关对行政应急行为的现场监督制度。探索由检察机关派员赴行政应急管控现场进行实时、同步监督，督促行政机关依法履职。具体可借鉴援用 2006 年最高人民检察院、监察部、国家安监局联合制定的《关于加强行政机关与检察机关在重大责任事故调查处理中的联系和配合的暂行规定》中的相关规定，以及检察机关先前在"重大责任

---

① 近日，南方某市企业申请复工时报备库存 22 000 只口罩，但该地方政府立即将口罩全部征用。该企业购买口罩价格为 4.5 元一只，得到的政府征用补偿仅为 1.7 元一只。该事件引起网上热议。《疫情拐点 高度警惕地方"乱作为"风气蔓延》，载《财经时代》2020 年 2 月 17 日。

事故"调查处理中积累的相关经验,结合司法改革与检察工作发展实际加以细化。①

三是探索"人工智能+大数据"技术搭建行政应急行为违法风险预警平台。加快推进检察机关与行政应急管理部门之间的信息共享平台建设,使检察官能够便捷登录行政执法办案中心信息化系统查阅电子卷宗,进行事中、实时监督,及时发现、提示、纠正、监督整改各类行政应急行为中存在的违法、不规范问题及安全隐患,全方位、全流程监督行政应急行为。②

3. 做实检察建议

检察建议作为人民检察院依法履行法律监督职责、参与社会治理的重要方式,无疑是将办案职能与疫情防控有效结合起来的重要桥梁。③疫情期间,行政检察应以防疫物品、非法行医、生鲜肉类市场、食药品虚假广告宣传等领域的行政管理监督为重点,用好调查核实权,在认真调查、核实相关情况的基础上,发出符合疫情防控实际情况的检察建议。考虑到此次疫情可能与非法贩卖野生动物有关,检察机关应及时向负有保护野生动物职责的行政机关和相关组织发出督促依法履职的检察建议,促使负有保护野生动物职责的行政机关和相关组织履行职责,从源头切断病毒传播的途径,做实做好疫情源头防控。同时,为了提高检察建议刚性,还应建立健全检察建议的回访、评估等机制,监测检察建议落实动态,依法追究不落实检察建议的法律责任。

4. 提起行政检察公益诉讼

检察行政公益诉讼是督促之诉、协作之诉,其根本属性是法律监督。④检察行政公益诉讼主要通过纠正行政不作为或乱作为,使行政监管正确归位,实现公共治理目标,充分尊重行政机关处在维护公共利益第一顺位的地位和作用。虽然疫情防控中所涉的"公共安全"领域在公益诉讼受案范围的"等外",但是涉及面广、人民群众反映强烈、侵害公益的突出问题。目前,各地检察机关已"积极、稳妥"开展该方面的"等外"探索。针对行

---

① 2006 年最高人民检察院、监察部、国家安监局联合制定的《关于加强行政机关与检察机关在重大责任事故调查处理中的联系和配合的暂行规定》明确:国务院或国务院授权有关部门组成的事故调查组,应当邀请最高人民检察院参加;地方各级人民政府或政府授权有关部门组成的事故调查组,应当邀请同级检察机关参加。事故调查组调查中发现与事故责任有关的国家机关工作人员涉嫌职务犯罪的,应当及时将有关证据材料等移交参与事故调查的检察机关所派人员。规定实施以来,最高人民检察院派员参与了包括上海胶州路"11·15"特大火灾事故;"7·23"甬温线特别重大铁路交通事故、昆山"8·2"特大爆炸事故、天津港"8·12"特别重大火灾爆炸事故等重大责任事故的监督。2019 年 6 月 14 日,最高人民检察院发布《最高人民检察院关于废止部分司法解释性质文件和规范性文件的决定》,根据《中华人民共和国监察法》和 2018 年修改的《中华人民共和国刑事诉讼法》第十九条第二款,决定废止该文件。

② 例如,为落实对公安机关执法办案的信息共享,海拉尔区、额尔古纳市、鄂温克旗 3 地公安机关授权同意当地派驻中心检察室利用公安机关特定人员身份登录警综信息平台,陈旗公安局为陈旗检察院派驻中心检察官配置"法制监督员"系统角色,赋予高级别信息查询权限,确保实现信息共享。《战"疫"办案两不误,"前沿阵地"力保检察力量不缺位!》,载搜狐号—呼伦贝尔检察 https://www.sohu.com/a/375813118_137775,2020 年 3 月 19 日访问。

③ 赵祖斌:《以检察建议推动疫情防控源头治理》,载《检察日报》2020 年 3 月 1 日第 3 版。

④ 傅国云:《行政公益诉讼彰显督促之诉协作之诉特色》,载《检察日报》2020 年 3 月 1 日第 3 版。

政机关违法行使职权或不作为，一些地方检察机关探索通过发出行政公益诉讼告知函等方式督促相关行政部门履职，发挥行政公益诉讼在保护社会公共利益中的作用。①办理涉疫情防控相关的行政公益诉讼案件，功夫在"诉"外，检察机关既要充分尊重、配合行政机关对违法企业因疫情调整执法期限等合理处置工作，又要通过积极开展调查核实，针对野生动物保护、废弃口罩处置等重点监管领域存在的漏洞，通过及时发出诉前检察建议，主动督促、协同相关职能部门完善疫情防控期间的防控管理措施。

5. 推动行政争议实质性化解

新修订的行政诉讼法将解决行政争议作为立法宗旨写进第一条，推动行政争议实质性解决。②检察机关参与行政争议实质性化解，通过过程参与、动态监督，可有效增强调解（和解）活动的权威性和公信力，切实保障当事人的合法权益。例如，在服务保障优化营商环境领域，检察机关做好涉疫情防控的行政纠纷实质性化解工作，重点是针对因疫情涉诉陷入危困的企业行政纠纷、劳动争议行政纠纷、行政征用等监督案件，通过配合人民法院、政府人力资源与社会保障部门、劳动争议仲裁机构等做好涉行政诉讼的纠纷化解工作，帮助涉诉企业，尤其是受疫情影响较大的涉诉危困企业、中小微企业渡过难关。充分利用检调对接等手段，联合有关部门做好相关行政纠纷的调处工作，促成当事人和解化解矛盾，为疫情防控和经济社会发展提供安全稳定的法治环境。

（责任编辑：陈龙鑫）

---

① 例如，在疫情期间截至 2020 年 2 月 26 日，某市检察机关共立案办理涉疫情公益诉讼案件 25 件，其中，行政公益诉讼案件 24 件，野生动物保护领域刑事附带民事公益诉讼案件 1 件（诉前公告阶段）。《【抗"疫"进行时】立案 25 件！临沧公益诉讼打响疫情防控阻击战》，载"澎湃新闻—澎湃号"https://www.thepaper.cn/newsDetail_forward_6192041，2020 年 3 月 19 日访问；江苏某县检察院在办理一起刑事案件中，发现涉案"黑车"毫无防护措施，存在健康隐患，于是向该县交通运输局发出行政公益诉讼诉前检察建议，交通运输局高度重视并迅速采取措施，共查扣各类"黑车"29 辆。《不让"黑车"成疫情防控盲点》，载《检察日报》2020 年 2 月 26 日第 1 版。
② 2017 年修订的《行政诉讼法》第一条规定：为保证人民法院公正、及时审理行政案件，解决行政争议，保护公民、法人和其他组织的合法权益，监督行政机关依法行使职权，根据宪法，制定本法。

疫情防控下应急征用的行政检察监督问题研究

上海市金山区人民检察院课题组*

一、问题研究背景

庚子年初，新型冠状病毒肆虐华夏大地，为对抗突如其来的新冠肺炎疫情，中央成立了应对新型冠状病毒感染肺炎疫情工作领导小组，各省市陆续启动重大突发公共卫生事件一级响应。新冠肺炎疫情是对我国的应急处置能力的一次大考，全国各条线众志成城，英勇"抗疫"，充分体现了党中央领导下集中力量办大事的制度优越性，但同时也暴露出一些行政机关运用法治思维和法律方法应对突发事件的不足。

（一）实施行政检察监督是坚持依法防控疫情的需要

"始终把人民群众生命安全和身体健康放在第一位"，全面提高依法防控、依法治理能力。中央全面依法治国委员会第三次会议指出依法科学有序防控至关重要，疫情防控越是到最吃劲的时候，越要坚持依法防控，在法治轨道上统筹推进各项防控工作，保障疫情防控工作的顺利开展。[①]坚持运用法治思维和法治方式开展疫情防治工作，对重大疫情发生地区的宾馆、场馆、民营医院以及口罩、防护服等防疫物资的征用，应当依法有序进行。"这次疫情是对我国治理体系和治理能力的一次大考"，在处置重大突发事件中能否坚持依法行政、依法防疫是检验国家治理体系和治理能力现代化建设的重要指标。

由于突发事件的不可预测性和紧急性，相对于日常储备而言，应急需求与日常储备之间的缺口始终存在，成为政府应急征用制度的现实基础。应急征用可以有效弥补储备不足的缺憾，提高政府应急管理的效益。[②]为解决防疫物资短缺问题，不少地方政府及其部门紧急征用民用物资，甚至出现了云南某地行政机关征用他省市应急救灾物资的"乌龙事件"。

为更好地了解新冠肺炎疫情期间应急征用情况，课题组对 S 市 J 区部分应急征用情况进行了调研。经调查发现，J 区 9 家宾馆被征用为应急隔离点，但行政机关并未履行相关应急征用程序，而是以口头告知的形式要求相关场所履行防控义务，虽然后续隔离场所向隔离人员进行收费，但这种行政应急管理＋市场化运行模式，使得隔离人员处于不平等的

---

* 课题组组长：谈倩，法律硕士，上海市金山区人民检察院党组书记、检察长；课题组成员：赵俊（上海政法学院）、冯军（金山区人民检察院）、尚帅帅（金山区人民检察院）、孙宋龙（金山区人民检察院）。

本文系 2020 年度全面依法治市立项调研课题研究成果（编号：KT2020077）。

① 参见《习近平主持召开中央全面依法治国委员会第三次会议并发表重要讲话》，载 http://www.gov.cn/xinwen/2020-02/05/content_5474867.htm，2020 年 8 月 20 日访问。

② 王敬波：《略论政府应急征用法律制度的完善》，载《行政法学研究》2011 年第 4 期。

消费地位，不免会损害其合法权益，以至于在各类投诉中隔离场所收费、服务投诉数量较多。J区在市统一应急征用协调下，对区内3家口罩生产企业物资进行征用，均没有出具应急征用相关法律文书。据了解，S市其他地区也存在类似情况。为提升突发事件应急处置能力，加强依法防控，有必要对各行政机关应急处置实施行政检察监督。

（二）实施行政检察监督是保证民法典有效实施的需要

2020年5月28日，十三届全国人大三次会议审议通过了《中华人民共和国民法典》（以下简称《民法典》），这是新中国成立以来第一部以"法典"命名的法律。《民法典》的颁布是中国特色社会主义新时期法治建设的里程碑，对于规范政府权力和保障公民权利具有十分重要的意义。习近平指出，要把民法典作为行政决策、行政管理、行政监督的重要标尺，不得违背法律法规随意作出减损公民、法人和其他组织合法权益或增加其义务的决定。要规范行政许可、行政处罚、行政强制、行政征收、行政收费、行政检查、行政裁决等活动，提高依法行政能力和水平，依法严肃处理侵犯群众合法权益的行为和人员。

《民法典》规定了因公共利益需要，依法征用公民财产的，应当进行公平、合理补偿。在《民法典》第二百四十五条中，特别指出了因抢险救灾、疫情防控等紧急需要，依法征用组织、个人财产的，被征用的财产使用后应当返还权利人；在使用被征用财产过程中，导致财产毁损、灭失的，应当给予补偿。这就从民事基本法的角度确立了行政主体应急征用补偿制度。但行政机关对应急征用的补偿是否公平、合理，是否及时、有效，是否侵犯民事主体的合法权益，这就需要对行政机关的应急处置补偿行为进行客观评判，这种客观评判活动应当由专门的法律监督机关来进行，而具备行政检察监督职能的检察机关应当在保障民事主体合法权益和推动行政争议诉源治理等方面积极担当作为。

（三）实施行政检察监督是检察机关依法履职的需要

在突发性公共事件来临时，由于准备不足，各地行政机关不得不借助民间力量来应对。行政应急征用作为行政机关应对突发事件的合法手段，在运用此项行政权力过程中难免会减损行政相对人的权利和增加行政相对人的义务，难免会给正常的经济活动和营商环境带来损害，行政机关在保证足以应对突发事件的同时应当尽可能地保持谦逊、克制，尽可能以合法的程序和方式来实施应急征用行为。

检察机关是宪法规定的国家法律监督机关，也是服务于国家法治建设和经济发展的重要力量。依法履职尽责、服务保障大局，是检察机关使命所系。近年来，最高人民检察院将服务于国家法治建设和经济发展作为重要的政治任务抓紧落实，各级检察机关坚决贯彻党中央、最高人民检察院决策部署，充分履行"四大检察"职能，特别是在疫情肆虐的非常时期，加强对应急征用的行政检察监督，保证防疫在法治的轨道上运行，以公正、公开的履职尽责为疫情防控常态化下经济发展保驾护航。

二、应急行政与一般行政的比较分析

行政应急性原则应以"秩序"作为其核心价值取向，这与常态下的行政法原则有很大的不同。①应急征用是紧急状态下一种较为典型的应急行政，是指应急管理部门或应急救援队伍为应对突发事件所带来的危害，依照法律法规的规定，对单位或个人的财产使用权或劳务进行占用，并给予适当补偿的制度。②与一般行政行为相比，应急行政应当遵循行政应急性原则，以"秩序"核心进行构建，其组织方式更具复合性、决策方式更具风险性、管理方式更具主动性。③

（一）两者组织方式不同

一般行政的组织方式一般以条为主、条块结合，不同的行政管理领域内不同的行政主体，各自行使行政管理职权，虽然特殊情形下也存在职权交叉，但一般泾渭分明，各司其职，是一种分散型、线性的行政管理体系。应急行政需要具备应对复合性、群发性、衍生性和非常规性突发事件的能力，要求迅速整合各方面的资源以及跨部门、跨专业的知识和技术，高效统一地行动。如在此次新冠疫情防控中，自中央到地方都成立的"新冠肺炎疫情防控指挥部"负责统一协调、指挥各级各地的疫情防控工作，高效地履行属地防控职责。应急行政处置打破常态化行政组织中条块分置的局面，在纵向和横向上都建立起更为直接、快速互联、统一行动的组织体系。

（二）两者决策方式不同

一般行政的决策模式，法律事先假定行为模式和法律后果，行政机关对事实作出认定并得出相应的法律后果。与行政关联的法律事实通常都是确定的，要么既有的证据能够加以确证，要么不能加以确证，行政决定取决于事实的确定存在或者不存在。应急行政强调在应急事实或危机形成之前就实施风险④管理，但风险需要借助科学技术知识的判断。应急行政的决策模式，往往涉及对风险事实、科学因果关系和社会心理等因素的综合判断，其决策内容是基于已知或未知风险进行判断。只有在风险已经转换为既定事实之后，应急行政才由预防、准备阶段转入处置、救援阶段，才会更多基于既定事实形成决策。从上述原理来看，行政应急征用可以是预防性的，也可以是现实处置性的。不管是何种性质，应急征用范围、种类等决策内容都离不开对突发事件的风险预判。

（三）两者管理方式不同

现代法治理念主张国家对法律秩序的维护以保障私权自治、尊重个人自主为前提，政府承担的角色更多是消极和否定性的，最终制定计划、安排彼此关系的是社会个体自身。现代行政法向行政给付领域发展，政府虽然负有更多的社会给付义务，但也需要当事人事先对照法律规定，主动向政府提出申请。而应急行政要求国家迅速、积极介入事态的发展，政府的角色更为主动，并且由于危机的不可预知性，法律会赋予行政机关更多便宜处

---

① 刘莘：《行政应急性原则的基础理念》，载《法学杂志》2012年第9期。
② 王红建、刘辉：《应急征用制度完善研究》，载《河南财经政法大学学报》2020年第1期。
③ 殷勤：《论应急行政合法性审查理念的转变》，载《人民司法（应用）》2020年第16期。
④ 贝克的风险社会理论中将风险界定为一种未被认可的、还没有发展起来的自然科学和人文科学、日常理性和专家理性、兴趣和事实共生的现象。

事的权力，以及广义上的行政立法权和行政司法权。与之相应的法治理念，也从相对消极的形式法治转为更加积极的实质法治。虽然国家通过制定法律，将人类与突发事件长期斗争形成的知识升华和方法积累，通过赋予其法的效力指引集体行动，但面对纷繁复杂的现代社会危机，法律难以不变应万变，行政权自我扩张的趋势越来越具有合理性。故而在一般行政之外，也通过法律赋予应急行政便宜处置的权力，并形成了较为成熟的运行机制和运作模式。

三、检察机关实施应急征用行政检察监督的法理基础

（一）检察机关实施应急征用行政检察监督的理论基础

"紧急状态无法律。"在面对突发事件时，政府在紧急状态下实施的应急行为有别于正常情况下的一般行政行为，但这并不意味着应急行为可以游离于法律控制之外。行政主体根据法律授权可以对私人的自由予以正当限制，但个体权利限制边界的存在，为行政主体选择合法适宜的应急手段明确了边界。应急行为的关键是法律运行环境的改变，对于紧急事件，行政机关应当采取一切必要应急措施，迅速实施应急管理、作出决断；而当紧急事件结束时，行政主体应当为应急征用中给行政相对人造成的损失依法予以补偿。我国的司法审查主要是针对平常行政管理的监督和救济机制，但完全从事后回溯的角度，对行政机关在认定事实、适用法律、行政职权、行政程序等方面实施全面、严格甚或无漏洞的审查，难以契合应急行政的特点，也不能及时、有效地保护行政相对人的合法权益。如何既保证合法性审查的有效性，又体现应急行政的规律性；既关注风险的不确定性、复杂性，又回应社会秩序的安定性、确定性；既体现行政程序的正当性，又反映行政的高效性、灵活性；既关切秩序利益这一制度利益，又能保障公民合法权益，在公共利益和私人权益之间实现平衡。[1]从制度上看，应急征用又存在征用主体规定不统一、征用机制不健全、征用标的范围不清、征用程序欠缺、补偿方式和标准不明确等问题。[2]这些都对传统的应急行政法律监督制度提出了挑战。

检察机关系宪法规定的国家法律监督机关，保证法律的正确实施、维护公民的合法权益是检察监督的使命担当。特别是检察工作进入新时期，最高人民检察院提出行政检察以实质性化解行政争议为己任，2020年9月最高人民检察院"云南会议"张雪樵副检察长在讲话中提出行政争议化解是检察机关基于国家治理目的的司法服务功能体现，做好"新冠疫情"下应急征用检察监督工作，为国家治理能力现代化提供优质检察产品。加强检察监督，充分发挥司法能动性、灵活性的优势，保证应急征用各项活动在法治的轨道上运行，保障公民因应急征用所受损失能得到及时、有效、合理的补偿。

（二）检察机关实施应急征用法律监督的法律基础

2003年"非典"疫情之后，我国的应急法治建设取得了长足进步，出台了一系列应

---

① 殷勤：《论应急行政合法性审查理念的转变》，载《人民司法（应用）》2020年第16期。
② 薛峰等：《疫情防控应急征用的法律风险与合法性规制》，载《法律适用》2020年第6期。

对突发事件的法律规范，推动了我国应急征用法治化建设。应急征用是宪法性的行政权力，我国《宪法》第十三条第三款规定，"国家为了公共利益的需要，可以依照法律规定对公民的私有财产实行征收或者征用并给予补偿"。《民法典》第二百四十三条规定，为了公共利益的需要，依照法律规定的权限和程序征收、征用不动产或者动产的，应当给予公平、合理的补偿。第二百四十五条规定，因抢险救灾、疫情防控等紧急需要，依照法律规定的权限和程序可以征用组织、个人的不动产或者动产。被征用的不动产或者动产使用后，应当返还被征用人。组织、个人的不动产或者动产被征用或者征用后毁损、灭失的，应当给予补偿。《突发事件应对法》第十二条规定"有关人民政府及其部门为应对突发事件，可以征用单位和个人的财产"。《传染病防治法》第四十五条第一款规定，"传染病暴发、流行时，根据传染病疫情控制的需要，国务院有权在全国范围或者跨省、自治区、直辖市范围内，县级以上地方人民政府有权在本行政区域内紧急调集人员或者调用储备物资，临时征用房屋、交通工具以及相关设施、设备"。

我国《宪法》规定"人民检察院是国家的法律监督机关"。《行政诉讼法》规定"人民检察院有权对行政诉讼实行法律监督"。2014年党的十八届四中全会通过的《中共中央关于全面推进依法治国若干重大问题的决定》指出，要完善对涉及公民人身、财产权益的行政强制措施实行司法监督制度。检察机关在履行职责中发现行政机关违法行使职权或者不行使职权的行为，应该督促其纠正。检察机关是国家法律监督机关，是保障依法防控疫情、应急征用行为合法合理和社会有序运行的重要力量。行政检察监督是促进依法行政、推进全面依法治国的重要手段，是新时代检察机关履行法定职责的重要内容。在疫情防控中，行政检察在释放行政主体行为效能，协助解决行政争议，保证应急征用合法、公正，以及助力经济秩序恢复和营商环境法治化建设等方面具有独特价值和功能。

四、检察机关实施应急征用行政检察监督的内容

（一）检察机关实施应急征用行政检察监督的原则

面对严峻的疫情防控形势，检察机关应做到守土尽责，除依法从快从严打击刑事犯罪外，还应当充分发挥行政检察在解决行政争议中的独特作用。行政机关在应急执法时，因处于特殊形势下，难免会忽视行政执法程序和行政相对人的权利保障，行政争议和公众情绪如果得不到很好的解决和疏导，很容易产生不必要的冲突，给本已吃劲的疫情防控形势雪上加霜。检察监督有必要也有义务介入应急防控工作，引导行政相对人通过法律途径解决问题，化解应急征用过程中的行政争议，保障行政相对人的合法权利，保证应急征用在法治轨道上运行。检察机关对行政机关应急征用实施法律监督应当坚持以下原则：

一是坚持合法性审查原则。因处于突发性事件应对期间，行政机关的应急征用行为难免会给公民合法权益造成大幅度的克减，因此行政机关征用行为应当有法律明确规定或授权。行政机关根据法律授权，作出相关决定或发布相关命令后依据相关程序实施具体应急征用行为，并承诺给予行政补偿。笔者以为，合法性审查原则是为了保证行政机关应对突

发事件征用措施在法律轨道上进行，检察机关监督行政机关根据法律规定实施应急征用，即检察机关重点审查行政机关应急征用行为是否符合法律规定的形式要件，行政行为的主体是否适格、程序是否适当、是否给予相对人合理补偿等。在没有当事人异议的应急征用检察监督案件中，合法性审查主要是一种形式审查，包括适用法律是否正确，应急征用的主体是否适格、程序是否合规，以及补偿是否到位等。

二是坚持合理性审查原则。合理性审查属于实质性法治范畴。其不仅要求行政机关的征用行为合乎突发性事件应对的目的，还要求行政机关实施应急征用的范围、种类应当满足最优化方案。即在能够实现突发事件应对目的的同时，行政机关应当采用对当事人权利损害最小的手段，应对手段与目的之间应当合乎一定的比例。与一般行政比较而言，应急行政具有组织方式复合性、决策方式风险性、管理方式主动性等特征。检察机关对应急征用进行合理性审查时，要更多地关注突发事件应对的秩序和安全利益，要更为情境化地审视应急征用必要性、迫切性，充分尊重行政机关的首次判断权和紧急征用权，对目的与手段之间合理性比例的幅度更加宽容。

三是坚持公开审查原则。以公开的方式对涉及应急征用的行政争议进行审查，让公正以看得见的形式在阳光下运行。充分运用听证方式，查明相关事实，听取当事人意见，引入社会力量，建立多方促调渠道，实现行政争议实质性化解。检察机关在主持调解时，可以邀请人民监督员、律师、专家学者、人大代表、政协委员等参与争议化解，也可以和人民调解、行政调解、审判调解、律师调解等相对接，促成当事人双方达成共识。检察机关通过举行公开听证，充分听取当事双方和第三方参与听证人员的意见，通过情理法的观点碰撞，使申请人感受到公平公正，并认识到自身对有关政策制定目的和执行标准存在偏颇认识，从而解决应急征用过程中产生的行政争议。

（二）检察机关实施应急征用行政检察监督的受案范围

检察机关在履职中发现的，行政机关为防控疫情而采取的应急行政措施和临时性应急管理措施中的应急征用行为，均应当纳入检察监督的范畴。应急征用的行政检察监督线索来源包括但不限于控告申诉部门办理的接待群众来信来访案件中涉及应急征用行为、刑事检察部门办理的刑事案件中涉及应急征用行为、民事检察和公益诉讼部门在履行职责过程中涉及应急征用行为、当事人向检察机关申请监督行政诉讼案件中涉及应急征用行为；以及最高人民检察院在保障依法防控疫情专项活动中涉及应急征用问题的监督，其中对有争议的应急征用行为进行重点监督。

（三）检察机关实施应急征用行政检察监督的内容

检察机关对应急征用行为实施法律监督的方法和内容主要包括以下几个方面：

一是应急征用的主体是否适格。根据《传染病防治法》的规定，国务院有权在全国范围内跨省级行政区域调配应急物资，县级以上地方人民政府有权在本行政区域内行使应急征用权。根据《突发事件应对法》的规定，有关人民政府及其部门为应对突发事件，可以征用单位和个人财产。两部同位阶的法律在征用主体上规定不一，也给应急征用的行政检察监督带来了一些困扰。《突发事件应对法》虽然是新法，但《传染病防治法》属于特别法，故而在适用上必然引起争论。在审查此类争议时，应当更多考虑应急征用行为的环境，行政主体所面临的执法情形是否紧急等。如果面对突发性事件，政府部门可以立即采取临时性应急征用措施，事后向人民政府备案，并及时给予相对人经济补偿或返还原物；如果在疫情防控中，有关部门执法环境并未达到现实紧迫危险程度，在时间和空间完全有可能取得人民政府授权或者系人民政府统筹安排的征用行为，应当由人民政府实施应急征用行为，具体可以授权、委托相关部门去行使，但法律后果应当归属于人民政府。检察机关在办理此类案件，化解此类行政争议时，应当具体问题具体分析，在具体的应急事态环境中，区别对待应急征用主体适格问题，并做好释法说理，依法解决当事人的经济补偿问题。

二是应急征用的程序是否规范。应急征用就其行为性质而言，属于对物的行政强制措施，根据《行政强制法》第三条第二款规定，突发事件中的应急措施不适用行政强制程序。应急征用是在特殊社会状态下的非常之举，具有紧迫性和临时性的特点，要求效率优先，但这并不意味着可以"踢开"程序实施应急征用。首先，应急征用应当以书面的形式作出。行政主体在作出应急征用决定时，应当向行政相对人出具《应急征用决定书》，载明应急征用相对人，征用目的、依据，征用对象具体情况、征用时限，行政相对人享有的经济补偿和救济权利以及征用单位、时间等。其次，《应急征用决定书》应当直接送达行政相对人，确因情况紧急无法直接送达的，应当通过邮寄或者电子邮件方式送达；无法联系到行政相对人的，可以公告送达。因突发事件现实紧迫危险，来不及出具书面材料的，应当电话告知相关人或邀请当地基层组织参与见证，并及时补办《应急征用决定书》三日内送达行政相对人。《应急征用决定书》是行政机关应急征用行使权力的象征，也是行政相对人权利保障的依托。检察机关应当重点围绕《应急征用决定书》的记载事项审查应急征用程序是否规范。

三是应急征用的对象是否适当。检察机关对应急征用对象不仅要进行形式审查，更要进行实质审查。首先，应急征用对象是否超越《应急征用决定书》记载的范围，如果出现实际征用对象超越文书载明范围、时限的情况，不能简单认定不合法，应当继续审查超范围、超时限的理由，以及事后有无补救措施等进行综合认定实际征用对象的效力。其次，应急征用对象是否符合比例原则。应急征用虽然是处于紧急情况下的应对措施，但征用的范围和时限也应当是必要的、适当的，对相对人权利影响最小的。由于突发事件情况紧急，在比例原则适用上可以较一般行政行为宽松，但也不能出现明显的不符合比例情况。如在此次疫情防控中云南省某地行政机关征用他省市防疫物资的行为，不仅是主体不适格，也不符合比例原则。

四是应急征用的用途是否合目的。应急征用是在应对突发事件时，为公共利益的目的而为之。在重大疫情期间，应急征用目的是疫情防控，应急征用对象应当用于公共利益，不得为私利所用。检察机关对于应急征用对象用途的审查，应当坚持形式审查和实质审查并行。不仅要审查应急征用对象的书面单据流转、签收情况，还要审查行政机关是否将征用物资应用于突发事件的应对中，是否存在假公济私、不当挪用等情况，在分配应急征用物资时是否做到轻重缓急，分配比例是否符合必要、适当原则。对应急征用的用途进行合目的性审查，主要是让紧急状态下征用的物资流向最需要的地方，让处于一线的医护人员和防控岗位的人员拥有战斗的武器，实现应急征用物资价值的最大化。

五是行政机关是否给予行政相对人合理补偿，行政相对人对此补偿方案有无异议。根据《宪法》《民法典》等相关法律的规定，因抢险救灾、疫情防控等紧急需要，行政机关可以依法征用他人财产，在使用过程中造成对方损失的应当给予合理补偿。2020 年 5 月上海市人民政府办公厅印发《上海市应对突发事件应急征用补偿实施办法》，其中明确财政部门的补偿经费保障和审计部门的监督检查职责。检察机关在审查此类问题时，应当更加注重规范化、程序化建设，区分征用对象的使用情况，分别认定补偿合理性：其一是造成征用对象毁损、灭失的，应当全额补偿；其二是造成征用对象价值减损的，评估后合理补偿减损价值；其三是征用对象使用后价值未减损且能及时返还的，应当对使用期间的费用进行补偿。行政相对人对补偿方案有异议的，应当审查其理由，并做好释法说理工作。

五、检察机关实施应急征用行政检察监督的效力

检察机关实施应急征用法律监督的效力体现着检察机关实施法律监督的法律后果，也是检察机关办理此类案件的出口路径。经审查认定应急征用行为合法、合理，但当事人提出异议的，检察机关要运用检察智慧，做好释法说理工作，通过多方合力，妥善化解应急状态下的行政争议。这里说的效力问题主要是以下两点：一是经审查认定应急征用行为存在违法情形时，对相关责任人如何处理；二是检察监督程序与其他法律救济途径如何衔接。

负责应急征用的主管人员和其他直接责任人员，在突发事件应对中徇私舞弊、滥用职权，造成财产严重损失的，应当根据情节轻重，依法给予政务处分或追究刑事责任。根据《突发事件应对法》罚则部分的相关规定，未按规定及时采取措施处置突发事件或者处置不当，造成后果的；不及时归还征用的单位和个人的财产，或者对被征用财产的单位和个人不按规定给予补偿的，均应当根据情节对直接负责的主管人员和其他直接责任人员依法给予处分。从这些规定中可以看出，对于在应急征用中不作为或应急征用后未及时给予合理补偿的相关责任人的法律责任都作了比较明确的规定。

检察机关实施的应急征用法律监督不是要取代法院对该类行为的司法审查，而是检察机关在履行职责过程中，发现行政机关应急征用行为存在法律瑕疵，或利害关系人对应急征用行为提出异议，为保证行政机关各项应急征用活动在法治的轨道上运行，同时减轻当事人诉累，维护公民合法权益，及时高效地化解行政争议，实现诉源治理。这既属于权利救济范畴，也是检察机关基于国家治理目的的司法服务功能的体现。对于进入行政复议和法院诉讼程序的应急征用行政争议案件，检察机关应当遵循一般的行政诉讼检察监督规则，坚持"事中不监督，过程不参与"，秉持检察机关客观公正之立场，做好法律"守夜人"的角色。

（责任编辑：陈龙鑫）

公共卫生事件信息公开的法经济学分析

魏　华*

2003 年，"非典"疫情让公共卫生事件中的信息公开问题浮出水面。17 年后新冠肺炎疫情再一次将该问题揭橥于众。两次疫情中，政府对于公共卫生事件的信息公开处理总能成为民众的焦点。非典过后，吴敬琏先生屡次发声：要建设一个公开、透明、可问责的服务型政府。随着《政府信息公开条例》的出台，各类信息公开手段愈加丰富，政府其间付诸的努力可见一斑。然而，再次遭遇公共卫生事件之际，信息公开仍然呈现短板之虞。对此，可借助法经济学的研究范式，对公共卫生事件的信息公开问题一探究竟。作为一门将经济学理论和工具应用于分析具体的法律问题的学科，法经济学为传统法学的发展打开了一个全新的视角。

一、公共卫生事件必须进行信息公开

政府信息公开在今天已成为一个无须辩驳的命题。从法理的角度出发，有人民主权理论、社会契约理论、宪制理论、人权保障理论、法治理论等诸多理论的支撑；而从经济学的角度出发，均衡理论、信息理论、社会福利理论等同样坚定地站队于此。无论是学界、实务界，对于政府信息公开的态度可谓高度一致。以功利主义思想闻名于世的学者吉米·边沁将公共性奉为遏制暴政的首要控制手段，他的宪制理念集中体现了"由最广泛的公共性来矫正个人利益"的观念。而美国宪法第一修正案的设计人詹姆斯·麦迪逊在为公众的言论自由权利提供宪法保障时，这样论述："政府如果不能为公众提供充分的信息，或者公众缺乏畅通的信息渠道，那么所谓的面向公众的政府，也就沦为一场滑稽剧或悲剧或悲喜剧的序幕。"①

（一）信息公开是公共卫生事件的内生必然

公共卫生事件是指突然发生，造成或者可能造成社会公众健康严重损害的重大传染病疫情、群体性不明原因疾病、重大食物和职业中毒以及其他严重影响公众健康的事件。②从定义可知，公共卫生事件本身在时间维度上呈现出突发、紧急的即时状态，在指向性上展现出群体性以及不特定性，而在规模、影响等方面则显现出不可知和难预测等特

---

*　魏华，法学硕士，经济学博士，上海市普陀区人民检察院第三检察部检察官。

①　转引自［美］唐纳德·M.吉尔摩、杰罗姆·A.巴龙、托德·F.西蒙：《美国大众传播法：判例评析》（上册），梁宁等译，清华大学出版社 2002 年版，第 387—388 页。

②　《突发公共卫生事件应急条例》第二条。

点。作为公众而言，公共卫生事件是与自身健康休戚相关乃至性命交关的切身事宜，人们对于负有保障人民生命财产安全义务又掌握着强大信息资源的政府有要求其主动或者应申请提供信息帮助的权利。[①] 从权利本位出发，在公共卫生事件萌芽之时，对于相关已知和未知的风险，民众显然具有知情的权利，知情是民众得以进行自我保护和风险防范的先决条件，此时的信息公开是保障民众知情权的基础。在公共卫生事件进行之时，民众具备对政府作为、不作为、乱作为进行监督的权利，具备对相关事件进行应对和处理的建议和谏言的权利。与民众权利相对应的，是政府必然负有进行信息公开的义务，这是进行社会监督和舆论监督的天然要求。

公共卫生作为天生自带利他属性的公共事业，历来都由政府无条件投入，并由政府进行主导。对于公共卫生事件的处理，除了关键的医疗技术水平之外，政府的干预能力、应对能力、社会综合治理能力往往是决定一场公共卫生事件能否妥善处理的成败所在。尤其像在面对如"非典"、新冠肺炎等新型病毒引起的疫情之际，医学上仍需经历摸索、认知、技术攻坚等环节，在相当长的时间内可能无法攻克，这无疑是对政府执政能力的一场大考。在此过程中，信息公开显然是政府与公众沟通对话的第一步，也是民众信任仰赖政府的第一步。

（二）信息公开是公共卫生事件的外在倒逼

对比 2003 年"非典"和 2020 年新冠肺炎的信息传播进程可以发现，其中最大区别在于信息发布与传播方式的改变。"非典"病例最早于 2002 年 11 月出现在珠江三角洲地区，由于未进行信息披露，2003 年 3 月，一位在广州染病无法得到有效治疗而辗转到太原和北京求医的山西患者，使得"非典"在北京和整个华北地区传播开来。而到了 2020 年，自媒体时代特征愈加明显。第一例新冠肺炎患者于 2019 年 12 月 1 日出现症状，12 月中下旬武汉的八名"吹哨人"便先后利用微信，提醒身边的亲朋好友注意防范。1 月 12 日，武汉首次通报疫情情况。

从两次事件中可以发现，本次新冠肺炎疫情的信息公开速度相较"非典"疫情而言，是更迅速的。笔者认为，这当中人们在信息收集方式上的改变无疑发挥了重要的作用。微信、微博等新媒体形式的流行，让每一个人在接收更多的碎片化信息之余，更让每一个人成为了信息的发布站，这种依托人际传播实现的信息互通，对信息进行了个人信用赋值，在某种程度上加强了信息的可信度。同时，根据六度人脉理论，自媒体信息的发布可突破地域、群体限制，让为人关注的信息得以实现快速和即时传播。所以，在涉及公众生命安全和身体健康的公共卫生领域，自媒体、新媒体、融媒体时代的特性倒逼该领域必须实现信息公开。

（三）公共卫生事件信息公开/不公开的成本收益分析

一般认为，公共卫生事件中的信息公开应该包括但不限于公共卫生事件发生的时间、

[①] 黄学贤、吴菲：《"服务型政府"理念下新型行政行为的主要类型》，载《东方法学》2012 年第 4 期。

地域、涉及人群、疫情来源、预防措施、临床表现、治疗效果、传播方式等基本信息，以及与公共卫生事件有关的救援、资助、医学研究进展等相关讯息。在应对一场公共卫生事件过程中，本身就必须对上述信息进行充分掌握。因此，在信息公开领域所谓的成本并不天然地包括上述内容，上述内容应内化于公共卫生事件成本之中。而公共卫生事件中的信息公开成本，笔者认为应当是指信息发布本身的直接成本以及信息发布后可能产生的间接成本。

政府对于公共信息有着天然的垄断地位，对于信息保密也有其合理的保密动机。正如经济学家约瑟夫·斯蒂格利茨所指，"政府保守信息秘密的理由之一，在于政府害怕信息公开之后为别有用心的人利用，来煽动不明真相的群众；或者为特定利益集团实现其自身利益服务"。笔者认为政府对于公共卫生事件进行信息封锁更多的是为了避免民众出现不必要的恐慌从而引发一系列的社会不稳定现象。推测可知，公共卫生事件的信息公开成本主要来自信息发布后因民众恐慌所引发的一系列连锁成本。

在成本既定的前提下，再来分析及时进行信息公开和实行信息封锁两种做法产出的收益。在信息公开的情况下，可以预料作为理性人的民众会尽可能减少或使自身陷入危机的风险行为，如避免去往传染病流行地区、人流密集地等，并会采取一般人可以预想的应急行为，比如购置医疗防护用品、必要生活物资等。综上，在公共卫生事件中采用及时进行信息公开的做法，收益包含如下：一是及时降低事件进一步扩展的可能性；二是引导民众行为作出后续处理部署；三是巩固并扩大公众对于政府的信任指数。而实行信息封锁的做法，好处是可以为政府进一步决策部署赢得一段时间。然而，总有暴露的一天。因突发事件所产生的公共危机管理是任何国家的政府都必须面对的重要问题，如若不能有效防范和控制危机或及时修正危机带来的困境，那么政府将失去实现社会发展目标的基础条件，甚至危及政府统治权利本身。[①]在新媒体时代，官方信息不公开，必然引发自媒体信息的铺天盖地以及事件的持续发酵。此时，不公开信息的成本将被无限扩大，涵盖信息公开后的一切间接成本、公众对政府信任的严重破坏以及事件后续处理难以推进的极大可能性。因此，从成本收益分析出发，在公共卫生事件中实行信息公开是符合帕累托最优的选择。

二、我国公共卫生事件的信息公开现状

（一）公共卫生事件信息公开之立法现状

我国现行法律法规中涉及公共卫生事件信息公开内容的，主要包括：《政府信息公开条例》（2019 年修订）、《传染病防治法》（2013 年修订）、《突发公共卫生事件应急条例》（2011 年修订）、《突发公共卫生事件与传染病疫情监测信息报告管理办法》（2003 年颁布）、《国家突发公共事件总体应急预案》（2006 年颁布）等。从宏观层面上讲，我国对于

---

① 沈福俊：《论政府应对突发事件过程中的依法行政——兼论抗击汶川大地震过程中依法行政原则的适用》，载《东方法学》2008 年第 4 期。

公共卫生事件的信息公开是有法可依的，从顶层设计上已经建立起较为完整的信息公开制度。但是细细推敲，仍可发现部分不甚明确之处。

笔者对现行法律法规中涉及公共卫生事件信息公开内容的法条进行了逐一梳理，具体如下：

《政府信息公开条例》第六条规定："行政机关应当及时、准确地公开政府信息。行政机关发现影响或者可能影响社会稳定、扰乱社会管理秩序的虚假或者不完整信息的，应当在其职责范围内发布准确的政府信息予以澄清。"第九条规定："对于涉及公民切身利益的政府信息应当主动公开。"第十条规定了县级以上各级人民政府及其部门应当重点公开突发公共事件的应急预案、预警信息及应对情况。《传染病防治法》第四条规定对于需要采取甲类传染病的预防、控制措施的，由国务院卫生行政部门及时报经国务院批准后予以公布、实施……省、自治区、直辖市人民政府对本行政区域内常见、多发的其他地方性传染病，可以根据情况决定按照乙类或者丙类传染病管理并予以公布，报国务院卫生行政部门备案。第十九条规定："国务院卫生行政部门和省、自治区、直辖市人民政府根据传染病发生、流行趋势的预测，及时发出传染病预警，根据情况予以公布。"第三十条至第三十八条具体规定了疫情报告、通报和公布机制，明确"公布传染病疫情信息应当及时、准确"。《突发公共卫生事件应急条例》第二十五条规定："国务院卫生行政主管部门负责向社会发布突发事件的信息。必要时，可以授权省、自治区、直辖市人民政府卫生行政主管部门向社会发布本行政区域内突发事件的信息。信息发布应当及时、准确、全面。"《突发公共卫生事件与传染病疫情监测信息报告管理办法》第三十二条规定："国务院卫生行政部门应当及时通报和公布突发公共卫生事件和传染病疫情，省（自治区、直辖市）人民政府卫生行政部门根据国务院卫生行政部门的授权，及时通报和公布本行政区域内的突发公共卫生事件和传染病疫情。"《国家突发公共事件总体应急预案》3.4 信息发布明确："突发公共事件的信息发布应当及时、准确、客观、全面。事件发生的第一时间要向社会发布简要信息。"

从上述有关法条和规定可以看出我国在公共卫生事件信息公开的立法方面仍有两点薄弱之处：一是国家对于公共卫生事件应及时进行信息公开的要求明确但非具体，在及时与非及时之间没有量化标准。二是对于公共卫生事件信息公开的具体内容，各地区缺少统一标准和格式。

（二）公共卫生事件信息公开之实施现状

以非典疫情和新冠肺炎疫情两次事件为背景，分析我国目前在公共卫生事件信息公开的实施现状。

2003 年非典疫情发生时，我国尚未出台《政府信息公开条例》。在 SARS 疫情萌芽初期到爆发的相当长一段时间内信息是被封锁的。通过非典事件，国家得到了深刻的教训，这也是后来推动《政府信息公开条例》颁布、《传染病防治法》第一次修订的最大动因。

2020 年新冠肺炎疫情中没有证据显示出现谎报瞒报情形，但在信息公布方面仍为公众所诟病，概言之，主要暴露的问题有以下几点：第一，信息公开不及时。第二，信息内容不准确。第三，信息标准不统一。

三、我国公共卫生事件信息公开的相关法律建议

（一）从供给需求角度看立法

现阶段，我国社会主要矛盾是人民日益增长的美好生活需要和不平衡不充分的发展之间的矛盾。这一点在公众对于政府应对公共卫生事件的态度上表现得十分明显。从需求层面来看："非典"之前，民众对于公共卫生事件的首要需求是信息必须公开；"非典"以后，民众不再仅仅满足于公共卫生事件的信息是否公开，而是更关注于信息是否及时公开、是否准确公开。这一需求的变化是由既有法律制度、法律效用、公众偏好等多重因素共同影响的。随着政府信息公开水平的不断提高、信息公开法律制度的日趋完善、公众法律意识的持续加强，公众对于公共卫生事件信息公开的需求必然会发生转变，这是一种由基础走向高阶的必然趋势。可以预料，在公共卫生事件信息公开的及时性、准确性需求过后，公众必然会进一步对信息公开的内容丰富性和延展性提出要求，公共卫生事件信息公开制度如若单纯以基础数据、应急预案和应对情况等内容为主，必然不再能满足民众对于信息的渴求。

从供给层面来看，目前公共卫生事件的信息公开立法只具备泛化规定，明确了公共卫生事件的信息公开应当及时、准确，但在操作流程上缺少具体规定。与之相对，公共卫生事件的信息报告制度却规定得十分详尽。比如，《突发公共卫生事件应急条例》第二十条规定："突发事件监测机构、医疗卫生机构和有关单位发现有本条例第十九条规定情形之一的，应当在2小时内向所在地县级人民政府卫生行政主管部门报告；接到报告的卫生行政主管部门应当在2小时内向本级人民政府报告，并同时向上级人民政府卫生行政主管部门和国务院卫生行政主管部门报告。县级人民政府应当在接到报告后2小时内向设区的市级人民政府或者上一级人民政府报告；设区的市级人民政府应当在接到报告后2小时内向省、自治区、直辖市人民政府报告。"《突发公共卫生事件应急条例》第十九条规定："……省、自治区、直辖市人民政府应当在接到报告1小时内，向国务院卫生行政主管部门报告……"作为信息公开的上下游环节，信息报告与信息发布是信息公开一体两翼的两方抓手，若只对信息报告进行严格约束，而对信息发布要求模糊，势必无法达到最终的理想状态。笔者认为从法律供给层面，可以有以下对策：一是补充完善《突发公共卫生事件应急条例》。建议明确国务院卫生行政主管部门向社会发布突发事件信息或是作出信息发布授权决定的时限要求，明确被授权的省、自治区、直辖市人民政府卫生行政主管部门向社会发布本行政区域内突发事件的时限要求。二是建议缩减地方上的逐级报告流程，在遭遇严重传染性疾病时，应当特事特办，形成一揽子联合报告制度。三是下放部分公共卫生事件的信息公开权限到地方，让地方可以及时向公众公布已掌握的基本信息，尽早介入并部署应对之策。四是修订《传染病防治法》，对于尚未被国家卫生行政部门认定为传染病，

但有证据证明具有传染性的疾病，要求地方政府提前介入，参照传染性疾病进行预先管理，并参照世界卫生组织的做法，进行提醒性信息公布。

（二）从成本收益角度看实施

在《法律的经济分析》一书中，成本收益分析是贯穿始终的重要方法论。本文无意陷入关于波斯纳法律经济分析是否具备正当性的学术争论之中，笔者只是单纯地认为法经济学中的实证主义经验可以为公共卫生事件信息公开实施提供一些新的思路与借鉴。正如前文所述，公共卫生事件信息的公开与不公开，其成本与收益是可以相比较的；在公共卫生事件信息公开的实施过程中，也需要一点经济思维去加以指导，在权衡利弊的基础上，作出更加合理和经济的安排。

比较《传染病防治法》与《突发公共卫生事件应急条例》中关于信息公布的有关规定可以发现，两者对于发布主体的规定略有不同。《传染病防治法》中规定"省、自治区、直辖市人民政府对本行政区域内常见、多发的其他地方性传染病，可以根据情况决定按照乙类或者丙类传染病管理并予以公布，报国务院卫生行政部门备案"。《突发公共卫生事件应急条例》中规定"国务院卫生行政主管部门负责向社会发布突发事件的信息。必要时，可以授权省、自治区、直辖市人民政府卫生行政主管部门向社会发布本行政区域内突发事件的信息"，即突发公共卫生事件由中央归口管理。本次新冠肺炎疫情无疑是一起突发公共卫生事件，在国家卫生行政部门确定将其纳入检疫传染病序列之前，相关地方政府不进行任何信息公开看似有据。地方政府选择了一条看似毫无风险、毫无成本的路径，把责任向上传导至中央的同时，把风险和成本转嫁到了民众和整个国家头上。这是地方保护主义的成本收益观。

然而，在公共卫生事件等可能"牵一发而动全身"的关键领域，地方成本收益观毕竟狭隘，必须树立全局性的成本收益观。在新冠肺炎疫情阻击战中，习近平总书记指出："各级党委和政府要全面依法履行职责，坚持运用法治思维和法治方式开展疫情防控工作。"这其中就隐含了对于成本收益的审慎考量。

（三）从效用最大化角度看信息公开后的社会治理

"效用"一词在经济学中意义斐然。在波斯纳眼中，"效用"不仅要从经济学角度达到资源的优化配置，还要从社会角度达到整体和谐与制度完善。而"最大化"来自"理性人"的基本假设，"人是其自利的理性最大化者"确立的最大化原则亦是经济学的一项基本原则。[1]正如趋利避害是人的天性，理性人总是追求效用最大化。确立和突出法律的经济分析中的效率标准来研究如何制定和实施法律才能使社会财富实现最大化，是法经济学追求的目标。[2]面对公共卫生事件信息公开之后，如何利用理性人追求效用最大化这一规律来实现"愈后"治理，是个颇为值得研究的问题。

---

① ［美］理查德·A.波斯纳：《法律的经济分析》，蒋兆康译，中国大百科全书出版社1997年版，第2页。
② 李建勇：《最优化论与社会总值效益论在侵权案审判中的比较研究——以知识产权侵权为视角》，载《东方法学》2012年第3期。

　　经济学是个实证性的学科，由实际的经济活动、生产消费、买卖投资、市场信贷等归纳出经济活动的规律性。[1]事实上，在疫情发生前后同样会出现一些规律性的经济行为，可以为公共卫生事件信息公开后的社会治理提供依据。前文已述，政府及时公布公共卫生事件信息可能获得的收益有：及时减少事件进一步扩展的可能性，引导民众行为作出后续处理部署以及巩固并扩大公众对于政府的信任指数等。这些可得收益均基于效用最大化原则得以预期。首先，在公共卫生事件萌芽之初，进行预警式的信息公布，可以加强民众对于风险防控的意识与认识。这从本次疫情中被网友戏称为"硬核河南"部署的相关防控措施可见一斑。官方信息的力量不容小觑，在正确引导和高强度宣传的联合作用下，公众自然会基于理性做出自利程度最大的选择。其次，在公共卫生事件进行之时，准确的信息公开将发挥极大的稳定功能。面对巨大风险，加之新媒体时代虚假信息更易散播，民众在此时无比依赖政府，只能依靠政府实效、快速、持续、有力的发声才能抚慰这种脆弱，发挥最大效用。本次疫情中，上海微信公众号公布的确诊病例数据曾一度为网民所质疑，隔天上海市政府即在疫情通报新闻发布会上果断予以回应，很快质疑声便烟消云散。最后，公共卫生事件的信息公开是后续社会治理进一步跟进的基础，信息公开是配合社会治理措施实现最大效用的手段。正如有学者所言：公众都在看，在防控疫情、防止经济下行方面，哪个地方政府能够出台更有效的政策。这显然是围绕疫情防控的一场公共治理竞争，是疫情在倒逼国家公共治理体系和能力的提升。[2]理想的社会治理应当基于民众需求的表达机制和信息传递机制为前提，其中信息公开便是防止行政管理目标偏离民众多元需求的支柱。

四、结语

　　本次新冠肺炎疫情对于全党、全国、全民来说是一次严峻的考验，可喜的是随着政府执行能力和水平的不断提升，面对公共卫生事件，已然形成了宝贵的经验和优秀的做法，相信疫情防控阻击战取得全面胜利将指日可待。从非典到新冠肺炎，公共卫生事件信息公开也迎来了进一步提升的拐点，这是建设服务型政府取得阶段性成果的标志，更是提升政府执行水平的新一番征程。运用一点法经济学的思维方法，辅以行之有效的实证研究，将对提升公共卫生事件信息公开的实效性起到一定的借鉴和启示作用，相信在不远的将来，我国公共卫生事件信息公开的水平及能力将收获公众更多的肯定和赞誉。

（责任编辑：陈龙鑫）

---

[1]　熊秉元：《正义的效率》，东方出版社 2018 年版，第 148 页。

[2]　陆铭：《新冠疫情与中国公共治理的现代化之路》，载 https://www.sohu.com/a/375707124_260616，2020 年 2 月 25 日访问。

将"生物安全"纳入检察机关行政公益诉讼范围

彭 勇 赵 璐*

截至 2021 年 3 月 22 日 11 时,我国累计确诊新型冠状病毒肺炎病例 102 539 例,现有确诊病例 496 例,本土现有确诊 2 例,累计死亡病例 4 849 例,①疫情防控态势较好。而对比海外疫情,新冠病毒在全球扩散的态势仍呈上升趋势,全球疫情态势仍然不容乐观。危及全球的流行性疾病暴露出的生物安全②问题已经成为全世界、全人类面临的重大生存和发展威胁之一,亟须引起各方重视。

2020 年 2 月 14 日,习近平总书记在中央全面深化改革委员会第十二次会议上的讲话指出,"要从保护人民健康、保障国家安全、维护国家长治久安的高度,把生物安全纳入国家安全体系,系统规划国家生物安全风险防控和治理体系建设,全面提高国家生物安全治理能力。要尽力推动出台生物安全法,加快构建国家生物安全法律法规体系、制度保障体系"。同年 10 月,第十三届全国人大常委会审议通过了《生物安全法》(2021 年 4 月 15 日生效),从生物安全风险防控体制、防控重大新发突发传染病及动植物疫情、生物技术研究开发与应用安全、病原微生物实验室生物安全、人类遗传资源与生物资源安全、防范生物恐怖与生物武器威胁、生物安全能力建设等方面防范和应对生物安全风险,从立法的高度保障人民生命健康,保护生物资源和生态环境,促进生物技术健康发展。

疫情爆发后,"生物安全"对国家安全的重要影响逐步凸显,我国面临的生物安全形势十分严峻,对公众生命健康乃至国家安全提出了新挑战。③《生物安全法》的出台既是新冠疫情推动的结果,也是我国当下生物技术发展的必然选择,将在防控重大新发突发传染病、保护人类遗传资源与生物资源安全等方面发挥重要意义。后疫情时代中,生物安全能力建设是社会治理体系创新中的重要环节,也是检察机关发挥公益诉讼检察职能的重要命题。"生物安全"包含防止病毒传播、维持生态平衡等社会公众利益属性,应当成为行政公益诉讼的考量内容,于检察机关视野下研讨生物安全问题具有重要的前瞻意义和引领作用。

---

* 彭勇,法学学士,上海市长宁区人民检察院第六检察部主任。赵璐,法律硕士,上海市长宁区人民检察院第六检察部检察官助理。

① 信息来自丁香园新型冠状病毒肺炎疫情动态。

② 《生物安全法》第一章第二条:本法所称生物安全,是指国家有效防范和应对危险生物因子及相关因素威胁,生物技术能够稳定健康发展,人民生命健康和生态系统相对处于没有危险和不受威胁的状态,生物领域具备维护国家安全和持续发展的能力。

③ 刘丽娜:《探索生物安全领域公益诉讼》,载《检察日报》2020 年 3 月 4 日第 7 版。

一、我国行政公益诉讼范围之检视

(一)行政公益诉讼的核心理念

公益诉讼起源于 20 世纪六七十年代的美国,是与私益诉讼相对而言的概念。公益诉讼 = "公益 + 诉讼 + 机能",以公益为理论支点诠释着权利保障的机能,是现代诉讼制度的一次革新和创举。"通过提起公益诉讼,促使法院通过阐明既有权利内容或创造新型权利来推动法律变革。"[①]公益诉讼的诉讼程式亦随着社会变迁不断更新,边界范围也在随着社会变化和公众需求不断扩展。我国行政公益诉讼制度的产生是在中国当代的社会结构发生深刻变动,政治法律思想进行全面革新的基础上出现的,它的确立有着深层次的理论和历史背景。公益诉讼指特定的国家机关和相关的团体和个人根据法律的授权,按照法定程序对侵犯国家利益、社会公共利益或不特定的他人利益的行为,向法院起诉,由法院依法追究相对人法律责任的诉讼活动。行政公益诉讼是国家积极作为的产物,有利于实现司法权与行政权之间的功能秩序。[②]与民事公益诉讼不同,行政公益诉讼是因为行政机关的违法行政行为或不作为破坏公共利益而提起的诉讼。行政公益诉讼旨在纠正行政机关不行使职权或者违法行使职权的行为,防止、消除行政机关违法行为给公共利益造成损害。

(二)我国立法中行政公益诉讼之范围

通过司法制度维护社会公共利益已经成为世界趋势,基本上域外的做法都是检察机关提起的公益诉讼的案件范围限定在特定类型的重点案件,并辅以灵活的兜底条款。[③]最高人民检察院 2015 年 7 月公布的《检察机关提起公益诉讼改革试点方案》第二十八条首次明确了"行政公益诉讼",[④]其中提出"及时提起民事或行政公益诉讼,加强对国家和社会公共利益的保护"。同时该文件也明确了检察机关提起公益诉讼的职责权限。行政公益诉讼的受案范围的依据是《检察机关提起公益诉讼改革试点方案》《人民检察院提起公益诉讼试点工作实施办法》。《检察机关提起公益诉讼改革试点方案》规定受案范围是"生态环境和资源保护、国有资产保护、国有土地使用权出让等领域"。2017 年《民事诉讼法》在第五十五条增加一款规定,检察机关可以作为公益诉讼的提起人。[⑤]我国法律在规定公益

---

① 颜运秋:《公益诉讼理念研究》,中国检察出版社 2002 年版,第 52 页。
② 姜涛:《检察机关提起行政公益诉讼制度:一个中国问题的思考》,载《政法论坛》2015 年第 6 期。
③ 陈岚:《检察公益诉讼制度的理论内涵》,载《人民检察》2019 年第 24 期。
④ 《检察机关提起公益诉讼改革试点方案》规定:人民检察院履行职责中发现生态环境和资源保护、国有资产保护、国有土地使用权出让等领域负有监督管理职责的行政机关违法行使职权或者不作为,造成国家和社会公共利益受到侵害,公民、法人和其他社会组织由于没有直接利害关系,没有也无法提起诉讼的,可以向人民法院提起行政公益诉讼。
人民检察院履行职责包括履行职务犯罪侦查、批准或者决定逮捕、审查起诉、控告检察、诉讼监督等职责。
⑤ 《民事诉讼法》第五十五条:人民检察院在履行职责中发现破坏生态环境和资源保护、食品药品安全领域侵害众多消费者合法权益等损害社会公共利益的行为,在没有前款规定的机关和组织或者前款规定的机关和组织不提起诉讼的情况下,可以向人民法院提起诉讼。前款规定的机关或者组织提起诉讼的,人民检察院可以支持起诉。

诉讼的案件范围上采用"枚举法＋等"的开放式表述，以不完全列举的方式界定公益诉讼的范围。2017年《行政诉讼法》第二十五条增加一款作为第四款："人民检察院在履行职责中发现生态环境和资源保护、食品药品安全、国有财产保护、国有土地使用权出让等领域负有监督管理职责的行政机关违法行使职权或者不作为，致使国家利益或者社会公共利益受到侵害的，应当向行政机关提出检察建议，督促其依法履行职责。行政机关不依法履行职责的，人民检察院依法向人民法院提起诉讼。"《第十三届全国人民代表大会第三次会议关于最高人民检察院工作报告的决议》明确提出："积极、稳妥办理安全生产、公共卫生、生物安全、妇女儿童及残疾人权益保护、网络侵害、扶贫、文物和文化遗产保护等领域公益损害案件。"行政公益诉讼制度的确立为检察权介入行政裁量权从而加强对其监督提供了契机，改变了传统的法律监督格局，它使得检察机关对行政机关的监督有了更深入的程度，检察机关以公共利益为核心，深入监督行政机关的行政行为。[①]除了国家立法，一些地方人大常委会结合域情也会出台相应法律规章，加强检察公益诉讼工作。2020年6月，上海市人大常委会出台《关于加强检察公益诉讼工作的决定》，要求上海市检察机关依法加强生态环境和资源保护、食品药品安全、国有财产保护、国有土地使用权出让、英雄烈士保护以及法律规定的其他领域的公益诉讼工作。文件指出，检察机关要遵循积极、稳妥、审慎的原则，可以围绕上海市"五个中心"建设和经济社会发展，依法探索开展城市公共安全、金融秩序、知识产权、个人信息安全、历史风貌区和优秀历史建筑保护等领域的公益诉讼工作。

（三）行政公益诉讼范围亟待拓展

"拓展公益诉讼案件范围"是《中共中央关于坚持和完善中国特色社会主义制度推进国家治理体系和治理能力现代化若干重大问题的决定》的重要指示，是防控疫情下司法应对的关键要点，也是从源头上回应公众诉求的重要探索。实践中，检察机关提起公益诉讼的案件类型仍然大多数囿于法律列举情形，集中于生态环境和资源保护、食品药品安全、国有财产保护、国有土地使用权出让、英烈权益保护等领域的案件。

2020年1月27日，在新冠疫情爆发之初，最高人民检察院应疫情态势，及时发布《关于认真贯彻落实中央疫情防控部署坚决做好检察机关疫情防控工作的通知》，要求各级检察机关要结合公益诉讼检察职能，积极开展源头防控，积极、稳妥探索拓展野生动物保护领域的公益诉讼。2020年2月24日，全国人大常委会作出《全面禁止非法野生动物交易、革除滥食野生动物陋习、切实保障人民群众生命健康安全的决定》，确立了全面禁止食用野生动物的制度，各级检察机关围绕野生动物保护进行多种类型的探索。2020年2月，在最高人民检察院发布的6起检察机关野生动物保护公益诉讼典型案例，其中3起是行政公益诉讼案（四川省绵阳市涪城区人民检察院督促规范快递收寄验视行政公益诉讼案、江西省鹰潭市人民检察院督促整治野生动物非法收购和运输行政公益诉讼案、江苏省

---

① 关保英：《行政公益诉讼中检察介入行政裁量权研究》，载《现代法学》2020年第1期。

扬中市人民检察院督促整治野生动物非法交易行政公益诉讼案），均是行政监管部门未认真履行监督管理职责，检察机关通过制发行政公益诉讼诉前检察建议督促行政机关积极依法履行法定职责，充分保护野生动物资源和生物多样性。Y市检察院积极联合相关行政部门制定开展《关于开展野生动物保护公益诉讼专项监督活动的实施方案》，重点针对辖区内野生动物保护、生鲜和肉类市场的日常监管、检验检疫等突出问题进行联合专项监督。N市检察院开展为期一年的野生动物资源保护检察监督专项行动。L市X区检察院牵头公安、市场监管等部门联合发出《关于进一步加强疫情源头防控，严厉打击破坏野生动物资源的通告》，在野生动物保护领域内充分发挥公益诉讼检察职能，积极配合推进疫情防控工作，取得明显成效。

但值得深思的是，检察机关通过督促相关行政部门加大对野生动物的捕猎、运输、贩卖等环节违法行为的源头监管和查处力度，这一动作背后所作的价值判断仍然着重在保护生物资源和生态环境，而不是正面防范和应对生物因子对人类生命健康以及生存发展秩序造成的威胁。当下检察机关在野生动物保护方面所依据的仍然是《环境保护法》《野生动物保护法》等法律规定，在野生动物保护领域的探索依旧属于检察公益诉讼"生态环境和资源保护"范畴，处于公益诉讼的法定类型范围。违法狩猎、猎杀野生动物、肆意开发森林草地以及违法食用野生动物等活动，既会破坏生态平衡，也可能引发人与动物之间的传染病，具有重要的生物安全影响。但与野生动物相关的科研活动、生物遗传资源、动物病毒传播等可能引发的公共卫生事件却置身于公益诉讼的盲区之内。野生动物作为生态链中的重要一环，不仅仅是简单从生物多样性方面进行破题，而是应当多维度、体系化地思考其背后的公益保护价值，从健全生物安全风险防控的角度对公益保护内容和范围重新定义，实为大势所趋。

行政公益诉讼案件范围之宽窄决定了公共利益可以在多大程度上通过司法手段得到维护。但是疫情暴露出的问题是我国目前行政公益诉讼案件范围还无法与人民群众对生命健康的现实需求相适应，亦无法回应人民群众对公共利益保护的期待。检察机关应当始终围绕国家利益或者社会公共利益遭受严重侵害或者存在重大侵害危险，且难以通过普通民事、行政、刑事诉讼有效实现公益保护的领域进行深入探索，针对生物安全相关行政执法制度机制在解决公益侵害问题中严重失灵的薄弱点予以重点突击。《民事诉讼法》和《行政诉讼法》所规定的生态环境和资源保护、食品药品安全都和生物安全息息相关，检察机关需要重新梳理行政公益诉讼保护范围及层次，除把现有的案件范围抓好抓实之外，需要在考虑政治效果、法律效果和社会效果统一的前提下，理性全面地思考和探讨将生物安全纳入公益诉讼监督范围的必要性及可遵循的路径。

二、将"生物安全"纳入行政公益诉讼范围的必要性

（一）生物安全是社会公众利益的现实需求

公益诉讼案件范围可以由两个标准来确定：其一就是案件类型标准（污染环境、侵害

众多消费者合法权益等），其二就是受损利益标准（社会公共利益）。①行政公益诉讼制度实质上是检察权对行政权的监督，但作为制度本身则是社会治理的法治手段，其立法目的在于维护公共利益。②启动公益诉讼的关键在于是否侵害了国家利益和社会公共利益。

生物安全是一个国家、社会乃至全球需要关注的永恒课题，关系到国家、社会公共利益，关系到人民生命健康安全和福祉。20 世纪以来，因传染病暴发、外来生物入侵、农作物病虫害等生物安全问题对国家和社会造成严重危害的情况屡见不鲜。据研究表明，人类感染的传染病有 60% 以上都来自野生动物身上的病毒，而且全球有 170 多万种未知病毒，其中大约一半被认为对人类有害，已经出现的非典病毒、H1N1 流感病毒、埃博拉病毒在全球范围内引发了传染病疫潮。国际旅客携带未经检验检疫的动植物入境事件频频发生，对我国的农业、林业、渔业以及生态环境造成严重危害。此外，非典病毒实验室感染、问题疫苗、转基因食物、基因编辑婴儿等重大社会事件频发，不仅威胁公共卫生安全，而且对社会经济发展产生巨大冲击，将会产生不可低估的严重后果。尽管，此次新型冠状病毒的宿主尚未明确，但国家卫健委高级别专家组曾表示此次新型冠状病毒来源很大可能也是野生动物。而我国野生动物保护清单名录制度注重生物多样性保护和生态科学价值，缺乏与人类本身的直接关联，导致在疫情防控方面呈现不足。如蝙蝠、鼠类等大量传播疫情的高风险物种不在上述任何保护名单之内，行政监管亦存在漏洞。

在全球气候变化的大背景下，生物安全的风险来源不断扩大、类型不断增加、领域日益广泛，极容易引发全球性的突发公共安全事件。生物安全问题不仅直接影响个人生存发展，更可能影响整个国家和社会的健康发展，其中环境利益、资源利益、公共卫生利益涉及不特定多数人，具有足够的广泛影响私益主体生存和发展的属性，且对国家和社会发展具有重要意义，具有强烈的社会公共利益属性。此外，生物安全涉及野生动物保护、传染病防治等多专业技术领域，具有超前性和风险性，且所涉及的利益主体多元，利益关系复杂，人民群众具有高度依赖性。检察机关较之不特定的个体或团体，在优化司法资源配置、保证诉讼公平效率等方面具有优势，可以最大限度地维护社会公共利益。③检察公益诉讼有必要对"生物安全"问题进行回应，发挥检察职能在"生物安全"领域的作用，这是保护人民群众生命健康的现实需要，也是维护国家利益和社会公共利益的必然选择。

（二）行政公益诉讼检察是生物安全体系构建的重要环节

检察机关提起"生物安全"的公益诉讼并不属于《民事诉讼法》第五十五条第二款和《行政诉讼法》第二十五条第四款所列举的范围，但是以积极、稳妥的态度，探索"等"外领域的检察公益诉讼案件范围，乃是对党的十九届四中全会提出要"拓展公益诉讼案件范围"的贯彻和落实，也是对人民群众对公益保护需求日益增多的积极回应。④

---

① 颜运秋：《公益诉讼理念与实践研究》，法律出版社 2019 年版，第 357 页。
② 赵煜亮、陈刚：《行政公益诉讼案件起诉标准研究》，载《中国检察官》2019 年第 21 期。
③ 最高人民检察院民事行政检察厅编：《检察机关提起公益诉讼实践与探索》，中国检察出版社 2017 年版，第 15 页。
④ 刘丽娜：《探索生物安全领域公益诉讼》，载《检察日报》2020 年 3 月 4 日第 7 版。

2020 年，S 市 Q 区人民检察院办理了 S 市首例外来入侵生物福寿螺的幼卵清除问题行政公益诉讼案件。Q 区人民检察院在发现本区存在较大范围的福寿螺幼卵未被及时清除的情况后，进行了认真的调查核实，发现位于 Q 区 J 镇、Z 镇相关河道沿岸两侧及农田沟渠内出现大量的福寿螺幼卵，而福寿螺属于外来入侵生物，生长繁殖快、个体大、食性广，容易对农作物的生长造成危害，并会造成水生态环境的破坏，还会成为一些寄生虫的载体，被食用会造成人体损害。基于此，区院根据入侵生物监管职责向区农业和农村委员会制发了检察建议。S 市级院及时将 Q 区人民检察院办案经验在全市予以推广，其他区院也已经启动福寿螺相关案件的办理程序。本案中，检察机关积极行使行政公益诉讼职能，切实维护 S 市的生物安全、农业生产安全、人民群众生命健康安全和整个生态安全，也为生物安全的公益诉讼探索形成了良好的示范效应。

《生物安全法》背景下，检察机关应突破个案局限，在司法实践中不断巩固强化个案成功经验，主动成为生物安全体系建构中的重要抓手，积极探索生物安全领域公益诉讼检察工作，将"生物安全"纳入行政公益诉讼范围，把生物安全公益诉讼检察工作作为长效治理中的重要保障机制之一。针对生物安全领域特别是这次新冠肺炎疫情暴露出来的问题，充分发挥法律监督职能作用，对行政机关的行政行为进行全面、整体评价，在"生物安全"领域切实发挥检察职能，解决涉疫情风险的野生动物保护名录滞后性等问题，运用诉前检察建议、督促起诉、支持起诉、提起诉讼等措施，对行政机关不作为、乱作为的现象进行精准监督，最大程度发挥检察机关公益诉讼机制的效能，促进社会治理能力在"生物安全"领域的提升。在防控重大新发突发传染病、动植物疫情、保障实验室生物安全、保障生物资源和人类遗传资源安全、防范物种入侵与保护生物多样性、规范研究、开发和应用生物技术、生物医疗应用等方面，通过检察力量依法促进生物多样性保护、生物遗传资源保护、生物技术应用、生物安全管理、生物安全风险防控，促进国家和社会公共利益的保护，从源头上防范和控制重大公共卫生安全风险，提高疫情防控法治化水平，助力完善公共卫生安全治理体系，强化生物安全风险防控和治理体系建设。

三、"生物安全"纳入行政公益诉讼范围的路径

（一）试点推进生物安全检察公益诉讼

检察机关可以围绕国家生物安全体系建设，尝试采用先行先试方法，对"生物安全"公益诉讼检察在全国选择一些地区的检察机关进行试点。由最高人民检察院主管公益诉讼的部门科学制定试点工作的规范体系，规定试点工作的目标原则、主要内容和工作要求，确保检察机关在法律框架和授权范围内开展试点工作，深入探索生物安全公益诉讼检察工作的特点和方式，准确把握提起"生物安全"行政公益诉讼的条件、范围和程序，积累行之有效的措施和做法，在办案中加强办理新型案件的专业知识和专门技能培训，在实践中总结推广办案经验，及时对试点中的问题和成效进行评估，并将实践证明行之有效的经验上升为理论，以理论创新推动制度创新，取得成效后再进行大范围推广，形成生物安全体

系中的长效司法机制。

（二）明确生物安全行政事权划分

开展生物安全检察行政公益诉讼，需要充分考虑生物安全的专业性特点。生物安全风险具有多种来源、横跨多个领域的特征，所涉议题既有深度专业性也有高度复杂性，涉及传染病防治、动物检疫、生态资源保护多个领域，牵涉科技、卫健、环境、农业、资源、国防等诸多部门，在监管范围上存在职责交叉或者冲突，通常难以由一个部门进行独立主管，相关部门间的职责划分与相关部门的协同合作至关重要。①比如，我国目前的转基因生物管理部门条块分割、多头管理的体制使得监管制度覆盖不全面，监管效果不良。因此建立起运转高效有序的行政监管体系，需要在行政事权配置方面予以明确，行政部门权限划分和协调机制是行政公益诉讼案件范围的重要前提。林业、草原、农业、海洋、市场监管、卫生健康、公安、检验检疫等部门之间有关生物安全管辖权构造在一定程度上决定了生物安全行政公益诉讼的方向和效率。生物安全没有清晰明确的行政权管理系统，检察机关的法律监督亦无从谈起。

（三）把握好探索中的权力边界

行政公益诉讼权力的行使要尊重行政权的自身属性，保持自身的谦抑性，避免发生检察权过度扩张而干预行政权，导致权力制约的失衡、不协同，从而影响治理效能。但是如果跟公益保护的首要目的相冲突的情形下，尊重行政权的解释应当让位于保护社会公益的目的解释。尽管行政机关是维护公共利益的第一顺位主体，但是检察机关对行政主体自由裁量权的考量应以该行政行为对公共利益的影响状况为转移，针对在日常履行公益监督职能中发现的生物安全监管漏洞，依法及时督促协调相关监管部门切实履职，解决目前我国面临的生物技术带来的公共利益侵害司法保护乏力的问题。同时要注意牢牢把握公益诉讼督促、协同的职能定位，彰显督促之诉协作之诉特色，体现由点及面、促进行政机关综合治理的制度优势。坚持与行政机关协同配合，区别形势变化和工作特点，不断优化生物安全的公益诉讼程序和方式，达到最佳司法效果。

（四）构建精准监督的基础

完备的法律法规体系是实现精准法律监督的重要前提。《生物安全法》是一部跨领域立法，适用领域丰富，管制对象多元，规制行为多样，涉及生物问题专业，需要有配套的法律法规进行衔接。相关职能部门需要以《生物安全法》为核心，在生物安全适用领域进一步研究制定生物技术开发和创新机构维护生物安全的准则、社会组织和公民维护国家生物安全的义务，完善相关实施细则，做好与外部立法的衔接适用以及竞合处理，将立法的精神贯彻于生物安全工作全周期，将生物安全保护覆盖到生产生活的每一个环节，形成层次分明、体系完备、全面协调的生物安全法律体系，为检察机关发挥行政公益诉讼职能提供立法支撑。

---

① 秦天宝：《生物安全法的立法定位及其展开》，载《社会科学辑刊》2020 年第 3 期。

四、结语

通往法治的道路并不一马平川，法治镶嵌在一个社会的政治、经济和文化结构中。①公益诉讼检察的本质定位，是法律监督职能的时代回应。此次全世界范围内的疫情对世界政治格局和经济态势带来的影响不言而喻，然而，困难的阶段亦是复兴再造的机缘。最高人民检察院检察长张军强调"以检察自觉检察担当助推国家治理体系和治理能力现代化"。此次新冠疫情也是我国检察机关大力探索检察行政公益诉讼"等"外领域的一次契机，是检察行政公益诉讼向前再进一步，因应推进国家治理体系和治理能力现代化检察制度下职能重塑的重要机遇，必将产生积极而深远的社会影响。随着社会日新月异的发展，以及社会公众日益增多的公共利益保护需求，行政公益诉讼之路任重道远。

（责任编辑：陈龙鑫）

---

① 何海波：《行政法治，我们还有多远》，载《政法论坛》2013 年第 6 期。

公共卫生安全领域检察行政公益诉讼介入的探讨

董绍静*

2020 年年初爆发的新冠肺炎疫情当前在我国已经得到了基本控制，防疫战争取得了基本胜利，然而此次疫情带给我们的启示是我国公共卫生安全还存在短板和不足。立足检察职能，从检察公益诉讼角度思考，完善公共卫生安全治理体系，检察公益诉讼需不需要作为、能不能作为、如何作为需要我们进行深入思考。

一、行政监管不足——检察行政公益诉讼介入的客观需要

首先，公共卫生事件对国家利益和社会公共利益造成巨大损害。2020 年爆发的新冠肺炎疫情是 1918 年大流感以来全球最严重的传染病大流行，是第二次世界大战结束以来最严重的全球公共卫生突发事件，其复杂性、艰巨性前所未有，对全球经济社会发展的冲击前所未有。从海外角度看，截至 2021 年 3 月 20 日，新冠肺炎疫情感染人数共 122 873 565 人，累计死亡人数 2 708 814 人，海外主要经济体 2020 年的 GDP 数据，皆同比下降（多数为负增长）。相比海外主要国家，中国疫情控制得较好，但仍然付出了一定的惨痛代价，截至 2021 年 3 月 20 日，我国新冠肺炎疫情感染人数共 102 502 人，累计死亡人数共 4 849 人，2020 年一季度国内 GDP 同比下降 6.8%，作为疫情震中的湖北一季度国内 GDP 同比下降 39.2%。上述数据充分说明了新冠肺炎疫情给人民生命健康、经济发展所带来的巨大损害（经济数据下降虽然不能完全论证属于新冠肺炎疫情造成，但仍具有一定的相关性）。近几年的非洲猪瘟动物疫情、长春长生假疫苗事件等公共卫生领域事件也都对人民的生命健康和社会经济发展造成了巨大损害。对于何谓公共利益，从法学角度各国各时代的学者都试图进行清晰界定，但却都无法达成统一认可的概念，"到底什么是公共利益，没有哪个国家的法律有明确的规定，这是由公共利益利益内容的不确定和受益对象的不确定所决定"，[①]但学者们都认可公共利益具有"内容的多面性与不确定性，是弹性地依据社会、国家法秩序的价值概念来进行判断的"。[②]公共卫生安全事件对社会不特定多数人的生命健康权、国家经济社会秩序造成严重侵害，这些侵害是可以界定为对法律意义上的公共利益的侵害，相应地这属于检察公益诉讼所要保护的公共利益范畴。"公共卫生、公共安全等公共利益与一般民众的生活、健康、生命等息息相关，民众、法人和其他组织对这种

---

* 董绍静，法学硕士，上海市金山区人民检察院检察官。

① 黄学贤：《公共利益界定的基本要素及应用》，载《法学》2004 年第 10 期。

② 胡建淼、邢益精：《公共利益概念解析》，载《法学》2004 年第 10 期。

诉权享有间接利益，只是因为国家对此具有担保责任，且这种担保责任通过国家自身的努力，具体来说由公共利益的代表人——检察机关来完成，而不是社会的力量，以实现社会公益。"①因此，从维护国家利益和社会公共利益的目的而言，新冠肺炎疫情带来巨大损害客观上呼唤检察行政公益诉讼的介入。

其次，新冠肺炎疫情反映公共卫生行政监管体系存在短板和不足。检察行政公益诉讼制度定位于兜底、协同、督促，弥补行政监管的不足，如果在一个领域行政监管已经很到位了，检察行政公益诉讼则没有必要进行介入。关于检察行政公益诉讼的职能定位，《中共中央关于全面推进依法治国若干重大问题的决定》说明中也提到"在现实生活中，对一些行政机关违法行使职权或者不作为造成对国家和社会公共利益侵害或者有侵害危险的案件，由于公民、法人和其他社会组织没有直接利害关系，使其没有也无法提起公益诉讼，导致违法行政行为缺乏有效司法监督，不利于促进依法行政、严格执法，加强对公共的保护。由检察机关提起公益诉讼，有利于优化司法职权配置、完善行政诉讼制度，也有利于推进法治政府建设"。此次新冠肺炎疫情暴露出公共卫生安全行政监管领域存在一定的短板和不足，前文所述的非洲猪瘟动物疫情、长春长生假疫苗事件等公共卫生领域事件也存在行政监管不到位的问题，特别是长春长生假疫苗事件涉及的行政不作为或乱作为更是让人触目惊心。然而上述问题在没有暴发之前，现有的行政监管体系或多或少没有给予足够的重视，反映出来的是公共卫生安全行政监管体系存在漏洞，相对应地呼唤检察行政公益诉讼的介入督促完善监管。如同学者所言，"从我国公共利益的保护机制来看，一般由行政机关代表国家利益和社会公共利益履行保护职责，但因行政机关同时又是利益的所有者与管理者，既是参与者又是裁判者，客观上很难充分行使好保障两益的职责。在这种情况下应认同国家对社会的适度干预，也倡导引入新的公权机关提升保护两益的效果"。②

综上，检察行政公益诉讼制度设计的初衷，正是对于因为行政监管存在不足，可能或现实地导致国家利益和社会公共利益具有侵害或侵害风险的时候，通过司法监督的方式弥补行政监管的不足，共同维护国家利益和社会公共利益。新冠肺炎疫情暴露出来的公共卫生安全行政监管短板和不足对社会经济稳定发展和人民群众生命安全带来巨大侵害，客观上契合了检察行政公益诉讼介入的目的，呼唤检察行政公益诉讼通过监督来助力完善公共卫生监管治理体系。

二、"等"外领域探索——检察行政公益诉讼介入的法理论证

宏观上的形势需要并不意味着在公共卫生安全领域检察行政公益诉讼介入就水到渠成、顺理成章，作为职权法定的制度，在解决了需不需要介入随之而来的问题是能不能介入的问题。结合法律文本解释、检察司法政策、检察实务探索，笔者的结论是，公共卫生

---

① 姜涛：《检察机关提起行政公益诉讼制度：一个中国问题的思考》，载《政法论坛》2015 年第 6 期。
② 刘艺：《检察公益诉讼的司法实践与理论探索》，载《国家检察官学院学报》2017 年第 2 期。

安全领域可以作为检察行政公益诉讼监督的方向。

第一，法律文本解释预留空间。检察行政公益诉讼制度当前的立法比较粗框架，仅在《行政诉讼法》第二十五条第四款进行法律条文表述。因此围绕该款表述的"等"字则是法律解释的逻辑起点，如果解释为"等内等"，则显然检察行政公益诉讼只能框定在行政诉讼法法律明文规定的四个领域和英雄烈士保护法规定英烈保护领域（即所谓的法定4＋1领域）。如果解释为"等外等"，则可以拓展延伸到包括公共卫生安全等其他"等"外领域。应当说2017年全国人大立法刚赋予检察机关公益诉讼职能的时候，"等内等"和"等外等"两种解释的学术实务观点都有，并且争论得比较激烈。随着检察行政公益诉讼的深入推进，目前持"等外等"解释的观点已经被主流学术观点和实务操作所认可。"对《行政诉讼法》第二十五条与《民事诉讼法》第五十五条中的'等'字作'等外等'理解，既符合法理逻辑，也迎和现实需要。"①"检察机关探索公益诉讼等外领域，是行政诉讼法第二十五条第四款以及民事诉讼法第五十五条第二款的应有之义。"②"全国检察机关在两年多的实践中，着力办好法律明确授权领域的案件，在此基础上努力尝试办理问题突出的其他领域纠纷。"③从实务角度而言，最高人民检察院检察长张军在2019年10月向全国人大常委会专题汇报检察公益诉讼工作的报告中指出，检察机关积极回应人民群众新期待，探索拓展公益诉讼办案范围，并列举了一批受到行政机关和人民群众认可的"等"外领域检察公益诉讼案件。这充分表明了理论和实务都为拓展公益诉讼范围做好了准备。

第二，司法政策支撑。对于"等"外领域的探索，最高人民检察院起初的态度是相对稳妥审慎。党的十九届四中全会通过《中共中央关于坚持和完善中国特色社会主义制度推进国家治理体系和治理能力现代化若干重大问题的决定》在"加强对法律实施的监督"中明确要求"拓展公益诉讼案件范围"，最高人民检察院对公益诉讼的工作指导原则从"稳妥、积极"调整为"积极、稳妥"，相对应地对"等"外领域的探索持鼓励支持引导的态度。2020年9月18日最高人民检察院第八检察厅（公益诉讼检察厅）印发的《关于积极稳妥拓展公益诉讼案件范围的指导意见》，提到突出小理全国人大及其常委会明确要求的新领域案件。认真贯彻落实《第十三届全国人民代表大会第三次会议关于最高人民检察院工作报告的决议》批准的下一阶段工作安排中明确提出的"积极、稳妥办理安全生产、公共卫生、生物安全、妇女儿童及残疾人权益保护、网络侵害、扶贫、文物和文化遗产保护等领域公益损害案件"。这当中的公共卫生被列入公益诉讼的案件范围，并且强调该领域属于全国人大及其常委会明确要求的新领域案件。由此不难看出虽然现在暂时没有明确的法律条文将公共卫生安全纳入检察行政公益诉讼范围，但是从党中央的文件表述、全国人大的审议决议精神以及最高人民检察院业务厅下发的指导文件，都暗含乃至明确了公共卫

① 梁鸿飞：《检察公益诉讼：逻辑、意义、缺漏及改良》，载《安徽师范大学学报（人文社会科学版）》2019年第3期。
② 人民检察编辑部：《积极、稳妥，拓展公益诉讼等外范围》，载《人民检察》2020年第1期。
③ 田凯：《拓展公益诉讼范围的理性思考》，载《检察日报》2019年12月17日第3版。

生安全可以作为检察行政公益诉讼的领域。

第三，公共卫生安全领域公益诉讼实务的积累。这两年有地方检察机关办理了一些公共卫生安全领域案件，如针对口腔诊所非法处置医疗废弃物违反了《医疗废物管理条例》《医疗卫生机构医疗废物管理办法》；美容服务机构开展医疗美容业务的，未依据《医疗机构管理条例实施细则》申请设置相应类别的医疗机构直接为消费者注射没有批号的美容针；一些小诊所从业人员未取得《医疗机构执业许可证》擅自执业；一些小区设置的自动售水机无卫生监管部门产品卫生许可批准文件违反了《生活饮用水卫生监督管理办法》等。针对上述违法情形，一些地方检察机关通过行政公益诉讼督促卫生行政、生态环境或农业农村监管部门进行相应整治。上述案例虽然没有直接针对传染病疫情防控的，但是属于广义的公共卫生安全范畴，通过一件件的个案积累，不断丰富和延伸检察公益诉讼领域的内涵和外延，为拓展公共卫生安全检察行政公益诉讼积累实践经验。

三、八项细分领域——检察行政公益诉讼介入的实务分析

在解决了公共卫生安全领域需不需要检察行政公益诉讼介入、检察行政公益诉讼能不能介入的问题后，摆在眼前的是怎么样介入的问题。在讨论开始之前，先区分两个概念，治理类公益问题与违法类公益问题，这是相对而提出的概念。"治理类公益问题的致损原因不是行政机关的监管违法行为，希望行政机关从建章立制或者作出新的行政行为来改善公益保护不力的现状。因为行政机关不存在违法事实，就不存在原行政行为的可诉性，将来的行政行为也失去督促履职的法律依据，法律监督只限于对违法行为的监督。"至此，我们应该明白，治理类公益问题不在法定的公益诉讼职权范围，不属于检察公益诉讼的范畴。因此对于公共卫生安全行政监管的短板和不足，不是每一项问题检察行政公益诉讼都能够介入。"行政公益诉讼中必然会涉及对行政违法情形的认定问题，检察机关需要承担具体的审查认定行政行为的义务，由此就会涉及检察机关对行政机关是否依法履职的具体审查。"①如针对此次疫情暴露出的疾病预防控制体系、监测预警和应急反应体系、重大疫情救治体系、公共卫生法律体系、科技保障体系等，如果存在具体行政监管违法行为的，检察行政公益诉讼可以助力完善，对于单纯是因机制体制问题或现有科学技术、人力物力因素导致的管理问题，如果不存在行政违法问题，则检察行政公益诉讼不应介入。

行政违法包括乱作为和不作为，"检察机关办理的公益诉讼案件中，行政机关的违法行为主要集中在不作为，约占九成以上。与此相适应，检察机关起诉的诉讼类型主要为履行之诉"。②判定行政机关不作为的具体依据的一个很重要的逻辑是法律法规赋予行政机关具体的行政执法监管职权，但是行政机关没有行使行政监管权导致国家利益和社会公共利益受到侵害。围绕这样的思路，梳理出当前涉及公共卫生安全的行政执法监管事项，则有

---

① 张薇：《行政公益诉讼法治化路径探究》，载《行政与法》2019 年第 3 期。
② 徐全兵：《检察机关提起行政公益诉讼的职能定位与制度构建》，载《行政法学研究》2017 年第 5 期。

助于为检察行政公益介入提供操作方向指引。这里需要说明的是，文初以疫情作为讨论的起点，但是下文论述中的公共卫生安全范围更加广泛，不再局限于跟疫情防控相关的领域。

根据笔者对现有公共卫生安全领域法律法规规章（食品药品方面部分法律法规也属广义公共卫生安全领域，但基于食药领域已经单列，在此不再将其纳入）的梳理，检察机关可在野生动物资源保护和动物防疫、传染病防治、医疗废物监管、医疗活动监管、疫苗管理、公共场所卫生监管、职业病防治、病原微生物实验室监管等八个方面积极稳妥开展检察行政公益诉讼。下面对如何围绕八个领域开展公益诉讼进行简要分析，具体的分析思路笔者以野生动物资源保护和动物防疫领域进行说明，其他七个领域不再一一进行分析。

第一，野生动物资源保护和动物防疫领域。2020 年 1 月 27 日，最高人民检察院下发《关于认真贯彻落实中央疫情防控部署坚决做好检察机关疫情防控工作的通知》要求各级检察机关"要结合公益诉讼检察职能，积极开展源头防控。一方面严惩非法捕猎国家保护的野生动物的行为，注意发现野生动物保护中存在的监管漏洞，积极稳妥探索拓展野生动物保护领域的公益诉讼；另一方面，注意发现生鲜、肉类市场检验检疫中存在的漏洞，及时提出检察建议，促进完善相关治理措施"。由此野生动物保护和动物防疫将成为检察行政公益诉讼一项重点工作。如何开展？首先，梳理该领域现有的法律法规规章包括《野生动物保护法》《动物防疫法》《陆生野生动物保护实施条例》《动物检疫管理办法》《动物防疫条件审查办法》《动物诊疗机构管理办法》等。其次，对法律法规规章条文规定的法律责任部分涉及的具体行政监管事项进行列明。最后，对照列明的行政执法监管事项，进行公益诉讼线索排摸，理论上行政执法监管事项如果存在行政乱作为或不作为导致损害国家利益或社会公共利益的情形都可开展检察行政公益诉讼。如以《动物防疫法》法律责任部分的第七十八条第一款为例，该条该项规定"屠宰、经营、运输的动物未附有检疫证明，经营和运输的动物产品未附有检疫证明、检疫标志的，由动物卫生监督机构责令改正，处同类检疫合格动物、动物产品货值金额百分之十以上百分之五十以下罚款；对货主以外的承运人处运输费用一倍以上三倍以下罚款"。相对应地，如果检察机关在履职中发现对于屠宰、经营、运输的动物未附有检疫证明，经营和运输的动物产品未附有检疫证明、检疫标志的情形，且动物卫生监督机构没有履行该条的监管职责，则检察行政公益诉讼可以进行介入（当然至于后续环节是进行立案磋商还是立案后制发诉前检察建议，则依具体情形而定）。

另外公益监督要注意拓展广度。当前行政监管部门正在开展严禁任何形式的野生动物交易活动，严查猎捕、杀害国家重点保护野生动物，严禁违法出售、购买、利用、运输、携带、寄递野生动物及其制品，不得为出售、购买野生动物及其制品发布广告及提供交易服务等专项整治行动。对这些工作检察机关应监督助力完善，但不能局限于上述范围，应注重挖掘野生动物保护，动物防疫存在的监管死角、监管空白，监管存有阻力领域，包括但不限于：在相关自然保护区域建设违反法律法规规定建设的项目威胁破坏野生动物栖息地的行为；饲养动物的单位和个人没有依法履行动物疫病强制免疫义务或未按照兽医主管部门的要求做好强制免疫工作；动物饲养场（养殖小区）和隔离场所、动物屠宰加工场所不符合动物防疫条件的要求；经营动物、动物产品的集贸市场不具备国务院兽医主管部门规定的动物防疫条件；随意处置染疫动物及其排泄物、染疫动物产品，病死或者死因不明的动物尸体；不具备法定条件设立从事动物诊疗活动的机构或从事动物诊疗活动；动物诊疗机构违法处置诊疗废弃物等。

同时要注意公益监督的成案可能。可先从部分容易突破领域着手，挑选一些以形式审查为主的点进行切入，举例如下：（1）如不具备法定条件设立从事动物诊疗活动的机构或从事动物诊疗活动、动物诊疗机构违法处置诊疗废弃物。一些宠物医院存在该违法行为，对此违法行为容易取证固证；（2）再如随意处置染疫动物及其排泄物、染疫动物产品，病死或者死因不明的动物尸体。在禽流感、非洲猪瘟等动物疫情暴发时期，部分养殖户存在直接处理病死鸡、猪等情形，检察机关对此抱有关注，往往容易成案；（3）一些动物屠宰加工场所不符合动物防疫条件的要求或者经营动物、动物产品的集贸市场不具备国务院兽医主管部门规定的动物防疫条件，注意摸排线索也可成案，实践中已有检察机关围绕非法屠宰厂监管漏洞督促监管部门堵漏建制。

第二，传染病防治领域。该领域涉及的行政执法监管事项主要依据的法律法规规章有《传染病防治法》《国境卫生检疫法》《艾滋病防治条例》《医疗机构传染病预检分诊管理办法》《医院感染管理办法》等，对应的检察公益诉讼监督工作思路参考第一领域进行。

第三，医疗废物监管领域。该领域涉及的行政执法监管事项主要依据的法律法规规章有《固体废物污染环境防治法》《医疗废物管理条例》《医疗卫生机构医疗废物管理办法》《医疗废物管理行政处罚办法》等，对应的检察公益诉讼监督工作思路参考第一领域进行。

第四，医疗活动监管领域。该领域涉及的行政执法监管事项主要依据的法律法规规章有《执业医师法》《献血法》《乡村医生从业管理条例》《医疗机构管理条例实施细则》《医疗广告管理办法》《医疗美容服务管理办法》等，对应的检察公益诉讼监督工作思路参考第一领域进行。

第五，疫苗管理领域。该领域涉及的行政执法监管事项主要依据的法律法规规章有《疫苗管理法》《疫苗流通和预防接种管理条例》《疫苗储存和运输管理规范》等，对应的检察公益诉讼监督工作思路参考第一领域进行。

第六，公共场所卫生监管领域。该领域涉及的行政执法监管事项主要依据的法律法规规章有《公共场所卫生管理条例》《公共场所卫生管理条例实施细则》《学校卫生工作条例》《消毒管理办法》等，对应的检察公益诉讼监督工作思路参考第一领域进行。

第七，职业病防治领域。该领域涉及的行政执法监管事项主要依据的法律法规规章有《职业病防治法》《尘肺病防治条例》《职业健康检查管理办法》《建设项目职业病防护设施"三同时"监督管理办法》等，对应的检察公益诉讼监督工作思路参考第一领域进行。

第八，病原微生物实验室监管领域。该领域涉及的行政执法监管事项主要依据的法律法规规章有《病原微生物实验室生物安全管理条例》《人间传染的高致病性病原微生物实验室和实验活动生物安全审批管理办法》等，对应的检察公益诉讼监督工作思路参考第一领域进行。

四、结语

检察公益诉讼"其意义在于，在中国的宪制框架内，在党的领导下，以更好地满足人民美好生活需要为导向，更充分地发挥司法职能参与国家治理、社会治理的作用，弥补行政职能在公共利益保护中的失灵问题，促进多元主体共治的系统性、协同性、整体性，提升国家治理效能"。[①]围绕此次新冠肺炎疫情暴露的公共卫生领域监管的短板问题和不足，检察行政公益诉讼工作在未来要努力探索、积极作为。公共卫生安全领域检察行政公益诉讼需要作为、可以作为、必须作为，要从促进完善公共卫生治理体系和治理能力现代化的高度，协同督促行政职能部门补齐公共卫生短板、从源头上控制重大公共卫生风险、强化公共卫生法治保障。

（责任编辑：陈龙鑫）

[①] 胡卫列：《中国检察公益诉讼基本特征和理论制度构建》，载《人民检察》2019 年第 15 期。

新冠肺炎疫情下检察机关对"海淘"口罩违法行为开展消费民事公益诉讼若干问题研究

吴晓东*

一、问题的提出

一场突如其来的新冠肺炎疫情，使得个人防护用品，特别是口罩的市场需求激增，由此也产生了大量的网络消费纠纷。2020年2月4日，淘宝平台就集中公示了一批问题口罩商家的处理情况，涉及的问题包括哄抬物价，疑似销售回收的假口罩，商品过期、劣质，发货异常等。淘宝平台根据法律法规和平台规则作出了永久清退，情节严重的移送公安执法机关等相应处理，并号召各大电商平台联手建立黑名单制度打击违规商户。同时，由于国内口罩资源的紧缺，使得更多的消费者将目光投向了境外市场。随着近年来各大电商平台"海淘""境外购"等业务的兴起，通过国内电商平台向境外市场购买口罩正成为特殊时期不少人的主要渠道之一。但由于"海淘"领域法律关系复杂、参与的民事主体众多，且跨境交易的法规空白和监管漏洞也一定程度存在，导致行政监管部门执法难度较大。在当前重大疫情下，某些违法行为可能会严重侵害广大国内消费者的生命健康安全和财产权，对社会公共利益产生重大影响。

二、疫情中"海淘"口罩常见行政违法情形及法律规制途径

（一）疫情中"海淘"口罩常见行政违法情形

1. 哄抬物价

哄抬物价是疫情发生以来最典型的违法行为。个别不法商户借机哄抬口罩等防疫用品价格，平时几毛钱一片的一次性口罩，可能被标价以数元的价格销售牟取暴利。对此，国家市场监督管理总局发布了《关于新型冠状病毒感染肺炎疫情防控期间查处哄抬价格违法行为的指导意见》（以下简称《指导意见》）对国内市场加以及时指导规范。与此同时，"海淘"渠道进口的口罩价格同样节节攀升，一枚平时从日本或韩国代购价格仅数元的防护口罩，在各大"海淘"电商平台的售价已高达二、三十元，数倍的涨幅远超《指导意见》对于"大幅度提高"的规定和各地行政执法的标准。但由于"海淘"平台中除了跨境电商企业外，大量的小微卖家往往身处境外，用"扫货"等手段在境外药店、便利店购得

---

* 作者单位：上海市人民检察院第二分院。

口罩后，通过快递、人工携带等方式向境内加价销售。其购入成本、进销差价、缴纳税费等均难以掌握，易形成监管盲区。

2. 假冒伪劣

销售假冒伪劣、过期口罩等违法行为在疫情期间也较为常见。对此，上海市市场监督管理局已下发了五批违法典型案例，[①]其中多件案例涉及国内市场销售假冒伪劣和过期口罩的违法行为。同时，通过"海淘"销售假冒伪劣或过期口罩的情形同样存在，由于"海淘"口罩的货源在境外，小微卖家往往没有相关经营资质，其通过代购或个人物品邮寄等方式销往境内，并利用不如实申报逃避监管行为或海关对于个人物品邮件免检政策等直接进入国内消费市场。国内消费者又由于语言障碍和专业信息不对称，基本无法对国外生产口罩的技术标准、防护级别等充分了解，假冒伪劣、篡改生产日期更是难以辨别。

3. 刷单行为

在网购"海淘"口罩过程中，不少人都遇到过明明是标注口罩"现货"，下单量很大的网络卖家，下单后却迟迟无法发货的情形。追问之下，卖家往往以特殊时期国家政策、物流困难等借口推脱，并"承诺"退款。其实，这是网络卖家借疫情实施"刷单"的行为，假借疫情时期"一罩难求"虚构网络交易记录，以此提高自己的店铺等级、信誉等来招揽更多的客户或获取平台网站的优惠政策。这种行为实质上是一种欺诈行为，侵犯了消费者的知情权，同时也扰乱了市场秩序。

4. 其他违法情形

除了上述三种较为常见的违法情形外，还有虚假宣传，将仅能防花粉过敏、雾霾等没有病毒防护功能的口罩夸大宣传；又如隐瞒真相实施欺诈，利用不同国家对于口罩的技术标准的差异，将低防护等级的口罩标注为高等级的口罩欺骗消费者，等等，都是"海淘"口罩中比较常见的违法情形。

（二）对"海淘"口罩违法行为的法律规制途径

1. 行政监管

行政监管是目前对于"海淘"口罩违法行为进行法律规制的最主要手段。海关、市场监督管理部门等作为一线执法力量，对于各类违法行为，依据《海关法》《价格法》《广告法》《消费者权益保护法》等法律对违法行为进行监管并作出行政处罚。但对于"海淘"领域，现有的行政执法手段明显存在短板。多头执法各管一段的监管模式造成衔接漏洞被不法分子利用；跨境电商、个人物品免检减税等海关监管特殊政策也不利于对不合格产品起到有效的监管作用；流入国内市场后由于不经过实体渠道，市场监督管理部门无法掌握追踪物流信息；行政处罚的个别性、事后性对于一类违法行为的警示、预防作用较为有限，产生损害结果后消费者维权也十分困难。

---

① 截至 2020 年 2 月 21 日，详见"上海市场监管"微信公众号。

2. 检察公益诉讼

除了行政监管外，检察机关履行公益诉讼职能可以对在特殊疫情下"海淘"口罩违法行为的监管起到重要作用。首先，"海淘"口罩涉及消费领域的社会公共利益。消费领域的社会公共利益是指人数众多且不特定的消费者共同利益。[1]疫情当前，防护口罩作为特殊消费品，甚至是生活必需品，与每个人的生活和健康息息相关，充分体现了消费领域"人数众多"且"不特定"的两大特点。其次，对于该领域进行公益诉讼更强调了司法机关的社会管理职能。不同于普通的民事或行政诉讼，消费公益诉讼通过司法机关依法干预社会生活，更能实现社会利益的最大化。同时根据案情合理判断，有社会侵害潜在可能的情形下即可提起诉讼，追究违法行为人的法律责任，更能体现预防性和惩戒性。最后，检察机关提起消费公益诉讼具有自身独特的优势。根据《民事诉讼法》第五十五条、《行政诉讼法》第二十五条的规定，检察机关作为消费民事公益诉讼的诉讼主体之一和消费行政公益诉讼的唯一主体，可以采用向行政机关制发诉前检察建议督促履职、支持消费者协会提起诉讼、发布公告提起公益诉讼、制发社会治理检察建议等多个途径主动参与，最大限度维护消费者合法权益，对受损或处于危险的社会公共利益及时给予司法救济。

三、新冠肺炎疫情下检察机关如何办理"海淘"口罩消费民事公益诉讼案件

（一）如何拓展线索发现渠道

公益诉讼的性质决定了检察机关在公益诉讼中既是公共利益代表，也是诉讼程序中的"技术性当事人"，诉讼主体、权利主体处于分离的状态，[2]导致检察机关往往离公共利益受到侵害的事实较远，线索来源存在障碍。例如对于"海淘"口罩侵害消费领域的线索，疫情特殊时期检察机关只能通过网络平台浏览或者向行政机关了解收集为主，效果相对有限。要破解这一"老大难"问题，可以探索在实践中研究落实以下几个方面的工作：一是加强内部协作机制。探索建立公益诉讼部门与刑事检察部门的案件线索双向移送机制。疫情期间假冒伪劣口罩等刑事案件频发，可结合新修订的《人民检察院刑事诉讼规则》第三百三十条等相关规定，与刑事检察部门在办案中发现的公益诉讼线索及时做好移送衔接工作；二是进一步发挥"两法衔接"平台、12345市民热线等信息平台作用，制定有效检索规则，通过定期梳理行政执法信息查找相关公益诉讼线索；三是拓展"定向发现"。通过公益诉讼个案办理，推动与消费者协会等社会组织建立长期协作机制，畅通消费类案件的线索移送渠道。

（二）调查核实工作开展的难点及出路

调查核实权的充分行使是检察机关提起公益诉讼的必要前提，是查明案件事实、核实案件情况的必备手段。然而，在"海淘"口罩案件调查工作中可能会遇到以下问题：

---

[1] 人民法院报案例：《消费领域公共利益应界定为人数众多且不特定的消费者共同利益——拱墅区人民检察院诉李某、刘某产品销售者责任纠纷案》，载法信手机应用。

[2] 李成、赵伟刚：《困境与突破：行政公益诉讼线索发现机制研究》，载《四川师范大学学报》2018年第4期。

1. 受制于法律依据的不充分

《民事诉讼法》明确了民事检察监督的调查核实权，《刑事诉讼法》也规定了检察机关对非法证据的调查核实权。目前为止，公益诉讼开展调查核实的法律依据主要是《人民检察院提起公益诉讼试点工作实施办法》（以下简称《实施办法》），其作为司法解释法律效力较低。如检察机关想要调取电商平台经营者保存的相关数据，但根据《电子商务法》的规定，平台经营者应当依照法律和行政法规的规定向主管部门提供，《实施办法》是否属于法律，检察机关是否属于该法规定的主管部门等问题都值得探讨。因此，检察机关在实际开展调查活动中可能会因此遭受很大阻力。

2. 违反义务法律责任的缺失

同样因为没有明确的法律规定，对于当事人不配合调查取证，甚至故意藏匿、销毁重要证据，检察机关也不能及时依法追究其相应的法律责任，这种情况对公益诉讼的开展和公共利益的保护非常不利。例如，电商平台经营者故意销毁保存的销售口罩的交易记录等重要证据，检察机关虽然可以在诉讼中根据《电子商务法》相关规定对因经营者的不当行为无法查明事实的，由平台经营者承担相应的法律责任。但在实践中，检察机关提出惩罚性赔偿诉讼请求，则明确需要具体的电子数据来证明销售数量和价格，从而确定惩罚性赔偿的数额，相关电子数据一旦被销毁，那么法院将无法准确追究其相应的责任。

3. 检察机关取证专业性不足

对于电商平台内电子数据的取证需要较高的专业知识。虽然新修订的《最高人民法院关于民事诉讼证据的若干规定》进一步扩展了电子数据的种类，对于电子数据的真实性判断也提出了更加明确的规则，但同时对检察机关的调查取证工作提出了更加专业的要求。因此，检察机关如何利用专业手段在网络案件中固定电子数据，提高证据规范性和证明力需要进一步探索。

针对上述问题，检察机关在办理"海淘"口罩案件中可以考虑从以下几个方面开展调查核实工作：

1. "搭便车"

借鉴刑事附带民事公益诉讼中的实践经验，利用民事责任与行政责任"并行不悖"的原则，通过移送发现的行政案件线索，由行政执法部门进行行政处理，要求行政机关在执法活动中调取相关民事公益诉讼所需证据，将行政调查活动中调取的证据加以充分利用。行政机关作出行政处理后公共利益仍受到损害或行政处罚不足以保护公共利益的，确有必要的，检察机关可以提起民事公益诉讼。

2. 有效利用诉讼程序破解取证难

可探索利用诉前证据保全等民事证明手段，在诉前申请法院对平台经营者的交易记录等重要电子数据证据予以保全，并及时提起公益诉讼。

3. 利用公证等形式提高电子数据的证明效力

对于电商经营者在网络平台上展示的违法信息，或调查购买的相关过程等关键电子数据，可要求公证机关通过录屏等技术手段加以固定并出具公证书。

（三）需要注意的争议焦点

由于"海淘"口罩销售违法行为主体的特殊性，对于境外卖家直接追究民事责任相对困难。因此，应结合个案事实和证据情况，可以依据《电子商务法》第三十八条和《消费者权益保护法》第四十四条的规定追究网络平台经营者的连带责任或相应责任。其中，确定网络平台经营者作为起诉对象还需具体关注几个方面的问题：

1. 平台经营者的主观过错

一般来说，检察机关发现消费公共利益受到损害的，也可以行使消费者向网络电商平台举报违法行为的"通知"权利，但公益诉讼不同于私益诉讼，不是为了阻止某一具体的违法行为保护私益。另外，检察机关还需要通过进一步调查查明平台上是否还存在类似的违法行为，平台内经营者实施违法行为的持续时间，已经实际销售的违法商品的数量，对消费者造成的经济损失和健康损害结果等事实，并据此综合判断社会公共利益是否受到了侵害。因此，应充分结合在案证据，证明平台经营者"应知"平台内经营者销售的商品或者提供的服务不符合保障人身、财产安全的要求，或者有其他侵害消费者合法权益行为。实践中可以通过以下几个方面加以证明。一是平台内经营者销售商品或提供服务的性质和危险程度。如销售医用口罩的，由于该类商品的特殊性质，应当提高平台的注意义务。再如，在发生重大疫情等特殊情况下，平台经营者对于所有销售、代购口罩的平台内经营者发布的各类商品消息应当提高相应的注意义务。二是事先审核和报备义务。《电子商务法》对于平台的事先审核义务有明确规定，这也能体现平台经营者主观上是否存在过错。例如某商户将进口的普通防护口罩标注为高等级医用口罩，那么平台在履行审核和报备义务时应当对其进口资质和医疗器械销售资质予以审核，而不能仅仅审核其营业执照等一般登记信息，这一点对"海淘"平台经营者尤为重要。同时，对于平台内境外经营者的真实信息、许可资质、是否存在可能违反海关法规定等情形都应事先审核。一旦违反该项义务，且违法行为长期、反复存在或造成严重后果的，可以推定为"应知"。三是平台经营者的管控措施是否到位，即现有技术条件下平台是否可以履行且已经履行了相关预防和管控义务。如对于口罩的网页信息中出现"防病毒""新型冠状"等关键词的，平台应当主动定期搜索、过滤。如违法信息长期存在且被大量浏览，则应当认定平台管控措施未能到位。

2. 平台经营者未采取必要措施

"海淘"口罩案件与其他网络消费公益诉讼案件类似，主要体现为平台经营者在"知道或应当知道"的情况下，没有对平台内经营者采取删除、屏蔽违法信息、限制交易、终止服务等足以控制违法行为和阻止损害发生的有效措施。同时，对于从事"海淘"业务的平台，其应当采取的必要措施还包括提醒消费者注意的附随义务。根据调查，不少"海淘"平台仅仅在网页等显著位置强调代购等跨境商品可能没有中文标签、品质可能不符合我国标准、消费者购买行为视作其海外直接购买等。但对于食品、防护口罩（特别是疫情期间）等关系到消费者生命健康权的特殊商品，应当提出更高更具体的提醒义务要求。如提醒进口的医用口罩可能不符合跨境电商零售进口商品清单范围，代购行为无法得到质量保障，境外口罩防护等级与我国标准可能存在重大差异从而可能导致健康损害等更加具体的提示内容。

3."造成消费者损害"的认识

《电子商务法》第三十八条第二款规定平台经营者在销售或提供关系消费者生命健康的商品或者服务时，未对平台内经营者履行资质资格事先审核义务，造成消费者损害的，依法应当承担相应责任。但在消费公益诉讼中，是否造成消费者损害不是社会公共利益受到侵害的必然形式，潜在的危险同样可以成为侵害后果。特别在口罩等案件中，消费者购买使用了"海淘"口罩，与其被病毒感染的后果是否具有因果关系很难证明，同时某个具体的消费者的生命健康损害也无法证明社会公共利益必然受到损害而属于公益诉讼的范畴。因此，笔者认为，对于此类涉及生命健康权利的防护用品造成损害结果的认定，应当借鉴食品药品纠纷中的操作方式。如果受害人只要证明食用了不安全食品、药品，即使没有造成明显的身体损害，侵害人也应当就此给消费者身体造成的潜在以及精神损害承担责任，即应当对损害作扩大解释。损害不仅包含确定的已经证明的损害，还包括潜在的推定的损害。①这点在《最高人民法院关于审理消费民事公益诉讼案件适用法律若干问题的解释》第四条"提起消费民事公益诉讼应当提交的材料"中也有体现，该条第二项明确规定"被告的行为侵害众多不特定消费者合法权益或者具有危及消费者合法权益或者具有危及消费者人身、财产安全危险等损害社会公共利益的初步证据"。说明检察机关对于消费者损害结果的证明材料并不限于实害结果，还可以是具有危险。

4.惩罚性赔偿的提出

在消费民事公益诉讼中，惩罚性赔偿的提出能充分体现惩戒和警示作用。首先，在"海淘"口罩案件中能否提出惩罚性赔偿，如何提出？根据《消费者权益保护法》第五十五条第一款、第二款的规定"经营者提供商品或者服务有欺诈行为的，应当按照消费者的要求增加赔偿其受到的损失，增加赔偿的金额为消费者购买商品的价款或者接受服务的费用的三倍；增加赔偿的金额不足五百元的，为五百元。法律另有规定的，依照其规定"，"经营者明知商品或者服务存在缺陷，仍然向消费者提供，造成消费者或者其他受害人死亡或者健康严重损害的，受害人有权要求经营者依照本法第四十九条、第五十一条等法律规定赔偿损失，并有权要求所受损失二倍以下的惩罚性赔偿"。据此可以得知，如果"海淘"中的平台内经营者有欺诈行为的，消费者可以获得支付价款的三倍赔偿，如果是出售缺陷产品造成消费者生命健康严重损害后果的，应当赔偿所受损失二倍以下的赔偿。关于适用范围，根据"海淘"口罩的违法情形，哄抬物价行为适用惩罚性赔偿目前仍没有法律依据。销售假冒伪劣、过期口罩、篡改生产日期、虚假宣传、以次充好等行为应当属于欺

---

① 最高人民法院民事审判第一庭编著：《最高人民法院关于食品药品纠纷司法解释理解与适用》，人民法院出版社2015年版，第84页。

诈行为，在公益诉讼难以证明造成不特定且数量众多消费者严重损害后果的情形下，依然可以根据销售价款请求三倍的惩罚性赔偿。同时，实际无货谎称有货的行为也涉嫌欺诈，理论上也可以提出相应的惩罚性赔偿，但此种情况下如何确定赔偿数额有待于立法完善和司法实践探索。最后是请求的对象，如平台经营者知道或应当知道违法行为存在而未采取必要措施，或没有履行事先审核义务造成消费者损害的，应当承担惩罚性赔偿的连带或相应责任。

（责任编辑：樊华中）

疫情防控背景下野生动物保护领域检察公益诉讼的方向与路径

戴鸿誉　解　璇*

一、检察公益诉讼在野生动物保护领域的现实意义

(一)野生动物保护是我国推进生态文明建设的重要课题

党的十八大把生态文明建设纳入中国特色社会主义事业总体布局,统筹推进经济建设、政治建设、文化建设、社会建设、生态文明建设"五位一体"的战略目标,将生态文明摆到了战略高度。生态文明是人类文明的一种形态,它以尊重和维护自然为前提,以人与人、人与自然、人与社会和谐共生为宗旨,建立可持续的生产方式和消费方式为内涵,以引导人们走上持续、和谐的发展道路为着眼点。2015年9月21日,中共中央、国务院印发《生态文明体制改革总体方案》,阐明了我国生态文明体制改革的指导思想、理念、原则、目标、实施保障等重要内容,提出要加快建立系统完整的生态文明制度体系,为我国生态文明领域改革作出了顶层设计。野生动物保护作为生态文明建设的一部分,在促进人与自然和谐共生中占据着重要地位,是人类文明向前发展历程中长期且持久的课题。

(二)野生动物保护是防止突发公共卫生事件的现实需要

2002年非典病毒在我国广东省发现传播,直至2003年中期疫情才逐渐消退,是一次令人恐慌的全球性传染病疫潮。时隔17年的2020年,一种"新型冠状病毒"袭来,其引起的新冠肺炎被世界卫生组织宣布为全球性大流行病。病毒从何而来?科学研究表明,中华菊头蝠是非典样病毒(SARS-like-CoV)而非非典病毒(SARS-CoV)的贮存宿主,即中华菊头蝠为SARS样冠状病毒(SARS-like-CoV)的贮存宿主。果子狸身上携带着这类病毒,成为中间宿主。尽管新型冠状病毒的宿主尚未明确,但国家卫健委高级别专家组组长钟南山院士在接受中央电视台连线时表示,根据流行病学分析,此次新型冠状病毒来源很大可能是野生动物。研究人员之前曾指出,人类感染的传染病有60%以上都来自野生动物。也有国外专家指出,目前,全球有170多万种未知病毒,其中大约一半被认为对人类有害。如果人类不彻底改变吃野生动物的习惯,今后病毒疫情恐怕将频繁发生,增加对人类健康的危险性。如果人类不停止对野生动物的猎杀、食用等行为,"口腹之欲"必将引

---

* 戴鸿誉,法学硕士,上海市虹口区人民检察院第一检察部检察官。解璇,法学硕士,上海市虹口区人民检察院第五检察部检察官助理。

火上身，可能再次引发全球性的突发公共卫生事件。而突发公共卫生事件的发生，不仅威胁公共卫生安全，对社会经济发展也将产生巨大冲击，造成不可低估的严重后果。

（三）野生动物保护领域的检察公益诉讼有法可依、有理可循

正如前述，野生动物保护是一个国家、社会乃至全球需要关注的永恒课题，无疑关系到国家、社会公共利益，关系到人民生命健康安全和福祉。修订后的《民事诉讼法》第五十五条第二款、《行政诉讼法》第二十五条第四款赋予了检察机关在生态环境和资源保护领域，发现有损害社会公共利益或行政机关违法行使职权或不作为的，可以提起民事公益诉讼或者行政公益诉讼。最高人民法院、最高人民检察院《关于检察公益诉讼案件适用法律若干问题的解释》第二十条规定"人民检察院对破坏生态环境和资源保护、食品药品安全领域侵害众多消费者合法权益等损害社会公共利益的犯罪行为提起刑事公诉时，可以向人民法院一并提起附带民事公益诉讼，由人民法院同一审判组织审理"。法律同时还赋予了检察机关可以提起刑事附带民事公益诉讼的权利。根据《环境保护法》《野生动物保护法》等法律规定，野生动物保护领域不仅涉及生态环境保护，同时也涉及生物资源保护，属于检察公益诉讼"生态环境和资源保护"范畴。但也不仅限于该范围，比如对野生动物尸体无害化处理直接关系环境问题、野生动物带有病毒可能引发公共卫生事件又关系到公共安全新领域。检察机关对上述领域内损害国家、社会公共利益的行为，行使检察公益诉讼职责有法可依、有理可循，并将把野生动物保护公益诉讼检察工作作为长效治理中的重要保障机制之一。

二、检察公益诉讼在野生动物保护领域的履职困境

（一）野生动物保护范围和方式的法律冲突

检察公益诉讼要想在野生动物保护领域有所作为，第一步需要厘清野生动物保护的相关法律依据，准确界定野生动物保护的内涵和外延。纵观我国相关野生动物保护法律规定，被保护的野生动物范围不一，实践操作上容易产生冲突。《野生动物保护法》规定受保护的野生动物分三类：珍贵、濒危的陆生野生动物，珍贵、濒危的水生野生动物和有重要生态、科学、社会价值的陆生野生动物（简称"三有动物"），并实行分类分级保护（第十条第一款），即国家对珍贵、濒危的野生动物实行重点保护，分为一级保护、二级保护，明确禁止捕猎、杀害、出售、购买、利用国家重点保护野生动物及其制品（第二十一、二十七条），禁止生产、经营使用国家重点保护野生动物及其制品制作的食品（第三十条），禁止为食用非法购买国家重点保护的野生动物及其制品（第三十条第二款）。除此之外，还分为地方重点保护野生动物和"三有动物"，均属于为非国家重点保护野生动物，在取得狩猎证、服从猎捕量限额管理，有进出口合法来源证明、检疫证明等条件的情况下，可以进行捕猎、交易和食用。可见，国家对野生动物保护在行政性法律规范框架内，重点在于珍贵、濒危野生动物，对除此之外的野生动物，在捕猎、交易、食用上的规定都较宽松。

从刑法层面上看，我国《刑法》第三百四十一条规定了非法捕猎、杀害珍贵、濒危野生动物罪，非法收购、运输、出售珍贵、濒危野生动物、珍贵、濒危野生动物制品罪。同时，根据2000年最高人民法院《关于审理破坏野生动物资源刑事案件具体应用法律若干问题的解释》第一条规定，《刑法》第三百四十一条规定"珍贵、濒危野生动物"包括列入国家重点保护野生动物名录的国家一、二级保护野生动物、列入《濒危野生动植物种国际贸易公约》附录一、附录二的野生动物以及驯养繁殖的上述物种。因此，野生动物在刑法上的保护范围与《野生动物保护法》中国家重点保护动物范围基本一致，刑法重点打击对国家重点保护野生动物的侵害行为，非国家重点保护动物（地方保护动物和"三有动物"）则不能以《刑法》第三百四十一条来规制，而需要根据具体行为是否符合其他罪名为提前，比如是否构成非法狩猎罪、非法捕捞水产品罪等，打击力度和震慑力上都弱于第三百四十一条。在保护方式上，根据2014年全国人大常委会《关于〈中华人民共和国刑法〉第三百四十一条、第三百一十二条的解释》的规定，知道或者应当知道是国家重点保护的珍贵、濒危野生动物及其制品，为食用或者其他目的而非法购买的，属于刑法第三百四十一第一款规定的非法收购国家重点保护的珍贵、濒危野生动物及其制品的行为。刑法对于国家重点保护的野生动物，除了打击非法捕猎、杀害、收购、运输、出售的行为外，还打击走私、食用、掩饰、隐瞒的行为，这也与《野生动物保护法》大体保持一致。那么对地方重点保护动物、"三有动物"的刑法保护就显得很有限，除非是违反相关狩猎法规或保护水产资源法规等，进行非法狩猎、捕捞，才可能被《刑法》第三百四十条、三百四十一条第二款所规制，对于交易、食用等行为则不属于刑法禁止的行为。

然而，公益诉讼也面临法律冲突带来的困惑，正如前述，法律上对野生动物保护的范围不明确、不统一。以民事公益诉讼为例，在单独提起民事公益诉讼的前提下，只要人民检察院认为行为人破坏生态环境和资源保护的行为损害了社会公共利益就可以单独提起民事诉讼。也就是说，不需要区分是国家重点保护的野生动物，还是其他野生动物，所依赖的依据主要是《野生动物保护法》《环境保护法》《民法典》等民事、行政性法律规范。但在提起刑事附带民事公益诉讼时，附带的民事公益诉讼则要依赖于刑法对野生动物的保护。根据现有规定，地方重点保护野生动物和"三有动物"就有可能得不到保护，从而导致民事公益诉讼在单独提起和附带提起的标准上存在不同。当前，公益诉讼检察主要还是以刑事附带民事公益诉讼的方式在野生动物保护领域发挥作用，显然不足以全面发挥其应有的作用。

（二）野生动物保护领域公益诉讼面临的三大难题

在野生动物保护领域，检察公益诉讼仍然面临三大难题：线索发现难、调查核实难、专业认定难。

线索发现的渠道较为有限，也容易产生信息滞后的情况。从现有的公益诉讼案例推断，野生动物保护领域公益诉讼线索大多还是从已发现的刑事案件当中移送，仅有小部分通过媒体、群众举报或行政执法衔接中发现，对刑事案件的高度依赖也不利于该领域检察公益诉讼的探索和拓宽。然而，这一现象具有客观原因。比如，违法行为隐蔽性越来越高，尤其随着互联网发展，野生动物交易从线下转至线上，不像实体交易场所那样易于发现，行为人通过用暗语、行话进行暗中交易，借助快递物流等方式来运输野生动物。①仅凭公益诉讼常规的线索来源渠道，能发现的数量少、难度也高。

线索发现难的这些原因会延伸到调查核实难。最高人民法院、最高人民检察院《关于检察公益诉讼案件适用法律若干问题的解释》第六条规定："人民检察院办理公益诉讼案件，可以向有关行政机关以及其他组织、公民调查收集证据材料；有关行政机关以及其他组织、公民应当配合；需要采取证据保全措施的，依照民事诉讼法、行政诉讼法相关规定办理。"《检察机关民事公益诉讼案件办案指南（试行）》和《检察机关行政公益诉讼案件办案指南（试行）》规定检察机关可以采取查阅、摘抄、复制卷宗材料，询问相关人员、收集书证等证据，咨询专业人员，委托鉴定、评估、审计，勘验物证、现场和其他必要的调查方式等多种调查核实手段。但若存在行政执法人员或行为人对违法行为隐瞒证据或推诿责任，或出现干扰、阻碍、不配合调查的情况，收集到的证据就有可能不全面、不准确。虽然上述《办案指南》也规定了调查的保障，但缺乏具体的强制措施规定，落实到实际操作和追责层面相对困难。

专业知识缺乏也是检察人员开展野生动物保护领域公益诉讼的瓶颈。检察人员大多不具备专业的野生动物保护领域知识，在开展线索评估、调查核实等方面就面临很大挑战，在提出检察建议上也容易出现脱离实际、缺乏操作性的问题。如某县检察院向县相关部门发出公益诉讼诉前检察建议，建议撤回并注销以食用为目的的陆生野生动物驯养繁殖许可证，这一建议就引起很大争议，驯养繁殖许可证的收回将面临野生动物收容安置、处置、补偿等问题，如何科学妥善处置后续事宜也是检察建议制发前必须考虑的问题。同时，检察机关对野生动物保护的相关行政执法程序了解不足，监督的力度和抓手不够，在内行人看来，本来就是外行人的检察机关就显得更外行了。因为怕监督得不对，就不敢监督、惧怕监督，这也是导致野生动物保护领域行政公益诉讼案件较少的症结所在。当然，检察人员善于借助外脑，一方面是值得提倡的，可以弥补专业短板，另一方面因为对鉴定机构、专家意见的依赖度很高，对鉴定机构、专家的资质审核、意见科学性的把握标准也值得关注。

（三）权责界定不清，检察机关难以精准出击

1. 行政机关职责分配影响行政公益诉讼开展

在野生动物保护领域，检察机关对相关行政机关的监督力度不够，导致行政公益诉讼数量少，可复制、可借鉴、可推广的经验和典型案例也少，行政公益诉讼活性没有被有效激发。而行政机关作为治理野生保护领域违法行为的第一顺位主体，其在行政执法、监管方面存在部分基础性问题也是导致行政公益诉讼开展困难的主要原因之一。例如，监管的

---

① 最高人民检察院野生动物保护公益诉讼典型案例（四）。

长效性和完整性尚欠缺。目前对于野生动物保护的监管主要体现在行政许可、审批与定期的行政执法专项活动，但对经营、交易、食用等环节缺乏监管。某县大部分养殖场主称，他们有行政许可证，已经营多年，但有些野生动物养殖场未配备相应的技术人员，部分野生动物养殖场未经过检验检疫，没有建立防疫制度，更不用说配备无害化处理设备和清洗消毒设施设备。行政许可只是准入门槛，不是说许可后就可以为所欲为，仍然要受相关法律法规的制约，许可后"脱管"是现实存在的问题。再如，行政机关依据的法律庞杂，部分法律法规滞后，与社会发展不相符，相关法律法规对监管部门的责任划分不清，存在职能部门权责交叉、执法权限不清的问题，有些部门具有监督管理权，但缺乏处罚权，有些涉及多部门联合执法，谁来承担主要责任也成为问题。以陆生野生动物违法运输、寄递行为为例，涉及的机关包括林业部门、公安部门、海关部门、交通运输部门、卫生健康部门、网络监管部门等众多机关，权责划分与协调合作方面存在很大的难度。"法律未赋予执法权"可能成为行政机关互相推诿的借口，在无法明确权力主体和责任的情况下，就给行政公益诉讼确定监督对象带去困扰。

2. 支持起诉条款未被有效激活

《民事诉讼法》第五十五条第二款规定检察机关可以就破坏生态环境和资源保护的行为向法院提起诉讼，其前提在于公告期内没有机关和组织提起诉讼。同时，该条还规定，如果相关机关或者组织提起诉讼的，人民检察院可以支持起诉。那么何为"法律规定的机关或者组织"？一方面，根据《最高人民法院关于审理环境民事公益诉讼案件适用法律若干问题的解释》第二条、第三条、第四条规定"依照法律、法规的规定，在设区的市级以上人民政府民政部门登记的社会团体、民办非企业单位以及基金会等，可以认定为环境保护法第五十八条规定的社会组织"，"社会组织章程确定的宗旨和主要业务范围是维护社会公共利益，且从事环境保护公益活动的，可以认定为环境保护法第五十八条规定的'专门从事环境保护公益活动'"，《环境保护法》第五十八条第一款规定："符合下列条件的社会组织可以向人民法院提起诉讼：（一）依法在设区的市级以上人民政府民政部门登记；（二）专门从事环境保护公益活动连续五年以上且无违法记录。"尽管也有环保组织曾在《野生动物保护法》修订草案时，曾建议在法律中增加环保组织可以对侵害动物行为提起公益诉讼条款，但最终没能体现在该法中。①野生动物属于环境的概念范畴，野生动物资源属于国家所有的资源。野生动物保护相关社会组织可以参照上述规定，但现有的社会组织未通过组织章程等方式明确提起、参与诉讼的程序，比如中国野生动物保护协会章程中未将提起诉讼作为业务范围。另一方面，对哪些机关有权提起诉讼就更难认定。《野生动物保护法》《水生野生动物保护实施条例》《陆生野生动物保护实施条例》均没有行政机关提起诉讼的规定，依据最高人民法院《关于审理环境民事公益诉讼案件适用法律若干问题的解释》第一条规定："法律规定的机关和有关组织依据民事诉讼法第五十五条、环境保

---

① 郄建荣：《环保组织建议增加侵害动物公益诉讼条款》，载《法制日报》2016年5月26日第6版。

护法第五十八条等法律的规定，对已经损害社会公共利益或者具有损害社会公共利益重大风险的污染环境、破坏生态的行为提起诉讼，符合民事诉讼法第一百一十九条第二项、第三项、第四项规定的，人民法院应予受理"。该《解释》对"社会组织"的原告资格作出规定，但对"法律规定的机关"却未作规定，相关明确的法律规定较少。2017 年修订的《海洋环境保护法》第八十九条第二款规定："对破坏海洋生态、海洋水产资源、海洋保护区，给国家造成重大损失的，由依照本法规定行使海洋环境监督管理权的部门代表国家对责任者提出损害赔偿要求。"其实就是规定了行使海洋环境监督管理权的部门可以作为原告，主张损害赔偿，确认了海洋环境监督管理部门的原告资格，但除此之外的其他行政机关在什么情况下具有原告资格则缺乏明确的法律依据。也正是因为上述的这些原因，导致法律规定的机关或者组织提起诉讼的原告资格都成问题，更何谈检察机关支持起诉。

三、检察公益诉讼在野生动物保护领域的探索路径

（一）完善立法是公益诉讼开展的牢固根基

立法的不断调整和完善，可以为公益诉讼的推进提供更为有力的支撑。在新型冠状病毒肺炎疫情期间，国家及时出台法律法规，作为特殊时期对现行法律的补充和解释。2020 年 2 月 24 日全国人大常委会通过《关于全面禁止非法野生动物交易、革除滥食野生动物陋习、切实保障人民群众生命健康安全的决定》（以下简称《决定》）。《决定》规定，凡《野生动物保护法》和其他有关法律禁止猎捕、交易、运输、食用野生动物的，必须严格禁止，违反前规定的，加重处罚。全面禁止食用国家保护的"三有动物"以及其他陆生野生动物，包括人工繁育、人工饲养的陆生野生动物，全面禁止以食用为目的的猎捕、交易、运输在野外环境自然生长繁殖的陆生野生动物，将禁止食用的范围从"国家重点保护的珍贵、濒危野生动物及其制品"扩展到所有陆生野生动物，并强调"三有动物"的保护，全面禁止的行为明确包括食用、以食用为目的的猎捕、交易、运输行为，强化市场监管，真正实现了"全面"。在此期间，湖北、广东、海南、江苏、福建等全国多个地方人大常委会也相继出台相关决定或征求意见稿，完善野生动物保护领域的法规。

从刑事打击层面上看，最高人民法院、最高人民检察院、公安部、司法部 2020 年 2 月 10 日联合发布的《关于依法惩治妨害新型冠状病毒感染肺炎疫情防控违法犯罪的意见》规定，非法猎捕、杀害、收购、运输、出售国家重点保护的珍贵、濒危野生动物的，依照刑法规定，以非法猎捕、杀害、收购、运输、出售珍贵、濒危野生动物罪定罪处罚。非法经营非国家重点保护野生动物及其制品，扰乱市场秩序，情节严重的，依照刑法规定，以非法经营罪定罪处罚。这些规定尽管是对原有法律规定的重申，但进一步明确了刑法适用，为司法实践的法律适用提供了明确依据。

但法律之间还存在冲突和滞后，野生动物名录多年未更新，修改《野生动物保护法》的呼声愈来愈高，应将《决定》的相关规定尽快纳入法律的修改中，并要加快《国家重点保护野生动物名录》《国家保护的有重要生态、科学、社会价值的陆生野生动物名录》和

地方重点保护野生动物名录的调整进度。积极推进《陆生野生动物保护实施条例》修订，抓紧制定野生动物人工繁育、专用标识等配套管理办法和技术标准，完善法律责任认定，加大处罚力度。建议将检察机关公益诉讼、法律规定机关或者组织提起公益诉讼在《野生动物保护法》《动物防疫法》《生物安全法（草案）》中得以明确和体现，对行政机关的权责进行梳理和统一，避免多头分管、权责不清，为进一步修改完善法律法规提供科学依据。

（二）监督手段有效发挥是公益诉讼的保障

民事公益诉讼包括单独提起民事公益诉讼、刑事附带民事公益诉讼、支持起诉，及行政公益诉讼，均是检察机关在野生动物保护领域发挥作用的手段。目前刑事附带民事公益诉讼占绝大多数，其他手段的发挥仍有很大的发展空间，尤其是行政公益诉讼。

刑事附带民事公益诉讼是最常见的方式，相对容易有抓手、有效果，要善于与刑事检察部门配合合作，强化行刑衔接的作用，适当地在刑事提前介入时，公益诉讼也能靠前一步，突出并行办理优势。与刑事惩治相比，公益诉讼要更加着眼于惩罚、治理与教育并举，让被告人在承担刑事处罚的同时，承担民事责任，起到社会治理和警示教育作用。检察机关在提出要求被告人停止侵害、排除妨碍、消除危险、恢复原状、赔偿损失、赔礼道歉等诉讼请求外，要多选择适用恢复性诉讼请求，比如替代性修复、增殖放流、公益服务等。因为生态环境或者野生动物资源破坏后无法修复或很难修复，在这种情况下，再提出恢复原状、赔礼道歉等诉讼请求，达不到保护公益的目的，采取替代性修复等方法，让被告人履行义务，对环境修复、自然资源保护有着可持续的实际作用，也充分体现了恢复性司法理念。最高人民检察院公布的典型案例中，湖南省湘阴县检察院在办理胡某某等人非法捕猎、杀害小天鹅刑事附带民事公益诉讼案件中，就向法院提出判令胡某某等人采取替代性修复生态环境的请求并得到法院判决支持。涉案的小天鹅在长期进化过程中，每只小天鹅携带着本种群的基础基因以及个体的特殊基因，构成该种群遗传多样性，一旦消失将无法挽回，同时还造成生态环境的失衡。判决后由当地林业局代为履行修复，制定了生态修复工程实施方案，自然保护区内小天鹅种群数量明显增加，野生动植物资源及生态环境得到保护。替代性修复在生态环境和资源保护领域是可以被借鉴的有益做法，拓宽了私法领域民事侵权责任的诉请种类，结合公益诉讼的职能意义，达到维护国家、社会公共利益的目的。

尽管行政机关是维护公共利益的第一顺位主体，但是检察机关行政公益诉讼依然要彰显督促之诉、协作之诉特色，体现由点及面、促进行政机关综合治理的制度优势。野生动物保护执法是一项复杂、系统的工作，涉及自然资源、林业、农业农村、市场监管等多个部门，需要各部门分工协作、共同发力。《决定》规定各级人民政府及其有关部门应当健全执法管理体制，明确执法责任主体，落实执法管理责任，加强协调配合，加大监督检查和责任追究力度，严格查处违反决定和有关法律法规的行为；对违法经营场所和违法经营者，依法予以取缔或者查封、关闭。该条文强调执法体制要健全、责任主体要明确、责任要落实、处罚力度要加大，这也从一个方面反映出行政监管确实存在着监管缺位、执法不到位、不严格等问题。行政公益诉讼监督方式可以探索诉前检察建议、引入磋商机制、提起行政公益诉讼，诉前检察建议是法定的诉前程序，诉前程序体现的是"公平"与"效益"两种不同价值的平衡，以减少诉讼数量、优化司法资源彰显其价值功能。[①]在保证诉前检察建议程序正当、依据合法的情况下，还要关注诉前检察建议的可操作性、针对性，避免提出空洞、不切实际的检察建议。磋商机制虽尚未作为法定的诉前程序，但确实是可以被引入的行政公益诉讼具体监督手段之一。检察公益诉讼应当保持谦抑性，以国家利益、社会公共利益救济范围为边界，特别是在相对专业的野生动物保护领域，主动与行政机关磋商沟通，一则可以提高保护的时效性，避免因烦琐的程序而贻误保护的最佳时机，二则也更容易被行政机关接受，发挥行政机关在特定领域应有的作用，促进野生动物保护的法治化、规范化、制度化发展。提起行政公益诉讼是监督行政机关履职的最后防线。海南省文昌市人民检察院在2019年1月向海口海事法院提起行政公益诉讼，也是海南首例海洋行政公益诉讼案。法院判决被告对其辖区海域内的违法定置网未完全履行法定职责的行为违法；鉴于被告辖区海域内至今仍存在违法定置网，要求被告继续履行查处定置网的法定职责具备客观条件和现实意义，故责令被告在六个月内继续履行法定职责。该案虽然侧重点还是在生态环境领域，但损害海洋生态环境势必会影响海洋生物的生存和多样性，同样也与野生动物保护有关，也可作为今后野生动物领域提起行政公益诉讼的范本。

（三）借助外部力量为公益诉讼提供智力支持

注重借助社会各界的力量，为检察公益诉讼提供智慧和方案。借力专家外脑，充分发挥专家意见在公益诉讼中的作用。检察公益诉讼在生态环境和资源保护领域的民事公益诉讼案件调查方式中将借助专家辅助人作为调查方式之一，通过聘请高校、科研机构、野生动物保护部门专家论证等方式，肯定专家辅助人在专业性较强的生态环境和资源保护领域的专业地位。最高人民检察院发布的典型案例中，江苏省常州市袁某某等21人非法收购、出售穿山甲及其制品刑事附带民事公益诉讼中，检察机关就委托华南师范大学生命科学学院教授、世界自然保护联盟物种生存委员会穿山甲专家组成员吴诗宝教授对该案生态环境损害出具专家意见，确认穿山甲非法贸易行为不仅会影响该物种的保护，还破坏了生态环境，应当向资源破坏者收取资源破坏补偿费，用于资源恢复和补偿。该专家意见也作为附带民事诉讼的证据之一，支撑检察机关的诉请。借助外脑，除了借助专家咨询意见的形式，还可以引入专家辅助人出庭机制。浙江省龙泉市检察机关已经做了有益尝试，庭审中聘请中国鸟类多样性保护与生态文明科学首席科学传播专家以专家证人身份出庭作证，对案件中的专门性和专业性问题进行解答，说明该环保组织、协会的民事主体的作用。这比在庭审中宣读专家咨询意见更直接明了，更具有证明力和说服力，也能通过公开庭审起到警示教育作用。与其配套的，还应尽快建立完善类别清晰、门类完整的专家库以及相关专

---

① 潘如新、孟祥沛：《行政公益诉讼诉前程序探索》，载《检察日报》2019年7月11日第3版。

业鉴定机构名册，确保相关机构和人员的资质，从而提高出具意见的科学性和高质性。

最后，检察机关也要注重与社会组织，如野生动物协会、自然之友等公益组织的合作，获取野生动物保护方面的线索，加强野生动物保护方案的落实，挖掘检察机关在野生动物保护上的可作为空间，并且激活支持起诉制度，在民事公益诉讼上为组织提起公益诉讼提供检察方案和支持。还要注重向社会宣传检察机关公益诉讼职能，用社会知晓度、接受度高的方式加强野生动物保护法的宣传，让法律落到市场、民众生活中。

（责任编辑：樊华中）

重大疫情防控背景下远程视频办案的理论与实践

梁春程*

随着信息网络技术的高速发展，科技司法、智慧司法逐渐从理念走向现实。借助网络建立的音视频信息传输通道及终端设备等媒介，司法工作人员与诉讼参与人及其他参加人员不在同一空间的情况下，通过同步传送图像与声音的方式开展远程视频办案活动，充分体现了科技对司法工作的支撑、推动和引领作用。特别是在新型冠状病毒感染肺炎疫情防控期间，各级检察机关和审判机关借助远程视频办案方式，依法履行各项法律职能，为社会各界开展疫情防控、复工复产营造有利的司法环境。

一、远程视频办案的兴起与发展

20世纪八九十年代随着远程视频会议技术的日渐成熟，以司法公开为目标的"联邦最高法院庭审直播"应用场景引起美国法律界激烈的学术争论。除了联邦最高法院外，各界均赞同庭审直播，甚至有学者提出未来案件办理的"虚拟庭审"模式，但出于对司法信息识别处理、当事人隐私权保护等考虑，美国联邦最高法院对于庭审直播没有认可。不过"电子法院"探索在美国州一级法院以及其他国家并没有停滞不前。1998年澳大利亚法院首次在庭前会议采用远程视频技术。2001年美国密歇根州议会通过《电子法院法》并于次年成立密歇根电子法院，此后美国50个州法院和两个联邦巡回法院通过立法均允许远程视频技术在庭审中的应用。2002年新加坡建立了世界上第一个可以审理刑事案件的网上法庭。①德国、日本、意大利、俄罗斯等国家近年来也开始实施包括庭审过程录音、网上立案、电子传唤、远程开庭等内容的"电子法院"，远程视频办案成为司法前沿高度关注和重点研究的主题。②

我国利用电子通信技术办案的实践可以追溯到2004年广东省汕头市龙湖区人民法院通过电子邮件方式审结的一桩跨国离婚案。③2007年上海市第一中级人民法院在全国首次通过远程视频审理了一起刑事案件并出台《刑事二审案件远程审理操作规则（试行）》。2012年《最高人民法院关于适用〈中华人民共和国刑事诉讼法〉的解释》第二百零六条、

---

* 梁春程，法学博士，上海市嘉定区人民检察院第六检察部业务主任。

① 吴爱明：《中国电子政务：法规与案例》，人民出版社2004年版，第792页。
② 参见李贤华、郭金生：《域外电子法院的诞生与发展》，载《人民法院报》2017年3月17日第8版。
③ 郭烁：《法院信息化建设二十二年：实践、问题与展望》，载《浙江工商大学学报》2019年第1期。

第五百四十四条规定，证人如果身患重病、行为困难或者存在交通不便等情形，客观上确实难以到庭作证的，可以通过视频等方式作证；人民法院讯问被告人，宣告判决，审理减刑、假释案件，根据案件情况，可以采取视频方式进行。同年最高人民法院、公安部印发《关于在看守所建设远程视频讯问室的通知》，提出利用法院专网，在看守所内建设远程视频讯问室。2016年最高人民法院《关于进一步推进案件繁简分流优化司法资源配置的若干意见》明确规定，远程视频开庭方式可适用于简易程序审理的民事、刑事案件。2017年，全球首家互联网法院在浙江杭州设立。

检察机关对于远程视频技术的应用起初主要在指挥侦查、讯问、接访等领域。2010年最高人民检察院、公安部制定《关于审查逮捕阶段讯问犯罪嫌疑人的规定》明确，"检察人员当面讯问犯罪嫌疑人有困难的，可以通过检察专网进行视频讯问"，最早提出"视频讯问"的概念。2012年《刑事诉讼法》要求检察机关在职务犯罪侦查讯问活动中推行"全部、全面、全程"同步录音录像制度。2014年最高人民检察院制定《远程视频接访办法（试行）》规定，"各级人民检察院应当积极拓宽远程视频接访系统的应用范围。可以根据实际工作需要，通过该系统开展询问当事人、上下级会商案情、公开听证等工作"。2015年上海检察机关在嘉定、浦东等五家检察院开展远程视频讯问系统试点，并制定《上海检察机关远程视频讯问工作规定（试行）》等规范性文件，此后全国检察系统远程视频办案应用进入快速发展时期。①

二、重大疫情期间远程视频办案的制度激活

远程视频办案是司法办案模式的一次重大革新，其不仅需要有相应软件和硬件设备的支持，还需要广大司法人员积极更新和转变理念，强化团队配合、相互合作。此前尽管最高人民法院、最高人民检察院均要求推进办案信息化建设，提倡远程视频办案，但由于传统办案思维和方式的桎梏，除了提讯复核、开会培训外，实践中远程视频办案应用并不常见。疫情防控期间人员流动和群体聚集受到极大的限制，传统"面对面"的司法办案方式遭遇困境，远程视频办案成为疫情防控要求下司法办案的必然选择。2020年1月30日，最高人民检察院出台《关于在防控新型冠状病毒肺炎期间刑事案件办理有关问题的指导意见》指出，在疫情防控期间可以采取电话或者视频等方式进行。同年2月14日，最高人民法院印发《关于新冠肺炎疫情防控期间加强和规范在线诉讼工作的通知》，要求"对适用简易程序、速裁程序的简单刑事案件、认罪认罚从宽案件，以及妨害疫情防控的刑事案件，可以探索采取远程视频方式开庭"。远程视频办案方式有效缓解了战"疫"期间司法机关办案的矛盾和压力，开始由"要我做"走向"我要做"，由"纸面"走向"现实"。

自2020年2月以来，在全国范围内已有数万起刑事案件通过视频开庭的方式推进庭审工作。其中上海市检察机关仅2020年2月就完成远程视频讯问审查逮捕案件757人次，

---

① 林中明：《上海推广办案远程视频讯问》，载《检察日报》2015年4月2日第1版。

审查起诉案件 1 150 人次，远程具结见证认罪认罚案件 551 人次。此外，全国各级检察机关在疫情防控期间还在申诉接访、① 司法救助、② 听证审查、③ 调解和解、④ 普法宣传⑤等检察工作中探索应用远程视频技术。其中，2020 年 2 月 7 日江苏省南通市港闸区人民法院通过远程视频依法公开开庭审理了一起防疫物资网络诈骗案，约 1 400 万名网友在线观看，取得了良好的社会效果和法律效果。⑥通过上述事例和数据可以说明，在当前疫情防控的特殊社会背景下，刑事诉讼法及其司法解释期望已久的远程视频办案制度被有效激活。

三、远程视频办案制度的理论争议

疫情防控时期，司法实务界和理论界对远程视频办案相对来说认可的立场居多，但今后远程视频办案能否常态化推行，则存在不同认识。

（一）肯定说

肯定意见认为，远程视频办案不仅是有效应对疫情防控特殊时期司法工作节奏压力的有益尝试，在疫情防控结束后，远程视频办案方式也应该成为一种常规思维。⑦主要有以下几点理由：

其一，提高效率，节约司法资源。以刑事案件办理过程中的押解讯问为例，实践中各地看守所一般建在较为偏僻的地方，检察官提审一个犯罪嫌疑人，除了提审时间外，来回路途、提审登记、等待所花时间就需要 1—2 个小时，而采用远程讯问技术，检察官就不必亲自处理这些工作，而由其他相关人员提前准备，异地实时双向互动完成办案活动，平均提讯一人用时 15 分钟，大大缩短提审过程中的"无效益"时间。

其二，司法公开，避免违法办案。当前，我国刑事案件办理的规范化程度还不高，调查取证、询问讯问等过程中有时还会存在程序违法或者程序瑕疵等问题，影响办案质量和司法公信力。远程视频办案使得司法办案全程处于镜头之下，能够有效约束司法工作人员的行为，保证犯罪嫌疑人、被告人的自由意志，一定程度上可以防止违法违规办案行为的发生。

其三，司法便民，提升办案亲和力。当前司法机关案多人少矛盾十分突出，人民群众诉累现象也日益显现。加快推进信息技术在司法领域的全面应用，满足司法工作和人民群众的多元化需要，是新时期司法机关的一项重要任务。⑧在远程办公、线上学习、网

① 参见郭树合、韩燕：《"快受速办"群众信访》，载《检察日报》2020 年 3 月 30 日第 2 版。
② 参见单曦玺：《大检察官带头办理司法救助案》，载《检察日报》2020 年 3 月 30 日第 1 版。
③ 参见李立峰、彭静、杨君相：《云办案云普法，隔离不隔爱》，载《检察日报》2020 年 3 月 27 日第 2 版。
④ 参见范跃红、章佳明：《三方视频促成和解》，载《检察日报》2020 年 3 月 30 日第 2 版。
⑤ 参见周正、王曼文：《空中法治课开讲了》，载《检察日报》2020 年 4 月 1 日第 2 版。
⑥ 《江苏南通港闸法院通过远程视频 审判一起防疫物资网络诈骗案》，载《南京晨报》2020 年 2 月 9 日 A6 版。
⑦ 庄绪龙、田然：《疫情期间刑事案件视频庭审的正当性》，载《法律适用》2020 年第 5 期。
⑧ 郭锋等：《〈关于进一步做好司法便民利民工作的意见〉的理解与适用》，载《人民司法》2015 年第 13 期。

络购物等新型工作学习生活模式成熟且已经为人民群众所接受的背景下，在诉讼过程中，司法机关工作人员以及其他诉讼参与人通过远程视频办案，足不出户就能顺利推进诉讼程序，节约大量的人力和时间成本，从法经济学的视角看，显然是司法便民理念的有益体验。

（二）质疑说

质疑乃至反对的观点认为，亲历办案是司法活动的基本原则，远程视频办案仅仅是特定情况下司法办案的补充和辅助，即便是在疫情防控期间也应当审慎应用。主要理由有以下几点：

其一，"远程视频办案"方式无法辨别案件事实真伪。辨别真伪、去伪存真是刑事司法"排除一切合理怀疑"证明标准的前提。在刑事诉讼案件办理过程中，对于犯罪嫌疑人、被告人的讯问以及对于证人的询问，是关系事实查明的基础性工作。办案人员通过远程视频办案难以当面感受和把握对象的细微表情等信息，可能影响其对于言词证据真实性的判断。

其二，"远程视频办案"方式的安全性问题。现代信息技术的快速发展，在便利生活工作的同时，也对人们的信息安全造成重大影响。侵犯公民个人信息、利用网络实施电信诈骗等犯罪屡禁不止，也反映出互联网信息技术"双刃剑"的特征。那么，在刑事案件的办理过程中，尤其是在涉及国家秘密、商业秘密以及个人隐私案件中，视频办案方式的安全性能否得到保障？信息在传输过程中会不会被截获？案件办理的视频会不会被断章取义地散播到互联网上引起争议？这些问题都十分现实而棘手。

其三，"远程视频办案"的可操作性问题。互联网信息技术瞬息万变，电子支付、刷脸支付等以往不可想象的支付方式，现在已然成为现实，人们需要不断学习不断适应。学习意识缺失，适应能力不强的人，在现代社会中可能就会遇到很大的麻烦。实践中犯罪嫌疑人、被告人往往人多且杂，有老年人也有年轻人，文化水平各异，智商程度存在区别，有些涉案人员可能不会运用相关软件，不能有效参与视频方式的案件审理，强求其通过远程视频方式参与司法活动，可能会面临可操作性难题，有违形式正义。

四、远程视频办案制度的利弊辨析

非常之时当有非常之法，远程视频办案方式有其自身的特点、发展规律和形态模式，有助于提升办案效率、规范司法行为、补充案卷证据、便利当事人、保障人权。疫情期间远程视频办案的广泛应用已经说明其具有传统办案方式不可比拟的应用优势。实际上，员额改革后法官、检察官的数量较之前有所减少，而案件的总体数量却有所增加，远程视频办案是案件繁简分流的配套措施，是现有条件下提高办案效率的必然选择。

从办案过程的固证角度看，远程视频技术有利于弥补案卷中心主义办案模式的不足。远程视频办案要求所有办案活动统一到司法办案区进行，并全程同步录音录像。这种全程留痕、动态监控的制度设计，一方面真实全面复制办案活动的全貌，将表情、语言、动作等情态表现通过电子光盘等载体固化，将单一的"书面材料"转化为表达丰富的"情态证据",①从而有助于固定证据、展示证据,将诸多执法办案活动永久保存。另一方面,也倒逼司法人员文明规范办案,保障诉讼参与人的诉讼权利,强化办案机关的自身监督。当出现犯罪嫌疑人或其他当事人对办案过程提出质疑或投诉时,可以还原办案过程,形成必要的辅助证据,从而有效地保护办案人员。

但毋庸讳言,远程视频技术也并非完美无缺。网络传输技术本身的缺陷导致远程视频讯问技术不可避免存在局限性,这也决定了远程视频讯问只能定位为传统审讯方式的一种有力补充,其应用的范围和条件应有所限定。"司法是一种讲求亲历性的活动,对当事人言词的判断、对证人所作证词可信性的判断,都离不开判断者对于被判断者的近距离观察。"②这种司法亲历性的要求主要体现在两个方面:一是直接言词和集中原则,即当事人直接参与并用口头方式表达,办案者连续不断地审理和裁决。二是审理者与裁判者主体同一原则,即由亲自审理者直接裁判。司法官通过陈述者的相貌、陈述时的态度和情状的观察,获取司法感知或心证。司法的亲历性古今相同,远程视频技术在一定程度上隔断了司法官与对方主体直接"面与面"进行诉讼活动的空间模式,"人机对话"可能对司法的亲历性原则产生一定的冲击。

从实践操作看,以检察审讯为例,传统的办案审讯方式是检察官与书记员一同前往看守所进行提押审讯,由检察官进行讯问,书记员记录。而远程视频审讯的过程则不同,检察官在院内进行讯问并同时制作笔录,书记员在看守所传递相关文书,法警或者监所工作人员负责提押。远程视频讯问信息的传输是单视界的,不同于面对面的沟通,物理场景的不同会使得检察人员与诉讼参与人沟通的切实感和控制力削弱。例如,在远程视频审讯的过程中,犯罪嫌疑人由于没有与检察官进行面对面的沟通,内心的畏惧感可能会减弱。一旦出现情绪失控、无序发言等情况,又需要检察官具备良好的紧急应变能力,及时调整讯问策略,这给司法办案人员提出了不小的挑战。此外,远程视频办案以简易认罪案件为限,如果犯罪嫌疑人在远程视频审讯的过程中,对主要犯罪事实有异议或者不认罪的,或仅有犯罪嫌疑人供述而无其他证据印证的,或者主要证据间存在重大矛盾的,出于查明案情的需要,检察官应当停止远程视频讯问,重新对犯罪嫌疑人进行现场讯问。如果检察官对于这种情况处理事先并没有特别准备,因为犯罪嫌疑人不认罪就恢复传统讯问,临时赶赴监管场所,在操作性上不太现实,反而影响办案效率。

从法律依据上看,美国、德国、韩国均制定了远程审判专门法,对远程审判的定义、适用范围、设备要求以及录音录像等作出具体规定。国际刑事法庭在"确认指控听讯程序"中也规定,被告人申请放弃出席听讯的,法庭可让被告人借助通信技术在庭外观审,被告人可以就其观察向法庭提交书面意见。③我国目前远程视频技术运用的规范依据,主

---

① "情态证据"是指证人在作证时的非语言情态,包括证人的姿态、外貌、面部表情、身体语言、声音声调等。参见龙宗智、苏云:《刑事诉讼法修改如何调整证据制度》,载《现代法学》2011 年第 6 期。
② 贺卫方:《司法的理念和制度》,中国政法大学出版社 1998 年版,第 122 页。
③ 参见尹逊航:《刑事速裁程序场域中远程审判的展开》,载《人民司法(应用)》2019 年第 4 期。潘金贵、谭中平:《论刑事远程视频庭审规程的构建》,载《法律适用》2019 年第 9 期。

要由人民法院、检察机关、公安机关等司法机关内部制定。然而，司法事项属于国家权力，远程视频技术作为司法活动的辅助手段，按照公权力"法无授权即禁止"的原则，对其法律属性、适用范围、操作规程等内容，理应由法律或者统一的司法解释进行规范。

从管理监督角度看，远程视频技术作为一项新技术引入检察办案中，从很多方面改变了原有检察办案的基本模式，传统监督管理机制和规范化运行的规定恐怕一时难以对远程视频办案实施有效的监督管理。一方面，现阶段国家层面尚无如何监督远程视频技术运用的明确规定，案件承办人决定案件是否适用远程视频提审，信息技术部门承担远程视频技术的软硬件维护，但谁负责对系统资料数据的定期整理、归档保存保密等则没有规定，而案件管理部门和相关业务部门负责人对远程视频讯问程序进行事后监督则具有一定的滞后性。另一方面，司法工作需要仪式感，现阶段绝大部分法院、检察院等办案部门对于远程视频办案存在的主要疑虑，就是诉讼参与人是否能够配合并遵守司法秩序和纪律。疫情防控期间，有的法院通过远程视频审理民事案件时，有的当事人在开车或者走路时参与庭审，有的还一边抚摸着宠物一边参与庭审，司法活动的严肃性、秩序感和安全度荡然无存。

五、远程视频办案的完善建议

刑事司法程序的设计和执行司法程序时权利与义务的分配都应以公正为价值取向，但刑事诉讼活动不仅仅是一种以查明事实真相为目标的认识活动，还应是包含着一系列诉讼价值的实现和选择的过程。[①]远程视频办案的争议和不足，主要还是涉及司法价值的比较和选择。这需要建立完善相应机制，使得远程视频办案不仅在当前重大疫情防控的特殊时期，在疫情结束后也能成为司法机关提高诉讼效率、规范司法行为、便利当事人的一种常规司法办案模式。

（一）完善相关法律依据

改革不得以破坏法治为代价，改革的成果需要法律及时予以固定。司法实践和立法是相辅相成的，远程视频技术符合诉讼规律，能够满足检察实践的需要，在检察实践应用和发展成熟的基础上，可逐步为更高层级的法律规范所吸收。具体来说，首先可以由全国人大授权部分省市进行试点，提出实施方案。待经验成熟后，可以参考美国《联邦刑事诉讼规则》的立法模式，在《刑事诉讼法》中增加条文规定，如果被告人所犯为轻罪，经过被告人书面同意，司法办案机关可准许通过远程视频方式进行讯问、审判和判决。最后，通过司法解释或者工作细则，对远程视频讯问、远程视频听证等活动规则进行明确，规范远程视频技术运用的应用范围、建设标准、工作流程等内容，避免使用的随意性。

（二）明确应用范围条件

当前各级司法机关大力推进认罪认罚从宽制度，刑事诉讼法也赋予检察机关受理控告

---

① 陈瑞华：《刑事诉讼的前沿问题》，中国人民大学出版社 2007 年版，第 60 页。

申诉、羁押必要性审查、附条件不起诉、制发检察建议等司法职责,这些职责的有效执行需要与之相匹配的物质载体和办案方式。为保证运用效果,真正实现远程视频技术的实用价值,下一步可以吸收语音识别、人脸识别、云存储等技术,逐步拓宽远程视频技术的应用范围。遵循司法活动繁简分流的规律,远程视频办案可以适用于案件事实清楚、证据确实充分、犯罪嫌疑人自愿适用的案件。从保障其诉讼权利考虑,如果存在下列情形,一般不能以远程视频方式开展询问、讯问或者收集、复核证据:(1)诉讼参与人或者其他参加人员明确表示拒绝的;(2)诉讼参与人或者其他参加人员不具备参与远程视频办案的技术条件和能力的;(3)犯罪嫌疑人对主要犯罪事实有异议或者不认罪的;(4)仅有犯罪嫌疑人供述而无其他证据印证,或者主要证据间存在重大矛盾的;(5)需要现场查明身份、核对原件、查验实物的;(6)诉讼参与人或者其他参加人员系盲、聋、哑人,或者需要聘请翻译的外国人、不通晓汉语的少数民族人员的。

（三）完善资源优化配置

远程视频办案将检察官、法官与诉讼参与人置于相对独立、公开的空间内,对办案人员的思辨能力、应急反应能力、语言组织能力、仪容仪表、礼仪规范提出了更高要求,因此应重视对司法工作人员应用远程视频技术办案的能力培养,在提高办案效率的同时提高办案的质量。考虑到司法改革后检察官、法官和司法辅助人员的比例,笔者认为在远程视频讯问应用中,可以探索应用电子换押模式,通过系统预约排期,提前将电子换押证传送给驻看守所的工作人员,然后配置专门的驻所书记员负责提押、打印、签押等讯问辅助工作,优化远程视频技术和办案人力资源的配置。从区域司法协作和诉讼安全的角度看,还应当建立全国统一的司法办案视频专线,保持政法系统网络兼容互通,形成了上下一体的联网体系,避免跨区域司法协助的不畅和各地区远程视频办案资源的重复投资。①

（四）完善监督保障机制

第一,明确各相关部门的职能,通过程序规范保障办案顺畅、安全。以远程讯问为例,检察机关远程视频提审室和看守所提审室都需要配备必要的技术设备,其中远程讯问室如何申请、如何登记、如何规范使用,需要出台明确的使用管理办法;在进行讯问之前的安全检查、在提审过程中的安全保卫以及在提审过程中出现突发状况,需要制定详细的操作规范和应急预案;远程设备的定期安全检查、出现设备故障时的及时修理以及设备的更新报废,需要技术与后勤保障部门制定管理规范。

第二,强化远程视频办案的实质化监督。以远程庭审为例,如何有效保障庭审实质化,也是审判机关和检察机关应当重点把控的内容。在办案过程中,尤其是在庭审程序中,检察机关应当对法庭调查程序、案件事实质证过程以及定罪量刑的审理过程充分发挥检察监督职能。一方面,检察机关应做好表率,就案件事实中的关键情节或者法律适用中的争议问题提供详细科学的论证过程,强化控辩质量;另一方面,检察机关对于其他诉讼

---

① 陈思群:《远程视频办案在检察一体化中的深化应用》,载《人民检察》2018年第6期。

参与主体在庭审过程中的行为规范应依法开展法律监督，对于那种流于形式、违背刑事诉讼法以及相关司法解释规定的情形及时纠偏，防止庭审走过场，损害司法权威。

第三，强化保密安全的监督。刑事案件的远程视频办案毫无疑问会产生工作秘密。如前文所述的南通法院开展的刑事案件远程视频庭审，法官、检察官、被告人以及辩护人分处四地，通过视频连线方式参与庭审，即使不考虑不法分子侵入司法机关的在线办案系统的可能，如何保障庭审过程中其他参与人，尤其是围观直播的听庭人遵守法庭秩序，不将获取的案件信息流向社会甚至涉案外逃的同案犯，不对相关案件信息进行伪造、篡改以妨碍诉讼，是远程视频办案模式所面临的重大挑战。因此，一方面，对于涉及国家秘密、商业秘密以及个人隐私等不公开审理的案件，一般不应通过远程视频办案方式办理；另一方面，应尽可能使用办案机关的专用设备、网络技术和司法场所，避免因设备、技术原因造成信息泄露的情形发生。办案人员在远程视频办案过程中应加强规范意识，如果因严重不负责任导致信息泄露的，相关部门应严肃处理，切实维护司法机关的形象和尊严，强化案件办理质效。

（责任编辑：樊华中）

重大疫情期间检察办案机制信息化探索

贾艳红*

向信息化要战斗力，用信息化引领、助推检察工作高质量发展是各级检察机关的普遍共识，而探索检察办案机制信息化，检察机关一直在行动，也取得了一定成果。如用于检察办案的全国检察业务应用系统，融办案、管理、统计、监督于一体，自2014年投入使用以来，先后经历1.0版、1.5版、2.0版，基本实现了全国检察机关横向配合、纵向监督联动，提升了检察工作信息化水平和司法公信力。但全国检察业务应用系统是检察机关内部办案系统，目前尚不能与公安机关、人民法院进行有效的办案对接。面对突如其来的重大疫情，全国各地实行区域封锁，人员限制流动，而此时普通人民群众足不出户如何参与检察活动？检察人员隔离在家如何完成检察办案工作？检察机关如何与公安机关、人民法院等执法机关在"非接触"的情况下进行有序的办案工作衔接？这些突发而又现实的问题给检察机关带来了极大的考验，而这些牵掣检察工作发展的现实问题又亟须检察信息化给出答案。

一、检察办案机制信息化的基本情况

（一）检察办案机制信息化的基本概念

检察办案从广义上说包含检察机关进行的一切业务活动，即四大检察、十项业务。检察办案机制信息化是指检察机关运用互联网技术和信息化手段开展检察办案活动，确保办案过程高效、透明、便捷、安全，促进办案结果公正、公平、公开的一项具有战略性、基础性、全局性的系统工程。检察办案机制信息化是一个不断发展的过程，先后经历了"数字检务""网络检务""信息检务""智慧检务"的过程。[1]检察机关作为国家法律监督机关，探索并运用高科技服务检察工作一直在路上。检察办案机制信息化以检察机关办案活动为中心，可以分为三个维度，第一个维度是检察机关内部办案以及检察机关相互之间协同信息化，第二个维度是检察机关与监察机关、公安机关、人民法院等主要执法机关对接对联的信息化，第三个维度是检察机关与诉讼参与人以及其他第三方的对接对联信息化。检察机关信息化的三个维度基本囊括了全部检察办案活动，而三个维度的发展状况直接决定着检察办案机制信息化的发展高度，本文探讨检察办案机制信息化现状以及检察工作的

---

* 贾艳红，法学硕士，上海市嘉定区人民检察院第六检察部检察官助理。

[1] 史兆琨：《检察信息化：从探路到腾跃》，载《检察日报》2017年10月30日第5版。

影响也是以三个维度为切入点而展开。

（二）检察办案机制信息化形成路径

检察办案机制信息化形成有三种不同的路径：一是自上而下推进制度＋技术创新，由最高人民检察院强化顶层设计，制定统一制度规则，统一规划、统一标准、统一设计，形成检察系统统一办案模式，由地方各级检察机关参照执行，全国检察业务应用系统即是采用这种模式。实践证明这种模式从规范司法办案、节约司法成本、体现司法公信等方面具有明显的优势。二是自下而上技术先行，由各地检察机关自行探索，在探索成果形成一定规模后由最高人民检察院总结提炼，形成检察理论制度，并制定统一标准，再自上而下由各地检察机关贯彻执行。这种模式形成的信息化成品有丰富的实践基础作支撑，展现出较强的生命力。三是由各地检察机关自行探索办案信息化。由于信息化产品具有一定的局限性，其成果仅用于部分检察机关，不具有普适性，未形成规模效应。检察办案机制信息化的三种路径，各有优势，但在疫情防控特殊时期，第二、三种信息化路径明显增多，为适应办案需求，各地检察机关积极探索，打破原有的办案模式，百花齐放，为检察工作创新开展提供服务保障。

（三）制约检察办案机制信息化的关键因素

制约检察办案机制信息化的因素主要集中于检察理念、检察制度、检察队伍、检察技术四个方面。

1. 检察理念

检察理念即检察战略高度，理念一新天地宽，检察办案机制信息化的发展首先需要信息化理念的引导。20世纪90年代初的"数字检务"理念开启了检察办公自动化的初步探索。2000年最高人民检察院通过《关于在大中城市加快科技强检步伐的决定》开启了"网络检务"的新阶段。2009年曹建明检察长指出，检察信息化要"坚持建用并举、更加突出应用"的发展方向，标志着"信息检务"时代的开始。2015年最高人民检察院贯彻党中央关于"互联网＋"的重要战略部署，提出了"互联网＋检察工作"模式，开启了"智慧检务"新征程。检察机关信息化经历的四个阶段都是在检察理念创新的推动下不断前行，而未来检察信息化的发展同样需要检察理念的引领。

2. 检察制度

一项好的信息化产品必须要有完善的制度与之相匹配。如全国检察业务应用系统的开发使用，即是制度加技术的典范，系统设计之初将相关的法律、法规以及规范性文件要求以案卡、文书的形式固化到系统流程之中，重要的诉讼环节通过案件流程节点把控，同步制定相应的管理办法对系统使用、监管、保密、运维、考核与责任追究进行明确规定，确保检察办案合法、规范。检察制度是对实践活动的总结提炼，同时需要在实践中不断检验、修正，最终用于指导、反哺实践。

3. 检察队伍

检察队伍直接决定信息化产品使用的成效。无论是信息化产品还是具体的规章制度，最终都需要落实到执行人的身上，办案人员对信息化产品的使用情况、使用感受、使用习惯直接影响信息化产品最终命运。检察技术人员的技术水平对信息化发展同样具有重大影响。目前检察队伍中从事信息技术工作的人员具有很强的变动性，信息产品的开发、维护大多采用技术服务外包的方式进行，但从检察工作长远来看，具有潜在风险，因此，检察机关应注重培养信得过、靠得住、能放心的检察信息化队伍。

4. 检察技术

检察技术是将检察理念转化为检察信息化产品的关键手段，检察机关的信息化水平直接决定着能否将检察理念转变成检察信息化产品。进入 21 世纪以来，云计算、大数据、物联网、移动互联网等新的信息技术的迅速蓬勃发展与广泛应用，为检察工作提供了坚实的技术基础，加之大批的科研院所、商业公司与检察机关建立合作关系，能够为检察机关提供丰富的技术支撑。当然，在运用新技术时，应特别关注技术的适度超前设计与信息网络安全风险。

二、当前检察办案信息化机制应对重大疫情存在"短板"

检察机关作为法律监督机关，其办案活动与人民群众密切相关，检察机关应以人民为中心而展开工作，越是在形势严峻的时候，越是要保障嫌疑人、辩护人、其他诉讼参与人的合法权益，彰显检察机关司法为民的踏实作风。重大疫情期间区域封锁、人员不流动，此严峻形势对检察办案提出了更高的要求，而目前的检察办案信息化水平在面对重大疫情的考验时表现出明显不足。

（一）检察机关内部办案部分功能停摆

检察机关内部办案以及检察机关相互之间协同信息化（信息化第一个维度）相对较成熟，以全国检察业务应用系统为例，全国各地检察机关在统一的办案软件中生成、办理、流转案件，形成了检察机关内部办案的闭环管理。在疫情没有发生之前，闭环管理的模式优势明显，集办案、管理、监督于一体，但面对突发的重大疫情，检察机关内部"看家护院"的本领却有点捉襟见肘。由于地域封锁，人员不能有效流动，部分检察人员因疫情原因需要进行医学隔离、居家隔离，无法至办公场所办公。但是隔离人不隔离案，检察机关不能停摆，案件办理不能拖延，在保障部分人员上班的情况下，检察工作还可以顺利开展。试想，如果检察人员全部隔离或者大部分人员隔离，检察工作如何开展？这是重大疫情给我们的极大考验，也是检察机关办案信息化亟须解决的问题。

（二）检察机关与其他执法机关衔接受阻

检察机关与监察机关、公安机关、人民法院的对接对联信息化（信息化第二个维度）严重受阻，在重大疫情期间，为有效防范病毒，人员避免接触，纸质案卷尽量不移送。在此情况下，直接导致部分案件不移送、超期移送，办案的停滞，既侵害诉讼当事人合法利益，也降低司法公信力。面对重大疫情，公检法办案一体化显得尤为重要。对于各办案机关实现一体化办公，各地都在探索，如上海的 206 系统，江苏的公检法无纸化办公探索，法院"云审判"，远程讯问在押人员，但这些探索各地做法不一，成效不同，尚未形成规模之势。

（三）现有的信息化水平不能满足服务、监督的需要

检察机关与诉讼参与人、外部第三方的对接对联（信息化第三个维度）基本停滞，如刑事检察不起诉公开宣告、听取诉讼参与人意见、律师阅卷、人民监督员异地监督等工作，在重大疫情期间，这些工作的开展特别需要信息化的加持。以律师阅卷为例，按照传统的工作模式，律师经过预约后要至某地检察机关进行"三证"审核，确认后才能查阅相关案卷，而在疫情爆发期间，人员不接触的情况下，律师阅卷的"三证"审核却难以实现。如公开审查、公开听证等活动，由于疫情的影响，如果不采用信息化手段，这些外部监督将无法开展。

三、检察办案信息化水平受限的原因分析

检察办案信息化水平受多种因素的影响，如理念、技术、人才等因素。经综合分析目前检察机关的信息化状况，笔者认为，目前检察机关的信息化水平离信息化产品引领、助推检察工作高质量发展还有距离。

（一）信息化产品缺乏顶层设计

检察机关办案系统除全国检察业务应用系统（1.0 版、1.5 版、2.0 版）、12309 中国检察网是由最高人民检察院自上而下推进使用外，其他的办案辅助系统大多为各地检察机关自行探索创新，其中不乏优质的信息化产品。但这些信息化产品往往针对某地检察工作而进行开发，前瞻性、开放性不足，不具有普适性，且各地针对同一项检察工作有重复开发的情况，不能充分共建共享信息产品，造成一定的司法资源浪费。新的信息化产品刚投入使用时，与司法办案活动融合出现排异现象非常正常，但在具体的实践过程中存在实践力度不够的情形。当信息化产品与办案活动出现矛盾或者不相容时直接否定信息化产品弃之不用，转而开发新的产品，花费大量人力、财力、物力，这也间接导致办案人员对新生信息化产品产生一定的排斥。

（二）信息化产品种类繁多，功能未有效整合

以刑事检察工作为例，梳理各地经宣传过的信息化产品，办理一个完整的刑事案件，可以运用到以下信息化产品：通过公检法协同办案系统，实行无纸化移送案件；检察机关通过"全国检察业务应用系统"办理案件；在办案过程中通过"远程换押系统"实现电子换押，通过"远程视频讯问系统"对嫌疑人进行讯问，通过高仿真远程案件讨论系统①讨论案件；人民法院通过"云上法庭"开庭审理、宣判，并可以采用 VR 示证系统，可以有效还原现场；在此过程中如当事人对决定不满意可通过 12309 中国检察网控告申诉；如涉及涉案财物，通过"公、检、法涉案财物共享平台"进行移送、处理。检察系统内部对案

---

① 姜洪：《坚持高共享发展　提供更高端检察信息化产品》，《检察日报》2018 年 5 月 26 日第 1 版。

件质量、办案程序进行把控，通过"流程监控预警预测系统"，对办理程序进行管理，通过"案件质量评查系统"，对案件质量进行评价、分析、统计，通过检察官业绩考评系统对检察官办案情况予以评价；律师阅卷通过"律师接待服务系统"登记管理。可以说目前的信息化产品覆盖检察工作的方方面面，信息化产品多也恰恰说明目前的产品功能较为单一，缺乏整合，或者说已有的信息化产品不能满足多层次需求，这也间接导致使用者排斥新产品。

（三）信息化产品与业务需求有"代沟"

信息化不能完全满足业务需求，首先需要厘清一个概念，那就是信息化在办案中所扮演的角色。笔者认为，信息化应界定为服务手段，其最基本的要求就是服务检察办案，为检察业务提供高质量的服务。因此，检察技术部门要做好信息化产品，第一步需要了解业务需求，从而有针对性地提供服务。同时已建成的信息化产品要在检察办案的实践过程中不断地检验和完善，以问题为导向，真正解决检察工作的实际问题和困难，真真正正地让一线检察人员有实实在在的获得感。但目前信息化产品与检察业务存在一定的脱节，技术人员不懂业务，业务人员不了解信息化所具有的功能，导致信息化产品并不能完全适用检察业务，且信息化产品也不能依据新的业务需求及时予以改进，导致检察科技与检察业务"两张皮"。

（四）信息化产品不够"友好"，用户体验差

在市场经济中，用户体验度好的产品在市场中就会大受欢迎，而体验满意度低的产品其销售情况往往惨淡，这一规律同样适用于检察信息化产品。办案人员或者人民群众在使用信息化产品时，不能满足便捷、高效、安全的需求，则该产品很快就会被淘汰，信息化产品要足够"友好"才能保持长久的生命力。张军检察长在调研信息化工作时，也多次强调检察信息化建设，要始终体现以人民为中心的要求。监督不方便、找不到要找的信息，人民怎么监督？同时，信息化产品应该在满足数据采集的基础之上尽量简洁、高效，避免重复劳动，尽量减轻一线人员的办案压力，实践中部分信息化产品与检察办案融合度不够，不能满足办案需要，进而导致适用率低。

（五）传统的办案习惯桎梏信息化发展

对于一项新的信息化产品推进使用，一开始往往遇到阻碍，而这些阻碍多是因为理念没有跟上，对于新生事物排斥所致。如目前检察机关办案多采用传统办案方式，习惯阅看纸质案卷办理案件，对于无纸化办案不适应或者说排斥。一方面这与严谨的检察工作习惯有关，另一方面也说明工作理念过于陈旧、工作习惯过于机械，创新履职实践不够。而面对重大疫情爆发与检察工作需要如期推进双重压力，迫使检察机关不得不破除传统理念，积极向信息化要检察战斗力。

四、重大疫情期间检察办案机制信息化设想

重大疫情为检察工作带来巨大的冲击，面对重大疫情期间人员不流动的情形，如何实

现检察办案工作不停、不拖，笔者认为应该从以下几个方面探索，构建完善的信息化机制。

（一）分层次构建完整的检察办案机制信息化网络

按照检察办案涉及的三个维度，信息网络同样涉及三个层次，一是构建公检法一体化办案协同机制，实现公检法办案信息电子化传输，开通检察机关与法院、看守所视频互联，确保案件输送、讯问、开庭工作及时、安全、便捷。这一设想各地都在探索，但由于各地对司法办案信息密级界定不同，目前进展程度不同，建议此项工作由最高人民法院、最高人民检察院、公安部、司法部等带头推动，自上而下贯彻执行。二是整合检察机关内部办案资源，在公检法办案一体化的基础之上，以全国检察业务应用系统为依托，整合内部办案信息化产品，确保信息化产品功能齐备、简洁方便、安全高效，畅通检察机关内部协同作战，充分利用检察机关内部信息化产品，进一步提高司法工作效率，降低司法成本，同步探索建立移动互联办公，[①]实现检察人员随时随地办公。三是借助互联网，构建检察机关与诉讼参与人、外部第三方均可参与的"混合云网络"。在疫情发生期间，各地检察机关探索办案机制多元化，如人民监督员通过远程视频软件对检察机关在办案件进行"云监督"，对不起诉人进行"云宣告"，取得很好效果。目前最高人民检察院已开始试点律师互联网阅卷，这一成果就是检察办案系统与互联网有效对接的典型事例。建议最高人民检察院继续加强顶层设计，吸收各地创新成果，统一规划、统一标准、统一设计，建立统一的网络平台，设置一定的规则对参与人进行认证、判断，符合条件的参与人可进入平台获取相关服务，实现检察办案与诉讼参与人、第三方的互联互通。

（二）建立检察办案活动分类机制

检察办案机制信息化亟须解决的问题为检察机关与其他执法机关的互联互通以及检察机关与诉讼参与人、第三方的互联互动。在互联网、大数据的背景下，这两个问题都可以通过技术予以解决，但关键问题在于通过信息网络传输是否足够安全。建议检察机关以我国等级保护制度为标准，根据办案活动涉密程度不同建立完善的分类机制，为实现各级各类信息系统的网络互连、信息互通、资源共享奠定基础。如刑事案件信息、民行监督、控告申诉等案件实体处理情况严禁在公用的互联网络进行传输；而对于一些程序性的问题如公开答复、法律文书公开送达、法律文书公开宣告等程序性工作可以通过有效安全控制网络进行；对于检察机关提供的服务、监督活动，如律师阅卷审核、人民监督员监督、涉案财物处理等活动可以通过"混合云网络"进行，通过对检察办案活动的有效分类，并针对涉密程度不同决定相应的网络运行路线，进而实现检察办案全流程信息化。

（三）以业务需求为导向开展信息化建设

检察技术对检察业务起支撑、支持作用，但根本是要围绕业务需求开展技术工作，为

---

① 移动互联办公以智能手机、平板电脑、笔记本电脑等移动智能终端为载体，将智能设备、无线网络、移动办公自动化系统（即OA系统）三者有机结合，通过开放的无线通信方式接入内部网，建立起移动智能终端与内部网办公平台的互联互通。

检察业务提供服务。检察技术要与检察业务需求深度融合，保持检察业务与技术之间互动畅通，避免检察技术与检察业务出现脱节。在实践中技术人员要建立业务思维，深入研究各项检察业务，了解业务工作的内涵和发展，力求真正理解业务需求，建设符合业务需求的信息化产品。如现代社会，很多违法犯罪都是通过技术手段实施的，犯罪证据的提取、固定需要通过技术手段来实现，涉及专业化的庭审对抗需要技术手段来协助，技术与业务需求的联系越来越紧密，检察技术需要以业务需求为导向去谋划、建设信息化产品。同时信息化建设要加强顶层设计，紧跟科技发展前沿，掌握最新科学技术，切实用发展的科学技术解决检察工作的难点、痛点和检察事业发展中的新问题，真正把专业技术与检察业务有机融合，用专业知识为检察业务作出贡献，让检察技术与检察业务发展同频共振。

（四）培育懂业务的检察技术队伍

如前所述，目前检察机关的信息技术人才相对紧缺，检察机关的信息化产品多采用服务外包的形式进行研发、维护，充分借鉴利用外部优势资源助推检察工作发展是一条重要路径，但并不是万无一失的路径，在此种路径下，检察机关并不掌握产品的核心技术，往往受制于人。加之互联网、大数据应用所面临的最大风险是数据安全与网络安全，将海量数据集中存储，虽然方便数据分析与处理，但在安全使用、安全存储和安全管理环节存在大数据损坏和丢失风险，数据一旦损坏或丢失，将引发毁灭性的数据灾难。因此，检察机关需要培育自己的检察技术队伍，这支队伍既要懂技术，又要懂业务，有技术与业务双重能力的加持，才能研发出更好的信息化产品，技术水平高、安全意识强、防范本领大的信息化技术团队才能更好地服务检察办案。司法改革导致信息化队伍人才流失，队伍稳定性不足，建议检察机关提高信息化人才的重要性认识，有意识地培育懂业务的检察技术队伍，助推检察工作高质量发展。

（五）建立完善的安全保密机制

采用信息化办案，安全问题是重中之重，一切信息化产品的投入使用，必须将安全防范放在第一位。安全问题涉及网络安全、移动设备本身安全以及使用者安全意识。网络安全常见的计算机技术威胁主要有病毒攻击、木马、垃圾邮件、恶意软件等，通过强化技术防范，做到进入验证、使用授权、信息加密、行动留痕，确保信息化产品使用安全。对于移动设备本身的安全问题，应加强网络安全策略控制，管理人员应全面掌握移动互联设备的使用情况，发现问题及时予以制止，再次严格授权认证，强化数据加密和物理隔离。同时，注重从技术和责任意识方面加强对使用移动终端设备办公人员的培训，提高使用人员技术防范本领及安全意识，严格对人员和移动终端设备使用标准管理，从网络、设备以及人员等角度建立全方位的安全保密机制。

（责任编辑：樊华中）

疫情防控下加强行刑衔接工作探讨

高俊霞[*]

根据最高人民法院、最高人民检察院、公安部、司法部《关于依法惩治妨害新型冠状病毒感染肺炎疫情防控违法犯罪的意见》，聚焦打击疫情防控、生物安全、野生动物保护、动物防疫等相关违法行为，行政执法方面涉及医疗卫生、防疫管理、隔离观察、道口管理、交通运输、社区管理、市场管理、场所管理、生产经营、劳动保障、市容环境、应急征用等。对于行政执法部门在对疫情防控开展行政执法时，其执法重点对象问题，笔者认为应当做进一步梳理，以便提高执法效率，有效打击违法犯罪行为。

一、行政执法行为涉及的审查重点

（一）涉疫情的基层行政单位梳理

涉疫情的基层行政单位经调研分析，主要涉及：公安机关、规划和自然资源局、生态环境局、农业农村委员会、林业局、渔业局、卫生健康委员会、应急管理局、市场监督管理局、城市管理行政执法局、信息化委员会、海关等。

（二）涉及的违法行为、罪名及审查重点

1. 妨害传染病防治的行为

依据国家卫健委经国务院批准发布2020年第1号公告，明确将新冠肺炎纳入《传染病防治法》规定的乙类传染病，并采取甲类传染病的预防、控制措施。违反《传染病防治法》规定，具有《刑法》第三百三十条规定情形之一，引起新冠肺炎传播或者有传播严重危险的，比照《刑法》第一百七十八条的规定以妨害传染病防治罪追究刑事责任。涉及行政部门是县级以上政府卫生行政部门，具体机关指卫生健康委员会（以下简称卫健委，下属单位包括卫生监督局、所、卫生防疫站、各级医院等）。

适用该罪名过程中要区别于以危险方法危害公共安全罪，两罪名系法条竞合关系，应优先适用妨害传染病防治罪。行为人若明知已确诊为新冠肺炎病人或疑似病人，出于报复社会、发泄不满等动机恶意传播病毒，情节恶劣，危害公共安全，应以危险方法危害公共安全罪定罪。而实践中，行为人故意传播情况极其个别，对于其他拒绝执行疫情防控措施，引起新冠病毒传播或传播严重危险的行为应适用妨害传染病防治罪。对地方政府和有关部门依据《突发事件应对法》等规定发布的居家隔离14天通告，可认定为妨害传染病

---

* 高俊霞，大学本科，上海市宝山区人民检察院检察官。

防治罪中"卫生防疫机构依照传染病防治法提出的预防、控制措施"，即可认定"违反传染病防治法的规定"具备构成该罪的要件。

2. 对于疫情期间制售伪劣口罩等防护、救治产品药品的行为

依据《医疗器械监督管理条例》第三条对医疗器械的具体定义；《国家产品质量管理法》中规定生产不符合保障人体健康的国家标准、行业标准的医疗器械、医用卫生材料，或销售明知不符合国家标准、行业标准的医疗器械、医用卫生材料，足以严重危害人体健康的行为，应比照《刑法》第一百四十五条生产、销售不符合标准的医用器材罪追究刑事责任。涉及行政部门是市场监督管理局下设食品药品监督管理部门和质量监督部门。

生产、销售的是不符合保障人体健康的国家标准、行业标准的医用口罩、医用防护服等用于防治传染病的医疗器械、医用卫生材料，不具备防护、救治功能，足以严重危害人体健康，构成犯罪的，以生产、销售不符合标准的医用器材罪从重论处。对生产、销售不符合标准的医用器材罪的犯罪对象进行具体认定时，可依据国家行政主管部门发布的《医疗器械分类目录》进行认定。实践中医用防护口罩、医用外科口罩、一次性使用医用口罩、防护服、防护眼镜等均列入医疗器械目录，属于医疗器械。而其他种类口罩、酒精等物品则不宜认定为医疗器械。"足以严重危害人体健康"应从是否具有防护、救治功能，是否可能造成误诊，是否可能造成人体严重损伤结合该医疗器械的功能、使用方式、范围等进行综合判断。另应当根据在案证据依法准确认定涉案医用器材是否符合相关国家标准、行业标准，准确区分生产、销售不符合标准的医用器材，生产、销售伪劣产品，假冒注册商标与生产、销售假冒注册商标的商品的违法行为及是否构成刑事犯罪，在行政执法时及时进行检验和鉴定。

3. 疫情期间哄抬物价、牟取暴利的行为

依据《价格法》第四十条、《突发事件应对法》第四十九条、《价格违法行为行政处罚规定》第六条等行政法规规定，经营者不得有捏造、散布涨价信息，囤积居奇，哄抬价格等违法行为。违反国家在预防、控制突发传染病疫情等灾害期间有关市场经营、价格管理等规定，哄抬物价、牟取暴利、严重扰乱市场秩序，违法所得数额较大或有其他严重情节的，应比照《刑法》第二百二十五条以非法经营罪追究刑事责任。涉及行政部门是市场监督管理局下设物价部门、应急管理局。

对于疫情期间违反国家在疫情防控期间有关市场经营、价格管理等规定，哄抬疫情防控急需的防护、救治用品、药品或者重要民生商品价格，牟取暴利，严重扰乱市场秩序，符合《刑法》第二百二十五条第四项和相关司法解释规定的，以非法经营罪从重论处。在处理行政违法行为过程中充分考虑市场因素，结合生产供应状况和疫情防控需要，判断价格浮动是否处于相对正常区间，同时需结合行为人实际经营状况、主观恶性及行为社会危害性等依法准确认定。

4. 传播虚假疫情信息的行为

依据《计算机信息系统安全保护条例》《计算机信息网络国际联网管理暂行规定》《行

政部门信息系统网络安全管理办法》等行政法规规定，网络服务提供者不履行法律、行政法规规定的信息网络安全管理义务，经监管部门责令采取改正措施而拒不改正，致使虚假疫情信息或者其他违法信息大量传播的，应比照《刑法》第二百八十六条之一的规定，以拒不履行信息网络安全管理义务罪定罪处罚。涉及行政部门是信息委及下属网信、电信、公安机关依行政法规承担信息网络安全监管职责的部门。

对虚假疫情信息案件，要把握宽严相济刑事政策，依法、精准、恰当处置，对恶意编造、制造社会恐慌、挑动社会情绪、扰乱公共秩序的，应依法严惩；对于轻信而传播，主观上没有扰乱社会秩序的故意，危害不大的，不以犯罪论处。

5. 破坏野生动物资源的行为

依据《野生动物保护法》《国家重点保护野生动物名录》《濒危野生动植物种国际贸易公约》等行政法规规定，对非法猎捕、杀害国家重点保护的珍贵、濒危野生动物，或非法收购、运输、出售国家重点保护的珍贵、濒危野生动物及制品，应比照《刑法》第三百四十一条第一款规定，以非法猎捕、杀害珍贵、濒危野生动物或非法收购、运输、出售处罚珍贵、濒危野生动物及动物制品罪定罪处罚。违反狩猎法规，在禁猎区、禁猎期或使用禁用工具、方法进行狩猎，破坏野生动物资源，情节严重的，应比照《刑法》第三百四十一条第二款规定以非法狩猎定罪处罚。违反国家规定，非法经营非国家重点保护野生动物及其制品，扰乱市场秩序，情节严重的，应比照《刑法》第二百二十五条第四款规定以非法经营定罪处罚。涉及行政部门是规划和自然资源局、生态环境局、农业农村委员会、林业局（包括各级森林公安机关、林政管理机构、基层林业工作站）、渔业局。对珍贵、濒危野生动物，包括列入国家重点保护野生动物名录的国家一、二级保护野生动物、列入《濒危野生动植物种国际贸易公约》附录一、附录二的野生动物及驯养繁殖的上述物种。"收购"包括以营利、自用等为目的的收购行为；"运输"包括采用携带、邮购、利用他人、使用交通工具方法运送的行为；"出售"包括出卖和以营利为目的的加工利用行为。

6. 跨境传播病毒的行为

依据《卫生检疫法》第七条、第二十二条规定，入境的交通工具和人员，必须在最先到达的国境口岸的指定地点接受检疫；违反规定，引起检疫传染病传播或者引起检疫传染病传播严重危险的，应比照《刑法》第三百三十二条规定以妨害国境卫生检疫罪处罚。涉及的行政部门是海关。

把握案件行为人在客观方面应具备两个要素：一是违反国境卫生检疫规定；二是引起检疫传染病传播或有传播危险。行为需要有造成检疫传染病传播的现实可能性和紧迫的危险性才能入刑定罪。

二、疫情防控下加强行刑衔接工作探讨

疫情当前，行政执法与刑事司法部门应全面提高依法防控依法治理能力，为疫情防控提供有力法治保障，既采取最严格防控措施，又要坚持公正文明执法，坚决打赢疫情防控

阻击战，保障人民群众生命健康安全，维护公共安全和社会稳定。建议采取如下措施进一步健全行刑衔接机制。

（一）利用大数据平台，实现资源共享

强化各种数据平台的应用，推动行政执法与刑事司法有序衔接，防止和纠正涉疫情防控有案不移、有案不立、有罪不究、以罚代刑，形成疫情防控期间执法司法工作合力。

一是充分利用现有的《行政执法与刑事司法相衔接信息共享平台》，行刑衔接信息共享平台是在行政执法与刑事司法相衔接工作机制框架下，利用政务网现有的网络、设施和有关数据，实现各行政执法机关与司法机关之间执法资源共享。通过平台实现案件网上移送、网上办理、执法动态的交流和业务研讨、案件信息流程跟踪和监控，建立"网上衔接、信息共享、沟通便捷、防范有力、查处及时"的协作优势，即时全面准确地掌握涉疫情行政信息，对涉罪行为及时移送司法机关处理，增强行政执法和刑事司法整体工作合力，提升查处质量和效率。同时在"大平台"范围内搭建涉疫情行政部门"小平台"，根据各行政机构改革、职能转变的情况及时调整平台联网单位，将涉疫情行政单位及时补充列入平台。

二是发挥长三角地区政务服务"一网通办"电子证照库应用，减少疫情防控期间异地信息核实工作，实现案件信息在线实时查询。

三是充分利用上海市大数据中心共享交换平台，拓展公检法司数据交换渠道，实现交互式业务场景数据交换，提高信息利用效率。实现案件信息共享，各行政执法机关与刑事司法机关间应尽快消除各自职业壁垒，融入抗疫情大局中，衔接机制信息共享要实现各行政执法机关现有的执法系统互联互通，让衔接工作各方能实时掌握行政执法机关所有行政处罚案件信息，且行政机关落实负责信息共享具体人员，定期更新共享信息，妥善保存信息资料，使信息共享不流于形式，真正落到实处。

（二）完善案件移送机制，及时打击涉疫类犯罪

案件移送机制是指行政执法机关在依法查处违法行为过程中，发现违法事实涉及的物品数量、金额、违法事实的情节、违法事实造成的后果等符合刑事追诉标准，涉嫌构成犯罪，依法需要追究刑事责任的，及时向司法机关移送的机制。案件移送机制是两法衔接工作机制的核心部分。行政执法部门在查办涉疫案件过程中明确移送涉嫌犯罪案件的职责和程序，对符合刑事追诉标准、涉嫌犯罪的案件，应当制作《涉嫌犯罪案件移送书》，向同级公安机关移送，并抄送同级人民检察院。对需要进行检验、鉴定的涉案物品第一时间进行检验鉴定，2012年修订的《刑事诉讼法》第五十二条明确规定，行政机关在行政执法和查办案件过程中收集的鉴定意见、勘验、检查笔录，可以作为证据使用。故对需要此类型证据应由查处的部门或机构先行进行检验和鉴定，及时出具检验报告或鉴定结论，行政机关移送材料时附调查报告、涉案物品清单、相关检验报告或鉴定结论等。行政执法机关对公安机关不立案决定有异议的，在接到不立案通知书后三日内，可向作出不立案决定的公安机关提请复议，也可建议同级检察机关依法进行立案监督。公安机关对行政执法机关移送的涉嫌犯罪案件，应当以书面形式受理。受理后及时审查，自受理之日起十日内作出立案或者不立案的决定；案情重大、复杂的，可以在受理之日起三十日内作出立案或者不立案的决定；对于不属于本机关管辖的案件，应当在二十四小时内转送有管辖权的机关。公安机关作出立案或者不立案决定，或者转送其他机关管辖的，应当书面告知移送案件的行政执法机关，并抄送同级人民检察院。对于行政执法机关随案移送的证据，公安机关应当履行相应的接受手续，并妥善保管。公安机关对于没有犯罪事实，或者犯罪情节显著轻微，不需要追究刑事责任，依法不予立案的，应当说明理由，并在三个工作日内将材料退回，同时报同级人民检察院备案。

2017年《行政处罚法》第二十二条规定"违法行为构成犯罪的，行政机关必须将案件移送司法机关"，新版《行政处罚法》（2021年1月22日十三届全国人大常委会第二十五次会议通过修订草案）第二十七条规定"违法行为涉嫌犯罪的，行政机关应当及时将案件移送司法机关"。实践中，行政机关将其认为涉嫌犯罪的线索作为案件和线索移送两种情况进行区别对待：（1）行政机关将其作为案件移送的，证据应当较为充分。根据最高人民检察院、公安部等多个部门联合签发的《关于在行政执法中及时移送涉嫌犯罪案件的意见》中的要求，公安机关对移送案件的立案审查期限一般是十日。因此，行政机关作为案件移送时，所附证据应当较为充分，足以使公安机关作出是否立案的准确判断；（2）行政机关将其作为线索移送的，证据要求可以相对较低。对此类线索公安机关根据有关规定有较多时间进行立案审查，因此证据要求方面可以相对较低。目前行政机关以第一种操作为常规，行政机关向司法机关移送案件过程中核心问题是违法行为的认定，为避免公安机关拒收，一般是确定构成犯罪后方作移送，因为刑法与行政等专业法存在一定程度上无法严密对应等问题，触犯行政机关职权的违法行为未必能够由司法机关认定构成违法，致使很多案件无法成功移送，行政机关无法采取公安机关对当事人人身控制、财产及相关账户查询、冻结和必要的技术侦查手段，致使当事人有较大可能逃脱法律制裁。新版《行政处罚法》将"构成"变为"涉嫌"，行政机关在向司法机关进行案件移转过程中掌握更大，司法机关也加入案件调查过程中，进而作出更加准确的处罚。对涉疫类违法案件能充分发挥行政处罚与刑事处罚各自的优点，实现对此类犯罪的精准打击。

（三）落实提前介入、个案协商及双向衔接制度，履行法律监督职能

提前介入、个案协商是检察机关具体履行法律监督职能的抓手，也是将两法衔接工作落到案件层面的重要手段。两法衔接工作中，对行政执法机关查处可能涉嫌犯罪的案件，检察机关认为有必要，或者行政执法机关提出邀请时，可以派员提前介入、进行个案协商，充分发挥检察审案环节对案件定性、证据把握的优势，引导行政执法机关围绕案件定性收集、固定和保全证据。

新版《行政处罚法》实施前因缺少司法机关对行政机关移送案件相关法律法规的要求，行刑衔接的实际操作中更像是行政机关对司法机关进行案件移送的单方面规范。之前仅出台《行政执法机关移送涉嫌犯罪案件的规定》，新版《行政处罚法》增加"对依法不需要追究刑事责任或者免予刑事处罚，但应当给予行政处罚的，司法机关应当及时将案件

移送有关行政机关"及"行政处罚实施机关与司法机关之间应当加强协调配合，建立健全案件移送制度，加强证据材料移交、接收衔接，完善案件处理信息通报制度"。各基层检察院应当探索"不起诉案件移送行政处罚"的机制或办法，对被不起诉人需要给予行政处罚、处分或没收违法所得，提出检察意见，移送有关主管机关处理。

其意义在于：一是在介入和协商过程中，从刑事追诉的角度引导行政执法及时有效地收集和固定证据，形成涉疫案件线索评估机制，从定性、法律适用、争议焦点对案件线索先行评估，综合评估和筛选线索，提出具体处理意见。同时建立案件处理情况备案制度，全程动态掌握每起移送案件的立案侦查、批捕、起诉、判决情况，并分析案件审理中存在的疑难点，积累此类案件移送的办理经验。二是通过提前介入了解案件情况，及时督促行政执法机关依法向公安机关移送，对于涉疫类案件应督促行政机关发现一起、查处一起、公开一起、移送一起。对日常行政管理、行政执法中存在的工作漏洞，依法提出检察建议，督促整改，对因行政机关或行政人员违法行使职权，侵害国家和社会公共利益，探索由检察机关提起公益诉讼的机制。加强与行政执法机关、公安机关的沟通、交流，起到交流学习的作用，有助于共同提高执法和司法水平。三是通过强调司法移送的行刑双向衔接，建立健全案件移送和通报制度，避免一案一议的部门间低效合作方式，降低执法人员的履职风险。统一各部门均需要的关键文书，也在一定程度上降低案件的查办难度。完善通报制度，既能增强流转案件的完整性，也能达到各部门间互相协作和监督效果，让行刑衔接案件做到件件有回应。

另对发生重大传染病疫情等突发事件，为控制、减轻和消除突发事件引起的社会危害，行政机关对违反突发事件应对措施的行为，依法从重处罚，涉嫌犯罪移送司法机关处理，行政程序可适当简化，可设置简化程序，并减掉不必要的听证程序。

（四）加强宣传教育，引导共治共管

对隐瞒谎报疫情、制售伪劣防护产品、非法捕杀交易运输野生动物及制品等违法行为加大打击宣传力度，适时公开曝光疫情防控相关的典型案例。行政执法机关严格落实"谁执法谁普法""谁服务谁普法"的普法责任制，大力宣传《突发事件应对法》《传染病防治法》等行政法律法规，深入基层开展疫情防控期间违法犯罪行为的宣传，鼓励工作人员和辖区群众提供有关违法犯罪的线索。司法机关加大"以案释法"力度，对涉疫类典型案例，尤其群众关注的疫情防控中出现的拒绝接受检疫和强制隔离治疗、编造传播与疫情相关谣言、销售伪劣防护用品等违法犯罪案件，结合《刑法》《传染病防治法》等法律法规及相关司法解释进行深入浅出的权威解读，引导全社会自觉遵守疫情防控各项措施。线下建议"网格化"宣读，深入网格，结合疫情大排查工作，各基层行政部门联手社区、街道、场所、出租房等进行法律宣传，鼓励群众对发现的违法行为及时举报，挤压违法空间；线上"地毯式"宣传，利用微信、微博、抖音等网络载体曝光典型安全，提升群众知晓率，提醒群众不发布、不传播涉疫违法信息。

（责任编辑：樊华中）

疫情期间对非羁押犯罪嫌疑人适用
互联网平台视频讯问问题的思考

韩东成　何佳君*

讯问犯罪嫌疑人，是指侦查人员依照《刑事诉讼法》规定的程序，就案件事实以及与案件相关的其他问题以言词的方式，对于依法被指控有犯罪嫌疑的人进行提问并要求回答的一种侦查行为。[①]远程视频指的是通过特定线路和多媒体设备，使得处于不同物理地方的个人或群体可以互联互通，互相传递声音、影像和文件资料等。伴随着科学技术的不断发展，尤其是 5G 时代的到来，远程视频的传输速度和清晰度极大提升，使人身临其境。[②]远程视频讯问是"互联网＋"融入司法实践，解决案多人少的困境，提升司法效率的有效途径。[③]本文主要聚焦于特定情境下检察环节适用互联网平台对非羁押犯罪嫌疑人进行视频讯问的情形。一般情况下，检察人员讯问犯罪嫌疑人，无论是对于羁押的犯罪嫌疑人至看守所讯问、借助检察专网进行视频讯问，抑或对于非羁押的犯罪嫌疑人在指定地点或其住处进行讯问，均无障碍。但在特定情境下，如重大疫情期间以及可能导致类似物理隔离的重大自然灾害等情况下，能否适用有别于类似检察专网等分级保护网络的普通互联网平台对非羁押犯罪嫌疑人进行远程视频讯问，打破物理空间壁垒，助力"防疫和检察两不误"，成为一个颇有争议的焦点问题。

一、对非羁押犯罪嫌疑人适用互联网平台视频讯问的质疑

（一）法律依据缺失

我国《刑事诉讼法》第一百一十八至一百二十三条分别对于讯问犯罪嫌疑人的主体、时间与地点、程序、笔录制作、录音录像等进行了规定。其中，关于讯问地点，明确对于被羁押的犯罪嫌疑人，应当在看守所内进行；对于非羁押的犯罪嫌疑人，可以在其所在市、县内的指定地点或者住处进行。但对于讯问的形式却没有提及。

2010 年最高人民检察院、公安部联合发布的《关于逮捕阶段讯问犯罪嫌疑人的规定》第十一条规定："检察人员当面讯问犯罪嫌疑人有困难的，可以通过检察专网进行视频讯

---

* 韩东成，法学博士在读，上海市人民检察院第三分院（铁检分院）第八检察部副主任。何佳君，法学硕士，上海市人民检察院第三分院（铁检分院）检察官助理。

① 参见叶青主编：《刑事诉讼法（第二版）》，中国人民大学出版社 2014 年版，第 115 页。
② 参见喻国明：《5G 时代的传播发展：拐点、挑战、机遇与使命》，载《传媒观察》2019 年第 7 期。
③ 参见陈贤木、张启飞、虞纯纯：《远程视频取证模式的构建》，载《人民检察》2019 年第 3 期。

问。视频讯问时，应当确保网络安全、保密。负责讯问的检察人员应当做好讯问笔录，协助讯问的其他检察人员应当配合做好提押、讯问笔录核对、签名等工作。"修改前的《人民检察院刑事诉讼规则（试行）》第三百三十一条第三款规定："讯问犯罪嫌疑人，可以当面讯问，也可以通过视频讯问。通过视频讯问的，上一级人民检察院应当制作笔录附卷。下级人民检察院应当协助做好提押、讯问笔录核对、签字等工作。"根据前后文意，该条款中的"视频讯问"应为借助检察专网等分级保护网络进行的视频讯问。2019 年年底公布施行的《人民检察院刑事诉讼规则》中将该条款删除，在第二百六十二条中规定了"直接听取辩护人、被害人及其诉讼代理人的意见有困难的，可以通过电话、视频等方式听取意见并记录在案，或者通知辩护人、被害人及其诉讼代理人提出书面意见"，但未对视频的具体方式作出明确解释。

最高人民检察院于 2020 年 1 月 30 日发布《关于在防控新型冠状病毒肺炎期间刑事案件办理有关问题的指导意见》（以下简称《意见》）指出，检察机关在办案工作中应当坚持服从服务大局，把疫情防控作为当前最重要的工作任务，案件办理既要严格执法，又要严格落实隔离、防控要求。在疫情防控期间尽量不采取当面讯问方式讯问犯罪嫌疑人、询问证人等诉讼参与人以及听取辩护律师意见等，可以采取电话或者视频等方式进行，以减少人员流动、聚集、见面交谈。《意见》指出可以通过视频的方式进行讯问，但是没有明确具体是否可以通过互联网视频的方式接入。法律依据的缺失导致实践中对于适用互联网平台视频讯问普遍存在顾虑。

（二）与侦查保密原则可能存在冲突

讯问犯罪嫌疑人，作为一种刑事侦查措施，通过互联网平台视频讯问，首先让人想到的是此举或与侦查保密原则存在冲突。侦查保密原则起源于大陆法系国家，其背后原理在于：一方面，为了确保侦查活动有效进行，防止因公开侦查进程而导致的犯罪嫌疑人逃避追诉，实施反侦查活动、毁灭证据；另一方面，犯罪嫌疑人受无罪推定原则保护，在侦查阶段公布其身份，存在导致其名誉受损、法官、社会公众对其作有罪推定风险。[1]如《法国刑事诉讼法》第十一条规定："在调查和预审过程中，程序保密，法律另有规定的除外，且不得损害防御权利。任何参与此种程序的人，均有义务依据《刑法典》第 226-13 条与第 226-14 条规定的条件保守职业秘密；违者，按照这两条的规定进行处罚。但是，为了避免散布不完整或不准确的信息，或者为了制止公共秩序的扰乱，共和国检察官得依职权，或者应预审法庭或当事人的请求，公布从程序中提取的不包含任何评论涉案人犯罪证据是否确实的客观材料。"[2]侦查保密原则包括对内保密和对外保密两层含义，前者主要是指对于犯罪嫌疑人的保密，后者主要是指对于社会成员（主要是新闻媒体）的保密。[3]

---

① 转引自陈卫东：《羁押必要性审查制度试点研究报告》，载《法学研究》2018 年第 2 期。

② 《世界各国刑事诉讼法》编辑委员会编译：《世界各国刑事诉讼法（欧洲卷·上）》，中国检察出版社 2016 年版，第 542 页。

③ 参见孙长永：《侦查程序与人权》，中国方正出版社 2000 年版，第 34 页以下。

（三）检务公开与审判公开的差异性

也有人会指出，同为适用互联网平台开展活动，法院可以开展的，检察机关不一定可以开展。笔者认为，这种观点其背后反映的实为检务公开与审判公开的差异性问题，而这一问题又与侦查保密原则有着千丝万缕的联系。的确，在我国，同为"司法公开"的组成部分，检务公开与审判公开在理论依据、公开内容及公开环节等方面均存在一定差异。在理论依据方面，审判公开由宪法及三大诉讼法确立并具体规定为"以公开为原则，不公开为例外"，而检务公开并无相关法律的明确规定或授权，本质上仍属于"检察政策"的范畴；在公开的内容和方式方面，两者在职能诉讼阶段上的差异性决定了两者之间的区别：检察机关的职能虽然覆盖整个刑事诉讼流程，但其主要职能集中于广义上的侦查程序范畴，为了防止侦查对象毁灭证据、串供、逃跑，以及保护犯罪嫌疑人、被害人及相关人员的名誉、隐私等合法权益，检察办案活动、具体案情等不宜向社会公开；但当案件进入到审判阶段，侦查活动已基本结束，除涉及国家秘密、商业秘密、个人隐私等情形外，其他案件案情已可向社会公开。①

二、支持对非羁押犯罪嫌疑人适用互联网平台视频讯问的理由

（一）立法的缺失不构成阻碍

笔者认为，虽然刑事诉讼相关立法中并未对讯问形式作出规定，明确将视频讯问作为方式之一，但这不构成对于适用视频讯问的法律障碍。主要理由有二：其一，视频讯问没有违反有关讯问的法律禁止性规定。如违反《刑事诉讼法》第一百五十二条规定的"严禁刑讯逼供和以威胁、引诱、欺骗以及其他非法方法收集证据，不得强迫任何人证实自己有罪"等。其二，没有加重讯问对象的诉讼负担。举重以明轻，对于犯罪嫌疑人，相较于传唤至司法机关接受讯问，无论是强制力抑或诉讼成本都没有加重。相反，利用互联网平台视频讯问的宽松环境反倒更有利于犯罪嫌疑人供述的自愿性。在笔者看来，这更类似于一种任意侦查的方法，对于任意侦查，法律一般不会有特别限制。②如《日本刑事诉讼法》第一百九十七条第一款规定："为实现侦查的目的，可以进行必要的调查。"第一百九十八条第一款规定："检察官、检察事务官或者司法警察职员，为实施犯罪侦查而有必要时，可以要求被疑人到场对他进行调查。"③有论者更是直接指出，远程视频取证符合刑事诉讼法的相关规定，已逐渐融入司法实践，对司法信息化建设具有典型的示范意义。④

（二）侦查保密原则以及与审判公开的差异性不成为实质问题

有观点认为互联网平台讯问有违保密性原则，这其实涉及取舍和权衡问题。当一个原

① 参见万毅、谭永忠、谢天：《检务公开的实践考察与法理分析》，载《中国刑事法杂志》2016 年第 4 期。
② 参见卞建林、刘玫：《外国刑事诉讼法》，中国政法大学出版社 2008 年版，第 248 页。
③ 《世界各国刑事诉讼法》编辑委员会编译：《世界各国刑事诉讼法（欧洲卷·上）》，中国检察出版社 2016 年版，第 335 页。
④ 参见陈贤木、张启飞、虞纯纯：《远程视频取证模式的构建》，载《人民检察》2019 年第 3 期。

则会损害另一种原则时，权衡是一种理性的选择。①当存在价值选择和权利冲突时，根据权衡法则，先确认一个原则受害程度，再确认另一法则被满足的重要性程度，最后判断后者的重要性程度能否证成前者的侵害程度。②前文已述及，侦查的隐蔽性，主要是指侦查计划、侦查对象、侦查范围、侦查方式、侦查获得的证据等，不得对外泄露。③于讯问人员而言，不会因为讯问方式的变化而影响到讯问内容及相关保密要求；于犯罪嫌疑人而言，出于一般社会公共认知及传统诉讼文化影响，在侦查讯问之始即告知相关保密要求的情况下，一般也不会主动将讯问有关情况对外泄露公开。疫情期间，综合考虑保密性原则和办案效率、人民群众身体健康因素，使用远程视频办案符合权衡法则的精神，在减少接触、降低传染风险的同时提升办案效率。更何况，其实保密性可以通过技术层面的探索解决，参考检察专网的保密措施，可以探索设计相应软件或者手机应用程序等，让犯罪嫌疑人或其他诉讼参与人通过特定接口进入视频讯问，从硬件和软件上保障讯问的秘密性。

至于检务公开与审判公开的差异性问题，通过上文的分析，可以看出两者本就不在一个讨论层面上，是直觉造成的"假问题"。侦查保密原则也好，与审判公开的差异性也罢，归根结底，反映的是对于通过互联网平台视频讯问安全性问题的担忧。而这些问题，可以通过网络技术的运用及法律规制的健全完善加以最大化避免，也符合社会信息化发展总体趋势。事实上，疫情期间，已经有地方运用互联网视频手段进行办案，如内蒙古呼伦贝尔海拉尔地区检察院利用手机视频远程开庭支持公诉。

（三）特定情境下的特定讯问对象决定了其必要性和可行性

根据现代刑事诉讼法中所强调的诉讼经济原则，由于诉讼资源的有限性，司法机关和诉讼参与人应以较少成本完成刑事诉讼的任务，实现诉讼的价值。④重大疫情等特殊情况期间，出于防控需要，许多地区实行交通管控甚至直接封锁，有的诉讼参与人甚至被隔离，客观上出行不便、出行不能。在此类情况下，传统的"面对面"办案方式显然不切实际，不仅诉讼参与人客观不能，而且增加了办案人员的时间、人力成本，存在病毒传染的潜在威胁，还可能导致诉讼参与人身体健康受损。因此，从诉讼经济、节约诉讼资源和办案可行性角度，探索使用网络平台视频讯问有其客观必要性。办案人员节省了往返的时间和人力成本，诉讼参与人节省路途劳累即可办理检察相关业务，及时互通，真正体现检察便民的理念。

概言之，特定情境——重大疫情等物理隔离等情形下、特定讯问对象——非羁押犯罪嫌疑人的"双特"特征决定了适用互联网平台视频讯问的必要性和可行性。一方面，风险正日益成为现代社会的主要特征，⑤除传统的自然风险外，伴随着社会的发展，社会原因

---

① 参见杨勇：《重大疫情期间远程视频在检察办案中的运用》，载《人民检察》2020 年第 7 期。
② 参见［德］罗伯特·阿列克西：《法：作为理性的制度化》，雷磊译，中国法制出版社 2012 年版，第 138—150 页。
③ 参见叶青主编：《刑事诉讼法（第二版）》，中国人民大学出版社 2014 年版，第 114 页。
④ 参见龙宗智：《相对合理主义》，中国政法大学出版社 1999 年版，第 199 页。
⑤ 参见郝艳兵：《风险社会下的刑法价值观念及其立法实践》，载《中国刑事法杂志》2009 年第 7 期。

和人为原因导致的风险也日益凸显。在这种大趋势下，不排除类似此次重大疫情采取"非接触式"物理隔离情形出现频次的增加，对此必须做好充分准备，完善法律应对措施。此外，风险无时无处不在也表明了，采取任何一种措施都不会"万无一失"，只有在利弊权衡之后，将弊端降至最低，进而选择利大于弊的方式方为正解。另一方面，对于犯罪嫌疑人采取非羁押性刑事强制措施，必须具备一定条件，如人身危险性小、罪责相对较轻等，这就决定了犯罪嫌疑人一般不会再去故意逾越法律底线，进而加重自己的刑罚。

三、对非羁押犯罪嫌疑人适用互联网平台视频讯问时应注意的问题

（一）立法明确

首先，互联网平台视频讯问面临着法律授权的问题，目前仅《人民检察院刑事诉讼规则》第二百六十二条和《意见》相关规定指出了视频方式的存在，但互联网平台视频讯问的具体规定还需要更高位阶的法律法规授权。建议在立法中明确，在发生重大自然灾害、重大疫情等造成物理隔离情形下，可以对非羁押犯罪嫌疑人适用互联网平台视频讯问；未来在技术条件成熟以后，可以对所有非羁押犯罪嫌疑人适用互联网平台视频讯问，不再限定条件。

其次，对于犯罪嫌疑人的选择权问题。根据任意侦查理论，任意侦查不采用强制手段、不对相对人的生活权益强制性地造成损害，而是以相对人的同意或者承诺为前提，在相对人的配合之下进行的侦查活动。[1]据此，一般情况下，应赋予犯罪嫌疑人以讯问方式选择权。远程办案与现场办案，在现场感、仪式感、感受度等方面会有一定的差异，当事人对这一新型办案方式的接受尚有一定过程，应当给予当事人选择权。[2]但在物理隔离等情形下，如面临法定期限届满等，是否依然如此，值得讨论。笔者建议，在立法中应明确，在特定情形下，对于互联网远程视频讯问，犯罪嫌疑人一般应当予以配合，否则应承担不利后果。

最后，对于互联网平台视频讯问的法律效力问题，建议在立法中明确远程视频办案与普通现场办案具有等同法律效力等原则性规定，避免证据采信方面的障碍。需要注意的是，法律效力以讯问的真实性为基础，需要下文所述的同步录音录像等手段加以保障，确保办案留痕，有据可查。

（二）程序保障

相较于传统的讯问方式，互联网平台视频讯问需要讯问人员履行更多的关照义务。有论者认为，远程视频办案中，当事人享有的诉讼权利受到完整保护，与现场办案无异。[3]笔者认为，相较于现场办案，适用互联网平台视频讯问，除法律规定的义务之外，讯问人员还应尽到更加充分的关照义务。

---

① 参见卞建林、刘玫：《外国刑事诉讼法》，中国政法大学出版社 2008 年版，第 248 页。
②③ 参见陈思群：《远程视频办案在检察一体化中的深化应用》，载《人民检察》2018 年第 6 期。

所谓关照义务，是指法律规定之外的义务，源于"福利国原则"和"法律守护者"理论，分别引申出法官的关照义务原则和检察官的诉讼关照义务。如法官应在法定提示义务之外主动将某些重要的申请权利告知不懂法律的被告人，或者在被告人作出不可撤销的决定前给予其一定的思考时间。再如在认罪认罚案件中，为确保犯罪嫌疑人认罪的自愿性，检察官负有告知、提示的义务，包括必要的信息告知、不利情况的提示以及对被告人实现权利的协助等。[①]司法实践中这样做的目的，主要是为了弥补法定的提示和帮助义务的某些不足。

在适用互联网平台视频讯问情形下，讯问人员首先要承担法定义务，如告知诉讼参与人的权利义务，确认当事人是否存在听力、视力或其他障碍等；其次，讯问人员还要承担相应的关照义务，包括但不限于提前告知诉讼参与人视频讯问的时间和流程，对专门办案软件的下载应用等进行指导，告知诉讼参与人应在无干扰的情况下参与讯问以及提醒其关注网络运营安全、保持良好讯问环境等。

（三）技术保障和制度保障

互联网平台视频讯问的方式强烈依赖信息技术的运用，硬件和技术保障对于讯问的顺利开展以及办案后续证据的采信尤为重要。首先，无论是通过软件还是手机应用程序等方式接入视频讯问，技术上必须充分保障安全性和秘密性，确保讯问内容不会被非法窃取作他用。比如研发专用的互联网视频讯问软件，通过特定方式（可以考虑连接即时通信工具）接入，保障安全性的同时充分体现讯问的便利性。

其次，语音笔录转换、身份信息识别、风险预警等技术还有待开发。语音笔录转换可以自动生成相应讯问笔录和记录，一方面减轻办案人员的工作量，另一方面也提升了笔录的准确性和真实性。核实身份是远程讯问的必经手续，可以尝试让诉讼参与人面对摄像头、手持身份证件，通过相应扫描技术或者人脸识别技术，由系统自动比对验证身份，从而确保诉讼参与人的真实性。风险预警是指当讯问过程中系统检测到可能存在泄密或其他干扰等使得讯问无法正常进行的情况时，自动向办案人员和诉讼参与人发出警报，及时暂停讯问，待后续查清问题、消除障碍后视情况恢复讯问。

再者，讯问的有效性有赖于讯问笔录和同步录音录像的支持。对于讯问笔录，《人民检察院刑事诉讼规则》第一百八十八条规定，讯问犯罪嫌疑人，应当制作讯问笔录；讯问笔录应当交犯罪嫌疑人核对，犯罪嫌疑人没有阅读能力的，应当向他宣读，如果记载有遗漏或者差错，应当补充或者改正；犯罪嫌疑人认为讯问笔录没有错误的，由其在笔录上逐页签名或者盖章，并捺指印，在末页写明"以上笔录我看过（向我宣读过），和我说的相符"，同时签名或者盖章，并捺指印，注明日期。对犯罪嫌疑人进行远程视频讯问，必然涉及讯问笔录的签名问题。当下适用检察专网远程视频讯问犯罪嫌疑人，由驻所检察人

---

① 参见宋英辉、孙长永、朴宗根等：《外国刑事诉讼法》，北京大学出版社 2011 年版，第 275—276 页；胡铭、宋善铭：《认罪认罚从宽制度中检察官的作用》，载《人民检察》2017 年第 14 期。

员、司法警察等专司负责相关协助配合事宜，对于非羁押犯罪嫌疑人利用互联网平台视频讯问，这种要求显然不具有可行性和必要性。对此，笔者认为，可以通过两种方式予以解决：一是通过远程电子签名的方式，这就需要技术上的保障；二是直接由讯问人员宣读，犯罪嫌疑人以"以上笔录向我宣读过，和我说的相符"予以口头确认。对于上述两种"笔录签名"的方式，均需讯问人员将相关情况在笔录上注明"远程视频讯问笔录"，以有效区分于传统笔录，讯问笔录需详细载明讯问的时间、办案人员讯问所处的地点和诉讼参与人接受讯问时所处的地点，笔录记载的起始时间应与录像反映的时间相一致。讯问的过程需要进行全程同步录音录像，以保障讯问的真实性，同时也便于一旦出现突发情况时办案人员及时应对处理。同步录音录像应实时刻录并自动上传至检察云端储存系统，以免数据丢失或者后续被编辑、修改的情况发生。

总而言之，在硬件和软件的研发从某种角度来说是保障互联网平台视频讯问的前提，不仅保障讯问的顺利进行，而且对于讯问的合法性、真实性提供强有力的佐证，为后续的证据采信扫清障碍。

四、结语

在信息化潮流下，智慧检察是检察业务发展的一大方向，"智慧司法"对于实现公平正义有着不可或缺的作用。通过检察专网的远程视频讯问已经发展得较为成熟，但在特定情境下，如重大疫情期间以及可能导致类似物理隔离的重大自然灾害等情况下，难以适用，运用互联网平台对非羁押犯罪嫌疑人进行远程视频讯问具有较强的必要性和可行性。但工作的推进并不是一蹴而就的，对非羁押犯罪嫌疑人适用互联网平台视频讯问首先需要法律的授权，其次需要办案人员在履行法定义务之外充分尽到关照义务，再者需要从多方面技术的提升，从软件和硬件上保证讯问的保密性、安全性和真实性。

（责任编辑：樊华中）

《上海检察研究》征稿启事

　　《上海检察研究》是由上海市人民检察院主办的检察理论与实务研究类专业刊物，每年公开出版四辑。《上海检察研究》前身是 1955 年上海市人民检察院创办的内部刊物《检察研究》。检察机关恢复重建后，1987 年市院开始不定期编发《检察业务研究》，并于 1994 年更名为《上海检察调研》，每月定期出版。

　　进入新时代，为更好服务检察决策和司法办案，扩大上海检察理论研究的社会影响力，自 2021 年起，《上海检察调研》更名为《上海检察研究》并公开出版。在改版之际，本刊编辑部正式向全市检察机关及社会公开征稿，欢迎全市检察人员、法学研究和司法实务界同仁惠赐佳作。

一、办刊宗旨

　　《上海检察研究》秉持"服务检察业务决策、服务检察司法办案"的办刊宗旨，坚持"关注司法办案、交流工作经验、探讨疑案难题"的办刊思路，致力全面、及时反映新时代上海市检察机关在司法办案和检察工作中的新情况、新问题、新成果，不断提升刊物的理论性、实践性和指导性，推动新时代"四大检察"全面协调充分发展、检察机关法律监督格局系统完善。

二、栏目简介

　　1. 专稿：主要展示检察业务专家、法学理论界专家学者等实务调研或理论研究佳作。

　　2. 本期专题：以相关法律热点为专题开展深入探讨，形成对热点问题的系统、全面解读。

　　3. 理论前沿：聚焦立法、司法及检察学研究中的前沿热点问题，形成的前瞻性研究成果。

　　4. 检察实务：主要展示对检察实务中热点、难点、重点问题的深入分析与思考，突出文章的现实指导意义和实践参考价值。

　　5. 司法改革：主要展示司法改革最新内容、成效以及相关思考。

　　6. 观点争鸣：主要展示法学理论界专家学者、检察实务界业务专家对检察前沿理论问题的辩证思考，突出观点的交锋与碰撞。

　　7. 案例指导：结合最高人民检察院指导性案例、典型案例、公报案例、上海市人民检察院检察委员会通报案例以及司法实践中的精品案例，进行深度解读，为司法办案提供参考。

8. 四大检察：主要展示刑事检察、民事检察、行政检察、公益诉讼检察理论与实践研讨研究成果。

9. 智慧检察：以检察大数据、人工智能为研究路径，梳理检察工作数字化转型发展中的突出问题，深入剖析内在原因，探索解决路径。

10. "75 号咖啡·法律沙龙"：主要展示检察机关知名学术沙龙文字实录，法学大家、高校学者、实务专家、司法一线工作者聚焦法治热点话题，畅谈法学、检察学前沿观点。

三、征稿要求

1. 字数：《上海检察研究》以稿件的学术水平及文稿质量作为辑录依据。普通稿件 8 000—10 000 字为宜，最多不超过 15 000 字；案例分析 6 000—7 000 字为宜。

2. 稿件要求：《上海检察研究》拥有辑录作品的相关知识产权。来稿需未在任何纸质和电子媒介上发表过；译稿请同时寄送原文稿，并附作者或出版者的翻译书面授权许可；作者应保证对其作品具有著作权并不侵犯其他个人或组织的著作权。稿件需注明作者身份、联系方式和投稿栏目信息。

3. 格式要求（见附件）。

四、来稿方式

来稿请以 Word 文档形式，通过电子邮件投稿。

上海市检察机关内部稿件可通过上海检察内网发送至电子邮箱 yjs-diaoyanke@sh.pro；外部稿件可以电子邮件方式发送至电子邮箱 80684567@qq.com。

五、辑录说明

1. 《上海检察研究》公开出版后，将在"上海检察"微信公众号下设"检察观"栏目作为其电子版唯一发布平台。除作者在来稿时声明保留外，视为同意将投稿作品供上述微信公众号平台进行推送。

2. "上海检察–检察观"微信公众号平台已发布的优秀原创作品，将择优辑录入《上海检察研究》。

3. 《上海检察研究》辑录所有文章的转载、摘登、翻译和结集出版事宜，均须得到《上海检察研究》的书面许可。

上海市人民检察院法律政策研究室
《上海检察研究》编辑部
2021 年 5 月 10 日

附：注释体例

稿中以下项目应完整。由于来稿数量庞大，格式规范的稿件优先审阅与采用。

（一）篇名：二号宋体，加粗，居中。

（二）作者：四号楷体，居中。作者所在单位（全称）以脚注形式注明，注释序号为

"＊"，作者单位不一致的，需分别以"＊、＊＊"标注。作者署名不超过三人，三人以上应组成课题组或调研组，作者姓名及单位名称以脚注形式注明，多位作者用顿号隔开，涉及多个单位的，分别在作者后面以括号形式标注单位简称。若为基金项目或课题成果，应标明项目名称及编号。

（三）内容摘要与关键词：四号楷体。内容摘要字数在 200—300 字，关键词为 3—5 个。内容摘要为文章核心观点提炼。

（四）正文：正文为四号宋体，全文行距 28 磅。文内各级标题一般不超过 3 级，依次用采用"一、（一）、1."，一级标题为黑体，二级标题为楷体，三级标题为宋体。

（五）注释：文中引用他人观点必须注明出处，采用页下脚注形式，每页单独编号，序号为加圆圈的阿拉伯数字，如①、②、③，注释内容为小五号宋体。

示例如下

1. 专著类

① 陈兴良：《刑法哲学》，中国政法大学出版社 1992 年版，第 362 页。

② 公丕祥主编：《法理学》，复旦大学出版社 2006 年版，第 211 页。

③ 张智辉、向泽选、谢鹏程：《检察权优化配置研究》，中国检察出版社 2014 年版，第 9 页。

④［美］爱伦·豪切斯泰勒·斯戴丽、南希·弗兰克《美国刑事法院诉讼程序》，陈卫东等译，中国人民大学出版社 2002 年版，第 392 页。

2. 文章类

① 张晋藩：《论中华法制文明的几个问题》，载《中国法学》2009 年第 5 期。

② 倪培兴、陆剑凌：《检察职能论纲》，载张智辉主编：《中国检察》（第 9 卷），北京大学出版社 2005 年版。

③ 樊崇义：《关于刑诉法再修改中的认识问题》，载《检察日报》2009 年 5 月 18 日第 3 版。

④ 沈丙友：《公诉职能与法律监督职能关系之探讨》，http://www.china.com.cn/law/fg/txt/200608/08/content7064081hm，2019 年 8 月 10 日访问。

3. 有关文章内容的解释

① 本文系 2019 年度最高人民检察院检察理论研究重大课题《"四大检察"全面协调充分发展研究》【GJ2019A01】阶段性研究成果。

上述 1、2 两项，如系间接引文，须在注释前加"参见"字样。第 3 项中解释应尽可能简短，不宜过长。

4. 外文类

外文类学术期刊论文、判例遵从有关国家注释习惯。引用著作比照引用中文著作的要求，用该著作所属的文种写明各项要素，如：① Jeremy Philips, Trade Mark Law: A Practical Anatomy, Oxford University Press, 2003, pp.84—85.。

图书在版编目(CIP)数据

上海检察研究.2021年.第1辑/陶建平主编.——
上海:上海人民出版社,2021
ISBN 978 - 7 - 208 - 17326 - 2

Ⅰ.①上… Ⅱ.①陶… Ⅲ.①检察机关-工作-研究
-上海 Ⅳ.①D926.32

中国版本图书馆 CIP 数据核字(2021)第 177292 号

责任编辑 史尚华
封面设计 孙 康

上海检察研究(2021年第1辑)
上海市人民检察院 主办
陶建平 主编

出 版 上海人民出版社
　　　　(200001 上海福建中路193号)
发 行 上海人民出版社发行中心
印 刷 常熟市新骅印刷有限公司
开 本 787×1092 1/16
印 张 16.5
插 页 2
字 数 342,000
版 次 2021年9月第1版
印 次 2021年9月第1次印刷
ISBN 978 - 7 - 208 - 17326 - 2/D·3833
定 价 68.00元